唐代佛教美術史論攷

仏教文化の伝播と日唐交流

大西磨希子著

法藏館

題字　阮双慶

唐代仏教美術史論攷——仏教文化の伝播と日唐交流——　目次

序　説……1

第一部　唐代西方浄土変の展開

第二部　綴織當麻曼荼羅にみる唐と日本

第三部　則天武后期の仏教政策と仏教文化

凡例

・漢字の字体は、雑誌名を含め原則として現代日本の常用漢字（以下、常用漢字）を使用した。ただし、大学の名称など固有名詞に旧字体を使用している場合はそれに従った。
・人名については、法号（「証空」など）の一部の例外を除いて旧字体を使用した。
・當麻寺および當麻寺所蔵の當麻曼荼羅は旧字表記とした。ただし、先行研究などにおいて常用漢字を使用している場合は、常用漢字のままとした。
・漢文史料の引用箇所と現代中国語の簡体字表記についても、原則として常用漢字を使用した。ただし、「欠」と「缺」、「余」と「餘」、「弁」と「辯」「辨」など、常用漢字では同一表記であっても旧字体で意味が異なる場合は、旧字体での表記とした。
・漢文史料の引用において、異体字は本字に改めた。
・漢文史料における空格は、録文に反映していない。
・漢文史料の訓読の送り仮名は現代仮名づかいとした。
・『大正新脩大蔵経』は『大正蔵』と略称した。

唐代仏教美術史論攷

——仏教文化の伝播と日唐交流——

序説

一　唐代仏教美術における課題と本書のねらい

唐王朝は世界帝国としての覇権を誇り、諸外国が相次いで朝貢しその文化に浴するとともに、オアシスを経由したいわゆるシルクロードが空前の活況を呈した。この唐代の仏教美術は、唐様式と呼ばれる画一性の強い様式が統治領域の全土を覆うように広まっていたことが現存作例から確かめられ[1]、それはさらにその周辺の夷狄にも影響を及ぼし、日本の奈良時代にもほとんどそのままの姿で移植されている。したがって日本の奈良時代の仏教美術は、唐代仏教美術の広域的な拡がりのなかで捉えることができる。

ところが従来の研究では、なぜ唐代の仏教美術が画一的な様式的特徴を示しているのかについて、その背景を問うことはなかった。しかし、唐代にきわめて画一性の強い仏教文化が拡散していたという事実は、権威に裏付けられ、ゆえに規範性を帯びた標準《スタンダード》が、中心から周辺へと発信されていたことを示唆する。その権威の源泉とは皇帝とその周辺であり、中心とは皇帝が所在する都の長安と洛陽であった。注目に値するのは、隋代から唐代前半期にか[2]けて天下諸州に同一名称の官寺を設置するという、いわゆる諸州官寺制[3]が布かれていたことで、この皇帝主導による仏教の公式ネットワークの存在こそが、規範性を帯びた仏教文化の伝播を理解する鍵となるのではないかと考えられる。こうした唐代仏教文化の伝播について、歴史背景を含めた具体相をより立体的かつ実証的に明らかにするためには、仏教美術のみならず仏教経典の写本も重要な手がかりとなろう。

そこで本書では、仏教美術の作例のみならず敦煌遺書中のいわゆる「長安宮廷写経[4]」や光明皇后による五月一日経の『宝雨経』をも射程に入れ、皇帝やその周辺を発信源とする仏教文化が天下諸州に拡散していたとみられること、そして、その拡散を担うシステムとして機能していたのが諸州官寺制という仏教の公式ネットワークであったと考えられることを指摘する。

この問題を考えるうえで惜しまれてならないのは、唐代仏教文化の始源地であった長安や洛陽が、唐中期に起きた安史の乱や唐末の黄巣の乱により壊滅的被害を受けたことである。かつて夥しい数の壮麗な寺院を飾っていたはずの金銅仏や乾漆像、繡仏や壁画などは、いまや全く跡形もなく失われ、唐代仏教美術として残るものとしては、わずかに洛陽郊外の龍門石窟や長安大明寺址などの石彫があるのみである[5]。この状況は長安・洛陽に限らず、唐の内地には初唐から盛唐にかけての仏教美術、とくに仏教絵画はほとんど現存していないのが実状である。それに対し、唐代の仏教絵画を伝えているのが、かつての辺境であった西陲の敦煌と東夷の奈良である。それら東西に遠く隔たった両地に伝来する作例を同じ土俵の上で比較検討できるのは、まさしく唐代仏教美術のもつ規範性の強さによるものにほかならない。日本にはさらに、長安・洛陽で作られたと目される、図様・技法ともに卓越した仏画的工芸品が二点伝来している。すなわち、一点は綴織當麻曼荼羅、もう一点は勧修寺繡仏（指定名称は「刺繡釈迦如来説法図」）であり、いずれも国宝に指定されている。唐代の織成仏と繡仏は中国内地では早くに失われ現存しないこと、しかもこれら二点の作品が長安ないしは洛陽で作られた中央作の超一級品であったとみられることを考えるならば、これら二点の日本伝来品は、まさしく唐代仏教美術史における空白を埋める存在であり、その真髄を伝える逸品であるといえる。
ところが、これら日本伝来の綴織當麻曼荼羅や勧修寺繡仏についても、図像や技術的見地から唐の宮廷工房の作であることが推測されつつも、それ以上には論究されてこなかった。すなわち、唐の宮廷工房が具体的にどの組織であったのかは問われてこなかった。また、従来の美術史研究では看過されてきた事実であるが、唐令では綴織も刺繡も国外への持ち出しが禁じられていた。ところがなぜ日本にそうした禁物が将来されているのか。本書では、これらの問題についても、関連諸分野での研究成果を視野に入れ、史書や唐令などの記載を手がかりに検討を加える。

本書は、大乗経典の内容をあらわした大画面変相図という、唐代仏教美術を特徴づける作品を中心に、こうした未解決の問題や論究されてこなかった問題について、実物資料と文献史料の両面から考察を試みるものである。その目的は、西方浄土変を中心に唐代変相図の思想的背景を探り、仏教経典の写本をも含めた唐代仏教文化の諸相をたどることによって、当該期の仏教文化が日中両国に跨りいかに伝播していったのか、その輪郭を描き出すところにある。

二　本書の構成

本書は、以下の三部から成る。第一部「唐代西方浄土変の展開」は、前著『西方浄土変の研究[6]』を承けるもので、主に敦煌の作例を対象に、唐代西方浄土変の展開と、唐代変相図における空間認識を明らかにする。第二部と第三部は、前節に述べた唐代仏教美術にみられる規範性が何に由来するのかという問題や、皇帝主導の仏教文化伝播、および日本への移入といった問題を取り扱う。そのうち第二部「綴織當麻曼荼羅にみる唐と日本」では、日本に伝来する綴織當麻曼荼羅を手がかりとし、第三部「則天武后期の仏教政策と仏教文化」では、則天文字を使用した『宝雨経』写本と当該期に生み出された仏教美術の検討を通じて、武周期を含む唐代の仏教政策とそのもとで生み出された仏教文化の具体的諸相を考察する。

本書が対象とする西方浄土変などの大画面変相図は、インドや中央アジアには先行作例がみられず、中国仏教を特徴づける美術作品である。唐代に成立し流行した変相図はまた、奈良時代の日本にも直接的な影響を及ぼした。なかでも阿弥陀の極楽浄土を描いた西方浄土変は、その先駆的かつ中心的位置にあり、敦煌莫高窟に百数十例もの作例が現存していることから、時代的変遷を含めた詳細な分析が可能である。とくに前著『西方浄土変の研究』で指摘したように、西方浄土変の画中に描かれる『観無量寿経』十六観の図相に着目することにより、唐代西方浄土変が宗教芸術としていかに成立し、また変質していったのかを、作例に即して具体的に追うことが可能となる。

そこで第一部では、第一章「唐代西方浄土変と善導」において、これまで唐代西方浄土変の研究において過大に見積もられてきた善導の影響について再検討する。第二章「中唐吐蕃期の敦煌十六観図」では、いまだ専論がなく全体像が明らかでない中唐吐蕃期の敦煌十六観図について、実地調査にもとづく分類と整理を行い、その特徴や変化を考察する。第三章「西方浄土変の白描画――SP七六およびP二六七一Vの解釈――」では、従来一般に壁画の下絵と解されてきた敦煌蔵経洞発現の白描画のうち、文書を伴い制作年代の手がかりを有する二作例SP七六とP二六七一Vについて、内容と制作年代を検討したうえで、莫高窟壁画や楡林窟壁画および蔵経洞発現の絹本画と比較し、壁画制作と粉本という観点から、これらが壁画の下絵ではなく習作とみられることを論じる。

以上の第一章から第三章は、時代でいえば第一章は初唐から盛唐期、第二章は中唐吐蕃期、第三章は帰義軍期の様相を取り扱い、全体として敦煌における西方浄土変の展開を追うものである。一方、第四章「来迎と往生――唐代変相図における空間認識――」は、唐代の変相図における画面構成と空間認識の問題を論じる。すなわち、これまでの研究では「来迎」と「往生」は同義語として扱われ、「九品来迎図」と「九品往生図」の区別がなされてこなかったが、「来迎」と「往生」ではそれらの生起する空間が異なっており、唐代の変相図ではその違いを明確に意識して描き分けており、それは画面構成のうえにもあらわれていることを明らかにする。

第二部では、第一章「綴織當麻曼荼羅と唐王朝――敦煌発現の宮廷写経と諸州官寺制――」において、西方浄土変の一種である綴織當麻曼荼羅が、隋代に始まり唐代前半期に受け継がれた諸州官寺制のもと、宮廷工房において制作された可能性を指摘し、綴織當麻曼荼羅の制作を担当した宮廷工房が具体的にはどこであったのかについても考察を加える。あわせて敦煌蔵経洞において発見された「長安宮廷写経」もまた、同じく諸州官寺制により、中央で生み出された標準作が諸州に頒布されたことを示す遺物であることを明らかにし、隋唐期の宮廷が仏教美術を含む仏教文化の発信と流布に果たした役割に光を当てる。第二章「綴織當麻曼荼羅の伝来と背景――奈良時代における唐文化受容の一様相――」では、奈良朝における唐代仏教美術の移入の一事例として、綴織當麻曼荼羅の日本伝来を取り上げ、織成すなわち綴織が唐令における輸出禁止品に規定されていたことを確認したうえで、本図の日本伝来の経路と時期について検討する。第三章「綴織當麻曼荼羅の九品来迎図――敦煌壁画にもとづく復原的考察――」では、失われた綴織當麻曼荼羅下縁の九品来迎図について、莫高窟の唐代窟三例（第四三一窟、第二一五窟、第一七一窟）から得られる知見にもとづいて、綴織原本の図様を復原的に考察する。第四章「奈良時代における文物の移入と唐関市令――『天聖令』関市令を中心に――」では、明鈔本の北宋『天聖令』巻二五、関市令をもとに、唐開元二十五年令の条文排列の復原を試み、綴織當麻曼荼羅や勧修寺繡仏といった輸出禁止品がどのような手続きを経て日本に齎されたのかについて考察する。

第三部では、第一章と第二章において、則天武后の登極と関係の深い『宝雨経』の五月一日経本を扱う。第一章「則天文字の日本移入――聖語蔵本『宝雨経』を手がかりに――」では、則天文字の日本移入を示す一資料として、聖語蔵本『宝雨経』を取り上げる。聖語蔵の『宝雨経』は光明皇后発願になる天平十二年（七四〇）五月一日の奥書をもつ、いわゆる五月一日経の一部として書写されたものであるが、意外なことに、そこに則天文字が使用されていることは従来の則天文字研究では看過されてきた。そこで則天文字の使用状況をもとに、底本の書写年代および日本への将来時期を検討する。第二章「五月一日経『宝雨経』」は、五月一日経『宝雨経』の書写工程を正倉院文書から明らかにし、『宝雨経』の訳場列位の校訂を行う。

第三章と第四章は、則天武后期の仏教美術として二つの作例を取り上げる。第三章「奈良国立博物館所蔵 刺繡釈迦如来説法図の主題」では、現在「刺繡釈迦如来説法図」という名称で、奈良時代または中国・唐時代（八世紀）の作として国宝に指定されているものの主題が特定できていない勧修寺繡仏を取り上げる。勧修寺繡仏の主題および制作地と制作年代に関する従来の研究を整理したうえで、画面下部にあらわされた十体の比丘像に着目し、本図の主題について、下生の弥勒仏と転輪聖王という則天武后の二つのイメージをあらわしたものだとみる試論を提示する。第四章「倚坐形弥勒仏の流布と則天武后――敦煌莫高窟弥勒下生経変を中心に――」では、敦煌の弥勒変相図が、隋代から唐代にかけて大きく変化した背景を則天武后との関係から検討する。隋代の弥勒変相図は兜率天を描き本尊弥勒菩薩を交脚菩薩とするが、唐代の弥勒変相図は弥勒仏の三会説法を主体としたものとなり、画面中央の弥勒仏は倚坐形となる。則天武后期における倚坐形弥勒仏をめぐる他の動向や、弥勒下生経変の七宝表現に着目することによって、こうした現象の背景に、下生の弥勒仏として皇帝位に即いた則天武后の影響が考えられることを指摘する。

仏教美術もまた歴史の所産であり、それを生んだ時代や社会と無縁ではありえない。また、仏画のような美術品と経典の写本とは、媒体は異なっていても、同じ社会で生み出されたものであるかぎり、それらが生み出された背景や、流通・伝播する経路や方法には何某かの共通点があるはずである。そこで本書では以下、唐代仏教美術を特徴づける大画面変相図を主な対象とし、同時代の文献史料をあわせ分析することにより、それらの宗教美術としての本質、出現と変遷の思想的背景、また中央から地方さらに日本への伝播のありさまを考えてゆくことにしたい。

注

（1）敦煌莫高窟はいうに及ばず、クチャ地方のクムトラ石窟やトゥルファン地区のトユク（吐峪溝）石窟の壁画などにも唐様式の作例を確認することができる。

（2）本書では、安史の乱以前を唐代前半期と呼ぶ。

（3）諸州官寺制に関する主な先行研究は次のとおり。山崎宏「隋の高祖文帝の仏教治国策」（『仏教法政経済研究所モノグラフィ』八、一九三四年）。同『隋唐仏教史の研究』法藏館、一九六七年。塚本善隆「国分寺と隋唐の仏教制作並びに官寺」（『塚本善隆著作集　第六巻　日中仏教交渉史研究』大東出版社、一九七四年）。岸田知子「則天武后と三教」（『待兼山論叢』八、一九七五年一月）。肥田路美「隋・唐前期の一州一寺制と造像」（『早稲田大学大学院文学研究科紀要』第五五輯第三分冊、二〇一〇年二月。のち『初唐仏教美術の研究』（中央公論美術出版、二〇一一年）第二部第一章「一州一寺制と皇帝等身仏像」として加筆のうえ再録）。

（4）藤枝晃「敦煌出土の長安宮廷写経」（『仏教史学論集』塚本博士頌寿記念会、一九六一年）。同「敦煌写経の字すがた」（『墨美』九七、一九六〇年五月）。

（5）唐代の長安・洛陽の寺院壁画のさまは、『歴代名画記』や『酉陽雑俎』続集巻五・巻六所収の『寺塔記』にその一端を窺うことができるほか、次の諸書も参照される。平岡武夫・今井清編『唐代の長安と洛陽』索引・資料・地図（唐代研究のしおり第五～七）（京都大学人文科学研究所、一九五六年。一九七七年に同朋舎出版より復刊）。小野勝年『中国隋唐長安・寺院史料集成』史料篇・解説篇（法藏館、一九八九年。二〇一一年復刊）。

（6）　拙著『西方浄土変の研究』中央公論美術出版、二〇〇七年。

第一部　唐代西方浄土変の展開

第一章　唐代西方浄土変と善導

はじめに

八世紀後半に記された『往生西方浄土瑞応伝』によれば、善導は生涯に「弥陀経十万巻を写し、浄土変相二百鋪（三一イ）を画く」と伝えられる(1)。また、唐代西方浄土変の一種である奈良・當麻寺の綴織當麻曼荼羅は、その図相が善導の著作と一致することでつとに知られている。それゆえ従来、唐代西方浄土変の研究において、善導こそがその成立と発展に決定的な影響を及ぼした人物であると理解され、また注目されてきた。この背景には、綴織當麻曼荼羅の図様に関する伝統的解釈において、図様の典拠が善導の著作に求められてきたという事実がある。

さらに二十世紀になり、新たに中国西陲の敦煌莫高窟から多数の作例が見出された結果、唐代西方浄土変には綴織當麻曼荼羅と同じく、西方浄土の場景を描いた浄土変の周縁部に『観無量寿経』（以下『観経』）に説かれる王舎城の悲劇物語（以下、未生怨説話）や十六観の図相を配した作例のほかに、外縁部をもたない浄土変のみの作例も存在することが知られるにいたった。しかも、敦煌の初唐期に制作されたとみられる作例には外縁部が付属しないのに対し、盛唐期の西方浄土変の大半には外縁部が加わっていることから、この画面形式上の変化は善導の影響により引き起こされたものとする見解が提示されてきた。

確かに綴織當麻曼荼羅の図様は善導の著作の字句によって矛盾なく解釈することができ、かつ敦煌画の西方浄土変にみられる外縁部の付加にしても、善導の活躍期を挟んで変化が生じている。それゆえ、唐代西方浄土変に与えた善導の影響というものは、従来ほとんど決定的なものとして受け止められてきたといってよい。すなわち、善導こそが唐代西方浄土変の図様の成立および発展に大きく寄与した人物として意識され、またそのように語られてきたのである。

しかしながら、筆者は『観経』の受容史および敦煌画の検討から、唐代西方浄土変の発展と流布において根本的な影響を与えた人物は善導ではなく道綽であったことを指摘し、従来の研究では善導の影響というものが実像に比してかなり過大に見積もられてきたことを明らかにしてきた(2)。本章では、こうした拙稿の成果にもとづきながら、唐代西方浄土変と善導との関係について、西方浄土変の図相に及ぼせる善導の影響と、善導時代の西方浄土変という二つの側面から、改めて捉え直してみたい。

一　當麻曼荼羅の図相と善導の観経疏

西方浄土変研究の基礎となったのは、いうまでもなく當麻曼荼羅をめぐる一連の講究である。いわゆる當麻曼荼羅とは、奈良・當麻寺に伝わる綴織の西方浄土変（綴織當麻曼荼羅・根本曼荼羅）のことであり、オリジナルの一本だけでなく転写本を含めた総称としても使用される。ただ、本章の射程は唐代西方浄土変に限られることから、以下、単に當麻曼荼羅と記す場合もまた、オリジナルの綴織當麻曼荼羅のみを指すこととする。

さて、綴織當麻曼荼羅は奈良時代の天平宝字七年（七六三）の銘文を有し、恐らくその頃から當麻寺に伝わっていたと考えられる。しかし、その存在は長らく世に知られることはなく、鎌倉時代以前の来歴については全く不明である。このように鎌倉時代初期までほとんど無名の存在であった當麻曼荼羅が、にわかに衆目を集めるにいたったのは、ひとえに法然門下の証空がその価値を見出し宣揚したことによる。この証空が見出した當麻曼荼羅の価値とはすなわち、その図相と善導の著作との一致であった。それゆえ以後、當麻曼荼羅はこの善導の著作との関係性のなかで説かれることとなり、こうした善導重視の視点は二十世紀初頭に新たに発見された敦煌画の西方浄土変研究にもそのまま適用されることになった。

そこでまず、當麻曼荼羅の図相と善導の著作とが、これまでいかに結び付けられてきたのかについて、當麻曼荼羅の実質的発見者であり、かつ最初の當麻曼荼羅研究者でもある証空から順にみていくこととしたい。

証空による當麻曼荼羅の図相解釈を示す根本史料として、當麻寺の本堂旧巻柱に墨書された寛喜元年（一二二九）の「証空寄進状」が挙げられる。(3) そのなかには次のように記されている。

□《（当カ）》寺参詣。然間、拝見化人蓮織□曼荼羅。□□往上《ママ》極楽之浄□□曼荼羅□□観経□尺《ママ》之中、殊順善導証定義章段分別之趣不違。

すなわち、當麻曼荼羅は数ある観経疏のなかでも、殊に善導の『観無量寿仏経疏』（以下、善導疏）に順《したが》うと述べ、「証定の義の章段分別の趣」に違うところがないと記している。「証定の義の章段分別の趣」とは、善導が『観経』十六観を前十三観と後三観とに分け、前者を定善義、後者を散善義としたことをふまえ、その十六観の区分が當麻曼荼羅の外縁部にも共通してみられるということを指していると考えて問題ない。「証空寄進状」は首尾が剝落しており、「証定の義の章段分別の趣」以外に當麻曼荼羅の図相と善導疏との共通点に関する記述をみることはできないが、ここに早くも両者の一致点として、十六観の区分が指摘されていることは注目に値する。

次に挙げられるのは、鎌倉時代末期の成立と目される『法然上人行状絵図』[4]（以下『四十八巻伝』）巻六の記述である。

かの當摩《ママ》寺の曼荼羅は、弥陀如来化尼となりて、大炊天皇の御宇、天平宝字七年にをりあらはし給へる霊像なり。序正三方の縁のさかひ、日観三障の雲のありさま、人さらにわきまへがたかりしを、のちに文徳天皇の御宇、天安二年に、もろこしよりわたれる善導大師の御釈の観経疏の文を見てこそ、人不審をばひらき侍しか。……そのかみ吾朝にてをられたる曼荼羅の、はるかの後にわたれる観経の疏の文に符合せるをば不思儀《ママ》とこそ申伝て侍れ。

すなわち、ここでは當麻曼荼羅の図相と善導疏との符合点として「序正三方の縁のさかひ」と「日観三障の雲」が挙げられている。「序正三方の縁のさかひ」とは、當麻曼荼羅の外縁部三方、つまり右縁・左縁・下縁の区分のこと[5]。一方、「日観三障の雲」とは、観経疏のなかで善導疏にのみ記される、観想の妨げとなる煩悩を黒・黄・白の雲に喩えたもの。いずれも善導疏のみに合致する特徴である。そのうち前者については問題ないが、後者についてはやや注意が必要である。なぜなら、それら三色の雲は、貞享本など転写本の當麻曼荼羅では確かに左縁最上段の日想観に描かれているが、変色と劣化が著しい綴織原本においては確認しがたいからである。とはいえ、鎌倉時代（十四世紀前半）の成立とみられる『四十八巻伝』において、外縁三方の区分と並んで日観三障が記されていることからすれば、鎌倉時代には原本においても日観三障の表現を看取できた可能性も考えられる[6]。これについては原本の当該箇所の顔料分析等に俟つほかないが、少なくとも鎌倉末期までに、外縁三方の区分と日観三障という二点が、當麻曼荼羅と善導疏を結び付ける根拠として広く認知されていたことは事実とみてよい。

さらに、こうした當麻曼荼羅と善導疏との関連を、より明確に理論づけているのが、証空撰述と伝えられる『當麻曼陀羅注』である。本書については近年、証空本人の述作ではなく門人の手になるもので室町時代中期まで成立が下るとも解されており、本書の記述を直ちに証空本人に帰すことはできず、後世の解釈が加わっている可能性も考えねばならない。しかし、本書が長らく証空撰として尊ばれてきたことは紛れもない事実であり、當麻曼荼羅研究の歴史を知るうえで重要な史料たることに変わりはない。その巻一に、よく知られた次の記述がある。(7)

夫レ曼陀羅。右ノ縁ヲ名二序分義一。観経疏為二一之巻一ト。尤（左カ）縁ヲ名二定善義一。是三之巻也。下縁名二散善義一。則疏ノ四之巻也。中央八重名二玄義分一。則一之巻也。故ニ以二観経ノ疏四帖一ヲ。織二曼陀羅一部一ト。

ここでは當麻曼荼羅の右縁（向かって左側）を善導疏の巻二（序分義）、左縁（向かって右側）を巻三（定善義）、下縁を巻四（散善義）、中台の浄土変部分を巻一（玄義分）にそれぞれ当てている。

また、同書巻二には、當麻曼荼羅の左縁最上部にある日想観図の図相を説明するなかで、

有レ日。有二三障ノ雲一。……其廃立可レ異以二黄白黒之三障雲一。為二定散一之機業障。(8)

と記されている。

これら『當麻曼陀羅注』の記述のうち、外縁三方の解釈および日観三障については問題ない。ただ、中台の浄土変部分を善導疏巻一の玄義分にあてはめているのは問題で、善導疏の玄義分には浄土変相に関わる記述は一切含まれていない。(9)これは外縁三方が善導疏の巻二から巻四に相当することから、残る中台を巻一に無理に相応させただけでとくに根拠はなく、當麻曼荼羅の画面を構成する四部分を四巻からなる善導疏の各巻に対応させただけの付会にすぎまい。いずれにせよ、ここでも『四十八巻伝』と同じく、當麻曼荼羅と善導疏との共通点として、外縁三方と日観三障が挙げられていることになる。

二　中台の図相と『法事讃』『般舟讃』

「証空寄進状」にしろ『四十八巻伝』詞書や『當麻曼陀羅注』にしろ、當麻曼荼羅の図相と善導との結びつきを、善導の観経疏という視角から説いていた。これらのうち確かに関連性が認められる外縁三方の区分と日観三障の雲は、いずれも當麻曼荼羅の外縁部に関する事柄である。一方、當麻曼荼羅の画面中央に位置し、画面の大半を占める、いわゆる中台部分に関しては、『當麻曼陀羅注』に、善導疏の巻一（玄義分）と対応させるという漠然とした説が提示されただけで、しかも実質的にはそれらの間に関連性が認められないことは前述したとおりである。そこで、この中台部分に関する、いわば解釈の空白を埋める作業が、のちに酉誉聖聰と義山良照によってなされている。

まず聖聰は、永享八年（一四三六）の『當麻曼陀羅疏』巻三四において中台の図相を述べるなかで、善導の『転経行道願往生浄土法事讃』（以下『法事讃』）巻下の次の箇所を引用している⑩（傍注は『大正蔵』四七、四三七cの用字。〔　〕内は割注）。

法事讃下云、竊以㈠弥陀妙果ヲ号シテ曰ニ無上涅槃一ト。国土則広大ニシテ荘厳遍満スヘシ。自然ノ衆宝アリ。観音大士ハ佐（左）侍ニ霊儀シ、勢至慈尊ハ則右辺ニ供養ス。三花（華）独廻（迴）シテ宝縵レ臨ミ軀ニ、珠ハ内ニ耀（輝）レス光ヲ。天ノ声ハ外ニ繞レリ。声聞菩薩数ス越ヘ二塵沙一ニ、化鳥天ト同ク無レ不レコト遍レ会ニ。佗（他）方聖衆起テ若ニ雲ノ奔一ルカ。凡惑同生スルコト過ニ喩（踰）セリ盛ナル雨一ニ。十方来ノ者ノ皆到テ仏辺一、皷（鼓）レ楽ヲ弥歌タヒ香花（華）ヲ以繞リ讃ス。供養周ク訖テ随レ処ニ遍ク歴テ親承ス〔私云、已上供養三尊会也〕。

或入㈡百宝池渠会　或入㈢宝楼宝（宮）殿会。
或入㈣宝林宝樹会　或入（上）㈤虚空会

或入二(六)大衆無生法食会一。

如是清浄荘厳大会聖衆等、同行シ同坐シ同去同来シテ一切中無レ不二証悟一。西方極楽ノ種種荘厳ハ嘆(歎)シテモ莫レ能レ尽。

この『法事讃』にもとづき、聖聴は中台をさらに（一）三尊会（如来寂静会）、（二）菩薩供養会、（三）歓喜神通会、（四）百宝池渠会、（五）父子相迎会、（六）宝樹宝林会、（七）宝楼宮殿会、（八）無生法食会、（九）法性虚空会の九会に分け、以下、巻四五までの計十二巻にわたって中台の図相を解説している。

この『當麻曼陀羅疏』の解釈を引き継ぎ発展させたのが、義山良照による元禄十六年（一七〇三）の『當麻曼陀羅述奨記』で、その巻三には、當麻曼荼羅の図相解説で一般的に用いられている分段と名称とが記されている(11)。

第二ニ明二中央一ヲ、大分為レ六ト。一ニハ宝地段、二ニハ宝樹段、三ニハ宝池段、四ニハ宝楼段、五ニハ華座段、六ニハ虚空段ナリ也。〔日水二観ハ以レ仮ナルヲ不レ取。像真観勢ハ同在二一華一。普雑亦是レ彼土ノ聖衆ナリ。故ニ不二別ニ科一セ也〕。即合二スル法事讃ノ供養三尊会〔華座段〕、百宝池渠会〔宝池段〕、宝楼宮殿会〔宝楼段〕、宝樹宝林会〔宝樹段〕、虚空荘厳会〔虚空段〕、大衆無生法食会一ト云二〔宝地段〕、是レ正ク依リ二観経一ニ、兼テ順ス二大経小経一ニ也。

初ニ宝地段ニ三。一ニハ儛楽会、二ニハ右ノ相迎会、三ニハ左ノ相迎会。

（〔　〕内は割注）。

ここではまず、中台の浄土変を（一）宝地段、（二）宝樹段、（三）宝池段、（四）宝楼段、（五）華座段、（六）虚空段の六段に分け、それらが『法事讃』と合致すると述べ、『法事讃』で用いられている字句を挙げながら、それぞれに対応する先の分段名称を割注で記している。すなわち、（Ⅰ）供養三尊会〔華座段〕、（Ⅱ）百宝池渠会〔宝池段〕、（Ⅲ）宝楼宮殿会〔宝楼段〕、（Ⅳ）宝樹宝林会〔宝樹段〕、（Ⅴ）虚空荘厳会〔虚空段〕、（Ⅵ）大衆無生法食会〔宝地段〕の六会六段であり、これらは『観経』に依拠しており、『無量寿経』と『阿弥陀経』にも準じているという。さらに（一）宝地段については、（ⅰ）儛楽会、（ⅱ）右相迎会、（ⅲ）左相迎会に細分している。

以上の『法事讃』に加えて、聖聡は中台の一部を『依観経等明般舟三昧行道往生讃』（以下『般舟讃』）によって解説している。すなわち、『當麻曼陀羅疏』巻四一、第四百宝池渠会三のなかで、[12]

又此宝池中ニ左右ニ船二艘浮ヘリ、人呼レ之名二弘誓船一ト。……而ヲ光明大師ノ般舟讃ノ中ニ、宝樹飛花（華）汎二フ徳水一、童子捉《トリ》取テ已ニ為レ船ト云ヘリ

と記し（傍注は『大正蔵』四七、四四九cの用字）、中台の宝池にあらわされる船に乗る童子の図相を、『般舟讃』の「宝樹の飛華、徳水に汎《うか》ぶ。童子は捉取し已に船と為す」という一節によって解釈している。この解釈はまた、義山の『當麻曼陀羅述奨記』にも引き継がれている。[13]

もとより、これら『當麻曼陀羅疏』と『當麻曼陀羅述奨記』は、中台の図相の細部を善導の『法事讃』や『般舟讃』の字句によって解説しているにすぎず、それら善導の二著作がもととなって中台があらわされているとは説いていない。しかし以後、當麻曼荼羅が善導の思想にもとづくという認識が自明のこととして受け継がれていくなかで、また日本浄土教における善導重視の思潮のなかで、中台の典拠は『法事讃』や『般舟讃』であるとの見解が自然と醸成されていったようである。それを代表するのが、望月信亨氏の次の言説である。すなわち望月氏は、外縁三方の区分や日観三障について、善導との関係を示すものとして掲げたうえで、「内陣の図相は何に基いて画いたものであるかといふに、これは亦即善導の法事讃及び般舟讃に依つたものと認めることが出来る」と述べている。[14]確かに、『法事讃』や『般舟讃』に描写される西方浄土の場景と、當麻曼荼羅の中台の図像とがよく一致することは事実である。それゆえ、この望月氏が示した見解は、今日にいたるまで一般的認識となっているといってよい[15]（図1）。

ところが、旧稿で指摘したように、[16] 敦煌莫高窟では善導の活躍以前に、すでに當麻曼荼羅の中台を構成する基本要素が出揃った作例が出現していた。その代表的作例が、貞観十六年（六四二）頃に描かれた第二二〇窟の西方浄土変であり、そこには「虚空会」「三尊会」「宝池会」といった、當麻曼荼羅中台の基本的構成要素がすべて描かれている（図2）。つまり、當麻曼荼羅の中台が、第二二〇窟にみられるような先行作例を基本的に継承していることは明らかであって、中台の図相の典拠をすべて善導の著作に求めることには無理があるといわざるをえない。[17] したがって、中台の図相と『法事讃』『般舟讃』の字句との一致については、次のように解釈し直すべきであろう。すなわち、善導は当時すでに存在していた西方浄土変を念頭に置きつつ、これらの讃文をつくったために、それらにみられる浄土の描写が當麻曼荼羅の中台の図相によく合致することになったのである、と。

加えて、唐代西方浄土変が『観経』を最も重要なイメージソースとして成立・発展してきたとみられることを考慮すれば、第二二〇窟のような外縁のない浄土変のみの作例も、そして、それを発展させた當麻曼荼羅の中台部分も、その本来的な意義は十六観の完成形としての西方浄土の姿にあったと考えられる。であるからこそ當麻曼荼羅の中台には十六観の各観に説かれる阿弥陀浄土の景や仏菩薩の姿が、余すところなく造形化されているのである。したがって、當麻曼荼羅の中台の図様解釈は、〝何をあらわしているか〟という形態名称による図様解釈（図1）とは別の視点で、〝十六観の何観に照応するか〟という視点による解釈が可能となろう（図3）。そして、唐代西方浄土変の成り立ちから考えるならば、『観経』十六観で読み解く後者の図様解釈の方が、當麻曼荼羅中台の本来的意義をより正確に捉えていると思われる。

さらにいえば、當麻曼荼羅の外縁部（右縁・左縁・下縁）の区分が善導疏に則っていることは事実であるが、そこにあらわされている各図相そのものは、日観三障以外はすべて、善導疏というよりは『観経』の経文にもとづい

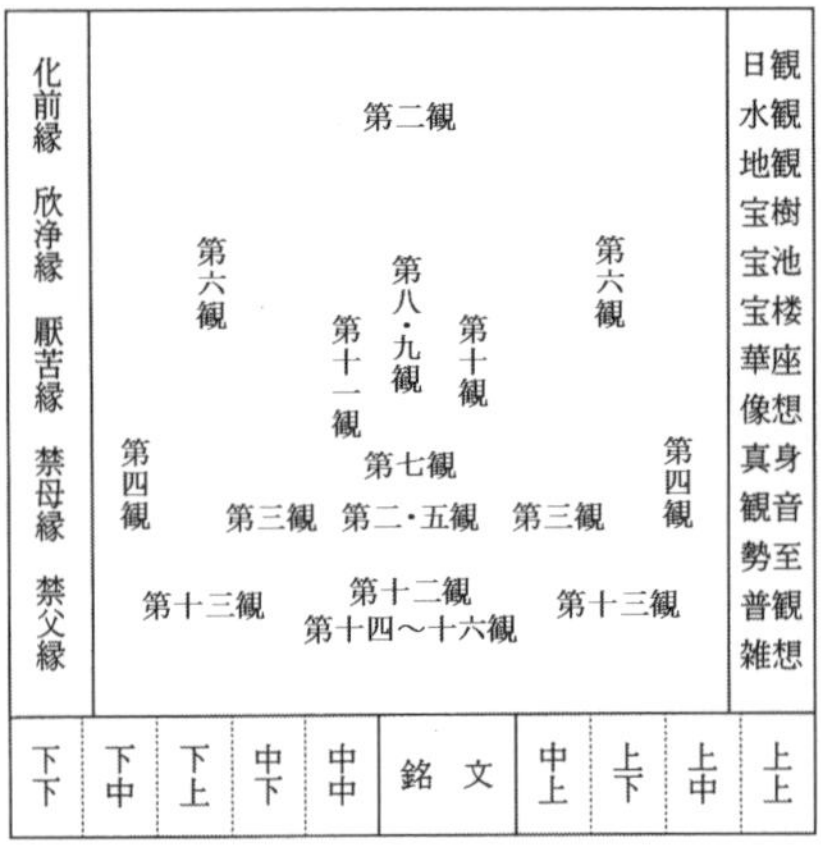

図３　當麻曼荼羅の図様解釈
（中台を『観経』十六観で解釈）

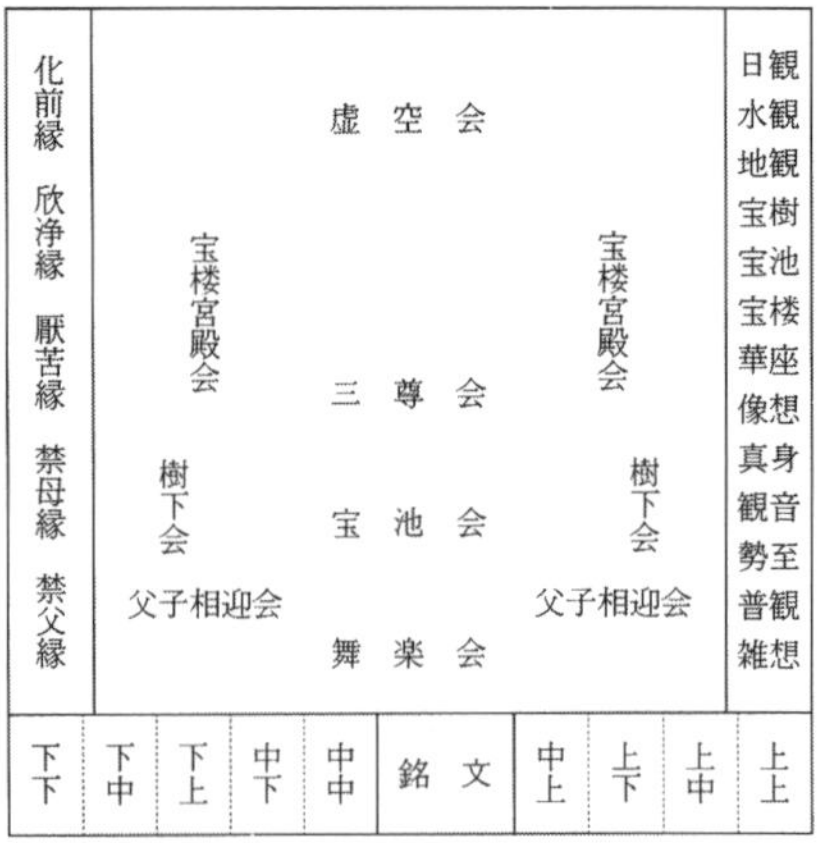

図１　望月信亨氏による當麻曼荼羅の図様解釈
（中台を『法事讃』や『般舟讃』で解釈）

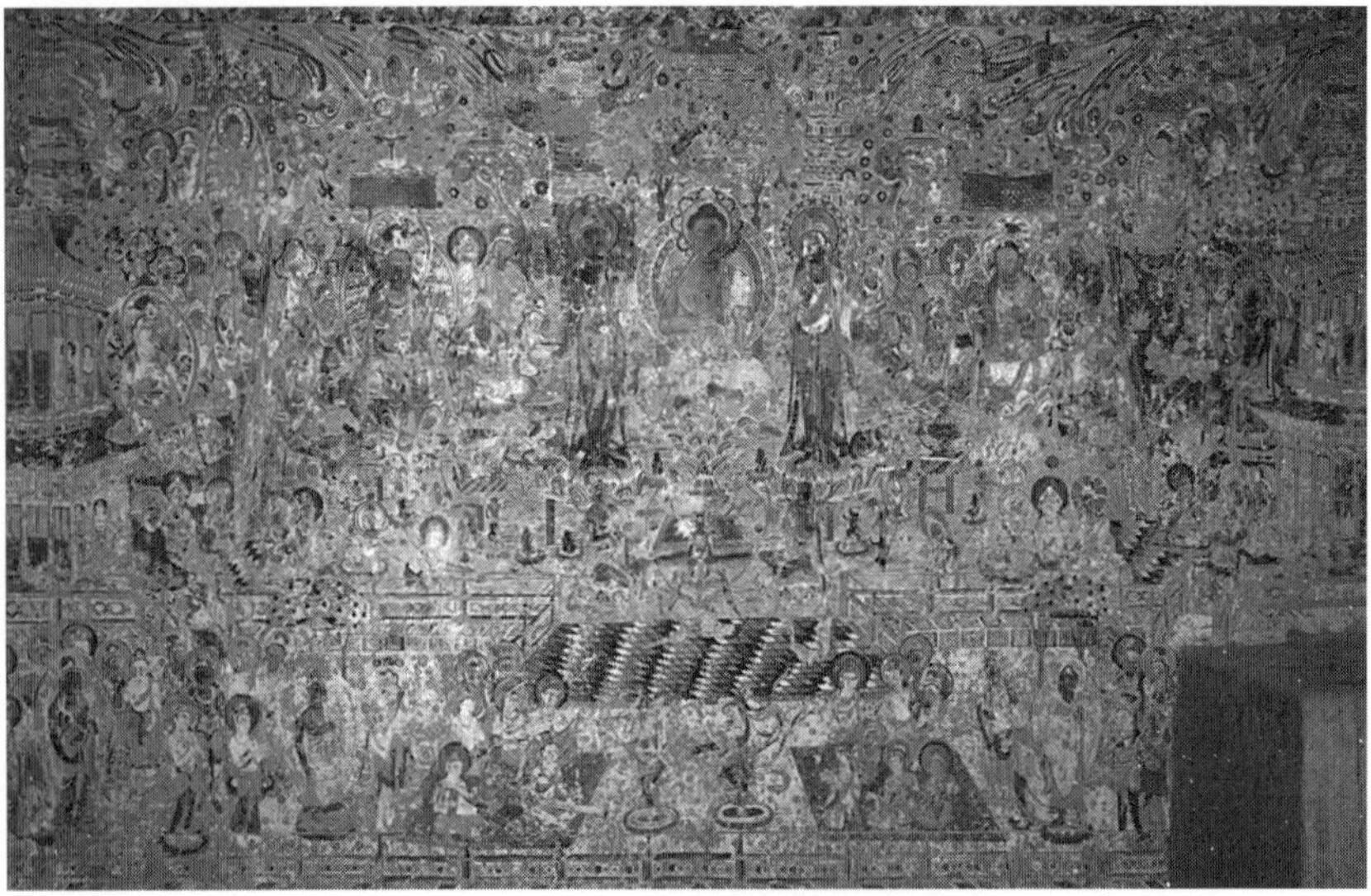

図２　莫高窟第220窟　西方浄土変

ている。これは善導疏の十六観に関する記述のなかで、図像表現に関わる独自の見解が日観三障以外にはみられないことに由来する。また、當麻曼荼羅中台の図相が、善導以前から成立していた唐代西方浄土変を継承していることも先述のとおりである。したがって當麻曼荼羅の図相は、中台・外縁ともに第一義的にはあくまでも『観経』の内容をあらわしたものであり、それを外縁部にみるごとく善導の『観経』理解にそって整理したものであるということになろう。では、他の外縁付の作例についてはどうであろうか。次節では、この点について検討してみたい。

三　唐代西方浄土変に及ぼせる善導の影響

敦煌から二十世紀初頭に発見された西方浄土変の諸作例について、外縁部のない浄土変のみの作例は善導の影響を受ける以前のもの、一方、外縁部を有する作例は善導の影響を受けたものとする見解が、河原由雄氏や勝木言一郎氏によって提示されてきた[18]。これは外縁部を有する西方浄土変の一つである當麻曼荼羅が、善導の思想に合致することを前提としたものにほかならない。しかし、外縁部を有するからといって、直ちに當麻曼荼羅と同じく善導の影響を受けているとみなしてよいのであろうか。當麻曼荼羅に善導の影響が認められるからといって、他の外縁付の作例もひとしなみに扱ってよいのであろうか。この問いに答えるためには、當麻曼荼羅と善導とを結び付ける要素とされてきたものが、現存する唐代西方浄土変の諸作例に見出せるか否かを検討する必要がある。

『歴代名画記』巻三や『寺塔記』（『酉陽雑俎』続集巻五・巻六所収）などの唐代の文献には、長安や洛陽の錚々たる寺院の壁に、他の画題と並んで数多くの西方浄土変が描かれていた様子が書き留められている。しかし、それらに記された唐代西方浄土変を代表する作品の数々は、打ち続く戦乱や会昌の廃仏等を経てすべて失われてしまった。

その空隙を埋めるのが、河西回廊の西端に位置し中央から遠く隔たった、敦煌の地で発見された壁画や絹本画である。敦煌莫高窟で発見された唐代の西方浄土変は、優に百例を超しており、現存作例の大半を占めている。とくに初唐期の現存作例は、莫高窟にほぼ限られている。その他には、四川の摩崖造像に盛唐から中唐期の作例が数例残るのみである。[19]したがって、現存作例の分布に著しい偏りのあることは否めない。しかし、これら敦煌と四川の現存作例が唐代西方浄土変の実態の一端を示す資料であることに違いない。そこで以下、現存作例の地理的偏りを念頭に置いたうえで、順に検討していきたい。

前節までにみてきたように、當麻曼荼羅の図相と善導の著作とを結び付ける根拠として、積極的にその意義を認めうるのは、外縁部における（一）三方の区分、（二）日観三障の表現、の二点に集約される。そこで本節では、唐代西方浄土変の現存作例に、善導の影響を示すこれら二要素が見出せるか否かについて検討し、唐代西方浄土変に及ぼせる善導の影響の実態を考えてみたい。そのうち外縁三方の区分については、十六観を前十三観の定善義と後三観の散善義とに分けているかどうかという点に注目し、日観三障については十六観冒頭の日想観図のなかに三障雲が描かれているかどうかをみていくこととする。

（一）　十六観図の区分

中国の現存作例のほとんどが、十六観表現に定善義（前十三観）と散善義（後三観）の区別を設けていない。大半の作例では、十六観をひとまとめに扱うか、左右に八観ずつ振り分けるなどしてあらわしている。以下では、ごく少数であるが、善導疏の区分に合致する作例からみていきたい。

〈善導疏と一致するもの〉

莫高窟に現存する外縁付の西方浄土変[20]は約百例を数えるが、そのうち外縁の十六観の区分が善導疏に一致しているものは、わずか三例にとどまる。

莫高窟第四三一窟（初唐）[21]

北魏時代の開鑿になる中心柱窟であるが、初唐期に窟底を掘り下げる改修が加わっている。窟底を掘り下げたことによって新たにできた壁面のうち、中心柱に相対する北・西・南の三壁の帯状画面に、『観経』所説の未生怨説話図と十六観図を描く。浄土変を伴わず『観経』所説の図相のみを配した現存唯一の例であるとともに、未生怨説話図と十六観図の現存最古の例であり、唯一の初唐の遺例でもある。

北壁には阿闍世太子による父母幽閉から釈迦による十方国土の出現までをあらわす。続く西壁には、説法図三面について、十六観のうちの初観から第十三観までの図を、細い朱線で区切られた格子状区画のなかに個別に描く。南壁には十六観のうちの残る第十四観から第十六観に相当する九品来迎図を、十場面に分けたなかに描く。これら北・西・南の三壁のうち、西壁から南壁にわたる十六観図の分け方は善導疏の定散の区分と一致している。

なお、仏教的な本義からすれば中心柱窟の周りは右遶して礼拝するため、中心柱に相対する三壁の壁画は南から西さらに北へと、左から右へ画面が展開していくように描かれるべきところであるが、ここでは絵巻物と同様に右から左に描かれており、もはや右遶の意義は考慮されていないことが分かる。

莫高窟第四五窟（盛唐）（図4）

盛唐期の覆斗式窟の北壁全体に、外縁付の西方浄土変を描く。浄土変の向かって右側（東側）に未生怨説話図、左側（西側）に十六観図のうちの初観から第十三観までを描く。後三観については、画面下部の損壊により、浄土変の下縁に九品来迎相として描かれていたのか、あるいは下縁はなく浄土変中の九品往生相で後三観を代表させていたのか、確認することはできない。しかし、浄土変の残存状況からみて恐らくは後者ではなかったかと推測され、後掲の第一四八窟と同様にもともと下縁部をもたず、浄土変の左右にのみ外縁部がつく形式であったと考えられる。十六観図は、格子状に各場面を区切ったなかに描かれるのではなく、条幅状の細長い画面全体のなかに山などで場面を仕切りながら各図が配置されている。これは格子状区画の作例よりも絵画的に進んだ形式であり、時期的に下る作例の特徴を示している。ただし、十六観の区分は當麻曼荼羅と同じく善導疏に合致している。

莫高窟第一四八窟（盛唐）（図5）

大暦十一年（七七六）頃に李大賓によって造営された「李家窟」[22]。壇上に塑像の涅槃像を安置する涅槃窟である。東壁の門口南側上部に外縁付の西方浄土変を描く。外縁は浄土変の左右にのみ付属し、向かって左側（北側）に未生怨説話図、右側（南側）に初観から第十三観までの図を描く。十六観のうち後三観は、浄土変の下縁に独立した形では描くのではなく、浄土変内部の蓮池中に九品往生相としてあらわしている。

〈善導疏と一致しないもの〉

敦煌の現存作例中、善導疏に合致しないものは枚挙にいとまがないが、ここでは制作時期の早い代表的作例に

図４　莫高窟第45窟　西方浄土変

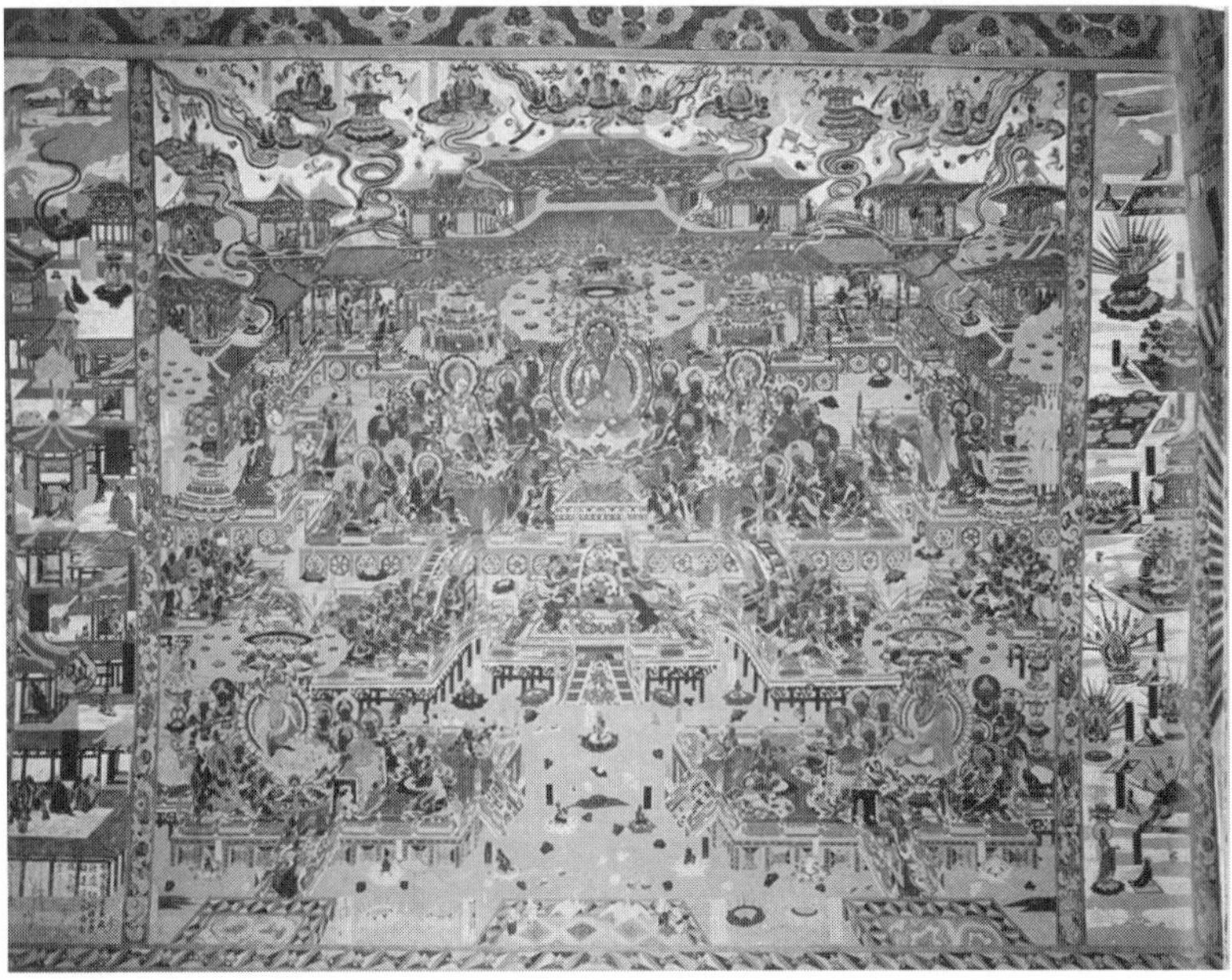

図５　莫高窟第148窟　西方浄土変

絞ってみてゆきたい。また管見によれば、四川省成都市近郊の邛崍地区に、中唐期と目される外縁付の西方浄土変が、盤陀寺と花置寺に一例ずつ現存する。やや時代の下る作例ではあるが、敦煌以外での状況を伝える作例として、あわせてみておきたい。

莫高窟第六六窟（盛唐）（図6）

北壁全体に外縁付の西方浄土変を描く。浄土変の向かって左側（西側）に、右列九段、左列七段の二列にわたって十六の格子状区画を設け、十六観の各図を描く。配列は右上から始まる蛇行配列になるが、七段目の第十三観と第十四観の位置のみ、変則的に逆の配置となっている。これは第十四観から第十六観の三輩観の三図が、縦に一列に並ぶよう意図したためと考えられる。本図は格子状区画という画面形式に示されているように、莫高窟の十六観図のなかでも早期の作例の一つであるが、十六観に定散の別を設けず、ひとまとまりとしてあらわしている点は注目に値する。

莫高窟第一七一窟（盛唐）（図7）

正壁である西壁を除いた北・東・南の三壁すべてに、各壁面いっぱいに外縁付の西方浄土変を描く。そのうち東壁は門口が開かれているため、やや横長の画面になる。いずれも浄土変の左右に格子状の区画を設け、未生怨説話図と十六観図を描くほか、浄土変の下縁に設けた格子状区画に九品来迎図を描く。北壁と東壁とは、未生怨説話図と十六観図の左右の位置が一致しており、前者を浄土変の向かって右側に、後者を左側に描いている。それに対して、北壁と向かい合う南壁ではそれらの配置が逆になっており、さらには未生怨説話図と十六観図の各図を構成す

図６　莫高窟第66窟　西方浄土変

図７　莫高窟第171窟北壁　西方浄土変

る格子状小区画の配列までもが鏡映しのように北壁と相対するよう図られている（ただし、各図の図相は反転させない）。三面とも図像は基本的に共通している。以上の状況から、これら三面の西方浄土変は同一の粉本をもとに、しかも恐らくは北壁が基本となって描かれたと推測される。

十六観図は三列六段の格子状区画、計十八面に描かれている。十六観の排列は、最下段を除いた三列五段十五区画のなかに、浄土変に近い側から順に一列目には初観から第五観、二列目には第六観から第十観、三列目には第十一観から第十五観までが描かれており、最下段の三区画には第十六観と思しき同図様の図が三面並んで描かれている。したがって、本図もまた早期の十六観図の例ではあるが、十六観のなかに区別を設けずに描いているということになる。

なお、本窟では浄土変の下縁に九品来迎図が描いているだけでなく、さらに浄土変のなかにも九品往生相とその傍らにそれぞれ飛雲上の阿弥陀聖衆を描き、浄土に帰着した場景をあらわしている。[23] したがって本窟の西方浄土変は、第十四観から第十六観の内容を、①浄土変左縁（あるいは右縁）の十六観図の一部、②浄土変下縁の九品来迎相、③浄土変中の九品往生相、④浄土変中の九品の帰着相、として形を変えながら重複して描いているということになる。現存する敦煌の作例中でも、最も描写の細かい作例である。

莫高窟第一二〇窟（盛唐）

南壁に外縁付の西方浄土変を描き、その左右両辺に格子状の小区画を八画面ずつ設け、十六観図をあらわす。未生怨説話図および九品来迎図はあらわさず、浄土変の外縁に十六観図のみを描いた作例。『西陽雑俎』続集巻五、『寺塔記』上にいう、長安の趙景公寺の三階院西廊下に范長寿が描いた「西方変及び十六対事」とは、このような作例であったのではないかと思われる[24]。なお、如上の作例では、十六観図の排列および図様は『観経』に則っているが、本図では十六観の図様には重複や排列の乱れがあり、経典からの乖離がみられる。これは以後の敦煌の作例に継続してみられる傾向であり、本図はその初期の一作例である[25]。いずれにせよ、本図は十六観を左右に八場面ずつ振り分けただけで、十六観に定散の区分を設けていないことは明らかである。

莫高窟第二一七窟（盛唐）（図8）

北壁に外縁付の西方浄土変を描く。下縁から浄土変の左側（西側）にかけて、未生怨説話図を描き、浄土変の右側（東側）に十六観図をあらわす。外縁を浄土変の三方（左右下）に設ける点は當麻曼荼羅と共通するが、その区分や描き方は全く異なっている。本図は、条幅状画面のなかに十六観図を描いた新しい形式の作例の一つであり、十六観に区別を設けず十六場面をすべて一幅の条幅状画面のなかに描き込んでいる。ただし、本図の十六観図もまた『観経』からは逸脱している。

莫高窟第三二〇窟（盛唐）（図9）

北壁に外縁付の西方浄土変を描く。外縁は浄土変の左右両辺に付属し、十六観図はそのうち左側（西側）に一括して描かれている。十六観の各観の表現はいたって簡素になり、最上部の日想観のみは奥行きある山水表現を伴うものの、他は余白にごく薄く緑青を引き草花を描いただけの、ほとんど空白に近い背景のなかに各観を点々と図案的に配している。『観経』からの逸脱は一層進み、宝池中の円輪や宝幢など、十六観としての意味をなさない図像が混じる。

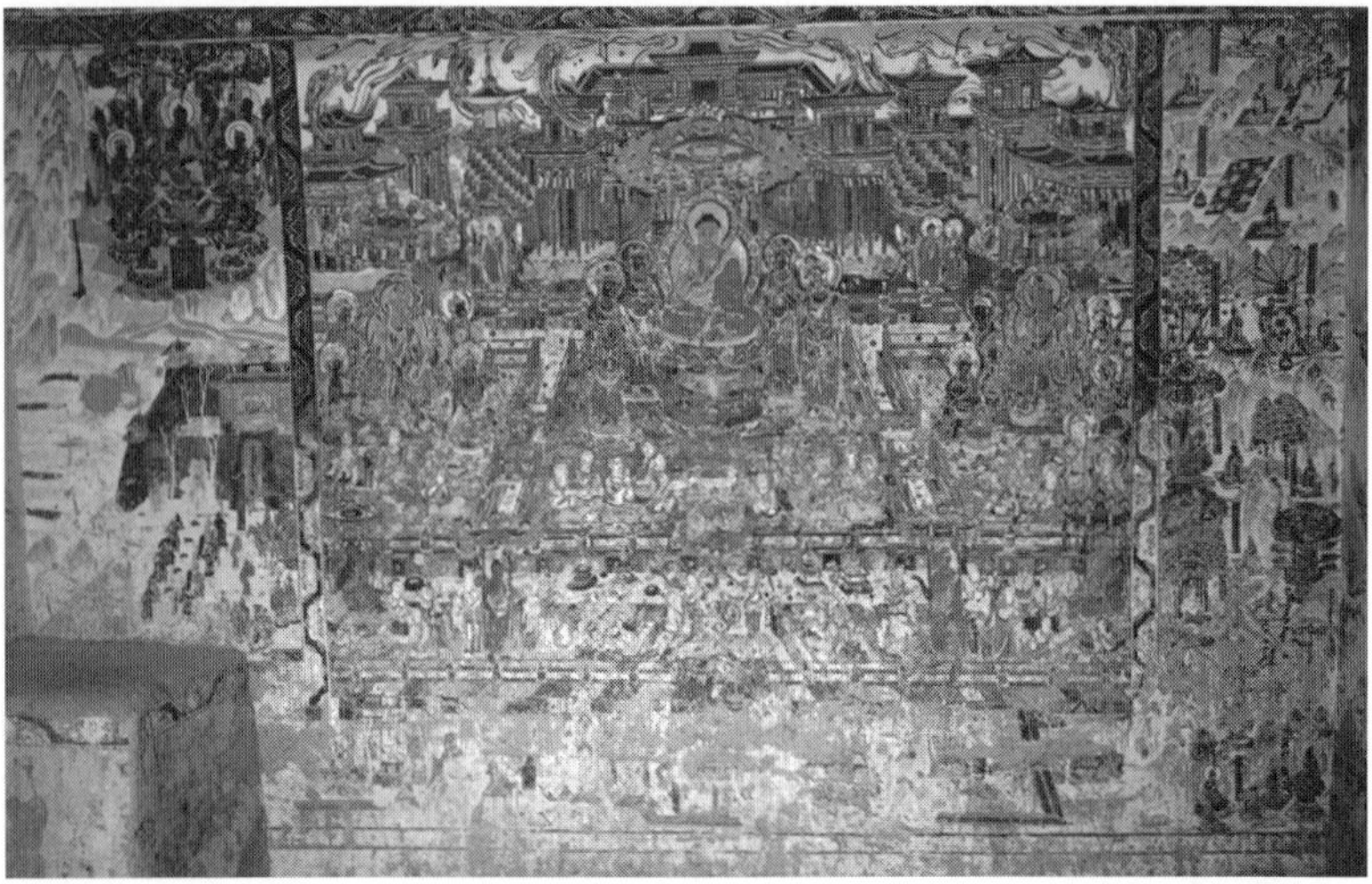

図８　莫高窟第217窟　西方浄土変

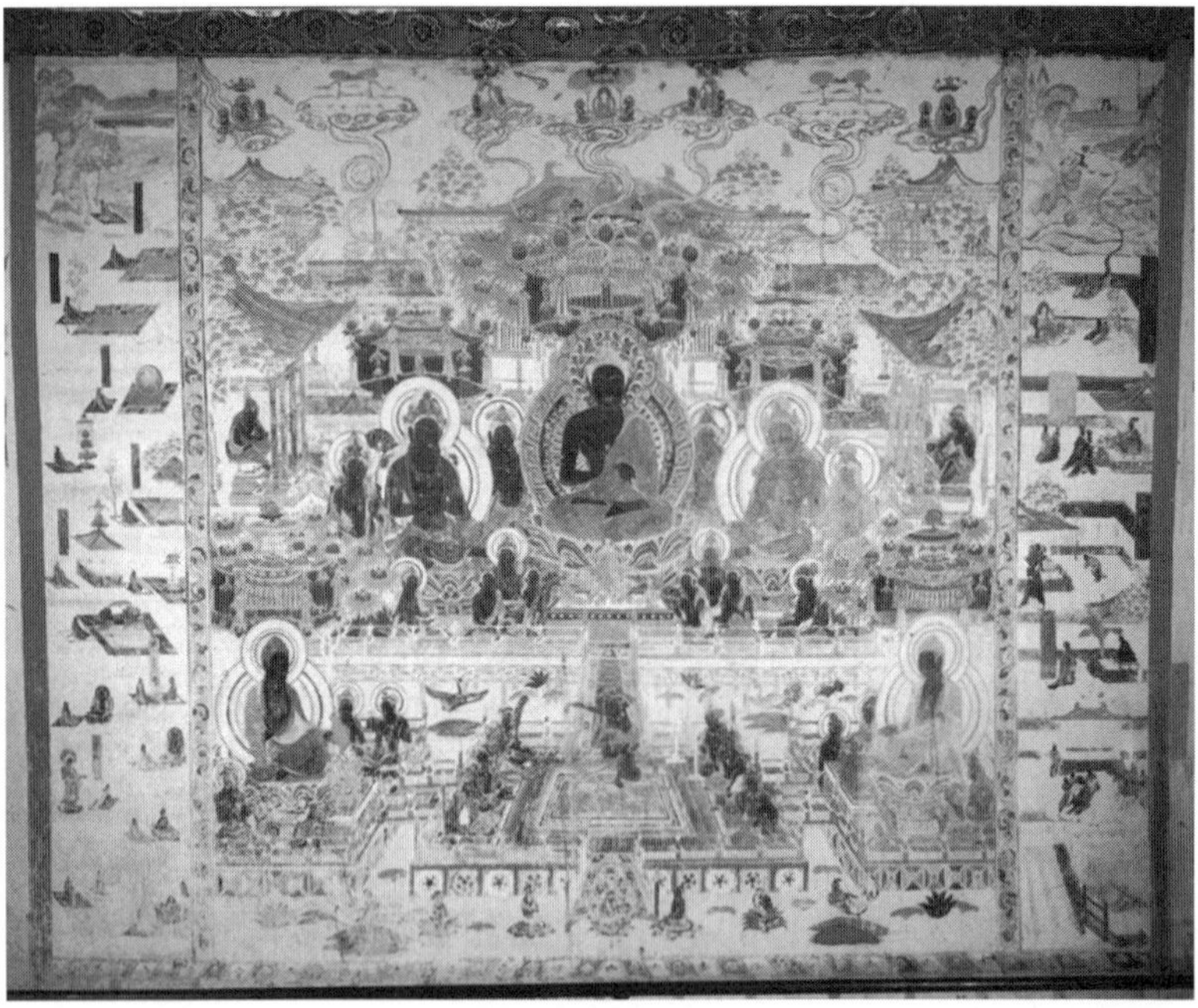

図９　莫高窟第320窟　西方浄土変

図10　盤陀寺第3号龕
西方浄土変龕

図11　花置寺第11号龕
西方浄土変龕（部分）

四川・盤陀寺第三号龕[26]（中唐）（図10）

西方浄土変をあらわした内龕の龕口部左右に各九区画の格子状画面を設け、最下部には左右とも蓮華を浮彫し、残る左右八区画ずつに十六観をあらわす。各区画には韋提希夫人を大きくあらわし、その脇に観想の対象を小さく配する。風化や破損および着苔のため図様は詳らかにしがたいが、十六観に定散の区別を設けていないことは明らかである。

四川・花置寺第一一号龕[27]（中唐）（図11）

内龕に西方浄土変を半肉彫であらわし、龕口部左右壁に十六観を浮彫する。龕の下部は全体的に風化や着苔により損傷し、とくに右壁において著しい。現状では龕口左壁に格子状区画を八区画、右壁に九区画を縦一列に設けていることが確認できる。もとは左右とも九区画ずつあったものと思われる。盤陀寺第三号龕と同様に、最下部には蓮華をあらわし、十六観を左右に八区画ずつ振り分けて浮彫していたものと思われる。

以上から、中国に現存する作例に徴する限り、十六観に定散の区別を設けている作例、すなわち善導疏に準じている作例はごく少数にとどまっているといわざるをえない。もちろん、そのようななかでも確かに善導の教義に合致した作例が見出せるのであり、いうまでもなく日本に伝来する綴織當麻曼荼羅もまた善導の教義に則っている。したがって、善導の教義に則った外縁付の西方浄土変が唐代に制作されていたことは事実であるが、その影響はかなり限定的なものにとどまっていたのではないかと考えられる。

従来の西方浄土変研究では、専ら善導がその発展と流布に寄与した人物として注目されてきた。これは法然の

「偏に善導一師に依る（偏依善導一師）」（『選択本願念仏集』第一六章段）との言に代表されるごとく、日本浄土教において善導の教学が尊重されてきたことが、その第一の理由と考えられる。さらに善導が生涯において『阿弥陀経』の書写とともに西方浄土変の制作を数多く行ったと伝えられること、また現に綴織當麻曼荼羅の図相に善導教義との一致が見出されたことが、その大きな要因となっているものと考えられる。しかして唐代西方浄土変に生じた画面上の変化、つまり浄土変のみの形式から浄土変の外縁に説明的図相が付属する形式への変化というものが、善導の影響を受けて生じたと解され、外縁を有する作例を「善導系」とみなす見解が提示されてきた(28)。しかしながら、すでにみてきたように外縁は付属していても十六観の扱いが善導疏とは一致しない例の方が圧倒的に多く、外縁が付属するからといって善導の影響を受けているとは必ずしもいえないのである。

（二）日想観の表現

次に、初観の日想観図のなかに黄・黒・白の三障雲が描かれているかどうかについて、中国の現存作例をみておきたい。管見の限りでは、現存作例中に三障雲を描いていた可能性のある例は莫高窟第一四八窟の一例のみにとどまり、他に見出すことはできなかった。そこで以下、前項で取り上げた作例について、日想観の表現を順にみてゆきたい。なお、四川の摩崖造像は、十六観の冒頭に位置し最上部にあらわされる日想観の風化が著しく図像が確認できないため、考察の対象から除外する。

〈善導疏と一致する可能性が考えられるもの〉

壁画の場合、経年による変色や摩耗も考慮する必要があり、とくに鉛白を用いた場合は黒変することが知られて

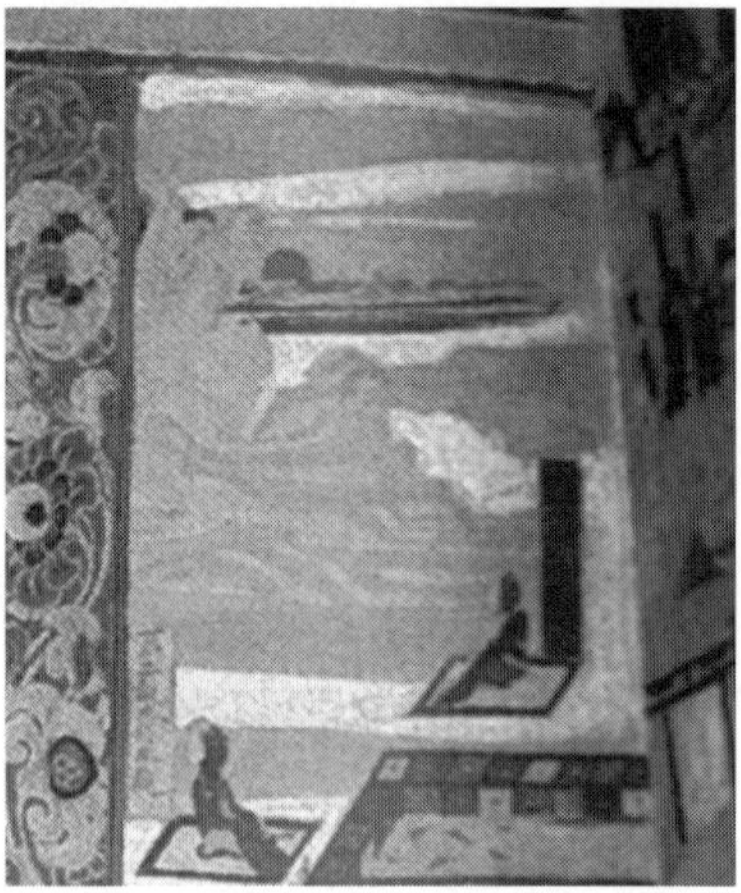

図12　莫高窟第148窟　日想観図

いる。したがって、三障雲の黄・黒・白の各色を壁画の上に見出すことは難しい。そうしたなかで雲の形状等から三障雲を意図した表現の可能性がかろうじて考えられ得るのは、莫高窟第一四八窟の一例である。

莫高窟第一四八窟（盛唐）（図12）

褥の上に坐す韋提希夫人の前に山並みが連なり、その上空にたなびく雲の上に夕日を描く。夕日の下半分は雲に隠れている。雲はすべて黒色と化しており、現状では黄色および白色は認められず、三障雲であるとは断定しがたい。ただ、白は上述の黒変の可能性があり、黄は植物系染料であることから褪色し、黄をのせる前に賦彩した白が同じく黒変した可能性が考えられる。また、雲によって夕日が半ば隠されていること、雲が横に三筋描かれているらしいこと、十六観の区分が善導疏に合致していること、十六観の各観の表現も正確であることなどから、三障雲を意図していた可能性がある。

〈善導疏と一致しないもの〉

先述の第一四八窟以外の作例では、三障雲を意図していないことが明らかである。ここに挙げるのは写真図版が公刊されている代表作例に限られるが、具体的な様相の一端として順にみてゆきたい。

莫高窟第四三一窟（初唐）（図13－a）

褥の上に坐す韋提希夫人の前に、重畳する山を描く。画面左上にうっすら赤く彩られた楕円形が見て取れる。これは画面右上に描かれる蓮華の蕾とは異なり明確な輪郭線をもたないことから、蓮華ではなく山の端に沈みゆかんとする夕日を描いたものと思われる。いずれにせよ雲そのものを描いておらず、三障雲と思しき表現はない。

莫高窟第四五窟（盛唐）（図13－b）

地面に直接坐した韋提希の上方に折り重なる山を描き、その山並みの上に半ば沈んだ夕日をあらわす。雲は描いておらず、したがって三障雲の表現はない。

莫高窟第六六窟（盛唐）（図13－c）

褥に坐す韋提希の前方に山、さらにその前方上空に雲と沈みゆく夕日を描く。雲は、四本の横線とその間に小三角形を配した古様な表現である。夕日からは放射状に光が発し、夕日のなかには太陽を象徴する三足烏を描く。三障雲の表現はみられない。

莫高窟第一七一窟（盛唐）（図13－d）

画面左下に屋内の牀に坐す韋提希を描き、画面上部には左側に遠山を、右側に雲と夕日を描く。雲は第六六窟と同様の、横線と三角形を配した古様な雲と、その下に雲塊を配しており、遠雲と近雲との違いをあらわしているものと思われる。(29) 放射状に光を発する夕日の中には簡略化した三足烏を白抜きであらわす。雲は夕日にかかっておら

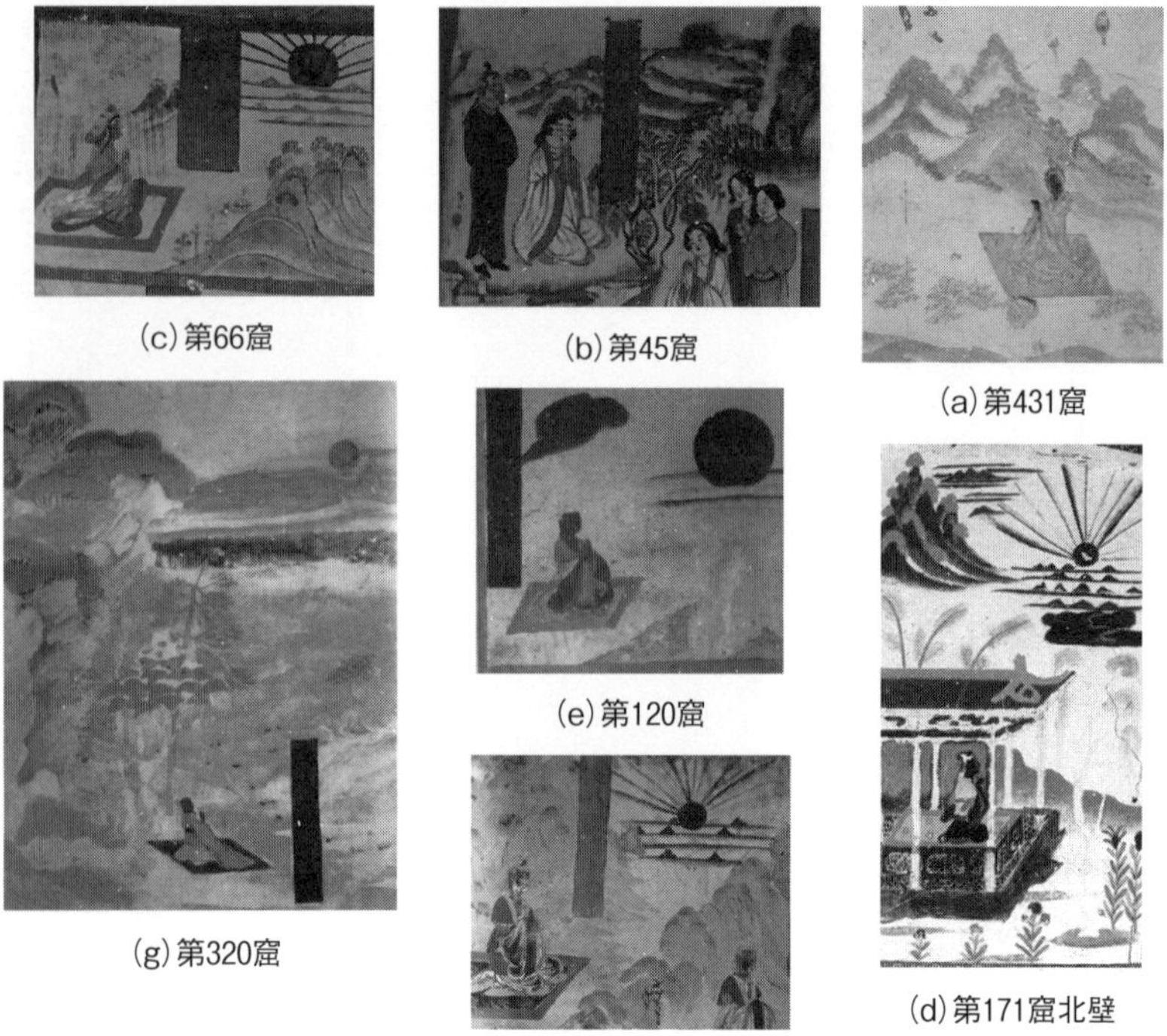
(c)第66窟　(b)第45窟　(a)第431窟
(g)第320窟　(e)第120窟　(d)第171窟北壁
(f)第217窟

図13　莫高窟の日想観図

ず、三障雲の表現はない。

莫高窟第一二〇窟（盛唐）（図13－e）

褥に坐す韋提希の前方に低い山を描き、その上部にたなびく雲を四本の横線を引いてあらわし、そこに大きな夕日を描く。韋提希の頭上に雲塊を描く。三障雲の表現はみられない。

莫高窟第二一七窟（盛唐）（図13－f）

褥に坐す韋提希の背後と前方に、それぞれ重なり合う山を描き、それらの間に横線と三角形であらわした古様の雲を配し、その中に光線を放つ夕日を描く。夕日は全体が姿をあらわしており、中に三足烏を描く。三障雲は描かれていない。

莫高窟第三二〇窟（盛唐）（図13-g）

崖下の樹の傍らで褥に坐す韋提希の前方上部に遠山を描き、その上に、空を赤く染めた夕日を描く。雲は夕日の背後に二本の横線であらわされるのみで、夕日は日輪全体が描かれており、三障雲は表現されていない。

以上、日想観に関しては、第一四八窟の一例に三障雲が描かれていた可能性がかろうじて考えられるのみで、その他は全く三障雲が描かれていない。これは当該図像が十六観図のなかの日想観図という細部に関わる表現であることから、よほど意識的でなければ抜け落ちてしまったものと思われる。とまれ、善導と當麻曼荼羅とを結び付ける要素として日本で重要視されてきた三障雲の表現であるが、敦煌の現存作例にはほとんど認められないのである。この点からも、外縁が付属するからといって直ちに善導の影響を受けて制作されたものであるとはいえず、むしろ善導の影響というものを積極的に物語る要素は見出しがたいということになる。したがって、敦煌という地理的状況を考慮してもなお、善導の影響はかなり限定的であったと考えざるをえまい。

四　善導時代の西方浄土変と実際寺織成像

唐代西方浄土変と善導との関係について、これまで両者を結び付けてきた根拠を改めて洗い出し、そのうえで莫高窟壁画などの現存作例との比較から、唐代西方浄土変における善導の影響の実態について改めて考えた結果、善導が及ぼした影響というものはかなり限定的なものであったことが判明した。しかしながら、綴織當麻曼荼羅には、確かに善導の影響が顕著に見出せる。このことをいかに理解すべきであろうか。また、西方浄土変に外縁が付属するにいたった契機に、善導の影響はあったのであろうか。そもそも善導自身が目にし、かつ制作した西方浄土変はどのような姿のものであったのか。最後に、これらの諸点について若干の考察を加えてみたい。

まず、善導時代の西方浄土変について。莫高窟の初唐期の作例中、窟内の銘文により制作年代が明らかな基準作例に、貞観十六年（六四二）頃の莫高窟第二二〇窟（図2）と垂拱二年（六八六）頃の第三三五窟（図14）の二作例がある。いずれも外縁をもたない浄土変のみの作例である。ここで注意したいのは、後者の第三三五窟の作例が明らかに阿弥陀浄土をあらわしていながら、当時流行していた菩提瑞像の影響を受け、胸飾や臂釧で飾られた触地印如来像を中尊として描いている点である[30]。これは当時制作された菩提瑞像のなかでも、かなり早い例の一つであり、つまり本作例からは、当時の敦煌での作画活動が長安や洛陽の流行を速やかに、かつほとんど直接的といってよいほどに反映したものであったことがうかがえる。ところがこの本作例に、いまだ外縁が付属していないのである。これは六八六年あるいはそれ以前の長安や洛陽で、外縁付の作例がまだ造られていなかった可能性を示している。年紀はないものの同じく則天武后期の作例と目される第三二一窟の西方浄土変（図15）が外縁をもたないこともまた、この推測を裏付ける。

第三三五窟の西方浄土変が描かれた六八六年頃といえば、善導示寂の永隆二年（六八一）からすでに数年が経過している。さすれば善導自身が目にし、また制作に携わった西方浄土変は、外縁をもたない形式のものであったに相違あるまい。このようにみてくると、西方浄土変に外縁が付属するにいたった変化の背後に、善導自身による直接的な関与を認めることは難しいということになろう。それでは、西方浄土変に外縁が付加されるようになったのはいつ頃であろうか。そして、その契機は何だったのであろうか。

先述したように、莫高窟における外縁付の西方浄土変のうち時期の早いもの、換言すれば外縁付の西方浄土変が

図14　莫高窟第335窟　西方浄土変

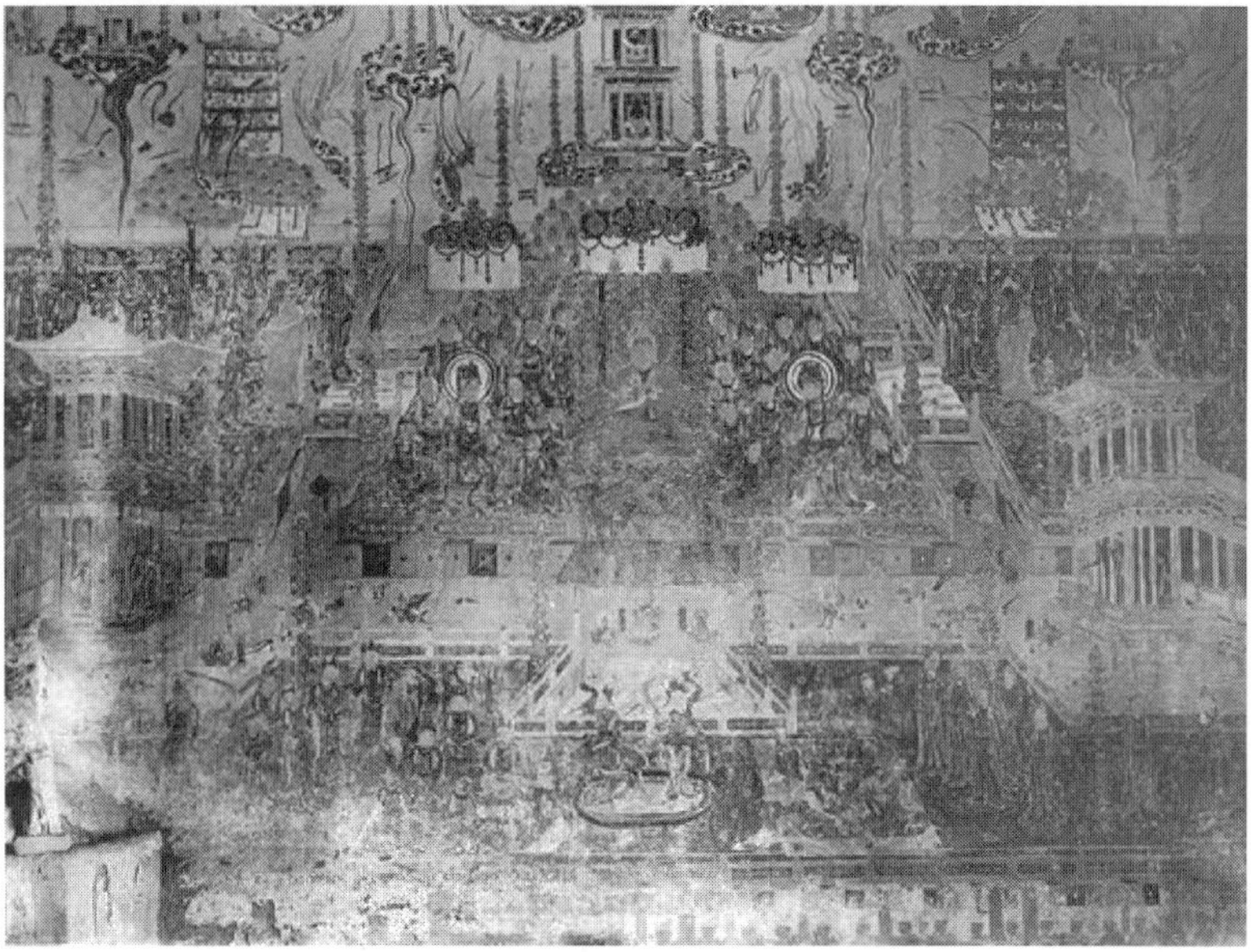

図15　莫高窟第321窟　西方浄土変

制作され始めてからまだ日が浅い頃の作例では、十六観の画面形式も配列も、また各観の図様表現も多様で変化に富んでいた。そうした多様な作例のなかには十六観の表現が善導疏に合致しているもの（第四三一窟）とそうでないもの（第六六窟・第一七一窟）とが混在していた。こうした状況からは、外縁付の西方浄土変として当時、様々なバリエーションが生み出され流布していたことがうかがえる。そして、その多様なバリエーションのなかに、善導疏に一致する、いいかえれば善導の影響を受けた作例が含まれていたということになろう。

そこで注目されるのが、長安の実際寺浄土堂に安置してあったという「織成像」である。これは「大唐実際寺故寺主懐惲奉勅贈隆闡大法師碑銘幷序」(31)（以下、「隆闡大法師碑」）に記されているもので、旧稿で論じたように、この実際寺浄土堂には阿弥陀三尊像が安置してあり、そこに懸けられていた「織成像」とは綴織の西方浄土変であったと考えられる(32)。碑文からその制作時期は、懐惲（六四〇〜七〇一）が勅を奉じて実際寺の寺主となった永昌元年（六八九）以降、大足元年（七〇一）の入寂までの間であることが知られるが、興味深いことに、その制作時期はちょうど敦煌における外縁のない作例（第三三五窟）と外縁が付属する作例（第二一七窟）との中間に当てはまる(33)。つまり、西方浄土変に外縁が付属し始めた時期と、実際寺織成像の制作時期とが重なっているのであり、さらにいえば、外縁付の西方浄土変の魁として、実際寺織成像がその流布に寄与した可能性が浮かび上がってくる。

実際寺は隋の創建になり、善導自身もかつて止住した京師の名刹であった(34)。織成像を造った懐惲は善導に師事し、「一たび妙旨を承けてより、十有餘齢、秘偈真乗、親しく付属を蒙る(35)（一承妙旨、十有餘齢、秘偈真乗、親蒙付属）」と評されたほどに善導の浄土思想を親しく学び、また実際寺の寺主となってのちも「毎に観経・賢護・弥陀等の経を講ずること、各おの数十遍なり(36)（毎講観経・賢護・弥陀等経、各数十遍）」と録されるように、『観経』を盛んに講説していた人物であった。また、懐惲は則天武后の勅により実際寺の寺主となったこと、寂後にやはり則天武后の勅により「隆闡大法師」と追贈されていること、さらに実際寺の浄土院は「京城の最妙為り（為京城之最妙）」[37]と讃えられるほど豪奢なものであったことなどを勘案すれば、懐惲によって制作された織成像は、当時最新の外縁付のものであった可能性が高く、善導直伝の浄土思想にもとづいた図様を、一流の技術をもって織りあらわしたものではなかったかと考えられる。

無論、実際寺の織成像が外縁付の西方浄土変の最初の作例であったとまではいいきれないが、少なくとも最初期の作例の一つであったことは間違いない。それが衆目を集め得る諸条件を備えた都の名刹中の優品であったことを考えれば、当時の西方浄土変全般に与えたインパクトは決して小さいものではなかったはずである。そのインパクトが画面の細部までをも規定する類のものでなかったことは敦煌の現存作例から明らかであるが、少なくとも外縁付の西方浄土変が流行する機縁の一つとなったことは容易に想像される。その意味で、善導の浄土思想は間接的にではあるが外縁付西方浄土変の流布に寄与したとみることができるであろう。

おわりに

唐代西方浄土変と善導の関係について、西方浄土変の図相に及ぼせる善導の影響の実態と、善導時代の西方浄土変という二側面から考察してきた。その結果をまとめれば、以下のようになろう。

日本に伝わる綴織當麻曼荼羅は善導の教説に合致しており、善導の思想がある時期、特定の西方浄土変制作に影響を与えたことは事実である。しかしながら、綴織當麻曼荼羅の中台の典拠を善導の著作に求めることはできず、むしろ逆に、善導以前にすでに成立していた唐代西方浄土変の図相が善導の著作に影響を与えたと考えられる。したがって、これまで善導の著作との一致が声高に主張されてきた綴織當麻曼荼羅の図相であるが、実際に両者の影響関係を明確に指摘しうる共通点は、『四十八巻伝』に「序正三方の縁のさかひ、日観三障の雲のありさま」と記される、外縁における定散の区分と日観三障の表現という二点に集約されるといってよい。

ところが敦煌や四川に残る現存作例では、そうした善導の影響関係を物語るものはわずかで、善導が西方浄土変の図相に及ぼした影響はかなり限定的なものにとどまっていたと考えられる。したがって、外縁付の西方浄土変を即「善導系」とみなすことはできず、綴織當麻曼荼羅のような「善導系」の作例は、唐代に生み出された西方浄土変の多彩なバリエーションのなかの一つにすぎないということになろう。

さらに、西方浄土変に外縁が付加されるようになった時期は善導没後と考えられる。その新形式の西方浄土変の流布に弾みをつけたのは、善導の弟子である懐惲が制作し、実際寺浄土堂に懸けられていた織成像であったと推測される。この実際寺の織成像こそは、恩師善導を顕彰した懐惲にふさわしく、善導の浄土思想に則った『観経』の説明的図相を外縁に付加した西方浄土変ではなかったかと思われる。

このように懐惲を介して、善導の浄土思想は間接的にではあるが唐代西方浄土変の展開に寄与したと考えられる。ただし、敦煌の遺例からうかがえるその影響の実態とは、『観経』諸説の説明的図相を浄土変の外縁に付加するという大まかな形式的特徴のレベルにとどまり、図相の細部までをも厳格に規定する類のものではなかったということになる。

そのようななかにあって善導の浄土思想に見事に合致する綴織當麻曼荼羅こそは、他に類をみないほどに正確な図相や卓越した織技からみても、また善導の浄土思想にもとづいて整理された画面からみても、まさしく実際寺織成像に連なる直系の作品といってよい[38]。善導の浄土思想の影響は、外縁付の西方浄土変のすべてを席巻するほどのものではなく、ごく限定的で表層的なものにとどまっていたとはいえ、綴織當麻曼荼羅のような当時の最も優れた作例のうちに明瞭に見て取れるということは注目に値する。これについては、唐代仏教美術における図像の流布の問題とあわせ、第二部において論じることとしたい。

注

（1）文諗・少康著『往生西方浄土瑞応伝』（大暦九年〈七七四〉以後）善導伝には、次のように記す（傍線部筆者）。
唐朝善導禅師姓朱。泗州人也。少出家。時見西方変相嘆曰。何当託質蓮台棲神浄土。及受具戒。妙開律師共看観経。喜交嘆乃曰。修餘行業迊僻難成。唯此観門定超生死。遂至綽禅師所問曰。念仏実得往生否。師曰。各辯一蓮花。行道七日。不萎者即得往生。又東都英法師講華厳経四十遍。入綽禅師道場。遊三昧而嘆曰。自恨多年空尋文疏労身心耳。何期念仏不可思議。禅師曰。経有誠言。仏豈妄語。禅師平生常楽乞食。毎自責曰。釈迦尚乃分衛。善導何人端居索供。乃至沙弥並不受礼。写弥陀経十万巻。画浄土変相二（三イ）百鋪。所見塔廟無不修葺。仏法東行。未有禅師之盛矣。

なお、これら阿弥陀経の書写と浄土変の制作とは、善導が一人で写し、また描いたということではないと考える。実際には結縁を募り、用紙や墨、顔料等といった材料の調達から、写字や絵画制作を担当する人々を雇いいれるなどして実施したもので、善導はそれらの作善事業を指揮したのであろう。

（2）拙稿「初唐期の西方浄土変と『観無量寿経』――敦煌莫高窟の作例をてがかりに――」（『仏教芸術』二七三、二〇〇四年三月。拙著『西方浄土変の研究』中央公論美術出版、二〇〇七年に再録）。同「綴織当麻曼荼羅考――図様解釈および制作地と制作年代について――」（『仏教芸術』二八〇、二〇〇五年五月。前掲拙著『西方浄土変の研究』に再録）。同「唐代西方浄土変の成立と流布」（『第一三回日中仏教学術交流会議発表論集』二〇一〇年十月）。

（3）奈良県教育委員会事務局文化財保存課編『国宝当麻寺本堂修理工事報告書』（奈良県教育委員会事務局文化財保存課、一九六〇年）一九七頁。

（4）忍澂の『勅修吉水円光大師御伝縁起』（享保二年〈一七一七〉）には、後伏見上皇が比叡山功徳院の舜昌に命じて、徳治二年（一三〇七）から十余年の歳月をかけて制作したと記すが、三田全信「法然上人伝の成立史的研究序説」（法然上人伝研究会編『法然上人伝の成立史的研究』第四巻研究篇、知恩院、一九六五年）によれば、『四十八巻伝』の編纂期間は、舜昌の手になる『法然上人伝記』（『九巻伝』）成立の延慶四年（一三一一）から、澄円の『浄土十勝箋節論』成立の正中元年（一三二四）以前（結語では下限を「元亨三年（一三二三）」とする）に求められるという。

（5）四巻からなる善導の観経疏には、各巻に「観経玄義分巻第一」「観経序分義巻第二」「観経正宗分定善義巻第三」「観経正宗分散善義巻第四」と題されている（傍点筆者）。したがって、『四十八巻伝』にいう「序正三方の縁のさかひ」の「序」とは、善導疏の巻二すなわち當麻曼荼羅の右縁を、「正」とは同じく巻三（左縁）と巻四（下縁）を指すものと解される。

（6）これについては、鎌倉時代に描かれた現存最古の転写本である禅林寺本についても調査する必要があるが、今後の課題としたい。

（7）佛教大学附属図書館所蔵、寛文七年（一六六七）本、巻一、第三葉表裏。句点は『大日本仏教全書』六三、二a にもとづく。

（8）佛教大学附属図書館所蔵、寛文七年本、巻二、第一葉裏。句点は『大日本仏教全書』六三、一六bにもとづく。

（9）藤田宏達氏は、善導疏の玄義分について、『観経』の深遠な意義を明らかにする部分であり、善導が『観経』の本文解釈に先立って、まずその経典の中心思想を明らかにしたもので、いわば善導の浄土教総論ともいうべきものであると説明しておられる（『人類の知的遺産一八　善導』講談社、一九八五年、一七八頁）。玄義分の記述には、中台にあらわされる西方浄土の場景に関わる字句は見出せず、両者を内容的に結び付けることは難しい。

（10）佛教大学附属図書館所蔵、慶安二年（一六四九）本、巻三四、第二紙表裏。句読点は筆者が補った（以下同）。

（11）佛教大学附属図書館所蔵、元禄十六年（一七〇三）本、巻三、第一葉表。

（12）佛教大学附属図書館所蔵、慶安二年本、巻四一、第一紙表。

(13) ただし、『當麻曼陀羅述奨記』では「故般舟讃云、宝樹飛華汎徳水、童子捉取已為船。道綽禅師観見西方宝船」とあり、『般舟讃』に続いて道綽が観見したという西方宝船を引いており、さらに後文では道珍などの伝にみえる船の話も引用している。したがって、善導の著作との関係だけを強調しているわけではない点に留意すべきであろう。

(14) 望月信亨「當麻曼荼羅と善導の著書及び則天浄土変（二）」（『寧楽』二、一九二五年二月）。望月氏は、『當麻曼陀羅注』や『當麻曼陀羅疏』および『當麻曼陀羅述奨記』などの近世以前の注釈書類についてはとくに言及しておらず、『法事讃』や『般舟讃』と當麻曼荼羅との関係の論じ方も『當麻曼陀羅疏』および『當麻曼陀羅述奨記』とは異なっている。しかしながら望月氏は、外縁三方の区分や日観三障は善導疏との関係で、中台は『法事讃』『般舟讃』との関係で解釈しており、まさしく近世以前の浄土系僧侶による注釈をそのまま継承しているといえる。

(15) 内藤藤一郎『日本仏教絵画史・奈良朝本期篇』（政経書院、一九三四年）一四三～二二一頁、佐和隆研「當麻曼荼羅図について」（『仏教芸術』四五、一九六〇年十二月）、河原由雄「綴織当麻曼荼羅図」（『大和古寺大観　第二巻　当麻寺』岩波書店、一九七八年）など。

(16) 前掲注（2）拙稿「初唐期の西方浄土変と『観無量寿経』、および「綴織当麻曼荼羅考」」。

(17) ただ、船に乗る童子の表現については、『観経』にも『無量寿経』『阿弥陀経』にも記載がなく、第二二〇窟などの先行作例にも見出せないことから、『當麻曼陀羅疏』や『當麻曼陀羅述奨記』、また望月信亨氏が指摘されたように『般舟讃』等の記述によってあらわされた可能性が考えられる。したがって、當麻曼荼羅の中台に、善導の著作によって盛り込まれた図相が含まれる可能性までも否定するものではない。とはいえ、その場合にも、中台を構成する主要な基本要素が善導以前からある先行作例を継承していることは動かせず、先行作例の枠組みのなかで善導由来の新たな図相が加わっているということになろう。

(18) 河原由雄「敦煌浄土変相の成立と展開」（『仏教芸術』六八、一九六八年八月）。勝木言一郎「敦煌莫高窟第二二〇窟阿弥陀浄土変相図考」（『仏教芸術』二〇二、一九九二年六月）。

(19) 盧丁・雷玉華・［日］肥田路美『中国四川唐代摩崖造像――蒲江・印峡地区調査研究報告――』（重慶出版社、二〇〇六年）によると、次の六例の西方浄土変が確認できる。

a　蒲江・観子門（中文二九～三一頁）
b　邛崍・石筍山四号龕（中文二七八～二七九頁、日文一六一～一六六頁）
c　邛崍・石筍山六号龕（日文一七〇～一七七頁）
d　邛崍・鶴林寺第三区六号龕（中文三三三～三三四頁）
e　邛崍・盤陀寺三号龕（中文三六六～三六七頁）
f　邛崍・花置寺一一号龕（日文二五八～二六一頁）

(20)　莫高窟の石窟内に残る壁画のほか、莫高窟南区北端の蔵経洞（第一七窟）から発見された絹本画も含む。なお、「外縁付の西方浄土変」とは一般に「観経変相」と呼ばれているものであるが、筆者は以下の理由からこの呼称は使用していない。第一に、唐代に「観経変相」あるいは「観経変」といった名称は存在せず、『歴代名画記』や『寺塔記』には「西方浄土変」「西方変」と記されていること。第二に、ニューデリー国立博物館所蔵の絹本画（松本榮一『燉煌画の研究』東方文化学院東京研究所、一九三七年、本文篇三七頁、附図一二）は外縁の付属した作例であるが、銘文には「西方浄土変」とあり、当時は外縁の有無にかかわらず、阿弥陀の西方浄土の荘厳相を主体とする作品を「西方浄土変」ないしは「西方変」と称していたと考えられること。第三に、唐代西方浄土変のイメージの源泉の多くは『観経』に拠っており、外縁部のみならず浄土の場景そのものが『観経』の記述と密接に関連するところから出発したと考えられること。この点についての詳細は、前掲注（2）拙稿「初唐期の西方浄土変と『観無量寿経』」を参照されたい。

(21)　本章における時代判定は、いずれも敦煌研究院の見解に従う。敦煌文物研究所整理『敦煌莫高窟内容総録』（文物出版社、一九八二年）および敦煌研究院編『敦煌石窟内容総録』（同、一九九六年）参照。

(22)　前室南壁の「大唐隴西李氏莫高窟修功徳碑記」に本窟の造営次第を記す。同碑は敦煌文書のP二八四一VやP三六〇八Vなどに録文がある。なお、敦煌研究院編『敦煌莫高窟供養人題記』（文物出版社、一九八六年）によれば、本窟内の供養者像に付された題記には、陰氏や張氏など敦煌の名族のほか、報恩寺・蓮台寺・聖光寺・顕徳寺・霊図寺・三界寺・龍興寺・開元寺といった、敦煌に存在していた諸寺の僧侶が名を連ねていることが知られる。Paul

Pelliot, *Grottes de Touen-Houang: Carnet de Notes de Paul Pelliot: Inscriptions et peintures murales, Grottes 1 à 30*, Paris: Collège de France, 1981, pp. 29–52.

(23)　本書第一部第四章を参照。

(24)　趙景公寺は隋の開皇三年（五八三）、文帝の独孤皇后が父趙景武公独孤信のために創建した寺。『酉陽雑俎』続集巻五、『寺塔記』上によれば、はじめ弘善寺と号したが、開皇十八年（五九八）に趙景公寺と改めたという。長安城の東面中央に開かれた春陽門から南へ第二坊、東市と相対する常楽坊の西南隅にあった（清・徐松『唐両京城坊攷』巻三、常楽坊条）。「十六対事」を描いた范長寿は『歴代名画記』巻九、唐朝上に伝があり、張僧繇を師法としたとされる画家。活躍期は初唐から盛唐期とみられる。

(25)　敦煌の十六観図にみられる経典からの乖離については、以下の拙稿を参照されたい。前掲注（2）拙著『西方浄土変の研究』第三章「敦煌における十六観図の研究」九五～一五八頁。拙稿「敦煌十六観図の分類と変遷」（朝日敦煌研究員派遣制度記念誌編集委員会編『朝日敦煌研究員派遣制度記念誌』朝日新聞社、二〇〇八年）。同「中唐吐蕃期の敦煌十六観図」（『仏教学部論集』九五、二〇一一年三月）。また本書第一部第二章と同第三章も参照。

(26)　盤陀寺摩崖造像は、四川省邛崍市邛崍鎮の北西五キロメートルの西河郷盤陀山に位置する。前掲注（19）『中国四川唐代摩崖造像』日文二八二～二八八頁参照。同書によれば、同龕の開鑿時期は明証を欠くが、第一号龕の造像銘には唐・元和十五年（八二〇）に開鑿されたことが記されており、恐らくはそれに近い時期と推定されるという（前掲書、二六七頁）。

(27)　花置寺摩崖造像は、四川省邛崍市の中心、邛崍鎮の北西七キロメートルの西橋郷花石山に位置する。前掲注（19）『中国四川唐代摩崖造像』日文二五八～二六一頁参照。同書によれば、第六号龕の右端下部に刻まれた「大唐嘉定州邛県花置寺新造無量諸仏石龕像記」には、花置寺摩崖造像は中唐の大暦・貞元期に活躍した僧采が開鑿したと記されており、本龕の制作時期もまた中唐期と推定されるという（前掲書、日文二三八～二三九頁）。

(28)　河原由雄氏は當麻曼荼羅を「善導系観経変相」と呼び、そのうえで莫高窟第二一七窟の西方浄土変について、外縁を有するということから同じく「善導系観経変相」と解している（前掲注（18）河原論文）。この河原氏の見解を継承し、勝木言一郎氏は外縁のない莫高窟第二二〇窟の作例を「善導以前の観経変相の一形式」と呼んでいる（前掲注（18）勝木論文）。勝木氏が莫高窟第二二〇窟の作例を「善導以前」としたのは、窟内の貞観十六年（六四二）との題記から制作時期が善導以前と考えられるためであるが、その「善導以前」たる最大の特徴は、外縁が付属しない点にあると述べている。なお勝木氏は、「善導以前」の浄土思想として、観経疏をものした浄影寺慧遠や嘉祥大師吉蔵を挙げているが同意しがたい。前掲注（2）拙稿「初唐期の西方浄土変と『観無量寿経』」参照。

（29）本図と同じ粉本によると思われる同窟南壁の日想観図では、雲塊は省略され、古様の雲のみが描かれている。

（30）菩提瑞像とは、釈迦の成道の地である中インド・マガダ国ブッダガヤ大精舎の本尊、降魔成道像のこと。「降魔像」「摩訶菩提樹像」「菩提樹像」「菩提像」「成道時像」「金剛座真容」などとも称される。『法苑珠林』抄録の王玄策『西国行伝』によれば、貞観十九年（六四五）王玄策がブッダガヤを訪れた際、宋法智が図写して都に持ち帰ったことから、則天武后期を中心に盛んに摸作されたという。同像に関しては、主に次の論考を参照。宮治昭「バーミヤンの飾られた仏陀の系譜とその年代」（『仏教芸術』一三七、一九八一年七月）。肥田路美「唐代における仏陀伽耶金剛座真容像の流行について」（町田甲一先生古稀記念会編『論叢仏教美術史』吉川弘文館、一九八六年）。同「菩提瑞像関係史料と長安における触地印如来像」（『奈良美術研究』創刊号、二〇〇四年三月）。同「四川省邛崍花置寺摩崖の千仏龕――触地印如来像の意味を中心に――」（『奈良美術研究』三、二〇〇五年三月）。山名伸生「桂林の調露元年銘摩崖仏について」（『仏教芸術』一九八、一九九一年九月）。羅世平「広元千仏崖菩提瑞像考」（『故宮学術季刊』第九巻第二期、一九九一年）。久野美樹「龍門石窟擂鼓台南洞、中洞試論」（『美学美術史論集』一四、二〇〇二年三月）。同「広元千仏崖、長安、龍門石窟の菩提瑞像関係像」（『奈良美術研究』創刊号、二〇〇四年三月）。肥田路美『初唐仏教美術の研究』（中央公論美術出版、二〇一一年）第一部第三章「ボードガヤー金剛座真容の受容と展開」。久野美樹『唐代龍門石窟の研究』（中央公論美術出版、二〇一一年）第五章「触地印阿弥陀像研究」・第六章「旧擂鼓台南洞中尊像について」。

（31）『金石萃編』巻八六。碑文中の当該箇所には、「造浄土堂一所。……又於堂内造阿弥陀仏及観音勢至。又造織成像

幷餘功徳。並相好奇特、顔容湛粋」と記されている。当該碑の実物は西安の碑林にあり、その拓本を用いた今場正美氏による碑文全文の釈文と訓読および語釈が、大内文雄編「唐代仏教石刻文の研究（二）」（『真宗総合研究所研究紀要』一八、二〇〇一年三月、五五～七三頁）に収載されており、参照される。

(32)　前掲注（2）拙稿「綴織当麻曼荼羅考――図様解釈および制作地と制作年代について――」、および本書第二部第二章、表2を参照。

(33)　第二一七窟には制作時期を特定する銘文等は残されていないが、敦煌研究院は同窟の造営時期を神龍年間（七〇五～七〇七）とし、秋山光和氏はそれにやや幅をもたせた八世紀初頭としている（秋山光和「唐代敦煌壁画にあらわれた山水表現」敦煌文物研究所編『中国石窟　敦煌莫高窟』第五巻、平凡社、一九八二年）。第二一七窟の西方浄土変は、外縁が付属する形式の作例のなかで早期に位置づけられる作例の一つである。なお、この第二一七窟の西方浄土変を、外縁付の西方浄土変の現存作例中、最古の作例と位置づける見解が一般的ではあるが、第二一五窟や第一七一窟、第六六窟といった作例の方が、第二一七窟よりも先行する可能性が高いと考える。前掲注（25）拙稿「敦煌十六観図の分類と変遷」を参照。

(34)　有名な龍門石窟の「大盧舎那像龕記」に「勅検校僧西京実際寺善道禅師」とあり、盧舎那大仏の造像に着工した咸亨三年（六七二）当時、善導が実際寺に住していたと記される。実際寺には三論宗の吉蔵が晩年に止住し（『続高僧伝』巻一一、唐京師延興寺釈吉蔵伝）、鑑真もまた景龍二年（七〇八）に同寺において受戒している（『唐大和上東征伝』）。実際寺については、以下を参照。安藤更生『鑑真大和上伝之研究』（平凡社、一九六〇年）四八～五一頁。小野勝年『中国隋唐長安・寺院史料集成』解説篇（法藏館、一九八九年）一一〇～一一二頁。柏明主編『唐長安太平坊与実際寺』（西北大学出版社、一九九四年）。

(35)　「隆闡大法師碑」（前掲注（31）大内論文）五七頁。

(36)　同右（前掲注（31）大内論文）五八頁。

(37)　『両京新記』巻三、太平坊温国寺条、および『唐両京城坊攷』巻四、太平坊温国寺条。本書第二部第二章、注（29）を参照。

(38)　綴織當麻曼荼羅図が実際寺織成像の系譜に連なる可能性について初めて指摘したのは、染織史の研究で知られる太田英蔵氏である（太田英蔵「綴織当麻曼荼羅について」文化財保護委員会編『国宝綴織当麻曼荼羅』便利堂、一九六三年。のち『太田英蔵染織史著作集』上巻、文化出版局、一九八六年に再録）。太田氏は細かな論証を省き要点のみを述べているが、この指摘は正鵠を射た卓見と思われる。

第二章　中唐吐蕃期の敦煌十六観図

はじめに

七世紀初めチベット高原に興った吐蕃は、唐朝との和戦を繰り返しながら次第に勢力を増し、玄宗朝末期の天宝十四載（七五五）安史の乱が勃発するや、唐軍の北西防備が手薄になった隙に乗じ、一気に河西・隴右地方へ侵出した。[1] 広徳二年（七六四）の涼州陥落を皮切りに、吐蕃は河西回廊を西進し、永泰二年（七六六）には甘州、大暦元年（七六六）には粛州、大暦十一年（七七六）には瓜州を陥落させた。[2] 沙州すなわち敦煌は、凡そ十一年に及ぶ死守を続けたが、[3] 貞元二年（七八六）ついに吐蕃に降る。[4] 敦煌が唐に復帰するのは、土豪の張儀潮が挙兵して吐蕃を駆逐した大中二年（八四八）のこと。儀潮は敦煌奪回の知らせを長安の唐朝廷に報告し、大中五年に帰義軍節度使に任ぜられた。それまでの間、約七十年にわたって敦煌は吐蕃の支配下に置かれた。文学史でいえばちょうど中唐を代表する白居易や元稹が活躍した時期に相当する。当該期が中唐吐蕃期とも称される所以である。

吐蕃人が敦煌を治めていたこの時期においても、莫高窟の石窟造営は継続され、数多くの石窟が新たに開かれるとともに、それ以前に開鑿された窟にも重修が加えられた。敦煌の名族が造らせた第一五九窟（張家窟）や第二三一窟（陰家窟）などは、吐蕃支配期に莫高窟に開かれた代表的な窟である。この吐蕃による支配期に、莫高窟で新たに開鑿された窟は五十窟を超えるとみられ、重修窟を含めると百窟近くにのぼる。[5]これは莫高窟の壁画窟、計四百九十二窟のほぼ五分の一にあたり、吐蕃支配期における造営活動の活況がうかがえる。

阿弥陀仏の西方極楽浄土世界を描きあらわした西方浄土変についても、莫高窟に現存する計百六十例中、当該期の作例は計四十五例にのぼり、約二十八パーセントを占める。[6]しかしながら、吐蕃支配期の西方浄土変については、孫修身氏と施萍婷氏による概括的な基礎的研究があるのみで、いまだ詳細な検討はなされていない。[7]

西方浄土変は、浄土信仰の興隆に伴い隋唐期を境として大きく発展し、敦煌莫高窟においても、初唐期に壁面全体を覆う大画面形式の西方浄土変が出現し、さらに盛唐期になると大画面形式の西方浄土変の外縁部に『観無量寿経』（以下『観経』）に説く未生怨説話と十六観の内容をあらわした図が付加した形式が一般的になる。これら初唐期から盛唐期にかけての西方浄土変に関しては、松本榮一氏、孫修身氏、施萍婷氏らの先行研究があり、筆者もこの時期を対象とした論文を発表してきた。[8]とくに、西方浄土変に付属して描かれる十六観図については、盛唐期の作例を中心に分類を試み、画面形式や表現形式における変遷を論じたことがある。[9]

そこで本章では、いまだ専論がなく全体像が明らかでない吐蕃期の敦煌十六観図について、作例の調査にもとづく分類と整理を行い、特徴や変化を追ってみたい。その目的は、第一に敦煌における唐代西方浄土変の展開をより長く跡付けることにあるが、吐蕃支配期の敦煌での造形活動を考察するところにもある。なお以下、文中でとくに注記しない場合の窟番号は莫高窟を指すこととし、楡林窟については窟番号の前に「楡林窟」と記して区別する。

一　吐蕃期における十六観図の諸作例

『観経』の十六観とは、阿弥陀の西方極楽浄土の地面や樹木、建物といった景物、さらには阿弥陀仏や観音菩薩などの姿を、十六の段階に分けて観想する方法を説いたもので、そこでは各段階において観想すべき対象の姿形が詳述されている。『観経』には、この十六観を完成することによって西方浄土への往生がかなうと説かれており、十六観とは本来、往生浄土のための具体的な手段として釈迦から韋提希に開示されたものである。したがって、それらを絵画化した十六観図は、本来的には十六観の実践の便宜のために経文内容を造形化した、一種の視覚教材としての意義と機能を有するものであったと考えられる(10)。

莫高窟や楡林窟の壁画および莫高窟蔵経洞発現の絹本画には多くの十六観図が現存するが、敦煌研究院による時代判定に従えばこれらは第四三一窟に西方浄土変を伴わない初唐の壁画が一例ある以外はすべて盛唐以降に描かれたもので、そのいずれもが西方浄土変に付属する形で描きあらわされている。つまり、敦煌十六観図は、第四三一窟の一例を除く他のすべてが盛唐以降の作で、かつ西方浄土変に付属して描かれていることになる。その意味で、十六観図は西方浄土変に対して従属的位置にあることは確かであるが、筆者が十六観図に注目するのは以下の特徴による。

第一に、十六観の表現をみることによって、それが付属する西方浄土変の宗教美術としての性質が明確になるという点が挙げられる。つまり、ある作例について、西方浄土変が本来有していた意義や機能からの距離を具体的に測ることができるという点である。十六観図は上述したように、本来は往生浄土を目的とする観想の視覚教材としての意義と機能を付託され創案されたと考えられる。しかし、敦煌に残された実作例には経文と合致しない表現が多くみられる。そこで、十六観図に着目することによって、十六観図のみならず、それが付属する西方浄土変全体が本来的な意義と機能をどれだけ保っているか、また反対にどれだけ乖離しているかを具体的に測ることが可能になるからである。実際に、盛唐期の作例では、経典に忠実な作例のほかに、図像的に曖昧なものを含み配列も乱れている作例や、経文で解釈しがたい図像を含む作例が存在し、敦煌では盛唐期の早い時点で本来的な意義や機能が失われていることが明らかとなる。(11)

第二に、十六観の表現によって、作例と経典との距離や作例間の異同を多角的に比較検討することができる点である。十六観図は十六の場面に分かれていることから、各作例における排列（各観の並び順）・数（観の数）・図像（観想の対象物の図像）の三つの観点で『観経』との異同や作例間の比較ができる。

加えて、十六観図では画面形式や表現形式に顕著な変化がみられる点も重要である。盛唐期の作例では、①〈格子状画面／各観を場景的に描写した説明的図相〉から、②〈条幅状画面／自然景のなかに各観を配した絵画的図相〉へ、さらに③〈条幅状画面／無地に近い背景に各観を簡略に描いた図案的図相〉へという変遷を辿っている。(12)では、吐蕃期の十六観図はどのような様相を呈しているであろうか。前後する盛唐期と帰義軍期の作例とあわせてみておきたい。

表1は盛唐期、**表2**は吐蕃期、**表3**は帰義軍期の十六観図のうち、それぞれ調査しえた作例について、観想の対象となる各図像をまとめたものである。なお、表中の「窟番号／作品番号」欄のうち、窟番号は敦煌研究院の編号に従い、「莫」は莫高窟を「楡」は楡林窟を指すこととし、蔵経洞発現の絹本画については作品番号を記す。また蔵経洞発現の絹本画の制作年代は、大英博物館およびギメ東洋美術館の推定に従った。表中の「画面形式」欄は、

表1　盛唐期の十六観図

年代	窟主	窟番号／作品番号	画面形式	場面数	経文に合致するもの (1)日想観	(2)水想観	(3)宝地観	(4)宝樹観	(5)宝池観	(6)宝楼観	(7)華座観	(8)像観(9)真身観	(10)観音観(11)勢至観	(12)普観	(13)雑観	(14)(15)(16)三輩観	経文に合致しないもの 第一群 (a)宝池の円輪	(b)宝幢	(c)僧形あるいは俗人形	(d)宝池に群生する蓮華	(e)宝瓶	(f)未開敷蓮華	(g)開敷蓮華	(h)宝珠	第二群 (i)宝函	(j)塔	第三群 (k)香炉	(l)涌雲	その他 不明	欠損
		南 莫一七二	条幅	16	○	○○		○		○(雲あり)			○○		○	○○○	●		●	●	●			●						
		北 莫一七二	条幅	16	○	○○		○		○(雲あり)			○○		○	○○○	●		●	●	●			●						
		莫三二〇	条幅	16	○	○○		○		○			○○		○	○○○	●	●	●	●	●									
		莫一八〇	条幅	16	○	○		○		○			○○		○	○○○	●	●	●	●	●		●							
		莫一一六	条幅	5	○	○				○		○																	○	
		莫一一八	条幅	16	○	○○○		○○○	△	○	△	○○							●	●	●		●							
		莫九一	条幅	7(現状)	○	○	○	○	△	○	○																			
		莫一一七	条幅	8	○	○	○	○	○	○		○						●												
		南 莫一二六	条幅	14(現状)	○	○○		○	○	○		○	○○		○		●	●			●									○
		北 莫一二六	条幅	16	○	○○		○		○			○○	△	○	○○○	●	●	●		●									
		南 莫一八八	条幅	16	○	○		○	○	○	○	○○	○○		○	○	●		●											○○
		北 莫一八八	条幅	16	○	○	○	○	△	○		○○	○○		○	○○○	●			●										
八～九世紀		SP三七	条幅	10(現状)	○	○	○	○	○	○	○	○○	○																	

表2　中唐吐蕃期の十六観図

年代	窟主	窟番号／作品番号	画面形式	場面数	経文に合致するもの												経文に合致しないもの												その他		
																	第一群								第二群		第三群				
					(1)日想観	(2)水想観	(3)宝地観	(4)宝樹観	(5)宝池観	(6)宝楼観	(7)華座観	(8)像観(9)真身観	(10)観音観(11)勢至観	(12)普観	(13)雑観	(14)(15)(16)三輩観	(a)宝池の円輪	(b)宝幢	(c)僧形あるいは俗人形	(d)宝池に群生する蓮華	(e)宝瓶	(f)未開敷蓮華	(g)開敷蓮華	(h)宝珠	(i)宝函	(j)塔	(k)香炉	(l)涌雲	不明	欠損	没山出宮
		楡二五	条幅	15(現状)		○		○	○	○	○			△	○	△	●		●	●	●	●	●	●							
		莫一二九	条幅	16	○	○○○	○	○	○	○		○	○○		○	○○○								●							
		南 莫二〇一	条幅	16	○	○○		○		○			○○	○	○				●●	●●	●			●●							
		北 莫二〇一	条幅	16	○	○○		○	△	○			○○		○	○○○		●	●	●				●							
		莫一九七	条幅	16	○	○	△	○	○	○	○	○○	○○	○	○	○○○															
		莫一三四	条幅	5	○	○		○				○									●										
		莫一九一	条幅	9(現状)	○	○				○	○		○		○			●	●											○	
		莫四四	条幅	16	○	○○○		○	○	○	○	○	○○		○	○○○						●									
		莫三五八	条幅	13	○	○		○	○	○		○		○			●	●			●	●	●		●						
		莫一五四	条幅	11	○	○○		○	○				○				●	●			●		●		●						
		莫二〇〇	条＋屏	15	○	○○	○						○○	○	○	○○○		●		●				●							○
八三九	陰嘉政	莫二三一	屏風	16	△	○○		○	○	○	○	○	○○			○○○		●											○○		

年代	窟主	窟番号／作品番号	画面形式	場面数	経文に合致するもの												経文に合致しないもの												その他		
																	第一群								第二群		第三群				
					（1）日想観	（2）水想観	（3）宝地観	（4）宝樹観	（5）宝池観	（6）宝楼観	（7）華座観	（8）像観（9）真身観	（10）観音観（11）勢至観	（12）普観	（13）雑観	（14）（15）（16）三輩観	（a）宝池の円輪	（b）宝幢	（c）僧形あるいは俗人形	（d）宝池に群生する蓮華	（e）宝瓶	（f）未開敷蓮華	（g）開敷蓮華	（h）宝珠	（i）宝函	（j）塔	（k）香炉	（l）涌雲	不明	欠損	没山出宮
		莫二三七	屏風	16	○	○○	○○	○	△	○		○	○○			○○○			●	●											
	張氏	莫一五九	屏風	11（現状）	○	○○		○		○					○		●			●	●								○○		
		莫三六〇	屏風	16	△	○○○		○	○			○	○○	△（三尊）				●				●●							○○○		
	索氏	莫一四四	屏風	16?	○	○○		○		○		○	○	△（三尊）		○○		●	●	●						●			○○		
八世紀後半		MG.17672	条幅	11（現状）	○	○○		○	○			○	○	△（三尊）	○							●			●						
九世紀初め		SP三五	条幅	15（現状）	○	○○	○	○	○	○		○○	○					●				●●			●				○		
九世紀初め		EO.1128	条幅	16	○	○○○		○		○		○	○	○	○○		●		●		●	●									
九世紀前半		SP七〇	条幅	14（現状）	○	○○○		○		○		○○	○○	○			●（宝池なし）	●							●						
九世紀カ		Ch.lvi.0018	条幅	15	○	○○		○	○	○		○	○○	○	○	○	●	●												○	
九世紀カ		Ch.lv.0047	条幅	11	○	○○	○	○		○		○	○				●	●	●												

表3 帰義軍期の十六観図（白描画を除く）

年代	窟主	窟番号／作品番号	画面形式	場面数	経文に合致するもの (1)日想観	(2)水想観	(3)宝地観	(4)宝樹観	(5)宝池観	(6)宝楼観	(7)華座観	(8)像観(9)真身観	(10)観音観(11)勢至観	(12)普観	(13)雑観	(14)(15)(16)三輩観	経文に合致しないもの 第一群 (a)宝池の円輪	(b)宝幢	(c)僧形あるいは俗人形	(d)宝池に群生する蓮華	(e)宝瓶	(f)未開敷蓮華	(g)開敷蓮華	(h)宝珠	第二群 (i)宝函	(j)塔	第三群 (k)香炉	(l)涌雲	その他 不明	欠損
八六五	索義弁	莫一二	屏風	16	○	○○		○	○	○	○	○	○	○			●	●			●	●	●		●					
		莫一八	屏風	12？（現状）		○○○		○	○	○			○					●				●			●				○○	
		莫一九	条幅	8（現状）		○○		○		○							●	●						●						○
九六二頃		莫五五	条幅	16	○	○○		○		○			○○		○	△△	●		●	●	●	●					●			
		莫七六	条幅	11（現状）	○	○		○					○○				●	●	●		●		●						○	
		楡三五	条幅	16	○	○○○		○	○	○	○				○				●		●	●●	●●	●						
		莫一四一	条幅	7	○			○		○			○				●	●		●										
一〇世紀初		MG.17673	横長	9		○		○		○			○○		○			●	●				●							
一〇世紀		Ch.0051	条幅	15（現状）		○	○	○	○	○		○○○○	○○					●						●	●					○○○
		Ch.lv.0047		11	○	○○	○	○		○		○	○				●	●	●											
		Ch.lvi.0018		15	○	○○		○	○	○		○	○○	○	○		●	●	●（未開敷蓮華に包まれる）											○
一〇世紀		Ch.v.001	条幅	11（現状）	○		○	○		○		○○	○○					●	●										○（宝池？に楽器）	

十六観図の画面形式を指す。そのうち「条幅」は西方浄土変の左右辺などに設けられた条幅状画面に十六観を描く作例、「屏風」は西方浄土変の下部に設けられた屏風式画面に十六観図を描く作例であることを示す。「場面数」欄は、各作例に描かれている十六観図の場面数を指し、壁面の損傷により本来の数が不明なものについては現状の数を記した。十六観図である以上、十六場面あるのが本義だが、実際に描かれる場面数には増減がみられる。

観想の対象となる各図像については、『観経』の記述にそって「経文に合致するもの」欄と「経文に合致しないもの」欄に大別し、そのなかで各場面に描かれる図像についてまとめた。そのうち前者については、「(1) 日想観」「(2) 水想観」など、それぞれに十六観のうちの第何観であるかを示す観番号を付した。各作例において、該当する図像が描かれている場合には図像の数に応じて「○」を記し、描かれていない場合は空欄とした。ただし、何観に相当する図像であるかが確定しがたい場合は「△」で示した。

(5) 宝池観は別名「八功徳水観」ともいい、経文に従えば宝池は八区画に分かれていなければならないが、必ずしも八区画でなくとも区画が設けてあるものや、前後の場面との位置関係から宝池観とみなして問題ないと思われるものについては「○」として扱った。

また、(8) 像観と (9) 真身観は、いずれも観想の対象が阿弥陀仏であり、図像上では阿弥陀の像なのか真身なのかが分別しがたいことから同一項目として一まとめに扱い、坐仏を描いていれば、このどちらかの観に相当するものとみなした。同様に、(10) 観音観と (11) 勢至観についても、図像上は観音菩薩であるのか勢至菩薩であるのかの区別がつきがたいため同一項目として取り扱った。「○」や「△」を一つの項目に複数付した場合があるのは、そのためである。つまり、経文どおりであれば「(8) 像観 (9) 真身観」と「(10) 観音観 (11) 勢至観」の項目では、それぞれ「○」が二つずつ付されることとなる。

（2）水想観について経文では、清らかな水を観た後に氷想をなし、ついで氷の照り映えるさまを観て瑠璃想をなすとの手順が提示されていることから、実作例においてはしばしば、自然の水際や水を湛えた宝池、さらに氷の張った宝池など、複数の場面であらわすことがある。「（2）水想観」の項目に「○」を複数付した例があるのはそのためである。

（14）（15）（16）三輩観については、上輩と中輩を菩薩形であらわし下輩を未開敷蓮華で表現するもの[13]のほか、三輩ともに未開敷蓮華であらわすもの[14]など、表現には異同がみられる。しかし、表ではそれらを区別せず、如上の内容が画面下部に三場面連続してあらわされていれば三輩観の図とみなした。しかし、なかには三場面に満たない場合もあり[15]、また菩薩像を描いているものの三場面としてのまとまりを欠き、（10）観音観や（11）勢至観との区別がつかないもの[16]も含まれ、実のところ何をあらわしたものであるのかが曖昧で判断に迷う場合も少なくなかった。したがって、ここに掲げた表は完全なものとはいいがたく、現時点での一つの解釈として提示するものにすぎないが、それでも大方の様相をうかがうには足りるであろう。むしろ、このように判断に迷う図像表現が少なくないという事実こそが、当該期の十六観図のもつ曖昧性を物語っており、重要である。

一方、観想の対象が「経文に合致しないもの」欄については、盛唐期にすでに出現する一群〈第一群〉と、吐蕃期に新たに出現するもの〈第二群〉、さらに帰義軍期にのみみられるもの〈第三群〉に分け、個々の図像の名称の前には（a）～（l）を冠した。これら経文から逸脱した図像は、上述の「経文に合致するもの」と区別するため、それに該当する図像が描かれている場合には「●」を記し、描かれていない場合は同じく空欄とした。

表1から明らかなように、筆者が調査し得た吐蕃期の作例計二十二例中、描かれるすべての図像を『観経』で解釈することができるのは、わずかに第一九七窟のみで、ほとんどの作例は多かれ少なかれ経文から逸脱した図像を

含んでいる。こうした現象は、すでに表2の盛唐期から始まっており、表3の帰義軍期の作例では、調査した十一例すべてに『観経』から逸脱した図像が含まれている。

『観経』には畺良耶舎訳しか存在しておらず[17]、こうした『観経』で解釈できない図像が何らかの別のテキストによって生み出されたという可能性は考えがたい[18]。これらは後述するように、先行する図像が伝承される過程で生じた写し崩れによる産物と解されるのであり、『観経』からの逸脱以外の何物でもない[19]。

二　『観経』に合致しない図像

『観経』に合致しない図像、すなわち写し崩れによって生じた不可解な図像について、表1に掲げた吐蕃期の作例を中心に順にみていきたい。

〈第一群〉盛唐期に出現する図像

(a) 宝池の円輪（図1）

これは四周に磚を張った宝池の中に大きな円輪を描くもので、吐蕃期では八作例に見出すことができる。これは第二水観に関わる図像から発した一種の写し崩れと解される（以下、掲載の描き起こし図は筆者による）。

(b) 宝幢（図2）

幢を描いている吐蕃期の作例は十二例あり、傘状の幢が地面から直接立つもの（第二〇一窟北壁、第一九一窟、第

図２　(b)宝幢
(上)莫高窟第201窟北壁
(下)莫高窟第154窟

図１　(a)宝池の円輪
(上)楡林窟第25窟(下)
莫高窟第159窟

図３　(c)僧形あるいは俗人形
(上)楡林窟第25窟　(下)莫高窟第201窟南壁

三五八窟、第一五四窟、第一四四窟、SP三五、Ch. lvi. 0018、Ch. lv. 0047)、傘状の幢が宝池中に立つもの（第二〇〇窟）、同じく傘状の幢が台座上に立つもの（SP七〇）、柱状の太い胴を有する幢が地面に立つもの（第二三一窟）、柱状の幢が宝池中に立つもの（第三六〇窟）といったバリエーションが見られる。この図像の由来について、山部能宜氏は第四樹観にあらわされる七重の網に求めている。[20]

（c）僧形あるいは俗人形（図3）

台座あるいは褥に坐す人物像を描くもので、仏菩薩とは異なり頭光を描かないという特徴がある。吐蕃期の八作例に描かれており、描かれる人物像には僧形[21]（楡林窟第二五窟、第二〇一窟北壁、第一九一窟、Ch. lv. 0047）と俗人女性形（第二〇一窟南壁、EO. 1128）の別がある。[22]第十二普観の図像からの写し崩れであろうか。

（d）宝池に群生する蓮華（図4）

宝池の中に、蓮華や荷葉が群生する様を描くもので、吐蕃期の七作例にみられる。第二水観や、第十二普観など、宝池を伴う図像が単なる蓮池に誤写されたものであろう。

（e）宝瓶（図5）

宝瓶を描くものは吐蕃期に七例あるが、蓮華を挿し方形台座にのるもの（楡林窟第二五窟、第二〇一窟南壁、第一五九窟）、蓮華を挿し蓮華座にのるもの（第三五八窟、第一五四窟）、宝瓶のみで蓮華を挿さないもの（第一三四窟）、といった小異がみられる。EO. 1128は画絹の損失により蓮華の有無は不明であるが、方形台座にのることは確認で

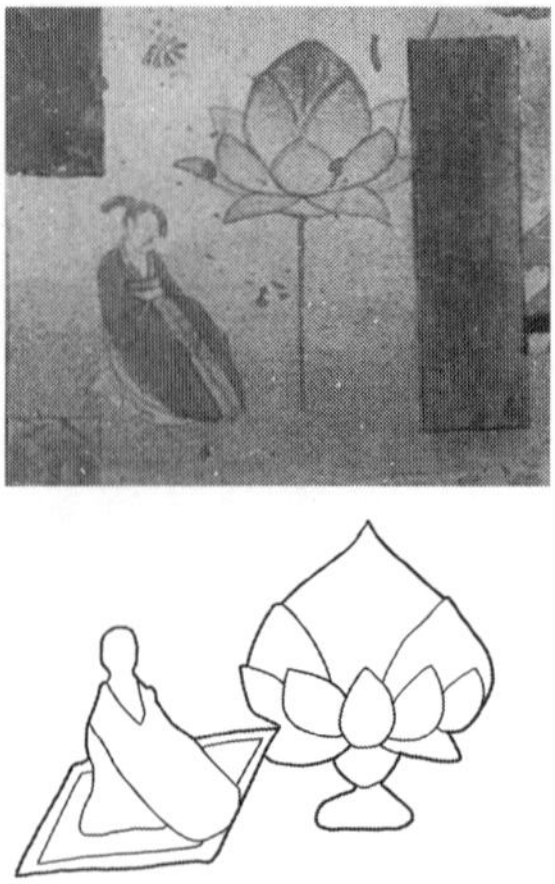

図６　(f)未開敷蓮華
(上)楡林窟第25窟
(下)莫高窟第44窟

図４　(d)宝池に群生する蓮
(上)楡林窟第25窟 (下)莫高窟第201窟南壁

図７　(g)開敷蓮華
(上)楡林窟第25窟
(下)莫高窟第358窟

図５　(e)宝瓶
(上)楡林窟第25窟 (下)莫高窟第201窟南壁

きる。この図像について、もともとは第七華座観の図像であったものを宝瓶に挿した大きな蓮華のように誤解したところから生じたとみる山部氏の解釈は傾聴に値しよう[23]。

(f) 未開敷蓮華(図6)

未開敷蓮華を大きく描くもので、吐蕃期では七作例にみられる。第十四観から第十六観の三輩観の各相をそれぞれ未開敷蓮華で表現した作例が存在することから、この図像は本来、三輩観の一場面として描かれていたものが、本来の意味や図像的まとまりを失い、単独の図像と見誤られた結果と考えられる。

(g) 開敷蓮華(図7)

これは(d)とは異なり、開敷蓮華を大きく一本描くもので、吐蕃期の三作例にみられる。第二水観や第七華座観、あるいは第十二普観など、蓮華を含む図像の写し崩れから生じたものであろう。

図8　(h)宝珠
(上)莫高窟第201窟南壁
(下)莫高窟第201窟北壁

(h) 宝珠(図8)

蓮華座上に大きく火炎宝珠を描いた図像で、五作例に見られる。台座にのるもの(楡林窟第二五窟、第二〇一窟南壁、第一二九窟)、宝地上に配するもの(第二〇一窟北壁、第二〇〇窟)、の二種に大別される。吐蕃期に現れる図像の一つではあるが、宝珠を含む図像はすでに盛唐期の第一一八窟に、台座上に火炎宝珠をあらわした例があり、そうした先行作例からの写し崩れによって生まれた図像と考えられる。あるいは、（a）において宝池中にあらわされる宝珠が大きい円輪であらわされることから、第二〇一窟北壁のような図像は（a）がさらに変容した図像の可能性も考えられる。(24)

以上が、〈第一群〉の図像八種である。そのうち（f）は**表1**の盛唐期の作例には該当するものがみられないが、未開敷蓮華という図像そのものは盛唐期の作例において三輩観の図としてすでに描かれていることから、図像自体は盛唐期から継承したものとみて問題ない。したがって、これら〈第一群〉の図像八種はいずれも盛唐期に出現していたもので、**表2**の吐蕃期の作例はそれらを受け継ぎ、さらに**表3**の帰義軍期においても引き続き継承されている。

〈第二群〉吐蕃期に出現する図像

（i）宝函（図9）

頂に宝珠形装飾をのせた天蓋と蓮華座を具備し、本体の側面には宝池や宝地にみられるような磚文様をあらわす。(25)これは吐蕃期に新たに出現する図像で、五作例に見られ、帰義軍期の作例にも引き継がれる（**図9**）。これと同じ形状の図像は、敦煌の弥勒浄土変相図に描かれる七宝中の主蔵宝に見られる。(26)この図像が十六観図に取り込まれた理由は明らかでない。

（j）塔（図10）

第一四四窟のみにみられる図像で、覆鉢状の本体に相輪を有する。盛唐期にも、続く帰義軍期の作例にも見出せない。いずれにせよ、写し崩れの一種であることは疑いを容れない。

〈第三群〉帰義軍期に出現する図像（白描画を除く）

（k）香炉（図11）

仮に香炉としたが、何をあらわしたものかは不詳。第五五窟にのみ描かれる。（e）など、形の類似する図像の写し崩れであろう。

以上、『観経』に合致しない図像について調査した結果をふまえ、吐蕃期の敦煌十六観図の特徴をまとめると、どのようなことがいえるであろうか。

図9　(i)宝函
(上)莫高窟第358窟
(下)莫高窟第154窟

図10　(j)塔
莫高窟第144窟

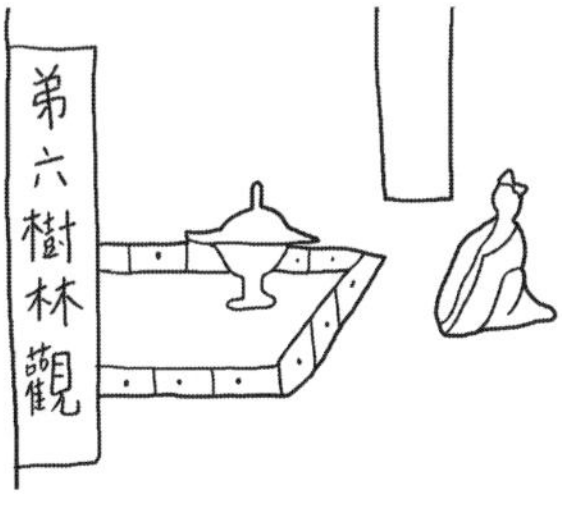

図11　(k)香炉
莫高窟第55窟

まず注意すべきは、当該期の作例に描かれる図像の大半が盛唐期に現れた図像を継承しているという点である。[27]盛唐期には、『観経』に忠実な作例も描かれているが、吐蕃期に受け継がれたのは、盛唐期の作例のなかでもより後発的な系統、つまり『観経』に合致しない図像を含み、かつ各観の表現が観想の対象を図案的に表現した、簡略な描写の系統のみであったということになる。[28]すなわち従来、孫修身氏は経文に合致しない図像が現れる時期を中唐吐蕃期とし、[29]施萍婷氏は吐蕃期については明言しないものの帰義軍期の十六観図について「離経叛道」と評しているが、[30]こうした経文からの乖離現象はそれより早い盛唐期にすでに始まっていたのであり、吐蕃期はそれをただ継承したにすぎないということになる。

また、図像を継承しているとはいえ、先行する作例を忠実に再現しているわけではなく、図像には細かな点で差異が認められる。つまりこれは図像が継承されていく過程で生じた、さらなる写し崩れと解され、意味内容をよく理解しないままに、形だけがかなりいい加減に写し取られていったことが考えられる。例えば、十六観の末尾にくる三輩観（第十四観・第十五観・第十六観に相当）について、約半数の作例では三場面のまとまりを保って描いているが、三輩観としての意味やまとまりが曖昧になっている作例もある。すなわち、三輩観には上輩と中輩を菩薩形で、下輩を未開敷蓮華で表現した作例があることから、前者を菩薩の観想場面である（10）観音観や（11）勢至観と混同して省略しているもの[31]や、後者を単なる未開敷蓮華と誤解しているもの[32]が見受けられる。この傾向もまた、盛唐期にすでに生じていたもので、吐蕃期にはその傾向が加速し、帰義軍期では一層顕著になっていることが指摘できる。

十六観図の各観の排列に関しては、図像が『観経』経文に一致する第一九七窟のみ、排列も『観経』所説と合致しているが、その他の作例はいずれも乱れている。最上部に初観の日想を描き、それに続いて宝池を配する点はほとんどの作例で踏襲されているが、それ以外の排列は経文に関係なく錯綜している。この排列の乱れは、屏風式画面の作例に特に著しい。これは幅の狭い条幅状画面では一場面ずつ上から下へ配置されるのに対して、幅の広い屏風式画面では横に二場面ずつ配され、排列順が分かりにくい画面構成になっていることと関連するものと考えられる。

また、十六観図であるにもかかわらず、作例のなかには場面数が十六に満たないものも見受けられ、第三五八窟は十三場面、第一五四窟は十一場面、第一三四窟にいたっては小型窟ということもあってわずか五場面しか描かれていない。これは十六観としての内容的整合性が明らかに軽視されていたことを示しており、前述した排列の乱れと通底する現象といえる。こうした場面の省略もまた盛唐期にすでに起きているもので、その傾向が吐蕃期、そして帰義軍期にまで継承されているのである。

三　吐蕃期における敦煌十六観図の制作

敦煌吐蕃期の十六観図は、一見するときわめて多彩な様相を呈しているものの、その実、ほとんどの作例が盛唐期にすでに出揃っていた図像を継承することで構成されているという事実が明らかとなった。また、場面の省略を含め、経典からの乖離現象そのものが盛唐期に始まっていたのであり、吐蕃期はただそれを受け継ぎ、その傾向をさらに強めているにすぎないことも前述のとおりである。

しかも、各場面の排列を見ると、最上部に日想観を描き水想観や宝樹観を相対的上部に配し、雑想観をあらわす立仏を相対的下部に描き最下部に三輩観を描くといった、おおまかな点では一致するところが多いものの、その他は作例ごとにかなり異なっている。これは、十六観本来の意義や順序に関心が払われていない証拠であり、制作に際してもはや『観経』や観経疏などのテキストは省みられていなかったことを物語っている。つまり、すでに絵画作品として成立していた先行作例をもとに、専らその図像だけにもとづいて作品が生み出され続けたと考えられるのであり、しかも図像の継承もかなり随意になされていたことがうかがえるのである。すなわち、そこには教理的な展開にもとづくような絵画的発展は全く認められず、経典や教理内容とは無関係に、形の上だけでの図像の継承とそれに伴う写し崩れによる変容とが、盛唐期以降、吐蕃期を経て帰義軍期に至るまで続いていったということになろう。

これについて参照されるのは、薬師浄土変相図の十二大願に関する沙武田氏の研究である。[33] すなわち沙氏によれば、盛唐期の第一四八窟以来、帰義軍晩期の作例にいたるまで、十二大願の表現内容は基本的に共通しており、描かれる内容や排列は経典に拠っておらず、吐蕃期の第七窟や第一五四窟のように、六場面だけを描いて十二大願を代表させている例もあるという。これらの指摘は、まさしく西方浄土変の十六観図にも当てはまる。つまり、こうした経典からの乖離現象や、形から形を写し取るという図像の継承手法は、ひとり十六観図のみにとどまらない、当時の敦煌仏教芸術の全体的な趨勢であったといえよう。

では、こうした作例からみえてくる制作の実態とはいかなるものであったろうか。

総じて吐蕃期の十六観図は、作例ごとに図像の組み合わせや排列、場面数が異なるものの、図像的には変化に乏しく、同じような図像が配置や数を変えながら繰り返し描かれる傾向にあった。つまり、吐蕃期の十六観図は、図像レベルでは固定化が進んでいたといえるのであり、そこに系統の別は存在しないといって差し支えない。

また先述したように、十六観図であるのにスペースの都合からわずか五場面しか描かないような例があること、十六観の最上部には初観日想を描き、その下には第二水観を配すといった排列の大枠はほとんどの作例で守られているものの、十六観としての順序には無頓着であること、経文を理解しないままに先行する図像の形だけを写すうちに写し崩れを生じ、経文からの乖離を進めていること。こうした状況を総合すると、当該期の敦煌における十六観図は、次のような形で制作されていたと推測されよう。

第一に、制作時に経典すなわち『観経』の記述内容が参照されることはなく、専ら先行する作例をもとに形から形だけが写されていった。第二に、そうした形から形を写し取っていくという過程において図像の本来的な意味が失われ、図像の読み誤りや読み替えが起こり、結果として十六観としての意味をなさない図像を複数生んだ。第三に、十六観図の制作において、十六観としての意味や整合性はもはや関心の埒外にあり、画面のスペースに合わせて既存の図像の中から任意に取捨選択がなされ、その際に排列の順はほとんど考慮されていなかった。

この第三の点については、敦煌の牢度叉闘聖変に関する一連の研究から導き出された制作状況とも一致する。すなわち、秋山光和氏はＰＴ一二九三（Pelliot tibétain 1293）に初めて注目し、これが敦煌帰義軍期の壁画に好んで描かれた牢度叉闘聖変の白描粉本であることを明らかにし、莫高窟や楡林窟などの作例計十九例と比較検討した結果、画面の構成要素の位置が壁画によって必ずしも一定せず、かつ物語の時間的前後関係とも対応していないことを指摘している[34]。サラ・Ｅ・フレイザー氏もまた、第一九六窟と第一四六窟という二つの異なる壁画の制作にあたって、秋山氏が取り上げたＰＴ一二九三が同じく粉本として使用されていること、また壁画の大きさや縦横の比率の変化に応じて、画家が登場人物などの主要要素の数や配置に変更を加えていることを論じている[35]。いまだ吐蕃期あるいは盛唐期に遡る十六観図の白描粉本は発見されていないが、吐蕃期の第二〇〇窟やEO. 1128[36]のように十六観図中に未生怨説話図の一部である没山出宮の場面が紛れ込んでいる例が存在する理由は、ＰＴ一二九三のように画面の主要構成要素を寄せ集めた見本集のような紛本の存在を想定して初めてよく了解されるであろう。

四　吐蕃期における画面形式の変化

図像表現や排列の観点から徴するかぎり、吐蕃期の十六観図は、盛唐期の作例の枠組みを継承し、内容的には何らの発展をもみせていないといわざるをえない。では、吐蕃期には何らの変化もなかったのかといえば、そうではない。よく知られているように、画面形式においては、吐蕃期にはそれ以前になかった新しい変化が生じている。この十六観図における画面形式の変化は、十六観図に固有のものではなく、窟内の他の壁画と連動する形で生じたものであり、十六観図やそれが付属する西方浄土変のみにとどまらない、窟内全体の変化と捉えることができる。しかしながら、これまではその変化がなぜ生じたのかについて論じられることはなかった。そこで、最後にこの画面形式の問題に関して若干の考察を加えてみたい。

吐蕃期に先行する盛唐期の十六観図には、第一節で簡単にふれたとおり、画面形式において格子状画面と条幅状画面という大きな違いがまずあり、後者にはさらに背景を自然景とするものと無地に近いものとの別が存在する。一方、吐蕃期では条幅状画面のほかに新たに屏風式画面（図12）が出現するが、背景描写においては大差なく、いずれも淡く緑色を刷いてうっすら土坡をあらわし、その間に草花を点々と配するほかは、ほぼ無地に近い。すなわち、吐蕃期の作例は盛唐後期の諸作例を引き継ぎ、その後、画面形式上の変化が生じたことになる。

盛唐期の諸作例との継承関係は、十六観図が付属する西方浄土変全体の画面形式からも指摘することができる。すなわち、吐蕃期の作例にみられる、一壁面に一つの変相図のみを描く大画面の西方浄土変（図13）は、初唐期に

図12　屏風式画面に描かれた十六観図　莫高窟第237窟

初めて出現し盛唐期へと受け継がれたものである。のちに吐蕃期には、一壁面に二～四幅の複数の変相図を描くようになる（図14）。ために、一壁面に一変相図の場合では横長の大画面であったものが、縦長で相対的に小さな画面へと変化する。先に述べた十六観図の画面形式の変化は、ひとり十六観図のみに生じたものではなく、この西方浄土変を含む石窟全体の壁画構成の変化に伴って生じたものである。

これを整理すると、吐蕃期の壁画は、一つの壁面に一つの変相図を描くもの（以下〔単〕と略称）と、一つの壁面に複数の変相図を描くもの（以下〔複〕）とに分かれ、一方、十六観図の画面形式は、西方浄土の場景をあらわした浄土変の左右に付属する条幅状画面に描かれるもの（以下〔条幅〕）と、浄土変の下部に設けられた屏風式画面に描かれるもの（以下〔屏風〕）の二種が存在する。これらの組み合わせは、①〔単／条幅〕②〔複／条幅〕③〔複／屏風〕の三種がある。このうち①が最も古い形式に属することはいうまでもない。また、③は吐蕃期に登

図13　一壁面に一変相図を描く大画面の西方浄土変　莫高窟第201窟北壁

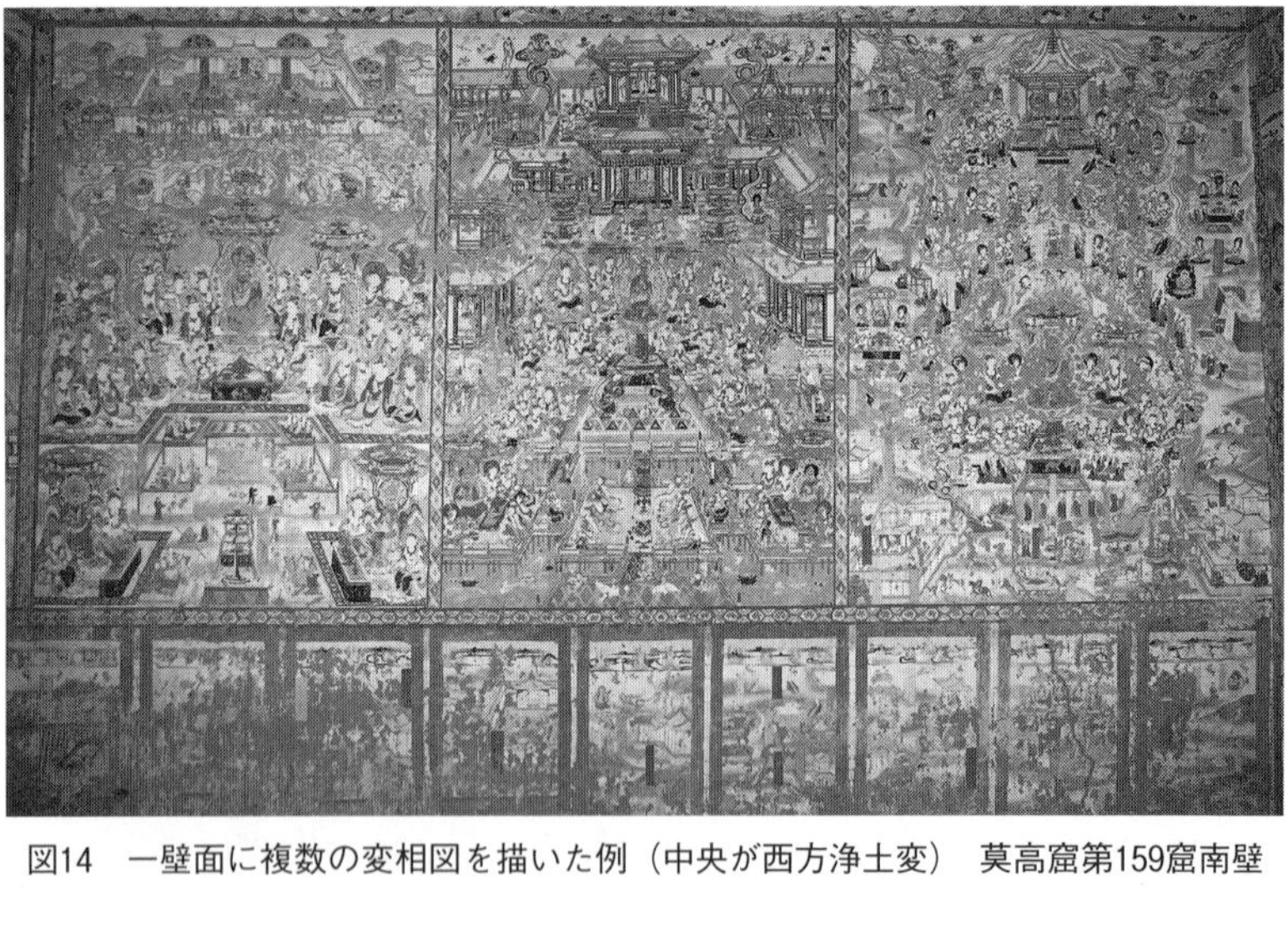

図14　一壁面に複数の変相図を描いた例（中央が西方浄土変）　莫高窟第159窟南壁

場する新出の画面形式である。したがって②は、その間をつなぐ過渡的形式であるといえるが、これを如実に物語る実例が第二〇〇窟に残されている。すなわち、第二〇〇窟では十六観図を浄土変の左右外縁の条幅状画面に描き、未生怨説話図を浄土変下部の屏風式画面に描いており、まさしく②から③へ移行する過渡的様相を示している。したがって、これら三種の画面形式は、①〔単／条幅〕→②〔複／条幅〕→③〔複／屏風〕の順に変遷したとみて問題ない。

この画面形式の変化は、次のように解釈できよう。すなわち、一壁面に複数の変相図を描くことにより相対的に小さくかつ縦長になった浄土変の左右外縁に十六観図のような付随的図相を加えることは窮屈である。そこで、画面下部に新たに区画を設けることによってこの問題を解消するとともに、浄土変の下部を切り取ることにより画面が過度に縦長になることを防いだ、と。つまり、この画面形式の変化は、窟内構想の変化がまずあり、それに引きずられる形で生じたものと解される。したがって、画面形式の変化を考えるうえで、より根本的な意味をもつものは、条幅状から屏風式へという点にではなく、一壁面に大画面の変相図を描いていたところから複数の変相図を描くようになったという点にこそ求められるべきであろう。

では、この画面形式、とくに一壁面に複数の変相図を描くという変化は、何に由来するものなのであろうか。

残念ながら、こうした画面形式の変化をもたらした直接的な要因については史料の不足もあって明らかにしがたい。しかし、この問題との関連が推測される事象として、敦煌の僧官制度に関する竺沙雅章氏の研究[37]に注目したい。

竺沙氏は敦煌遺書の丹念な研究から、吐蕃支配期から帰義軍期の敦煌仏教教団の僧官制度を明らかにし、そのうえで吐蕃支配期は次の二期に区分できると述べている。

第一期＝吐蕃支配前期（七八六年[38]～八〇〇年頃）

この時期の僧官制度では、トップは「都僧統」、その下に「都判官」と「判官」が置かれていた。これらはいずれも中国的官名であり、唐朝にすでに置かれていた僧官を踏襲したものと解されるという。

第二期＝吐蕃支配後期（八〇〇年過ぎ～八四八年）

この時期は僧官制度が変革され、都僧統が「都教授」と「副教授」に代わり、「都法律」と「法律」が加わった。「教授」とはチベット語の mkhan-po（ケンボ）に由来する官名であり、この僧官制度の変革はチベット化の所産であるという。

ここで翻って壁画の画面形式の変化をみると、年代の明らかな数少ない窟の一つである陰氏の第二三一窟（八三九年造営）は、③の〈複／屛風〉式であり、竺沙氏の分期説によれば第二期に相当する。つまり、竺沙氏が明らかにした僧官制度における変革が生じた時期は、石窟内の構成やそれに伴う画面形式が変化していた時期でもあったことになる。

無論、そこで新しく採用されている屛風式画面そのものは中国に由来する。したがって、壁画の画面形式を直ちにチベット化と片付けてしまうことはできない。しかし、莫高窟においては吐蕃の支配下においてさえ、吐蕃的な要素はごく部分的なものにとどまり、全体としては盛唐以来の画題や様式が継承されていることも考慮する必要があろう[39]。この理由については今後なお検討すべき課題といえるが、少なくとも吐蕃期の莫高窟での壁画制作において盛唐以来の伝統が根強く存していたことは動かしがたい事実である。

そのようななかにあって、一壁面に複数の変相図を描くという画面構成の変化が、敦煌教団の統制機関を構成する僧官制度の変革と時期を同じくして起きたとみられるということは、とりもなおさず当時の敦煌仏教界そのものに変動があり、それが石窟の窟内構想に何らかのインパクトを与えた可能性を示唆しているのではなかろうか。これについてはなお、当該期の石窟における尊像構成や壁画内容の詳細な検討をふまえた窟内の全体構想、さらには当時の吐蕃仏教とその造形活動についての考察が必要となろう。

おわりに

本章では、西方浄土変に付随して描かれる十六観図の具体的な考察材料として、吐蕃期の作例の特徴を検討した。その結果、図像的検討からは、吐蕃期の作例が基本的に盛唐期の図像、とりわけ『観経』から逸脱した図像を多分に含んだ、図案的で簡略な系統の図のみを継承していることが明らかとなった。加えて、ほとんどの作例にみられる排列の乱れは、転写の際に『観経』等のテキストを参照していなかったことを物語って余りある。転写は専ら先行する作例をもとになされたと推測されるのであり、そうした過程を経たがために写し崩れや形の読み替えが生じ、十六観としての意味をなさない幾多の図像が生み出されていったと考えられる。そして、こうした転写の過程には、構成要素の寄せ集め的な粉本が介在した可能性が高く、そこにはもはや十六観の本来的な意義は全く認められず、ただその形骸をみるのみである。

画面形式の面では、当初は盛唐期の形式を踏襲していたが、やがて一壁面に複数の変相図を描き十六観図は下部の屛風式画面に描くという新形式が誕生しており、同時代的な背景として八〇〇年頃に僧官制度の変革をもたらした敦煌仏教界の変動が一つの可能性として想定された。ただし、その変動の実態についてはいまだ明確にしがたく、後考に俟ちたい。画面形式が変化した後も、画面に描かれる図像そのものは相変わらず盛唐期以来の図像が継承され、新たな発展はみられない。画から画へ、形から形への転写による図像の写し崩れと、それに伴う経典からの乖離現象を深化させながら、この傾向は帰義軍期にまで受け継がれ、やがて敦煌における西方浄土変の制作そのものが終焉を迎えるのである。

注

（1）『新唐書』巻二一六上、吐蕃伝上「還而安禄山乱、哥舒翰悉河隴兵東守潼関、而諸将各以所鎮兵討難、始号行営、辺候空虚、故吐蕃得乗隙暴掠」

（2）『元和郡県図志』巻四〇、隴右道下、瓜州条。

（3）『新唐書』巻二一六下、吐蕃伝下「沙州刺史周鼎為唐固守……城守者八年……又二歳、糧械皆竭……於是出降。自攻城至是凡十一年」

（4）敦煌が吐蕃の支配下に入った時期については諸説あり、以前は建中二年（七八一）とする見解が有力視されていたが、現在では貞元二年（七八六）とする説が支持されている。陳国燦「唐朝吐蕃陥落沙州城的時間問題」（『敦煌学輯刊』一九八五年第一期）参照。

（5）『敦煌石窟内容総録』（文物出版社、一九九六年）にもとづき中唐期に開鑿された窟を数えると計五十五窟、中唐期に重修がなされている窟は計三十七窟になる。一方、史葦湘氏は吐蕃期に開鑿された石窟として計四十四窟の窟番号を提示しておられる。史葦湘「関与敦煌莫高窟内容総録」（敦煌文物研究所整理『敦煌莫高窟内容総録』文物出版社、一九八二年）所収。

（6）同じく『敦煌石窟内容総録』（文物出版社、一九九六年）にもとづくと、「阿弥陀経変」の項目に挙げられている作例では七十四例中七例、「観無量寿経変」の項目に挙がっている作例では九十例中三十八例が中唐吐蕃期の作である。

（7）孫修身「敦煌石窟中的〈観無量寿経変相〉」（段文傑主編『一九八七年敦煌石窟研究国際討論会文集』石窟考古編、遼寧美術出版社、一九九〇年）。施萍婷執筆項目「浄土変」「阿弥陀経変」「無量寿経変」「西方浄土変」（季羨林主編『敦煌学大辞典』上海辞書出版社、一九九八年）一一七～一二〇頁。施萍婷主編『敦煌石窟全集5　阿弥陀経画巻』商務印書館〈香港〉、二〇〇二年。なお、五代帰義軍節度使時期の作例については、敦煌遺書中の白描稿を用いた沙武田氏の研究がある。沙武田「S.P.76〈観無量寿経変稿〉析」（『敦煌研究』二〇〇一年第二期。『敦煌画稿研究』民族出版社、二〇〇六年に再録）。

（8）松本榮一『燉煌画の研究』東方文化学院東京研究所、一九三七年。前掲注（7）孫論文。前掲注（7）施書。拙稿「敦煌莫高窟の西方浄土変に描かれた『観無量寿経』モティーフ」（『南都仏教』八三、二〇〇三年十月）。同「初唐期の西方浄土変と『観無量寿経』――敦煌莫高窟の作例をてがかりに――」（『仏教芸術』二七三、二〇〇四年三月）。以上の二篇は拙著『西方浄土変の研究』（中央公論美術出版、二〇〇七年）に再録。

（9）拙稿「敦煌十六観図の分類と変遷」（朝日敦煌研究員派遣制度記念誌編集委員会編『朝日敦煌研究員派遣制度記念誌』朝日新聞社、二〇〇八年）。

（10）前掲注（8）拙稿「初唐期の西方浄土変と『観無量寿経』」。

（11）前掲注（8）拙著、第一部第三章「敦煌における十六観図の研究」、九五～一五八頁。

（12）同右。

（13）吐蕃期の第二〇一窟北壁など。盛唐期の作例では、第一七二窟や第三二〇窟、第一一六窟などがある。

（14）吐蕃期の第一二九窟、第四四窟など。盛唐期の第一二六窟北壁も同様の表現になる。

（15）吐蕃期の第一四四窟、盛唐期の第一八八窟南壁など。

（16）帰義軍期の第五五窟など。

（17）『観経』にはウイグル語訳が見つかっているが、畺良耶舎訳から再訳されたものと考えられている（ペーター・ツィーメ、百済康義『ウイグル語の観無量寿経』永田文昌堂、一九八五年）。なお周知のとおり、『観経』にはサンスクリット本もチベット訳も存在しない。末木文美士・梶山雄一『浄土仏教の思想　第二巻　観無量寿経　般舟三味経』（講談社、一九九二年）。

(18)　P三三五二やP三三〇四Vには、十六観図の題記が列記されており、第五五窟や第七六窟の十六観図に残る題記との共通が見て取れるが、これは複数の変相図の題記を集めたもので、図像の典拠とは考えられない。第五五窟や第七六窟に見られる『観経』から逸脱した図像は、盛唐期の第一七二窟や第三二〇窟の系統を引いており（前掲注（8）拙著、一三一〜一三七頁）、P三三〇四Vにみられるような題記は、恐らくは写し崩れの図像をもとに後からつじつまを合わせる形で壁画上に記されていた題記を抄書したもので、その逆ではありえない。

(19)　前掲注（8）拙著、第一部第三章「敦煌における十六観図の研究」、九五〜一五八頁。山部能宜氏も、敦煌十六観図に見られる経典から乖離した図像を「経典とは異なる何らかの教理的伝承を反映していると考えるよりは、画師達が先行の作品によりつつ制作を繰り返す間に、少しずつ誤解が蓄積された結果であったと考える方が事実に近いように思われる」として、筆者と同意見を述べている。山部能宜「観経変相の『観無量寿経』からの逸脱について」科研費報告書（研究代表者：宮治昭『交流と伝統の視点から見た仏教美術の研究――インドから日本まで――』二〇〇八年）。Nobuyoshi Yamabe, "Transformation Tableaux 'Based on' the Amitayus *Visualization Sutra*: Their Deviations from the Text", Delhi: *Kristi*, vol. 1, 2008.

(20)　前掲注（19）山部論文。

(21)　僧形については、盛唐期の第三二〇窟の例に見られるごとく、もとは坐仏であったものが、頭光が褪色し、僧形と見誤られたことによる可能性が考えられる。

(22)　第二三七窟と第一四四窟は摩耗のため、僧形か俗人形かは不明である。

(23)　前掲注（19）山部論文。

(24)　台座にのるタイプは盛唐期の第一一八窟に、宝地上に配されるタイプは同じく盛唐期の第一七二窟に先例があり、図像の継承関係が見て取れる。

(25)　前掲注（8）拙著では、これを「箱」と記していたが、「宝函」に改める。また初出論文では、これを中国藤椒文化博物館の王倣生氏の教示に従い「宝帳」としていたが訂正する。

(26) 本書第三部第四章を参照。
(27) 前掲注（9）拙稿を参照。
(28) 盛唐期の作例について、前掲注（8）拙著や前掲注（9）拙稿では、（A）図像・排列とも『観経』に一致するもの、（A′）図像的に曖昧なものを含むが排列のみ乱れているもの、（Ax）図像・排列とも乱れているもの、（B）特殊な図像を含むもの、（Bx）特殊な図像を含みかつ混乱がみられるもの、の五種に分類した。この分類に従えば、吐蕃期は特殊な図像、すなわち『観経』では解釈できない図像を含むB系統を引き継いでいるといえる。その理由は定かでないが、B系統が図像的に簡略であるということは現実的な動機として大いに考えられる。
(29) 前掲注（7）孫論文、二二一頁。
(30) 前掲注（7）施萍婷主編『敦煌石窟全集5　阿弥陀経画巻』、二一七～二一八頁。
(31) すなわち、(14) 上輩と (15) 中輩を菩薩形で表現する場合、(10) 観音観と (11) 勢至観と合わせて菩薩形は計四体描かれていなければならないが、菩薩形を二体や時には一体しか描いていない例のことで、これは場面数が十六に満たない作例に顕著に見られる。第一二窟、第一四一窟、第二〇一窟、第三六〇窟など。なお、壁画ではないが蔵経洞将来の Ch.lv.0047（ニューデリー国立博物館所蔵）も、この一例に挙げられる。
(32) 第一二窟、第一一八窟、第二一〇窟、第三五八窟など。
(33) 前掲注（7）沙書、六三～七八頁。
(34) 秋山光和「牢度叉闘聖変白描粉本（Pelliot Tibétain 1293）と敦煌壁画」（『東京大学文学部文化交流研究施設研究紀要』二・三、一九七八年三月）。
(35) Sarah E. Fraser, *Performing the Visual: The Practice of Buddhist Wall Painting in China and Central Asia, 618–960.* Stanford, Calif.: Stanford University Press, 2004, pp. 71–88.
(36) 前掲注（8）拙著、三二四～三二七頁を参照。
(37) 竺沙雅章「敦煌の僧官制度」（『東方学報（京都）』三一、一九六一年三月）。
(38) 竺沙氏は吐蕃期の開始を当時有力な説であった七八一年としているが、冒頭に記したように現在では吐蕃による敦煌支配の開始は七八六年とする説が有力視されていることから、ここでは七八六年に改めた。

（39）　秋山氏が牢度叉闘聖変の粉本であると指摘したＰＴ一二九三は、チベット文字が記された吐蕃期の作と考えられるが、その描写そのものは毛筆を用いた「純中国風な筆致」になるものである（前掲注（32）秋山論文）。なお、莫高窟における吐蕃の影響が局部的なものにとどまっている点について、「吐蕃は敦煌地方を占領したけれども、文化、とくに芸術の上にあまり影響をあたえなかったのではなかろうか」とする見解も出されている（水野清一「敦煌石窟ノート」『仏教芸術』三四、一九五八年五月、三八頁）。

第三章　西方浄土変の白描画

――SP七六およびP二六七一Vの解釈――

はじめに

西方浄土変とは、阿弥陀の西方極楽浄土の場景を造形化したもので、敦煌莫高窟に初唐期以降の大画面の壁画が多数現存するほか、蔵経洞からも絹本画が発見されている。蔵経洞遺物のなかには、こうした西方浄土変の一部や、その外縁に付加される『観無量寿経』（以下『観経』）所説の図を描いた白描画が数点含まれている[1]。

西方浄土変には形式上、浄土変のみからなるタイプと、その外縁に『観経』所説の序分（太子阿闍世による父王頻婆娑羅と母后韋提希の幽閉物語、未生怨説話）と十六観（阿弥陀浄土に関する十六の観想法）の図を付加したタイプの二種がある。一般には、初唐期の作例は前者に属し、盛唐期になって後者の作例が出現するとされる。蔵経洞発現の白描画にも、浄土景部分に関するものと、外縁部分のものとが存在する。これら白描画について従来の研究では一般に、壁画の下絵と解されてきた[2]。しかし、これらを果たして壁画制作を目的とした下絵とみなしてよいものかについては疑問がある。

そこで本章では、これら西方浄土変に関する白描画のうち、文書を伴い制作年代の手掛かりを有する外縁部分の二点、すなわちSP七六[3]（Stein painting 76, Ch. 00144）とP二六七一Vを対象に、内容と制作年代を概観し、そのうえで現存する敦煌莫高窟や楡林窟の壁画および蔵経洞発見の絹本画との比較を行い、壁画制作と粉本という観点から、この問題を検討してみたい。

一　SP七六の内容と制作年代

本図は本来別々の三紙を貼り合わせたもので、中央の一紙は手紙文書「甲戌年四月沙州丈人鄧定子妻鄧慶連致粛州僧李保祐状」である。各紙の内容を右から順にみていくと次のようになる(4)（図1）。括弧内は現状での天地を示す。


【表面】

〔第一紙〕『観経』序分図、仙人斬殺と逐兎からなる未生怨因縁図、十六観図を描く（倒置）。

〔第二紙〕手紙文書「甲戌年四月沙州丈人鄧定子妻鄧慶連致粛州僧李保祐状」（正置）。

〔第三紙〕維摩変相図。『維摩詰所説経』（以下、『維摩経』）巻中「文殊師利問疾品第五」（以下「問疾品」）にもとづく維摩詰の姿を画面の向かって左半に描き、同巻下「香積仏品」に説く化菩薩の香飯捧持・鉢飯無尽の場面などを描く（正置）。


【背面】

〔第一紙裏〕『観経』序分図。阿闍世太子による父、頻婆娑羅王の幽閉場面を描く（倒置）。

〔第二紙裏〕手紙の上書きの上に、維摩変相図を描く。上書きは二行にわたり「沙州妻鄧慶連状上／粛州僧李保友《祐》

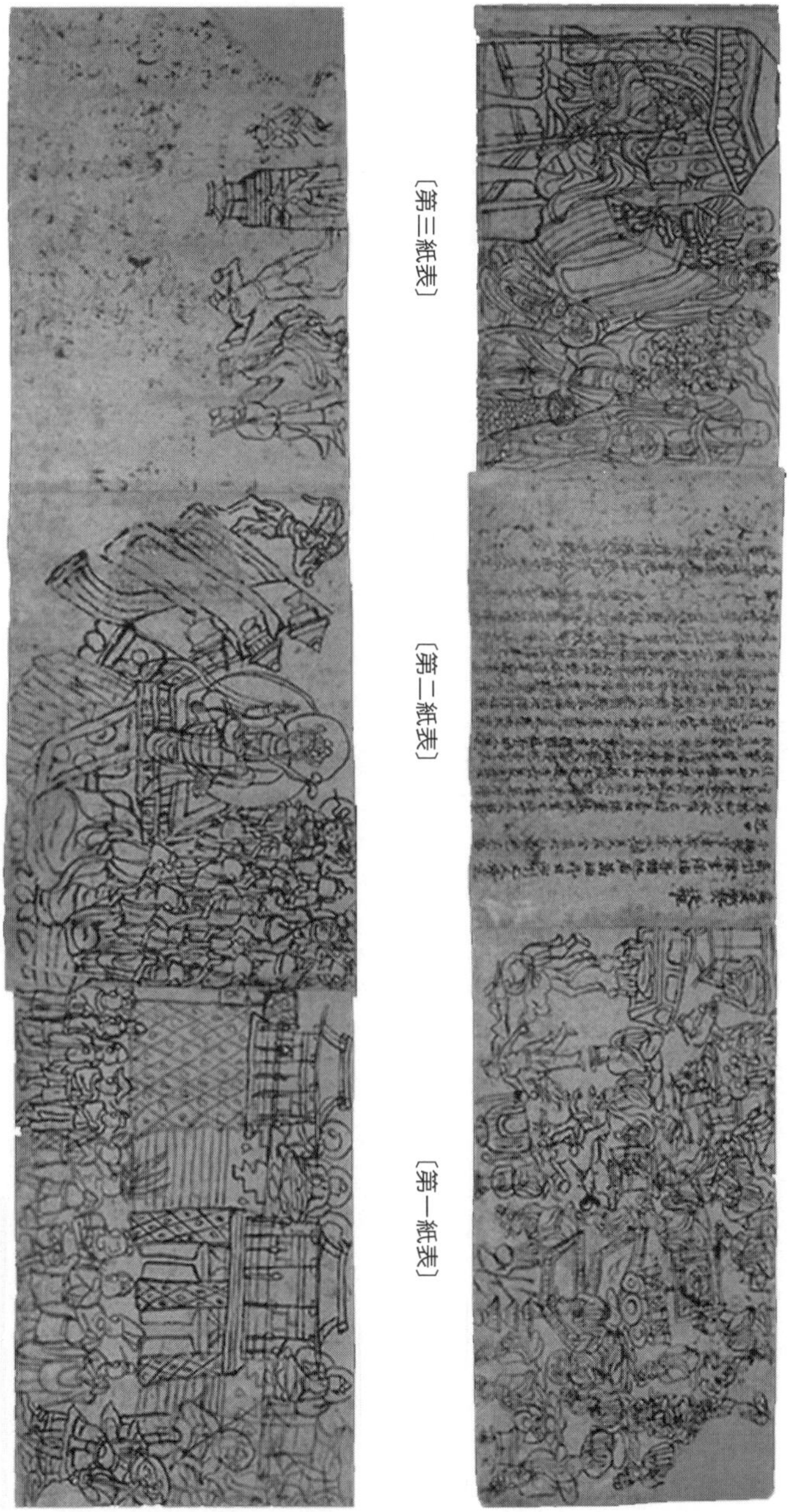

図1　Stein painting 76（上）表面（下）背面　ⓒ The Trustees of the British Museum

処」と記す。維摩変相図は『維摩経』「問疾品」にもとづく文殊菩薩と聴聞衆を描く（正置）。

〔第三紙裏〕維摩変相図。毘耶離城の城門や『維摩経』巻上「方便品」の各国王子問疾の場面などを描く（正置）。

すなわち、第一紙は『観経』に関わる内容を表裏に描いたもので、第二紙は手紙文書の反故を利用し、余白の多い上書きの面に『維摩経』にもとづく図相を描いたもの、第三紙は表裏に『維摩経』の図を描いたものである。これらはいずれも一紙ごとの表裏は天地が一致しているが[5]、現状では表背面ともに第一紙が他の二紙とは天地が逆になる形で貼り継がれている。これについては、粗忽に貼り合わせたようにもみえるが、第一紙（『観経』関連の図）と他の二紙（『維摩経』関係の図）とは内容が異なるため、故意に向きを逆転させたとも考えられる。

この手紙文書の内容や作成年代については、坂尻彰宏氏の研究に詳しい[6]。すなわち、本文書は沙州（敦煌）在住の鄧慶連なる女性から粛州（酒泉）の僧、李保祐に宛てた私信であり、作成年代については、文中に帰義軍期の官職である「知駝官」という語があらわれることから、本文書は帰義軍期（九世紀半ば〜十一世紀初め）のもので、その間の「甲戌年」とは八五四年、九一四年、九七四年のいずれかにあたる。しかも文中に甘州ウイグルとの紛争状況を示す内容が記されていることから、九一四年ないしは九七四年の可能性が考えられるという。さらに同氏は、本文書の折り痕や上書きから、本文書は草稿ではなく実際に手紙として使用されたものであることを明らかにされている。また、第二紙裏の文殊菩薩図の墨線はテキスト（手紙文書の上書き）の上に描かれていることから、白描画は明らかに手紙文書より後に描かれたものであるという。したがって、本文書の白描画は、九一四年ないしは九七四年以降に描かれたものということになる。

本文書を他の蔵経洞遺物とともに収集したスタインは、彼の第二次中央アジア探検報告書『セリンディア』における蔵経洞将来品リストのなかで、本図を「仏教に関する粗いスケッチで覆われた紙巻、恐らくはより大きな構図のためのデザイン」[7]とみなし、本図を壁画や絹本画などの下絵の一種と解している。同様にサラ・E・フレイザー氏も、本図の配置が粗雑で図像に粗密があり描線も簡略であるとしながら、やはり本図を壁画の粉本とみなしている。[8]一方、ジェーン・ポータル氏は本図に関する短い解説のなかで、「これらの白描が画僧の絵の練習に描かれたのか、現存していない本画のための習作であったのかは判断できない」と述べ、下絵ではなく習作という可能性も指摘しているが、判断は保留している。[9]しかし沙武田氏は、本図の表現が細部を省いた大まかなもので配置が乱れ混み合っているのは壁画の下絵（底稿）としての性質のあらわれであると捉え、本図を壁画の下絵と解している。[10]すなわち本図に関しては、習作の可能性が部分的には指摘されているものの、ほとんどの場合、壁画の粉本すなわち壁画制作に先だって描かれた下絵の範疇で捉えられてきたといえる。

二　P二六七一Vの内容と制作年代

本図は、中唐吐蕃期の敦煌において大量に書写された『大乗無量寿宗要経』[11]の紙背文書の上に描かれている（図2）。この『大乗無量寿宗要経』の写本は巻首を欠き、後半から巻尾までの三紙分のみが残る。[12]本図に関しては沙武田氏の研究があり、同氏は紙背文書についても録文を示している。[13]ただし、沙氏の録文には一部に不備や誤脱があるため、ここで改めて提示しておきたい。

【表面】『大乗無量寿宗要経』の後半部分。

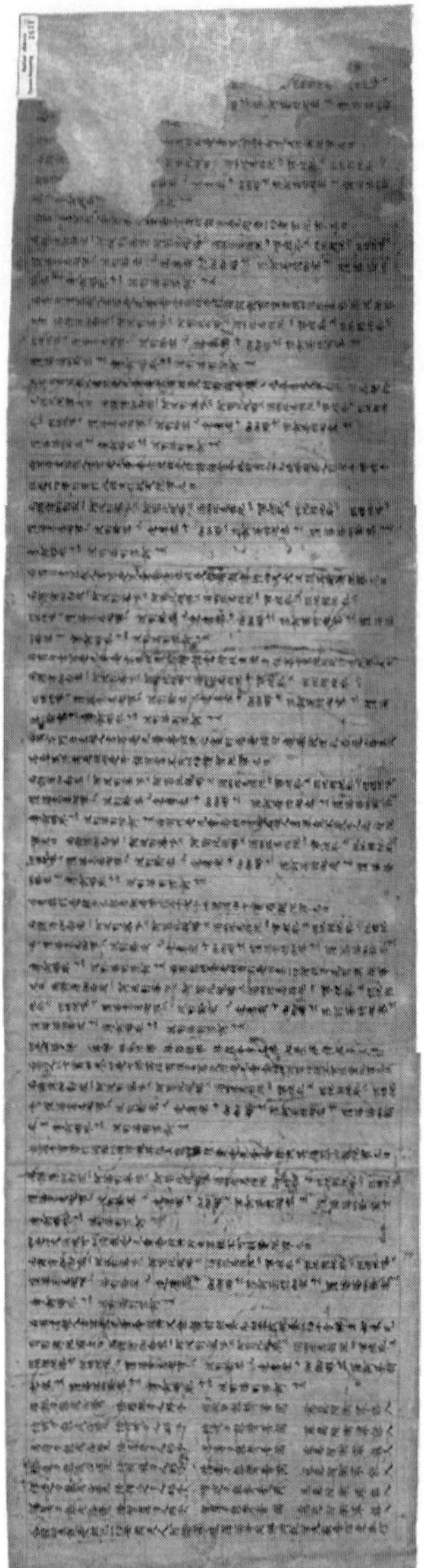

〔表面〕

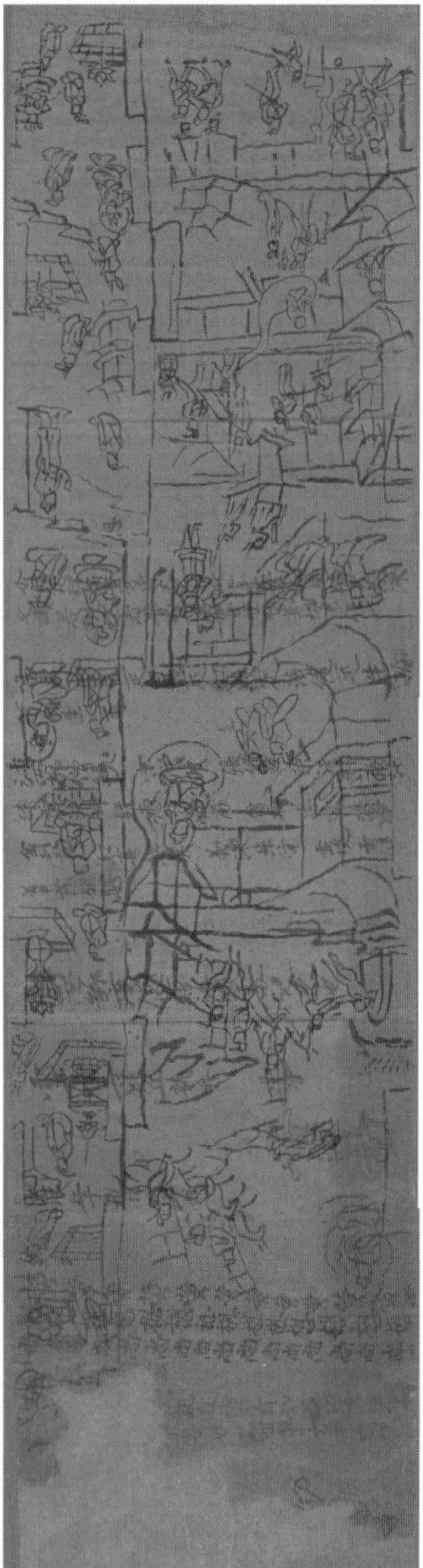

〔背面〕

図2　P.2671（上）表面（下）背面　©Bibliothèque nationale de France

【背面：文書】

〔録文〕

1　爾時梵釈四天王及諸大衆白仏言世尊如是経典甚深
2　之議若現在者当知如来卅七種助菩提法住
3　西東紫羅一疋白綾一疋紅綾一疋清綾一疋生□
4　疋□生一疋
5　河西都僧統　宋僧政　張僧政　梁法律　張法
6　律　康法律　経恵□　□厳　信寂　恵通　法造
7　金剛蔵　紅真　紅莫　義深　□宗　霊□　霊信
8　善才　慈照聡
9　勅河西節度使曹海満書記之也
10　霊図寺比丘龍辯　寺
11　　　　　　　　　霊図
12　甲辰年五月廿二日
13　□□
14　黄（×12字）
15　想（×14字）
16　尚（×17字）

17 □□□□□□盒
18 □□□□□□親仗仏有如湜功徳恒沙
19 歎□□□□□甚奇妙光明照十方我適増

〔校異〕

〔第1～2行〕爾時梵釈至助菩提法住。『金光明最勝王経』巻三の経文の一部（『大正蔵』一六、四一七c）を抄出したもの。沙氏の録文はこの二行分を闕く。

〔第1～2行〕経典甚深之議。『大正蔵』は、「議」字を「義」に作る。

〔第3～4行〕帳簿の類から抜き書きしたものか。沙氏の録文はこの二行分を闕く。

〔第5～12行〕僧録の抄書。

〔第6行〕恵通。「恵道」にも読めるが不詳。

〔第7行〕紅□。沙氏は第二字を判読深不可とするが、「紅莫」か。

〔第8行〕慈照聡。沙氏の録文は「慈」字を闕く。

〔第9行〕勅河西節度使。沙氏は「勅」字を闕く。

〔第9行〕曹海満。沙氏は「曹」字について「唐」かとしている。誰を指すかは不詳。

〔第10行〕寺。沙氏は「書」に作る。次行の「霊図」の二字と同じく「寺」字の輪郭を記す。

〔第12行〕廿二日。第二字は不詳。あるいは一か。

〔第13～16行〕習字。

〔第17〜19行〕経文の一部か。沙氏の録文はこの三行分を闕く。
〔第18行〕親仗仏有如湜功徳恒沙。出典不明。
〔第19行〕奇妙光明照十方我適増。『妙法蓮華経』巻六「薬王菩薩本事品第二十三」の讃仏偈の部分（『大正蔵』九、五三c）。「増」は「曾」の誤りであろう。

【背面：白描画】

用紙を縦に使用した縦長の画面に、三紙にわたって未生怨因縁図と『観経』十六観図および序分図を描く。上部三分の一の区画に十六観図を、残る下部に未生怨因縁図と『観経』序分図を描く。

本図の制作年代の手掛かりとなるのは、裏文書の僧録部分である。第5行に「河西都僧統」、第9行「河西節度使」の語が含まれることから、裏文書は帰義軍節度使の時期に『大乗無量寿宗要経』の紙背を利用して記されたものであることは明らかである。そのうえで第12行に記す「甲辰年」が何年であるのかが問題となる。これについて沙氏は、文中に出る霊図寺が宋の天禧三年（一〇一九）まで存続していた敦煌の大寺であること、[14]さらに第10行に「霊図寺比丘龍辯」とあるのは、S六五二六『四分律比丘戒本』奥書に「中和元年（八八一）弟子龍辯写経□□」とあるのと同一人物であることから、九四四年であるとみなし、本図を九四四年以降に描かれたものとした。[15]しかし、この年代比定にはやや問題がある。

霊図寺の龍辯は河西都僧統となった人物であり、その在世および都僧統在位の期間が竺沙雅章氏や栄新江氏により凡そ明らかにされている。[16]まず竺沙氏は、龍辯が僧官として現れるのはS六七八一「丁丑年（九一七）梁課決算文書」に「都僧録龍辯」とあるのが最も早く[17]、その後、海晏の都僧統時代に副僧統になり、S六四一七「清泰二年（九三五）金光明寺徒衆上座神威等衆請善力為上座状[18]」に都僧統への昇進が最初に確認されるとする。次に都僧統としての在位が最後に確認できるのはP四六三八の「清泰四年（九三七）都僧統龍辯等上司空牒」「僧龍辯等謝司空賜物牒」「同献物牒[19]」であるとした。加えて、沙氏も挙げた中和元年のS六五二六『四分律比丘戒本』について竺沙氏は、比丘戒本は比丘となれば常に受持しなければならないものであり、具足戒を受けて比丘となる前後に書写し備えておくべきものであったこと、また具足戒は二十歳になって受けるものであることから、八八一年に龍辯は二十歳前後であったと考えられるとし、龍辯の都僧統就任は七十歳を超えてからのことで、都僧統在位が確認できる九三五〜九三七年当時には龍辯は七十四〜六歳頃であり、恐らく在任数年足らずで世を去ったのであろうと推定した。

栄新江氏は、この竺沙氏の研究成果を受け継ぎ、彼の都僧統の在位期間の下限をのばす新資料を発掘した。すなわちS八五八三「天福捌年（九四三）河西郡都僧統龍辯牓」に「河西応管内外沙門都僧統龍辯」（図3）と記されていることから、九四三年に龍辯はまだ都僧統の位にあったことを明らかにした。該文書は末尾の日付の上に「河西都／僧統印」の朱印が捺されており、文書の正本であることが分かる点でも貴重である。栄氏はさらに、甲辰年（九四四）六月から十一月の間に記されたP二〇三二Vと、乙巳年（九四五）正月に記されたP二〇四〇Vには、同じ「孔僧統」の百日斎のための施入が記されており、当該の「孔僧統」は九四四年に亡くなったとみられることから、この「孔僧統」が龍辯であった可能性を指摘している。その場合、龍辯の示寂は九四四年後半ということになる。ただし栄氏は、「孔僧統」が龍辯の時代の副僧統であった可能性もあるとし、没年についてはなお判断を保留している[20]。

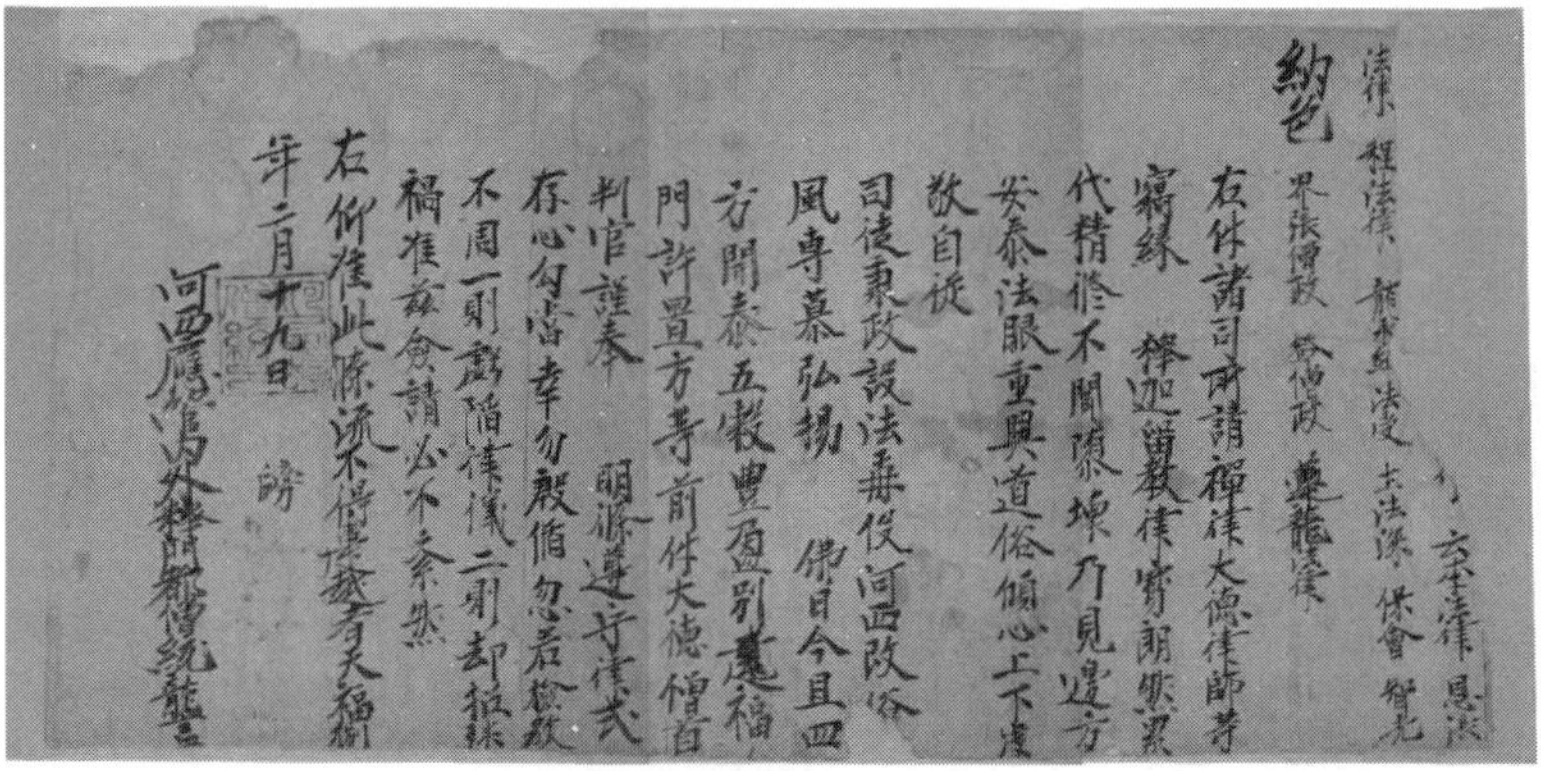

図３　S.8583「天福捌年河西郡都僧統龍辯牓」　©The British Library Board Or. 8210/S. 8583

さて、P二六七一Vの白描画の年代判定の基準となる、僧録箇所の「甲辰年」であるが、龍辯が九四三年までは健在であったことが確認できることからすれば、沙氏の解釈のように九四四年としてもぎりぎり許容できるかのようにもみえる。しかし、問題なのは本文書の僧録において、彼が「河西郡都僧統龍辯」ではなく「霊図寺比丘龍辯」と記されている点である。つまり本文書に抄書された僧録は、龍辯の都僧統在任期のものではなく、就任以前のものである可能性が高い。さらに、龍辯が八八一年に具足戒を受け比丘となったことも考え合わせれば、問題の「甲辰年」はおのずと八八四年に絞られる。したがって、本図は八八四年以降に描かれたものと考えられよう。

一方、本文書の白描画に対し唯一考察を加えた沙氏は、その絵としての性質について、壁画の底稿であることは疑いを容れないとし、SP七六の白描画と同様、壁画制作に先だってつくられた下絵とみなしている[21]。

三　敦煌壁画および絹本画との比較

敦煌蔵経洞から発見された二点の白描画（SP七六、P二六七一V）

図 4　Ch.00159　仏説法図　Marc Aurel Stein, *Serindia*, vol.4, Oxford: Clarendon Press, 1921, pl.XCIV.

は、前者に関して習作の可能性がわずかに言及されたことがある以外、すべて壁画など大型の作品の下絵と解されており、とくに敦煌莫高窟の壁画制作と下絵との関係を研究してきたフレイザー氏と沙氏は、いずれも壁画の下絵と解していた。しかし、果たしてそうであろうか。

これら二点の白描画は、ともに文書の反故を利用しており、とくにP二六七一Vにいたっては、写経の裏に経文の一節や僧録の一部をランダムに抜き書きし、習字にも使用したうえに重ねて描かれたものである。蔵経洞から見つかった他の白描画のなかには、下絵として使用されたことが明らかなものがいくつか存するが（図4）[22]、それらが文書の反故を使用していないことは注意されてよい。

加えて、これら二点の白描画の描写は簡略で、描線も粗雑である。とくにSP七六は図像が密集して描かれており、図像の配置や順序は完全に無視されている。一方、P二六七一Vは縦長の画面のなかに描かれているため、図像の配置や順序は示されているが、その描線はきわめて稚拙でたどたどしい。こうした白描画をもとに大画面の壁画を構成しうるとは、にわかには想像しがたい。さらにこの疑問を強くするのは、これらの白描画よりも早い莫高窟や楡林窟の壁画および蔵経洞発見の絹本画に、同種の図像がすでに現れているという事実である。この点について以下、図像の特徴が明瞭で比較同定しやすい『観経』十六観の各図と、未生怨因縁図を例にとりながら、みてゆくことにしたい。

（一）『観経』十六観図からみたSP七六とP二六七一V

『観経』十六観とは、阿弥陀浄土を観想する法を十六段階に分けて詳述したものであり、釈迦仏が未来の衆生のために韋提希夫人に向けてまず説くという形で示されていることから、十六観図では観想の対象と、それに向かう韋提希夫人とが描かれる。『観経』の記述に従えば、まず初観の日想観では観想を始めるに際し方角を西に定めることが説かれ、ついで第二観から第六観では浄土の景物、第七観から第十二観では阿弥陀三尊を、残る第十三観から第十六観は、機根により異なる臨終来迎と往生浄土の場景を、それぞれ観想する法が説かれる。

かように観想の対象や順序が明確に規定されている十六観ではあるが、本書第一部第二章でみてきたように、敦煌での作例の多くは経典から乖離し、排列の乱れや図像の重複、経文では解釈しがたい特異な図像の出現といった現象が、盛唐期からすでに生じており、その傾向は時代を経るにつれ一層強くなる。**表1**は帰義軍期の制作と目される、莫高窟と楡林窟の壁画七例および蔵経洞発見の絹本画五例の計十二例と、今回考察対象とする白描画二例の十六観図の各図像をまとめたものである。そのうち図像の時期的特徴を考えるうえで、とくに注目されるのは、「●」で印した経文に合致しない図像である。**表1**では、本書第一部第二章と同様に、これら写し崩れによる図像のうち盛唐期にすでに出現しているものを第一群、中唐吐蕃期に新たに出現するものを第二群、帰義軍期のみに見られるものを第三群として示した。それでは以下、問題の白描画SP七六とP二六七一Vに描かれた、経文に合致

表1　白描画（SP七六、P二六七一V）および帰義軍期の十六観図

時代	年代	窟主	窟番号／作品番号	画面形式	場面数	経文に合致するもの												経文に合致しないもの												その他	
																		第一群									第二群	第三群			
						(1)日想観	(2)水想観	(3)宝地観	(4)宝樹観	(5)宝池観	(6)宝楼観	(7)華座観	(8)像観(9)真身観	(10)観音観(11)勢至観	(12)普観	(13)雑観	(14)(15)(16)三輩観	(a)宝池の円輪	(b)宝幢	(c)僧形あるいは俗人形	(d)宝池に群生する蓮華	(e)宝瓶	(f)未開敷蓮華	(g)開敷蓮華	(h)宝珠	(i)宝函	(j)塔	(k)香炉	(l)涌雲	不明	欠損
帰義軍	八六五	索義弁	莫一二	屏風	16	○	○○		○	○	○	○	○	○	○			●	●			●	●	●		●					
帰義軍			莫一八	屏風	12?（現状）		○○○		○	○	○			○					●				●			●				○○	
帰義軍			莫一九	条幅	8（現状）		○○		○		○							●	●						●						○
帰義軍	九六二頃		莫五五	条幅	16	○	○○		○		○			○○		○	△△	●		●	●	●	●					●			
帰義軍			莫七六	条幅	11（現状）	○	○		○					○○				●	●	●		●		●						○	
帰義軍			楡三五	条幅	16	○	○○○		○	○	○				○					●		●	●●	●●	●						
帰義軍			莫一四一	条幅	7	○			○		○			○				●	●		●										

時代	年代	窟主	窟番号／作品番号	画面形式	場面数	経文に合致するもの (1)日想観	(2)水想観	(3)宝地観	(4)宝樹観	(5)宝池観	(6)宝楼観	(7)華座観	(8)像観(9)真身観	(10)観音観(11)勢至観	(12)普観	(13)雑観	(14)(15)(16)三輩観	経文に合致しないもの 第一群 (a)宝池の円輪	(b)宝幢	(c)僧形あるいは俗人形	(d)宝池に群生する蓮華	(e)宝瓶	(f)未開敷蓮華	(g)開敷蓮華	(h)宝珠	第二群 (i)宝函	(j)塔	第三群 (k)香炉	(l)涌雲	その他 不明	欠損
帰義軍	一〇世紀初		MG.17673	横長	9		○		○		○			○○		○			●	●				●							
帰義軍	一〇世紀		Ch.0051	条幅	15（現状）		○	○	○	○	○		○○○○	○○					●						●	●					○○○
帰義軍			Ch.lv.0047		11	○	○○	○	○		○		○	○				●	●	●											
帰義軍			Ch.lvi.0018		15	○	○○		○	○	○		○	○○	○	○		●	●	●（未開敷蓮華に包まれる）											○
帰義軍	一〇世紀		Ch.v.001	条幅	11（現状）	○		○	○		○		○○	○○					●	●										○（宝池カに楽器）	
帰義軍	九一四／九七四以降		SP七六（白描）	条幅	14（現状）	○	○○		○		○			○○	○				●	●	●								●（6）宝楼観の一部カ	○	○
帰義軍	八八四以降		P二六七一V（白描）	条幅	15	△	○		○		○			○○		○	△△△	●	●	●	●	●									

しない十六観の各図像について、順にみてゆきたい（以下、掲載の図は筆者による）。

（a）宝池の円輪（図5）

四周に磚を敷いた宝池の中に大きな円輪を描くもので、P二六七一Vに描かれる。P二六七一Vでは円輪を花のように描いており変則的であるが、同様の図像は莫高窟第三二〇窟北壁など盛唐期の作例にすでに出現しており、中唐吐蕃期から帰義軍期にかけて継承された図像といえる。

（b）宝幢（図6）

SP七六とP二六七一Vの両方に描かれる。やはり盛唐期に同様の図像が出現しており、前者の宝幢は柱に傘状飾りを重ねるタイプで、莫高窟の第三二〇窟北壁や第二〇一窟北壁のものと形状が近い。後者の宝幢は柱状の太い胴を有し、莫高窟第一八〇窟北壁のものに類似する。

（c）僧形あるいは俗人形（図7）

合掌する人物像を描くもので、仏菩薩とは異なり頭光を伴わない。SP七六とP二六七一Vの両方に描かれる。前者は蓮華座に、後者は低い牀座に坐す。やはり莫高窟第三二〇窟に見るように、盛唐期に同様の図像が出現している。

図５　宝池の円輪（左）P.2671V（右）莫高窟第320窟北壁

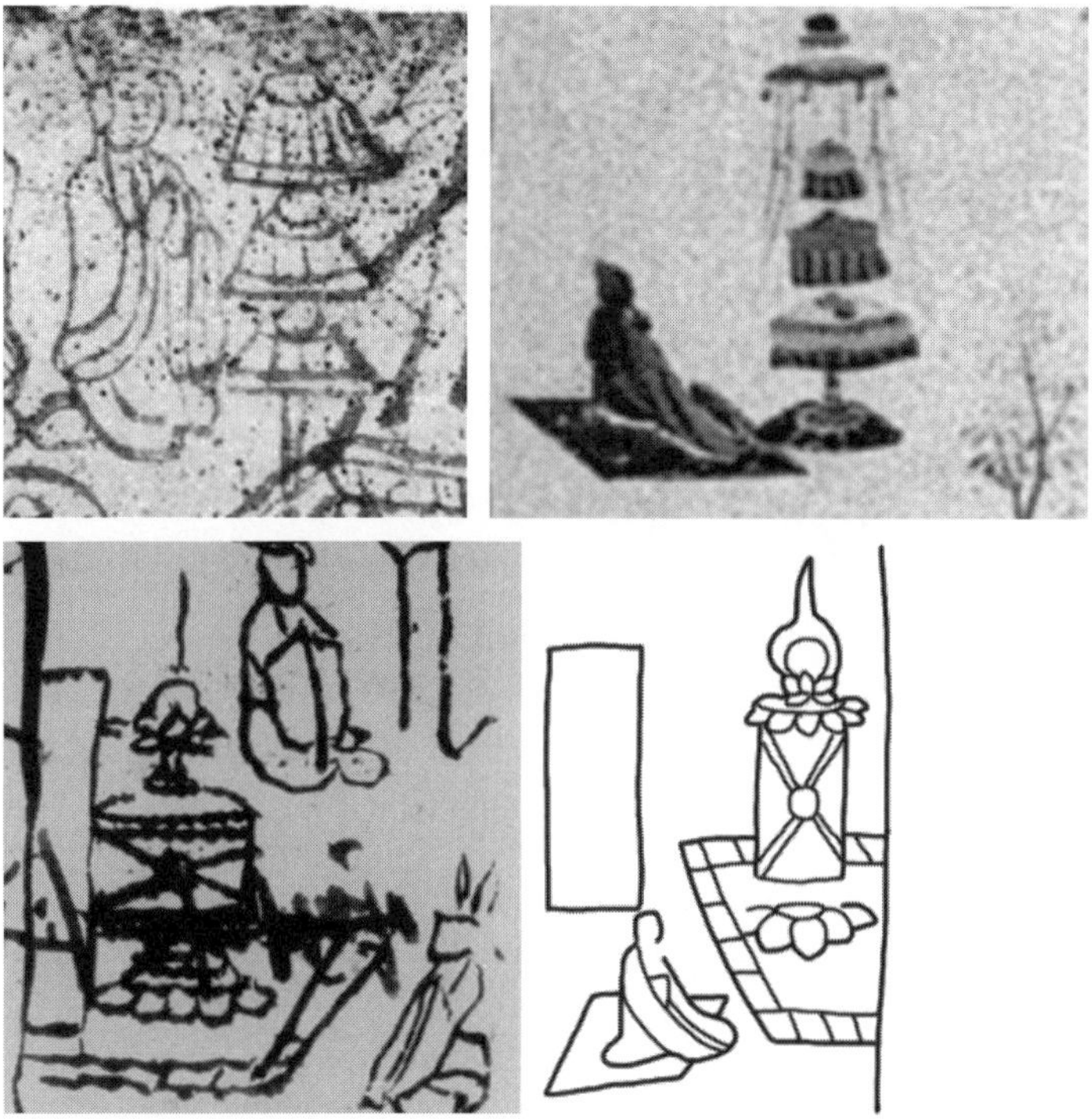

図６　宝幢
（左上）Stein painting 76　©The Trustees of the British Museum
（右上）莫高窟第320窟北壁
（左下）P.2671V　©Bibliothèque nationale de France
（右下）莫高窟第180窟北壁

図7　僧形あるいは俗人形
(左上) Stein painting 76　©The Trustees of the British Museum
(左下) P.2671V　©Bibliothèque nationale de France
(右) 莫高窟第320窟北壁

図8　宝池に群生する蓮華
(左) Stein painting 76　©The Trustees of the British Museum
(右上) P.2671V　©Bibliothèque nationale de France
(右下) 莫高窟第320窟北壁

（d）宝池に群生する蓮華（図8）

宝池の中に蓮華や荷葉が群生する様を描くもので、第二観の水想観から派生した図像と考えられる。P二六七一Vの表現は、盛唐期の莫高窟第三二〇窟北壁などに多くみられる。SP七六の図は、宝池とその中の未開敷蓮華と荷葉を真上から見たように描いており、受ける印象は異なるが、図像の構成要素自体は盛唐期から出現しているものである。

（e）宝瓶（図9）

P二六七一Vに描かれる。同様の図像は盛唐期の莫高窟第三二〇窟北壁などにすでに出現している。

（l）涌雲（図10）

韋提希夫人の眼前に涌きあがる雲のみを描いたもので、壁画・絹本画をあわせても他に類例がなく、SP七六のみに描かれる。ただし第六観の宝楼観において、楼閣の下部に涌雲を描いた例が莫高窟第一七二窟南壁にあることから、こうした先行作例をもとに、涌雲部分のみを描いたものかと推測される。

以上から、SP七六とP二六七一Vに見られる経文に合わない図像は、いずれも盛唐期にすでに出現していたもので中唐吐蕃期から帰義軍期にかけて継承されていたものであったといえる。さらに同様のことは、経文に合致している図像においても指摘できることから、(23)これら二点の白描画に見る十六観図は図像としての新奇性がなく、盛唐期以降に制作された既存の作例を写した可能性が高いことを示している。(24)

図9　宝瓶
(左)P.2671V　©Bibliothèque nationale de France
(右)莫高窟第320窟北壁

図10　涌雲
(左)Stein painting 76　©The Trustees of the British Museum
(右)莫高窟第172窟南壁

（二）未生怨因縁図からみたSP七六とP二六七一V

未生怨因縁図とは、父母を幽閉するにいたった太子阿闍世の名の由来を示した図である。この因縁説話は『観経』やその注疏類には説かれず、『四分律』や『大般涅槃経』に記されている。すなわち、未生怨とは阿闍世《アジャーシャタトル》の意訳で、かつて父王の頻婆娑羅には後嗣がなく占いにより山中の仙人が亡くなれば王の子となると知ったことから仙人は殺され、それによって阿闍世が生まれたことにちなむという。[25] これにもとづき、仙人と頻婆娑羅王の対面、あるいは仙人を斬殺する場面を描いたのが未生怨因縁図である。加えて敦煌では、これら伝来の経典類には記載のない、もう一つの場面を加えることがある。すなわち、仙人が白兎に化し、それを王兵が逐うという場面である。[26] これらの未生怨因縁図は、敦煌の盛唐期の作例にはほとんど描かれず、中唐吐蕃期の壁画やそれ以降の絹本画に見出すことができ、SP七六とP二六七一Vにはいずれも描き込まれている。

まずSP七六からみていくと、山並みと草庵を背景に、裸形に近い人物が背後に立つ兵らしき人物により後ろ手に縛られ、剣を手にしたもう一人の兵に頭髪を引っ張られている。その左斜め下には、右腕に鷹をのせた騎馬の兵士がおり、その前方には兎が走っている（図11）。一方、P二六七一Vでは、旗を靡かせながら兎を逐う三人の騎馬兵と、その下に同じく旗をもった三人の騎馬兵と、その手前に草庵の門口から仙人の手を摑んで引きずり出す兵の姿が描かれている（図12）。

現存する壁画や絹本画のなかで未生怨因縁図について図版で確認できるものは、これら二点の白描画を含め、計十三例（中唐吐蕃期：六例、帰義軍期：七例）ある（表2）。それらによれば仙人を捕える場面は、中唐吐蕃期の中葉頃を境に、仙人と頻婆娑羅王の対面を主とする表現（図13）から仙人を斬殺せんとする表現（図14）へ変化するこ

図11　Stein painting 76　未生怨因縁図部分
©The Trustees of the British Museum

とが見て取れる。Ｐ二六七一Ｖの表現では、草庵から仙人を引きずり出すさまを描いており、現存作例中では他に例をみないが、対面から斬殺へと表現が移る過渡期の図像と解することができ、Ｐ二六七一Ｖの制作年代からすれば古い図像を描いていると考えられる。ＳＰ七六は、剣を手にした兵と頭髪を摑まれた仙人を描いており、Ｐ二六七一Ｖよりは新しい図像的特徴を示してはいるが、図像の出現自体は中唐吐蕃期の後半に遡ることから、やはり既存の図像を写したものと考えられる。

同様に逐兎の場面でも、中唐吐蕃期の中葉頃から鷹狩の姿であらわすようになるという変化が見て取れる（図14）。

図12　P.2671V　未生怨因縁図部分
©Bibliothèque nationale de France

ところがＰ二六七一Ｖには鷹が描かれておらず、仙人捕縛の場面と同様、古いタイプの図像の特徴を示しており、本図が既存作例を写したものであることを示している。またＳＰ七六は鷹狩姿を描いているが、その図像は中唐吐蕃期の後半にはすでに出現していたものであり、やはり既存の図像を継承していることが確認できる。

したがって未生怨因縁図の検討からは、Ｐ二六七一Ｖは中唐吐蕃期の前半に描かれた作例を、ＳＰ七六は中唐吐蕃期の後半以降の作例を写した可能性がうかがえる。さらに、未生怨因縁図のみならず十六観図においても、壁画と絹本画の間には図像やその時代的変遷において共通性が見出せることから、これらの白描画が手本とした作例は、壁画だけでなく絹本画であった可能性も十分に考えられよう。

図13　仙人と頻婆娑羅王の対面を主とする表現
楡林窟第25窟

図14　（右）仙人を斬殺せんとする表現
（左）鷹狩による逐兎表現
MG. 17673

表2　未生怨因縁図の図像表現

年代		作品番号／窟番号	仙人殺害				馬上逐兎	
			対面	拘引	斬殺	草庵	鷹	騎馬人物
中唐吐蕃期（七八六～八四八）	八～九世紀	SP三七（Ch.00216）	△（仙人のみ）			○	×	△（兎のみ）
		楡二五	○			○	×	×
		莫三五八			○	○	×	○
	八世紀末～九世紀初	MG.17669	不明		不明	不明	×	○
	九世紀初	SP三五（Ch.lvi.0034）	○			○	○	○
	九世紀前半	EO.1128			○	○	○	○
帰義軍期（八五一～一〇〇二）		楡三五	不明		不明	○	不明	不明
		楡三八	○			○	不明（図版なし）	不明（図版なし）
	一〇世紀初	MG.17673			○	×	○	○
		Ch.lv.0047			○	○	○	○
		Ch.lvi.0018			○	不明	○	○
八八四以降		P二六七一V		○		○	×	○
九一四／九七四以降		SP七六			○	○	○	○

（注）・絹本画の制作年代については、大英博物館およびギメ東洋美術館の推定に従う。
・Ch.lv.0047とCh.lvi.0018は、ニューデリー国立博物館所蔵。

四　白描画――粉本か習作か――

白描画ＳＰ七六とＰ二六七一Ｖについて、十六観図と未生怨因縁図の図像を検討してきた結果、いずれもすでに存在している先行作例を後から写し取ったものである可能性が高いことが指摘できた。では、なぜこの二点の白描画について、従来は一般的に壁画の下図とみなされてきたのであろうか。その理由は恐らく、ＳＰ七六とＰ二六七一Ｖの白描画が、同じ図を繰り返していない点に求めることができよう。

蔵経洞から発見された白描画のなかには、習作であることが明らかなものが含まれている。例えば、Ｐ四五二二Ｖ（図15）は幞頭をつけた男性の頭部像を繰り返し描き、Ｐ二〇〇二Ｖ（図16）は菩薩や俗人などの姿を大小取り混ぜながら描いている。[27]興味深いのは、そのいずれもが反故を利用しているという点である。前者は『受八関斎戒文』の紙背を再利用し、『推鎮宅法』第十とそれに関する住宅図などを示した後、さらにその余白に老若の男性頭像を大小計七十三面にわたって描いている。[28]Ｐ二〇〇二Ｖは『無上金玄上妙道徳玄経』巻二の紙背に、図の大きさに従って紙の縦横を自由に使い分け、仁王や菩薩、俗人男女の全身像や頭部像を大小様々に描いている。それらのなかには丁寧に面貌の細部まで描き込むものもあれば、輪郭のみで目鼻を欠いているものもあり、途中で描くのをやめているものも含まれる。したがって、これらが習作であることは疑いようもない。とすれば、同じく反故を利用して描かれたＳＰ七六とＰ二六七一Ｖもまた、やはり同じ性質のものとみなしてよいのではなかろうか。

ＳＰ七六やＰ二六七一Ｖの白描画が描かれた帰義軍期の敦煌では、民間の「画行」と官府に属する「画院」が存在していたと指摘されてすでに久しい。[29]それらには、「画師」「画匠」「画人」といった職掌のあったことが、Ｐ二

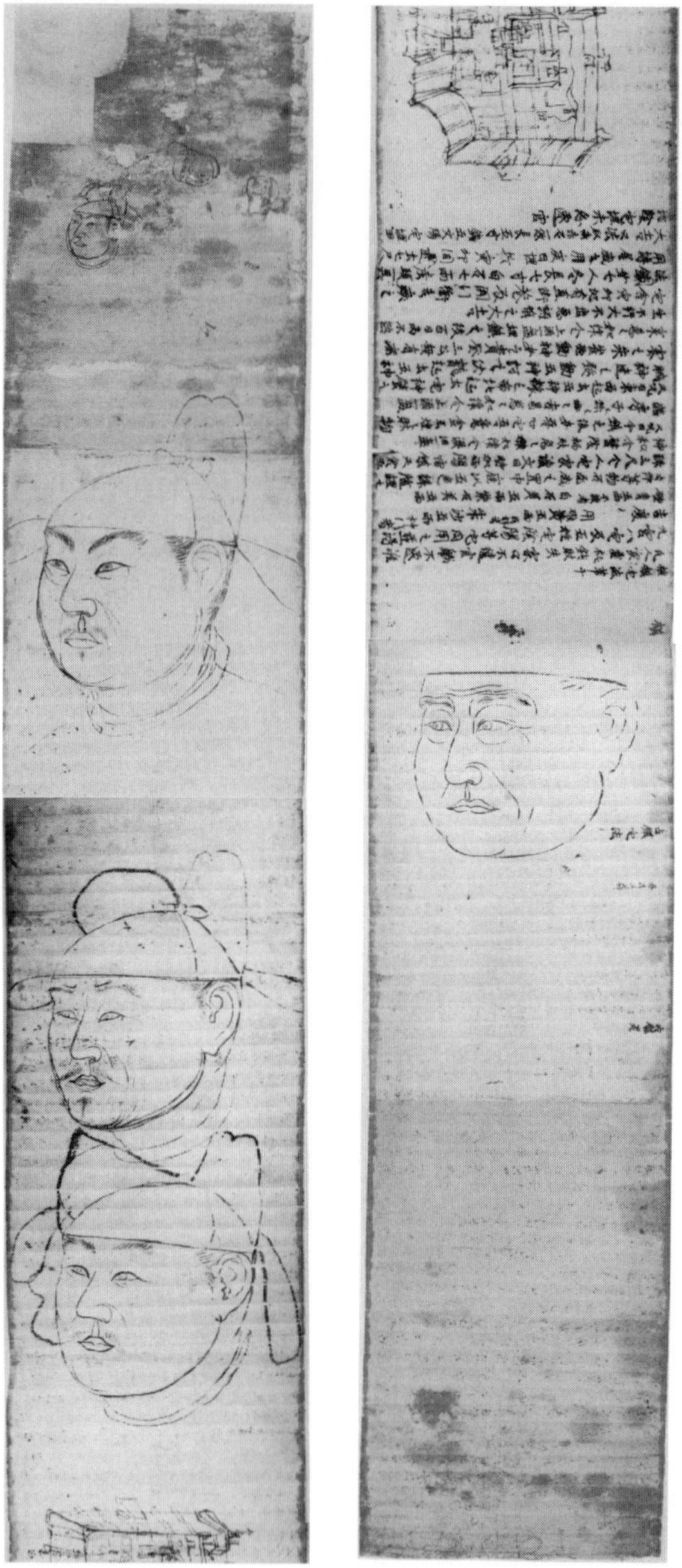

図15　P. 4522V

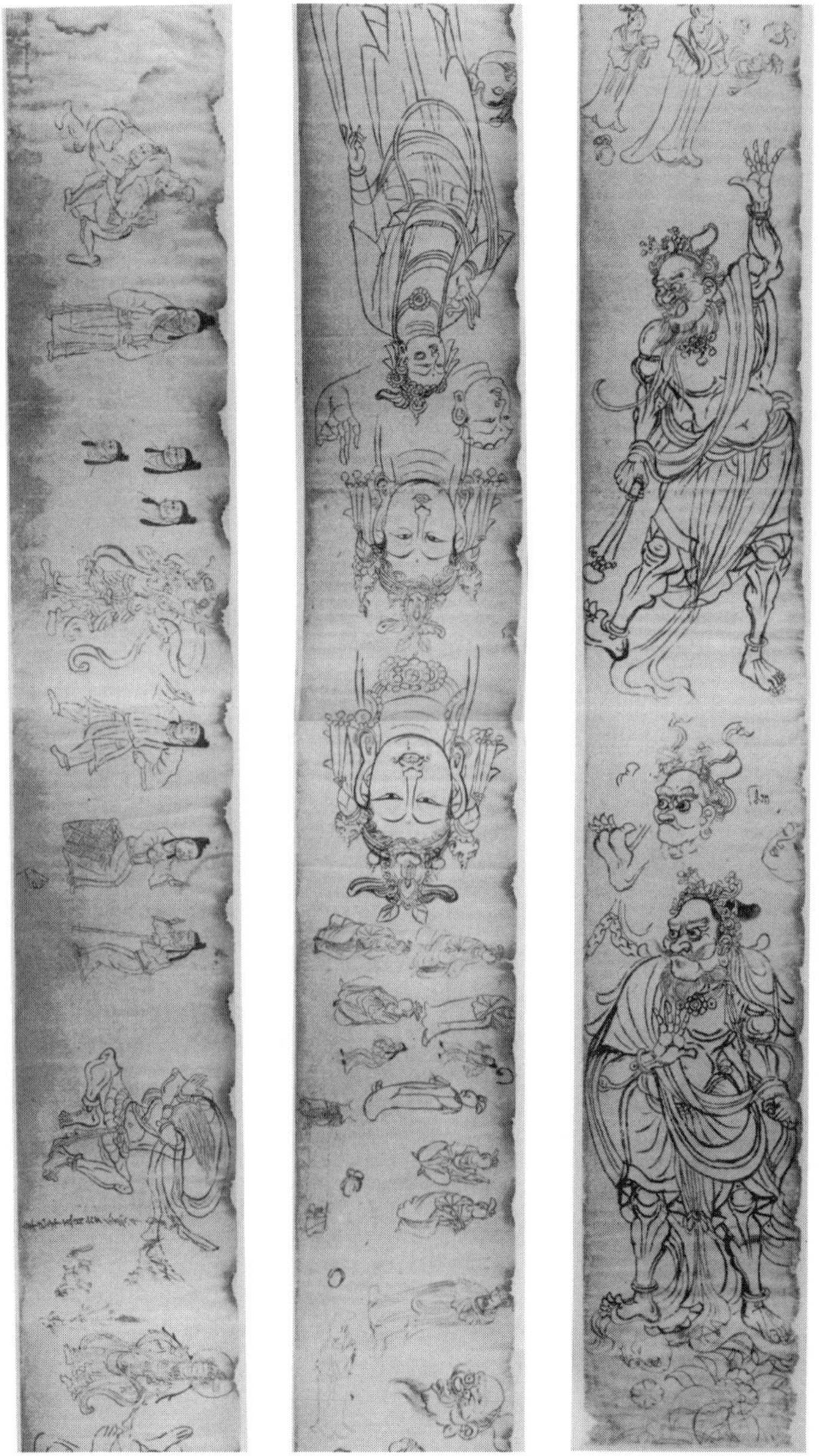

図16　P. 2002V

〇四九V、P二〇三二Vなどに記されており[30]、組織としてある程度まとまった数の人材を擁していたことがうかがえる。そこでは見習工が先行作例を手本として写しながら練習を重ねるということが、当然のことながら行われていたはずで、その際に反故も利用されていたのであろう。SP七六やP二六七一Vの白描画は、こうした画工組織における習作の一つであったと考えられるのではないか。

テキストにおける習字が同一字の羅列といった判別しやすい特徴を有するのとは異なり、白描画についてはこれまで、図の反復などにより習作であることが明らかなもの以外は、概ね壁画の粉本すなわち下絵としての意味合いをもつものと理解される傾向にあった。しかしながら、SP七六とP二六七一Vの検討からは、図の反復がみられない白描画のなかにも習作が含まれていること、さらに白描画には壁画制作の準備段階で作成されたものだけでなく、既存作例を写したものも含まれていることがうかがえ、とくに反故を利用して描かれたものについてはその可能性が高いことが指摘できよう。これら練習目的の習作については、あくまでそれ以前に存在していた壁画や絹本画の図相を伝えるものとして理解すべきであろう。

おわりに

以上、本章で考察してきたところをまとめると、以下のようになる。

・SP七六は、手紙文書「甲戌年四月沙州丈人鄧定子妻鄧慶連致粛州僧李保祐状」の内容から九一四年ないしは九七四年以降に、P二六七一Vの白描画は、その下に抄書された甲辰年の僧録に「霊図寺比丘龍辯」とあることから八八四年以降に、それぞれ描かれたと考えられる。

・SP七六とP二六七一Vの白描画に現れる十六観図と未生怨因縁図を、他の現存する壁画や絹本画と比較すると、十六観図は盛唐期にすでに出現していた図像を、未生怨因縁図は中唐吐蕃期に出現していた図像を受け継いでいることが指摘できる。
・SP七六とP二六七一Vは、図像に新奇性がなく描写が粗略で、とくにSP七六では配置を無視した描き方がなされていることから、これらはいずれも壁画の下絵ではなく、既存の作例を写し取ったものと解される。
・敦煌地域における壁画と絹本画には共通性がみられることから、SP七六とP二六七一Vが写す際に手本としたのは、壁画ではなく絹本画であった可能性も考えられる。
・SP七六とP二六七一Vの白描画が文書の反故を利用して描かれているのは、手習いのための習作であったことを示す特徴の一つと考えられる。

注

（1） 蔵経洞から発見された、西方浄土変の浄土変部分に関する白描画には、本章で扱うSP七六とP二六七一Vのほかに、P四五一四（一六）とP四五一八（三七）がある。沙武田『敦煌画稿研究』（民族出版社、二〇〇六年、一〇九～一一九頁）。Sarah E. Fraser, *Performing the Visual: The Practice of Buddhist Wall Painting in China and Central Asia, 618–960* Stanford, Calif.: Stanford University Press, 2004, pp. 54–68. なおフレイザー氏は、P二八六八Vの右半を『観経』の十六観図と解しているが（前掲 *Performing the Visual*, pp. 618–960）、沙氏は十六観図ではなく薬師浄土変の十二大願図であると指摘している（前掲『敦煌画稿研究』六三～六九頁）。

（2） 前掲注（1）フレイザー書および沙書など。なお、蔵経洞から発見された白描画と莫高窟壁画との関係について、最初に着目したのは秋山光和氏であり、同氏は牢度叉闘聖変に関する一連の研究を発表している。秋山光和「敦煌本降魔変（牢度叉闘聖変）画巻について」（『美術研究』一八七、一九五六年七月）。同「敦煌における変文と絵画

——再び牢度叉闘聖変（降魔変）を中心に——」（『美術研究』二二一、一九六〇年七月）。同「牢度叉闘聖変白描粉本（Pelliot Tibétain 1293）と敦煌壁画」（『東京大学文学部文化交流研究施設研究紀要』二・三、一九七八年三月）。その他、楊泓氏にも敦煌遺書中の白描画に関する論考がある。楊泓「意匠惨淡経営中——介紹敦煌巻子中的白描画稿——」（『美術』一九八一年第一〇期）。

（3）この所蔵番号は、大英博物館スタイン将来絵画資料の目録番号である。スタインによる原番号はCh.00144であり、スタインの第二回中央アジア探検報告書『セリンディア』第二巻にディスクリプションが収録されている。M. A. Stein, *Serindia*, Oxford: Clarendon press, 1921, vol. 2, pp. 966–967. 本文書の写真図版は、ロデリック・ウィットフィールド編集解説『西域美術——大英博物館スタインコレクション——』第二巻（講談社、一九八二年、図八六～八八）および中国社会科学院歴史研究所他編『英蔵敦煌文献』第一四巻（四川人民出版社、一九九五年、一七九～一八一頁）に載せるほか、白描画部分のみの図版を*Serindia*, vol. 4, pls. XCV, XCVII、および松本榮一『燉煌画の研究』図版篇（東方文化学院東京研究所、一九三七年）図三一b、五四bに収める。

（4）本図の図様解釈については、以下を参照。*Serindia*, vol. 2, p. 967. 前掲注（3）松本書四八～四九頁、一四三～一五六頁。Arthur Waley, *A Catalogue of Paintings Recovered from Tun-Huang by Sir Aurel Stein, K.C.I.E.*, Delhi, London: Printed by order of the Trustees of the British Museum and of the Government of India, 1931, cat. no. LXXVI, pp. 111–112. Roderick Whitfield and Anne Farrer, *Caves of the Thousand Buddhas: Chinese Art from the Silk Route*, London: British Museum Publications, 1990, pp. 92–93. 以上の諸氏は本図を維摩変相とのみ解釈しているが、フレイザー氏と沙氏は、第一紙の表裏の主題が西方浄土変に関連する『観経』序分図と十六観図および未生怨因縁図であることを指摘している。胡素馨（Sarah E. Fraser）「敦煌的粉本和壁画之間的関係」（『唐研究』第三巻、一九九七年）四三八頁。前掲注（1）フレイザー書、六七～六八頁、一一九～一二三頁。沙武田「S.P.76〈観無量寿経変稿〉析」（『敦煌研究』二〇〇一年第二期）一四～一八頁。前掲注（1）沙書、七九～八六頁、一六四～一六五頁。

（5）第二紙は、上書きが手紙の本文に対して逆方向に記されているが、白描画は手紙本文と同じ向きに描かれている。

そのため、第二紙の白描画は、上書きの文字の向きに逆らうように描かれている。

（6）坂尻彰宏「大英博物館蔵甲戌年四月沙州丈人鄧定子妻鄧慶連致粛州僧李保祐状」（『敦煌写本研究年報』六、二〇一二年三月）。

（7）原文は、"Paper scroll covered with rough sketches of Buddhist subjects, prob. designs for larger compositions" (*Serindia*, vol. 2, p. 966) と記す。なお本図に関する本文は、ibid. p. 892に収める。

（8）前掲注（4）フレイザー論文、四三八頁。なお同氏は、本図が簡略である理由については、壁画制作に携わった画工が定型化した表現を十分熟知していたため、下絵は配置や内容を思い出させるだけの簡単なもので十分であったのであろうと述べている。

（9）朝日新聞社事業本部文化事業部編『大英博物館の至宝展』朝日新聞社、二〇〇三年、二一九頁、ジェーン・ポータル（Jane Portal）氏解説。

（10）前掲注（4）沙論文、および前掲注（1）沙書、七九～八六頁。

（11）本経は、書写による様々な善報を説く。経題の「宗要」は「陀羅尼」の意。中唐吐蕃支配期の敦煌において夥しい数の漢訳本とチベット訳本が書写された。漢訳者は不明で、敦煌かその周辺の地域で八世紀末から九世紀初頭にかけて訳され流行したものとみられている。本経については、主に以下を参照。御牧克己「大乗無量寿宗要経」（『講座敦煌7　敦煌と中国仏教』大東出版社、一九八四年、一六七～一七二頁）。上山大峻『敦煌仏教の研究』法藏館、一九九〇年、四三七～四五六頁。

（12）『大正蔵』一九、八三b第四行～八四c第二八行に相当し、そのうち最初の八行は料紙の一部が破損する。

（13）前掲注（1）沙書、八六～八七頁。

（14）李正宇「霊図寺」（季羨林主編『敦煌学大辞典』上海辞書出版社、一九九八年、六二九頁）。

（15）前掲注（1）沙書、九〇頁。

（16）竺沙雅章「敦煌の僧官制度」（『東方学報（京都）』三一、一九六一年三月、一四〇～一四五頁）。同『中国仏教社会史研究』同朋舎出版、一九八二年、三五五～三五六頁。栄新江「関於沙州帰義軍都僧統年代的幾個問題」（『敦煌研究』一九八九年第四期。のち『帰義軍史研究』〈上海古籍出版社、一九九六年、二八七〜二八九頁〉に再録)。
(17)『敦煌宝蔵』第五一巻、五一六頁。
(18)『敦煌宝蔵』第四六巻、二七八頁。なお、同書に「清泰六年(西元九三九)」と記すのは「清泰二年」の誤りである。
(19)『法蔵敦煌西域文献』第三一巻、二三六〜二三八頁。
(20) なお鄭炳林氏は、根拠は示さないものの、龍辯の俗姓を「孔」とみなしている(鄭炳林『敦煌碑名賛輯釈』甘粛教育出版社、一九九二年、三五六頁)。仮に、龍辯の俗姓が孔であったということが確認できれば、P二〇三二VやP二〇四〇Vに記す「孔僧統」はまさしく龍辯であったということになろう。後考に俟ちたい。
(21) 前掲注(1)沙書、八六〜九〇頁。
(22) Ch.00226 (*Serindia*, vol. 4, pl. XCIV) は、線描に沿って小さな針穴が開けられており、下絵として制作されたものであることが確認できる。松本榮一「『かた』による造像」(『美術研究』一五六、一九五〇年九月) 一〇〜一一頁参照。幡画の下絵であることが確認できる白描画には、P五〇一八、P三〇五〇、S九一三七、P四〇八二、S九一三七がある(以上は、前掲注(1)フレイザー書、一三一〜一五八頁を参照)。
(23) 例えば、P二六七一Vに見られる仏立像は、盛唐期の莫高窟第三二〇窟や第一七二窟などに描かれて以降、多くの作例に描かれているもので、本来は第十三観を意図した図と思われる。またSP七六に描かれる、大きな未開敷蓮華に包まれた童子は、第十二観図に由来すると解されるもので、盛唐期の莫高窟第六六窟や中唐期の楡林窟第二五窟にも描かれている。
(24) 十六観図に関していえば、SP七六とP二六七一Vの白描画は、盛唐期の莫高窟第一七二窟南北壁、同第三二〇窟北壁、同第一八〇窟北壁のそれと近い。ただし、図像や排列がこの二点の白描画と合致する作例は現存していない。
(25) 未生怨因縁図については、以下を参照。松本榮一「未生怨因縁図相と観経変」(『東方学報(東京)』四、一九三三年十一月)。同「観経変相に於ける未生怨因縁図相」(前掲注(3)松本書、四五〜五九頁)。

（26）良忠の『観経疏伝通記』（『大正蔵』五七、五七六ａ）所引の『照明菩薩経』とその別記には、この仙人が死して兎身を受け、頻婆娑羅王の兵に逐われて死ぬ話を載せる。前掲注（25）松本論文を参照。
（27）沙武田「敦煌写真邈真画稿研究——兼論敦煌画之写真肖像芸術——」（『敦煌学輯刊』二〇〇六年第一期）。
（28）ｐ四五二二については、以下を参照。里道徳雄「敦煌文献にみられる八関斎関係文書について」（『東洋大学大学院紀要』一九、一九八二年）。荒見泰史「敦煌本《受八関斎戒文》写本の基礎的研究」（『敦煌写本研究年報』五、二〇一一年）。
（29）敦煌における画院の存在について、最初に注目されたのは向達氏である。向達「敦煌芸術概論」（『文物参考資料』第二号第四期、一九五一年）。敦煌の画行および画院については、姜伯勤「敦煌的『画行』与『画院』」（『敦煌芸術宗教与礼楽文明』中国社会科学出版社、一九九六年、一三～三一頁）に詳しい。
（30）前掲注（29）姜論文。

第四章　来迎と往生

——唐代変相図における空間認識——

はじめに

日本において浄土教の広がりとともに独特の発展をとげた来迎図の源流が、唐代の西方浄土変の外縁部に描かれた九品来迎図にあることは、つとに知られているところである。ところが、現存する唐代の九品来迎図の遺例は意外なほどに少なく、それらの具体的な表現についても十分に検討されているとはいいがたい。また従来、往々にして「九品来迎図」と「九品往生図」とが同義とみなされている場合がある。これについて、これまでとくに疑問とされることはなかった。しかし、九品来迎と九品往生とは、きわめて密接かつ不可分に連関する事象でありながら、それらの生起する場ないし空間は決定的に異なっているのであり、両者は決して同義ではない。

そこで本章では、議論の前提として、まず敦煌莫高窟に残る九品来迎図を対象に図相を確認し、唐代の九品来迎図の基本的要素や特徴を洗い出すことを試みる。そのうえで「来迎」と「往生」について、経典にもとづいた意味内容と視覚的に表現された図相との両面から検討を加える。最後に、唐代西方浄土変において画面中央にあらわされる浄土変（中台）とその周縁にあらわされる九品来迎図等の図相（外縁）という複合的な画面構成が、きわめて意識的な空間認識の所産であったことを、同時代の他の変相図も視野に入れながら指摘したい。

一　唐代九品来迎図の諸相

九品来迎図は周知のとおり『観無量寿経』（以下『観経』）を典拠とする。すなわち釈尊が王舎城において韋提希夫人に対して、阿弥陀の西方極楽浄土および阿弥陀仏や菩薩などを観想する法を十六の階梯に分けて説かれた十六観のうちの、第十四観から第十六観の経文である。そこでは、衆生を機根に応じて上輩（第十四観）・中輩（第十五観）・下輩（第十六観）に大分し、それをさらに上中下に細分して都合九品に等位を分け、各々の臨終および極楽への往生の有りさまを説いている。

敦煌莫高窟には、初唐から宋（帰義軍期）までの西方浄土変の作例が多数現存しており、その数は百数十例にものぼる。[1]しかし、九品来迎図を描いたものは、唐代の第四三一窟南壁、第二一五窟北壁、第一七一窟北壁・同南壁・同東壁のわずか五例にとどまる。しかも第一七一窟の三例は同じ下図を転用して描かれたとみられることから、実質的には三種しかない。この三種の現存作例について以下、九品来迎図がどのように絵画化されているのか、経文に即しつつみてゆきたい（以下、描き起こし図は筆者による）。

（一）第四三一窟の九品来迎図

第四三一窟は、北魏時代に開鑿された中心柱窟である。初唐期に窟全体を一メートル以上深く掘り下げ、それにより新たにできた壁面に『観経』の諸図相および供養者像が描き加えられている。[2]中心柱窟では中心柱の周りを右遶して礼拝するのが本義であるから、壁画もその右遶の動きに合うように配置するのが原則である。ところが、この初唐期に新たに描かれた観経変相ではその原則が無視され、北壁から西壁そして南壁へと、あたかも絵巻物を繰り広げるかのように左遶の順に描き進められている。

まず北壁には『観経』の序分が、横長の画面に向かって右から左へと展開する。つづく西壁には『観経』の韋提希に対する釈迦の説法図が三面と、『観経』十六観のうちの初観から第十三観までの図が、上下二段八列にわたって計十六の小画面に分けて描かれる。最後に南壁は画面を横十列に区画し、そこに『観経』十六観の第十四観から第十六観に相当する九品来迎の図と、『観経』末尾に説かれる韋提希と五百侍女の見仏の場面が描かれる。では、この南壁の九品来迎図の図相について、順にみてゆこう。(3) 以下、左右の表記は画面に向かっての左右とする。

〈上品上生図〉（図1）

画面右側に、左下に向かって降下する乗雲の仏をあらわす。仏の背後には二比丘が付き従っている。画面の左下には瓦葺単層の堂宇があり、堂内には人物が一人、榻に端坐し合掌している。(4) 吹き抜けになった柱間には、堂の基壇に立つ二菩薩が、ともに五重の宣字形台座を捧げ持って立ち、堂内の人物に向けて差し出している。人物の面部辺からは、彩雲が屋根の上空に向かって大きく立ちのぼり、その雲の上に仏と二菩薩、二比丘が坐して画面左上に向かう。それら聖衆の後ろ、雲の塊の最下部に行者を描いていたかと思われるが、全体が白く輪郭は不明瞭になっている。画面下部には門牆をあらわし、その前後には樹木が生えている。

これを『観経』の上品上生に関する経文と対応させると、次のようになる。(5)

彼の国に生まるる時、此の人、精進勇猛なるが故に、阿弥陀如来、観世音及び大勢至・無数の化仏・百千の比丘・声聞の大衆・無量の諸天・七宝の宮殿と与にす。観世音菩薩、金剛の台を執り、大勢至菩薩と行者の前に至る。阿弥陀仏、大光明を放ち、行者の身を照らし、諸もろの菩薩と、手を授けて迎接したもう。観世音・大勢至、無数の菩薩と、行者を讃歎し、其の心を勧進す。行者、見已わりて、歓喜踊躍し、自ら其の身を見れば、金剛の台に乗れり。仏の後《しりえ》に随従し、弾指の如の頃《ほど》に、彼の国に往生す。

（生彼国時、此人精進勇猛故、阿弥陀如来、与観世音及大勢至・無数化仏・百千比丘・声聞大衆・無量諸天・七宝宮殿。観世音菩薩、執金剛台、与大勢至菩薩、至行者前。阿弥陀仏、放大光明、照行者身、与諸菩薩、授手迎接。観世音・大勢至、与無数菩薩、讃歎行者、勧進其心。行者見已、歓喜踊躍、自見其身、乗金剛台。随従仏後、如弾指頃、往生彼国。）

したがって、図中の仏は明らかに阿弥陀仏、二菩薩は観音菩薩と勢至菩薩であり、堂内に坐す人物は「精進勇猛」なるがゆえに上品上生にランクづけされた行者であることが分かる。きちんとした身なりをして端坐しているのは、中国仏教において臨終時の姿勢として尊ばれた坐亡を示すものであろう(6)。二菩薩が捧げ持つ五重の宣字形台座は、経文の「金剛台」をあらわしたもの。建物上空に立ちのぼる雲の中、宣字形台座に坐して聖衆に従い昇っていく人物は、来迎の聖衆を見て歓喜踊躍した行者が、ふと自身を見ると金剛台に乗り、仏の後に随従し、今まさに極楽浄土に向かっているのを知るという箇所をあらわしたもので、いわゆる「還り来迎」に当たる。ただ経文がすべて絵画化されているわけではなく、比丘は経文に「百千」とあるが二体しか描かず、「無数化仏」「声聞大衆」「無量諸天」「七宝宮殿」については、いずれも描かないなど、経文に比して図は全体的に簡略である。阿弥陀仏が行者を照らす表現も略されている。

図１　莫高窟第431窟
上品上生図

図２　莫高窟第431窟
上品中生図

〈上品中生図〉（図2）

現状では画面の下部が大きく剝落しているため、ここではペリオ隊が撮影した写真をもとに図相を確認してみよう。上品上生図と同じく、画面右側に上から左下に向かって来臨する乗雲の阿弥陀仏を描くが、上品上生図とは異なり比丘像はあらわさない。来臨する阿弥陀仏の下辺には樹木を描く。画面の左下には二階建ての瓦葺の楼閣があり、下層の室内の榻に一人の人物が枕にもたれて坐し合掌している。この人物は上半身裸形で下半身には袴をつけ、両足は軽く膝を曲げて前に伸ばしている。これは病態を示すものであろう(7)。やはり吹き抜けになった柱間の基壇上には、二菩薩がともに、三重とみられる宣字形の台座を捧げ持って立ち、堂内の人物に差し出している。その人物の腹部のあたりから、彩雲が画面右上に向かって勢いよく立ちのぼり、その雲の中に阿弥陀三尊が右を向いて坐し、その後ろに宣字形の台座に坐し同じく画面右に向かう人物の姿をあらわす。画面下部では、楼閣の基壇脇に樹葉を、画面最下部には土坡とその左に樹葉を描く。

このもととなっている経文には、

此の行を行ずる者、命終わらんと欲する時、阿弥陀仏、観世音及び大勢至・無量の大衆眷属と与に囲繞せられ、紫金の台を持ちて、行者の前に至り、讃えて言いたもう、法子よ、汝、大乗を行じ、第一義を解《さと》る。是の故に我、今、来たりて汝を迎接す、と。千の化仏と与に、一時に手を授けたもう。行者、自ら見れば、紫金の台に坐せり。合掌・叉手して、諸仏を讃歎すれば、一念の如の頃に、即ち彼の国の七宝池中に生まる。

（行此行者、命欲終時、阿弥陀仏、与観世音及大勢至・無量大衆眷属囲繞、持紫金台、至行者前讃言、法子、汝行大乗、解第一義。是故我今、来迎接汝。与千化仏、一時授手。行者自見、坐紫金台。合掌・叉手讃歎諸仏、如一念頃、即生彼国七宝池中。）

とあるから、(8)三重の宣字形台座は「紫金台」をあらわしたものと解される。上品上生との違いを経文では「金剛台」と「紫金台」という材質の違いとして記述しているが、本図では宣字形台座の層数の違いとして表現しているらしい。行者の服装や姿勢については、経文には規定されていないが、やはり上品上生との区別を意識したものとみられる。ここでも図の省略がみられ、阿弥陀三尊とともに行者を囲繞するという「無量大衆眷属」は描かれていない。

〈上品下生図〉（図3）

画面右に、画面左下の単層瓦葺の堂宇に向かって飛来する乗雲の阿弥陀仏をあらわす。来臨する阿弥陀仏の背後には樹木を描く。堂宇の榻には上品中生と同じ姿態の行者が坐し、観音・勢至の二菩薩に合掌している。二菩薩は堂宇の基壇上に立ち、行者に開敷蓮華を差し出す。行者からは雲が立ちのぼり、その雲には画面右上に向かう阿弥陀三尊の坐像があらわされているが、現状では行者の姿は確認できない。

この部分に対応する経文には、次のようにある。(9)

彼の行者、命終わらんと欲する時、阿弥陀仏及び観世音并びに大勢至、諸もろの眷属と与に、金蓮華を持ち、五百の化仏を化作し、来たりて此の人を迎えたもう。五百の化仏、一時に手を授け、讃えて言いたもう、法子よ、汝、今、清浄にして、無上道の心を発《おこ》せり。我、来たりて汝を迎う、と。此の事を見る時、即ち自ら身を見れば、金蓮花に坐す。坐し已われば華、合し、世尊の後に従いて、即ち七宝の池中に往生することを得。

（彼行者命欲終時、阿弥陀仏及観世音幷大勢至、与諸眷属、(10)持金蓮華、化作五百化仏、来迎此人。五百化仏、一時授手、讃言、法子、汝今清浄、発無上道心。我来迎汝。見此事時、即自見身、坐金蓮花。坐已華合、随世尊後、即得往生七宝池中。）

ここで行者の乗り物として差し出されているのは「金蓮華」であり、本図の開敷蓮華はこれをあらわしたものである。一方、先述したように還り来迎において「世尊の後に随う」はずの金蓮華に乗った行者の姿は、現状では確認できない。また、本図でも、阿弥陀三尊とともに来迎するという諸眷属や五百の化仏は省略している。画面最下部には、土坡を描く。

〈中品上生図〉（図4）

画面右上から阿弥陀仏が雲に乗って飛来し、画面左側の単層瓦葺の堂宇の前に現れている。堂内の榻には、上品中生や上品下生と同じ姿態の行者が坐し、合掌して来迎を受けている。行者の手前、堂宇の外の地面には蓮華をもった観音・勢至の二菩薩が立つ。行者からは上空に雲が立ちのぼり、画面右上の雲頭に阿弥陀三尊を、その後ろの雲尾の付け根あたりに開敷蓮華に坐す行者の姿をあらわす。画面下部には瓦屋根の門牆を描く。

これに対応する経文には、

行者、命終わる時に臨みて、阿弥陀仏、諸もろの比丘・眷属と与に囲繞せられ、金色の光を放ちて、其の人の所に至り、苦・空・無常・無我を演説し、出家の衆苦を離るることを得るを讃歎したもう。行者、見已わりて心、大いに歓喜す。自ら己が身を見れば、蓮花の台に坐せり。長跪・合掌して、仏に礼を作す。未だ頭を挙げざる頃に、即ち極楽世界に往生することを得。

（行者臨命終時、阿弥陀仏、与諸比丘・眷属囲繞、放金色光、至其人所、演説苦・空・無常・無我、讃歎出家得離衆苦。行者見已心大歓喜。自見己身、坐蓮花台。長跪・合掌、為仏作礼。未挙頭頃、即得往生極楽世界。）

図 3　莫高窟第431窟
上品下生図

図 4　莫高窟第431窟
中品上生図

とある[11]。経文には、観音・勢至の二菩薩の記述はないが、行者が坐すのが「蓮花台」であるから、観音・勢至が行者に差し出しているのは「蓮花台」である。ここでも経文にいう「比丘・眷属」は描かれていない。

〈中品中生図〉（図5）

画面左側に単層瓦葺の堂宇をあらわし、それに向かって飛来する乗雲の阿弥陀仏を画面右下に描く。堂内の榻には行者が坐す。行者の服装や姿勢は、画面の損傷により判別しがたいが、右膝をつけ左膝を立てて跪坐し合掌しているようにみえる。その前には堂宇の外の地上に、観音・勢至の二菩薩がやや上半身を曲げて蓮華を捧げ持つ。行者の頭上には画面右上に向かって大きく雲が涌き上がり、その中に浄土に帰還する阿弥陀三尊をあらわす。画面の剥落のためか、この雲の中に行者の姿は確認できない。堂宇の屋根の向こう側には樹木を描き、画面最下部には土坡を描く。

これについて経文には、

此くの如き行者、命終わらんと欲する時、阿弥陀仏、諸もろの眷属と与に金色の光を放ち、七宝の蓮花を持ちて、行者の前に至りたもうを見る。行者自ら聞くに空中に声有り、讃えて言いたもう、善男子よ、汝の如き善人、三世の諸仏の教えに随順するが故に、我、来たりて汝を迎う、と。行者、自ら見れば、蓮花の上に坐せり。蓮花即ち合して、西方の極楽世界に生まれ、宝池の中に在り。

（如此行者、命欲終時、見阿弥陀仏与諸眷属放金色光、持七宝蓮花、至行者前。行者自聞空中有声、讃言、善男子、如汝善人、随順三世諸仏教故、我来迎汝。行者自見坐蓮花上。蓮花即合、生於西方極楽世界、在宝池中。）

とあり、[12]ここでは行者に用意されているのは「七宝蓮花」であるという。ここでも経文では観音・勢至とは記さず「諸眷属」とあるのを、図では観音・勢至の二菩薩として表現している。

〈中品下生図〉（図6）

堂宇および来迎する三尊の表現は、中品中生図と等しい。ただ堂内の行者は跪坐ではなく、上品中生図などにみるような病態にあらわす。行者からは雲がC字形を描いて画面左上に向かって立ち上り、その中に阿弥陀三尊を描く。現状では雲中に行者の姿は確認できない。[13]画面右下には籬門を描く。これに関連する経文の記述はごく簡略で、此の人、命終わらんと欲する時、遇たま善知識、其の為に広く阿弥陀仏の国土の楽しき事を説き、亦た法蔵比丘の四十八大願を説く。此の事を聞き已わりて、尋いで即ち命終わり、譬えば壮士の臂を屈伸する如の頃に、即ち西方の極楽世界に生まる。

（此人命欲終時、遇善知識、為其広説阿弥陀仏国土楽事、亦説法蔵比丘四十八大願。聞此事已、尋即命終、譬如壮士屈伸臂頃、即生西方極楽世界。）

とあるのみで、来迎のことは記さない。[14]行者の乗るべき台についても記述がなく、おそらく蓮華かと推測されるが、本図での観音・勢至の持物は摩耗と剝落により不明である。注目すべきは、短い経文のうちに善知識のことが明記されているにもかかわらず、本図にはその姿が確認できない点で、この中品下生図については経文よりも中品中生図に准じて図相が決定されたらしいことがうかがえる。

図５　莫高窟第431窟
中品中生図

図６　莫高窟第431窟
中品下生図

上輩から中輩までの六品の図相がほぼ似通っていたのとは異なり、下輩になると様相ががらりと変化する。すなわち来迎の聖衆は消え、代わりに餓鬼や地獄といった悪道が描かれること、また建物の中には行者以外に善知識が描かれること、これらが下輩の三図に共通する特徴として現れてくる。

〈下品上生図〉（図7）

まず下品上生図では、画面下半の左よりに単層瓦葺の堂宇をあらわし、堂内の榻には向かって左に端坐し合掌する行者、右に僧形の善知識を描く。善知識は両手を胸前に挙げて行者に語りかけるさまをあらわす。堂宇の基壇上には、開敷蓮華が描かれる。基壇の右端には、痩せ細り褌のみを着けた裸形の餓鬼が、左手を頭上にふりあげ、右手は屈臂して行者たちの方に向けている。その右横の地面には、長袍姿の男性が一人立つ[15]。堂内の行者からは上空に雲が涌き上がり、仏が一体、画面左上に向かって雲上に坐す姿があらわされる。画面向かって右側には、堂宇の傍らに樹木、画面下部には土坡上に剣樹と鉄蒺藜を描く[16]。

この下品上生について、経文には次のように記す[17]。

命終わらんと欲する時、遇たま善知識、為に大乗十二部経の首題の名字を讃う。是の如く諸経の名を聞くを以ての故に、千劫の極重の悪業を除却す。智者、復た教えて合掌・叉手し、南無阿弥陀仏と称えしむ。仏の名を称うるが故に、五十億劫の生死の罪を除く。爾の時、彼の仏、即ち化仏・化観世音・化大勢至を遣わし、行者の前に至らしめ、讃えて言いたもう、善き哉、善男子よ、汝、仏の名を称うるが故に、諸もろの罪、消滅す。我来たりて汝を迎う、と。是の語を作し已われば、行者即ち化仏の光明の其の室に遍満するを見、見已わりて歓喜し、即《すなわ》便ち命終わる。宝蓮花に乗り、化仏の後に随い、宝池の中に生まる。

（命欲終時、遇善知識、為讃大乗十二部経首題名字。以聞如是諸経名故、除却千劫極重悪業。智者復教合掌・

叉手、称南無阿弥陀仏。称仏名故、除五十億劫生死之罪。爾時彼仏、即遣化仏・化観世音・化大勢至、至行者前、讃言、善哉、善男子、汝称仏名故、諸罪消滅。我来迎汝。作是語已、行者即見化仏光明遍満其室、見已歓喜、即便命終。乗宝蓮花、随化仏後、生宝池中。）

ここでは上輩や中輩には記述のなかった滅罪のことが、初めて説かれている。経文に行者の前に至ると記す「化仏」「化観世音」「化大勢至」の姿は描かれておらず、浄土に帰ってゆく化仏のみが雲上にあらわされている。基壇上に描かれた開敷蓮華は、行者が乗る「宝蓮花」をあらわしたものであろう。ただ、現状では画面の損傷により、雲上に「宝蓮花に乗る」行者を確認することはできない。ここで経文にない地獄の表現がなされているのは、後の下品中生や下品下生の経文を援用したためと思われる。

〈下品中生図〉（図8）

画面の左よりに単層瓦葺の堂宇をあらわし、堂内の榻に坐す行者と善知識をあらわす。向かって左側の行者は端坐し、右手は右膝に置き、左手は胸前に上げる。向かって右の善知識は俗形で、右膝を立てて坐すが、手勢は確認できない。画面左下には堂宇の外に、痩せ細った褌姿の餓鬼が一体、振り返って両手を後ろに差し出しつつ逃げ去る姿をあらわし[18]、その手の先の階上の基壇には、蓮華を描く。堂宇の向かって右側の基壇上にも、やはり餓鬼と思しき褌を着けた裸形像が立ち、堂内を覗き込むような仕草をしている。行者の上空には雲が涌き上がり、雲上に仏が一体、画面左上に向かって坐す。その背後には黒く変色した蓮華らしきものがあり、行者の乗った蓮華かと思われる。画面下部には土坡上に火炎を描き、その上を一人物が燃え盛る火車を轢く姿をあらわし[19]、火車の上部にあたる画面右端には、褪色が著しいものの褌を着けた牛頭の獄卒が立ち、金棒を執って地面に押し立てるさまがかろう

図7　莫高窟第431窟
下品上生図

図8　莫高窟第431窟
下品中生図

じて確認できる。画面右側には、堂宇の傍らに樹木を描く。

経文にはこの箇所について、次のように記述する[20]。

此くの如き罪人、悪業を以ての故に、応に地獄に堕すべし。命終わらんと欲する時、地獄の衆火、一時に倶に至る。遇たま善知識、大慈悲を以て即ち為に阿弥陀仏の十力威徳を讃説し、広く彼の仏の光明神力を讃え、亦た戒・定・慧・解脱・解脱知見を讃う。此の人、聞き已わりて、八十億劫の生死の罪を除く。地獄の猛火、化して涼風と為り、諸もろの天華を吹く。華の上に皆、化仏菩薩有り、此の人を迎接したもう。一念の如の頃に、即ち七宝の池中の蓮花の内に往生することを得。

（如此罪人、以悪業故、応堕地獄。命欲終時、地獄衆火、一時倶至。遇善知識、以大慈悲、即為讃説阿弥陀仏十力威徳、広讃彼仏光明神力、亦讃戒・定・慧・解脱・解脱知見。此人聞已、除八十億劫生死之罪。地獄猛火、化為涼風、吹諸天華。華上皆有化仏菩薩、迎接此人。如一念頃、即得往生、七宝池中蓮花之内。）

ここでも滅罪が説かれ、それにより地獄の猛火は涼風と化して天華を吹かせ、その華の上に化仏・化菩薩があって行者を迎接すると記されている。したがって画面下部に描かれているのは、地獄に堕ちるべき行者の前に現れた地獄の衆火であると解せる。ただ本図では、化仏・化菩薩を乗せた天華は図示されていない。

〈下品下生図〉（図9）

画面左よりに単層瓦葺の堂宇をあらわし、その堂内の榻には、向かって左に病臥して上半身を起こし合掌する行者、その右側に端坐して手を胸前に上げる俗形の善知識を描く。堂宇の基壇上には、未開敷蓮華があらわされる。堂内から立ち上った雲は、仏とその背後に未開敷蓮華を乗せて、画面左上に向かっている[21]。画面下部には土坡の上に剣樹と鉄蒺藜、さらに薪の上に据えられた大きな釜が描かれている。本図には、餓鬼と思しき像が三体描かれており、一体は行者らの坐す牀下に倒れ伏し、別の一体は右足を前に踏み出して堂宇の前の地面に立ち、屈臂して手を面前に上げ、行者らに対して何か話しかけているようなさまをみせる。残る一体は、堂宇の屋根上に腹這いになり右腕を屈して軒先から顔をもたげ、左手を下に伸ばして堂内を覗きこんでいる。画面右側には、堂宇の傍らに樹木を描く。

図９　莫高窟第431窟　下品下生図

これに関して経文では、

此くの如き愚人、悪業を以ての故に、応に悪道に堕し、多劫を経歴して、苦を受くること窮まり無かるべし。此くの如き愚人、命終わる時に臨みて、遇たま善知識、種種に安慰し、為に妙法を説き、教えて仏を念ぜしむ。彼の人、苦逼し、仏を念ずるに遑あらず。善友、告げて言わく、汝、若し彼の仏を念ずること能わざれば、応に帰命無量寿仏を称うべし、と。是の如く至心に声をして絶えざらしめ、十念を具足して南無阿弥陀仏と称えしむ。仏の名を称うるが故に、念念の中に於いて、八十億劫の生死の罪を除く。命終わる時、金蓮花の猶お日輪の如く其の人の

表1　莫高窟第四三一窟　九品来迎図のモチーフ

九品	来迎	還り来迎	台	善知識	悪道
上品上生	一仏二比丘＋二菩薩	一仏二菩薩二比丘＋行者カ	宣字形台座（観音・勢至が捧持）		
上品中生	一仏＋二菩薩	一仏二菩薩＋行者	宣字形台座（観音・勢至が捧持）		
上品下生	一仏＋二菩薩	一仏二菩薩	開敷蓮華（観音・勢至が捧持）		
中品上生	一仏＋二菩薩	一仏二菩薩＋行者	開敷蓮華（観音・勢至が捧持）		
中品中生	一仏＋二菩薩	一仏二菩薩	開敷蓮華（観音・勢至が捧持）		
中品下生	一仏＋二菩薩	一仏二菩薩	不明（観音・勢至が捧持）		
下品上生		一仏（二）	開敷蓮華のみ	僧形	餓鬼・剣樹・鉄蒺藜
下品中生		一仏（二）＋蓮華カ	開敷蓮華のみ	俗形	餓鬼・獄卒・火車
下品下生		一仏（二）＋未開敷蓮華	未開敷蓮華のみ	俗形	餓鬼・釜・剣樹・鉄蒺藜

前に住《とど》まるを見る。一念の如の頃に、即ち極楽世界に往生することを得。

（如此愚人、以悪業故、応堕悪道、経歴多劫、受苦無窮。如此愚人、臨命終時、遇善知識、種種安慰、為説妙法、教令念仏。彼人苦逼、不遑念仏。善友告言、汝若不能念彼仏者、応称帰命無量寿仏。如是至心令声不絶、具足十念称南無阿弥陀仏。称仏名故、於念念中、除八十億劫生死之罪。命終之時、見金蓮花猶如日輪住其人前。如一念頃、即得往生極楽世界。）

と説いている[22]。したがって、画面下部の剣樹や鉄蒺藜、大釜や餓鬼などは、行者が本来堕すべき悪道をあらわし、堂宇の基壇上に見える未開敷蓮華は、行者の臨終時に現前するという、日輪のごとき金蓮花に相当しよう。

以上、第四三一窟の九品来迎図の表現について、その要点をまとめれば、次のようになる（表1）。

・九品すべてに共通する主要モチーフは、(1)行者とその建物、(2)行者を連れて浄土に帰還する乗雲の聖衆である。ただ(2)のいわゆる「還り来迎」には、行者の姿が省かれているようにみえるものも含まれる。

・上記の主要モチーフ二点に加え、上輩と中輩の六品では行者の乗る台を捧げ持つ観音菩薩と勢至菩薩が加わる。

・描かれる聖衆の数や種類は、九品の品位によって増減する。本図では、上品上生図にのみ、一仏二菩薩二比丘の来迎と還り来迎を描く。他は上品中生図から中品下生図の五図では、来迎・還り来迎のいずれにおいても一仏二菩薩のみを描く。下輩の三品では、来迎する聖衆は描かず、阿弥陀の独尊のみの帰還の姿だけをあらわす。

・九品すべてに行者の乗るべき台を描き、九品の別による描き分けをしている。すなわち上位二品は宣字形台座、上品下生～中品中生は開敷蓮華を観音・勢至の二菩薩が捧持する。下輩の三品は堂宇の基壇上に蓮華をあらわし、とくに下品下生のみは蓮華を未開敷に表現する。

・下輩の三品は、上輩や中輩とは異なり、善知識と地獄や餓鬼の表現を加え、来迎を描かない。

・必ずしも経文どおりではなく省略などもみられるが、九品の品位を意識した表現がなされている。

・画面最下部には、門牆や籬門をあらわした三図以外はすべてに土坡をあらわす。

（二）第二一五窟の九品来迎図

第二一五窟は一般に盛唐期の作とされ[23]、九品来迎図は北壁の西方浄土変の右縁（向かって左側）に描かれている（図10）。第四三一窟では、九品の各場面が九区画の縦長の方形画面に分けて描かれていたのとは異なり、この第二一五窟では九品が縦長の一画面のなかにまとめて描かれている（図11）。九品の来迎の各場面は、土坡によって場

図10　莫高窟第215窟　西方浄土変

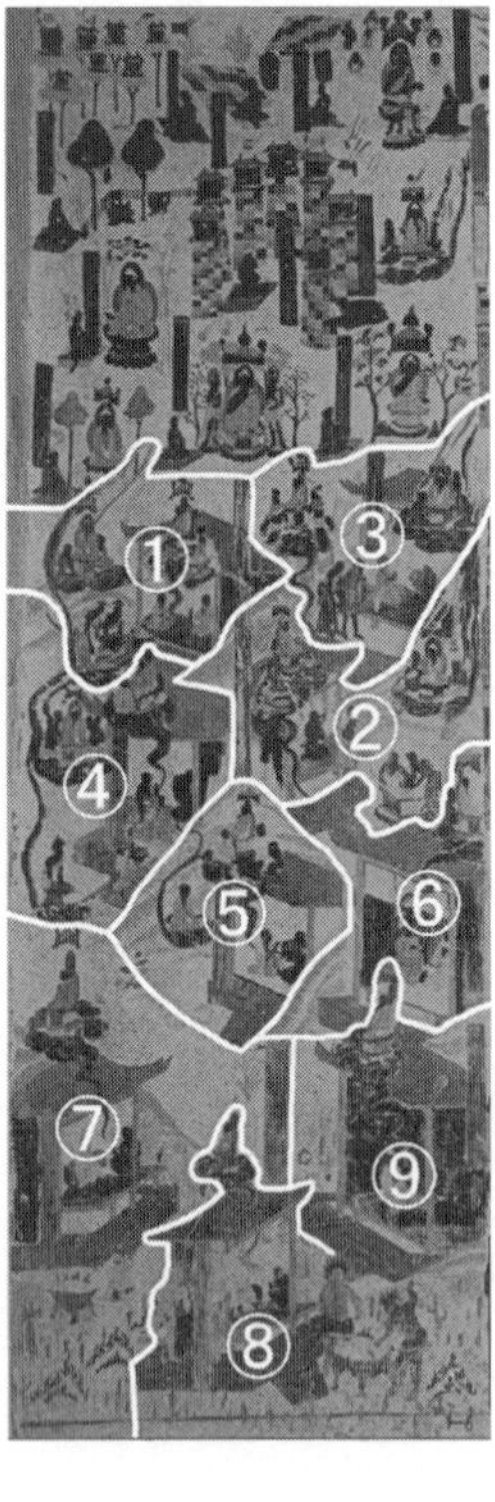

図11　莫高窟第215窟九品来迎図
場面構成

面が区切られ、さらにその土坡が建物の一部を隠すように表現されることによって、空間に奥行き感をも付与されている。そうした奥行きのある縦長の画面中に、九品の来迎の場景が繰り広げられている[24]。

以下、図11に付した番号①~⑨の順に、各場面について図相をみてゆくことにしたい。また本図では、行者はすべて単層瓦葺の堂宇の中にあらわされていることから、建物については単に堂宇とのみ記すこととする。

①〈上品上生図〉（図12）

右側に堂宇を描き、堂宇の中に、右に枕を背にして端坐し合掌する行者、左に僧形の善知識をあらわす。善知識は右手に柄香炉を執る。左上に上空から雲に乗り飛来する一仏二比丘をあらわし、さらにその下に観音・勢至の二菩薩が雲に乗り、上半身をかがめて蓮台を捧げ持つ。この蓮台は、下から蓮華座、宣字形台座、開敷蓮華で構成されており、本図の蓮台のなかで最も豪華であることから、恐らくは上品上生の「金剛台」と思われる。堂宇からは雲が涌き上がり、[25]雲上に浄土に帰還する一仏二菩薩と、その後ろに宣字形台座に坐す行者をあらわす。

この場面は描かれる位置が高く、台座も九場面のうち最も豪華であることから、上品上生図と考えられる。

②〈上品中生図〉（図13）

左側に堂宇を描き、堂内には左に端坐して合掌する行者、右に右手を胸前に上げ右膝を立てて跪坐する僧形の善知識をあらわす。右上から一仏二菩薩が雲に乗って来臨し、その下には地上に降り立った観音・勢至の二菩薩が、上半身をかがめて宣字形台座の上に両手を伸ばしている。行者の足下にあたる堂宇の基壇からは雲が立ちのぼり、雲頭に一仏二菩薩、その背後に宣字形台座に坐す行者が浄土に向けて去りゆくさまを描く。

台座が①についで豪華な宣字形台座であるから、この場面は上品中生図であろう。

③〈上品下生図〉（図14）

右側に堂宇を描き、堂内には右に行者、左に僧形の善知識をあらわす。行者は枕に上半身をもたせかけ両足を前に伸ばした病臥の態で合掌し、善知識は左膝を立てて跪坐し合掌する。右上から堂宇の屋根を越えて、乗雲の一仏二菩薩が飛来する。左下では堂前の地上に観音・勢至の二菩薩が立ち、行者の台を捧げる。この台の形状は彩色の黒変と画面の損傷により確認しがたいが、①や②の台座よりは明らかに小さく、蓮華座のようである。二菩薩の左側からは雲が立ちのぼり、浄土に帰還する一仏二菩薩をあらわす。その帰還の聖衆のなかに行者の姿は確認できない。

①と②では行者の姿勢を端坐とするのに対し、ここでは病臥の姿に描いていること、また台座が①と②のものより小さく、宣字形台座ではなく蓮華座とみられることから、この場面は上輩のうちで最下位の上品下生図と考えられる。

図12　上品上生図（図11-①）

図13　上品中生図（図11-②）

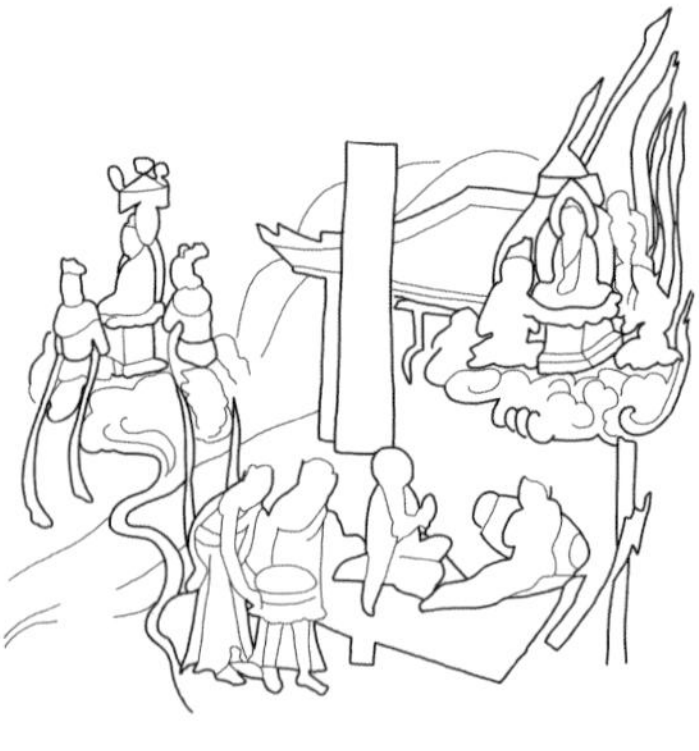

図14　上品下生図（図11-③）

④〈中品上生図〉（図15）

右側に堂宇を描き、堂内には右に枕を背にして端坐する行者、左に左手を胸前に上げ右手に柄香炉を執る僧形の善知識をあらわす。左上からは一仏二菩薩が雲に乗って降下し、その下には観音・勢至の二菩薩が一体ずつ、それぞれの手に蓮華を捧持して堂宇に近づいており、そのうちの一体はすでに堂宇の階を登っている。堂内からは雲が立ちのぼり、[26] 雲中に帰還する一仏二菩薩を描くが、ここでもやはり行者の姿は見えない。

この場面は中段の三図（④⑤⑥）のうち、最上部に描かれており、かつ観音・勢至の来迎もあらわされていることからみて中品上生図と判断される。

⑤〈中品中生図〉（図16）

右側に堂宇を描く。堂内には、右に枕にもたれて端坐する行者、左に左手を胸の高さに上げた僧形の善知識を描く。黒変により細部は確認しがたいが、善知識は右手に柄香炉を執っているらしく、柄香炉の柄の部分が見て取れ

図15　中品上生図（図11-④）

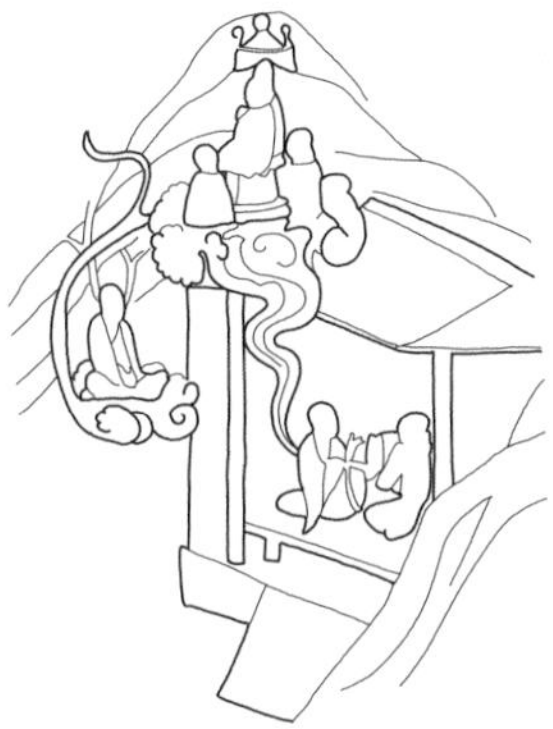

図16　中品中生図（図11-⑤）

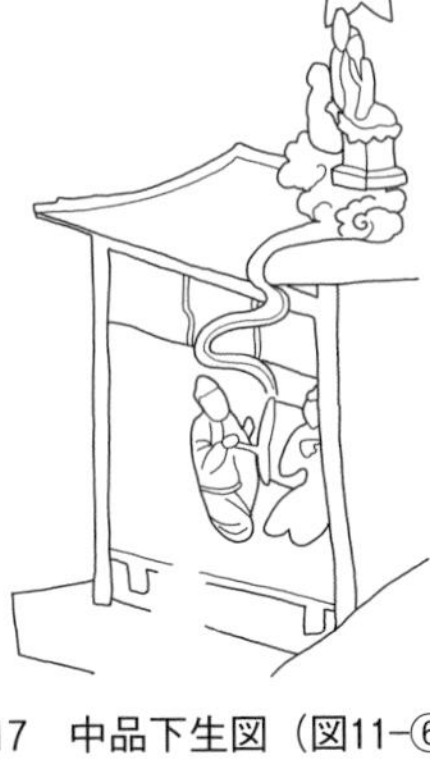

図17　中品下生図（図11-⑥）

る。堂宇の左側には雲に乗って来迎する一仏を、堂内から涌き上がる雲には一仏二菩薩の帰還の姿をあらわす[27]。

観音・勢至の来迎が描かれていないことや、④⑥との関係からみて、本場面は中品中生図と解される。

⑥〈中品下生図〉（図17）

右側に堂宇を描く。堂内には被物をつけ長袍を着した男性が二人坐す。右側の人物は枕を背にして端坐し合掌することから、こちらが行者であろう。一方、左側の人物は右膝をつけ左膝を立てた跪坐の姿勢をとり、左手は胸前に上げ、右手に柄香炉の柄のような部分が見て取れることから、善知識であろう。ただし、これまでの各場面における善知識が僧形であらわされていたのとは異なり、ここでは俗人男性の姿に描かれており、これは以下の各場面にも当てはまる。さらに本場面以降、来迎の聖衆の姿は画面から消える。これらはいずれも九品の等差を意識した描き分けの結果であろう。さて本場面では、堂内から立ちのぼる雲上に一仏と、その脇に一体があらわされている。これが脇侍の菩薩の一体であるのか行者であるのかは、黒変により判じがたいが、描かれる位置からすれば脇侍の菩薩のうちの一体とみるべきであろう。

以上、本場面は聖衆の来迎がなく、また善知識も以上の五場面までが僧形であったのとは異なり俗形にあらわされていることから、中品下生図と考えられる。

⑦〈下品上生図〉（図18）

左側に堂宇を描く。堂内には左側に行者、右側に俗形の善知識を描く。行者は上半身裸形で下半身には袴を着け、枕にもたれ両足を伸ばし合掌する。善知識は全体が黒変し、細部は不詳であるが、右手を胸前に上げているさまが

図18　下品上生図
（図11−⑦）

図19　下品中生図
（図11−⑧）

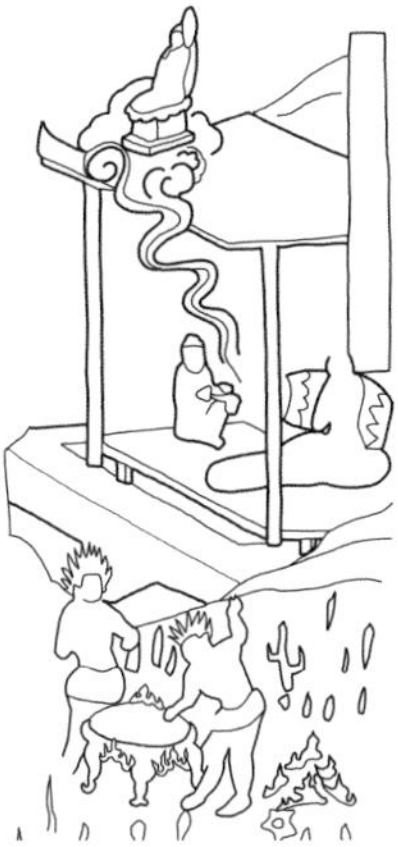

図20　下品下生図
（図11−⑨）

確認できる。善知識の背後、堂宇右側の地面には痩せ細った褌姿の餓鬼二体が堂内の様子をうかがっている。堂宇の下には、炎を上げる釜と刀山・火山があり、釜の右には褌姿で逆髪の獄卒が一体立っている。堂宇から涌き上がる雲上に、一仏が浄土に向かう姿をあらわす。

上段と中段はいずれも、左から右へ上生→中生→下生の配列になっていることからみて、この場面は下品上生図であろう。

⑧〈下品中生図〉（図19）

堂宇の内に⑦と同様の行者と善知識を描く。堂宇の左側では、基壇上に褌姿の餓鬼が一体立ち、堂内を覗いている。堂宇の下部には、刀山をあらわす。堂宇からは、浄土に帰還する一仏を乗せた雲が立ちのぼる。

本場面と⑦とではとくに図像上の区別は認められないが、左から右へという配列順序にしたがえば本場面は下品中生図に当たろう。

表2　莫高窟第二一五窟　九品来迎図のモチーフ

九品	来迎	還り来迎	台	善知識	悪道
上品上生	一仏二比丘＋二菩薩	一仏二菩薩＋行者	開敷蓮華＋宣字形台座	僧形	
上品中生	一仏二菩薩＋二菩薩	一仏二菩薩＋行者	宣字形台座	僧形	
上品下生	一仏二菩薩＋二菩薩	一仏二菩薩	蓮華座	僧形	
中品上生	一仏二菩薩＋二菩薩	一仏二菩薩	開敷蓮華	僧形	
中品中生	一仏	一仏二菩薩		僧形	
中品下生		一仏＋菩薩ヵ		俗形	
下品上生		一仏		俗形	餓鬼・獄卒・釜・刀山・火山
下品中生		一仏		俗形	餓鬼・刀山
下品下生		一仏		俗形	獄卒・釜・剣樹・刀山・火山

⑨〈下品下生図〉（図20）

堂宇を描き、堂内の右側には上半身を枕にあて脚を伸ばして合掌する病臥の行者、左に俗形の善知識を描く。善知識は被物と長袍を着け、右手に柄香炉を執り[28]、左膝を立てて跪坐する。堂内から立ち上る雲上に、浄土に帰還する一仏を描く。階下には剣樹や刀山・火山が広がり、そのなかに褌を着けた逆髪の獄卒が二体、燃える釜を取り囲んでいる。

図像上は⑦や⑧と大差ないが、本場面はそれらの最右に配されることから下品下生図と推測される。

以上、第二一五窟の九品来迎図についても、その表現の要点をまとめると次のようになる（表2）。

・九品のすべてに共通してみられるモチーフは、⑴行者と建物、⑵浄土に帰還する聖衆である。ただし本図では、上品上生図と上品中生図以外には、⑵のなかに行者の姿は確認できない。
・九品すべてに善知識を描くが、上位の五品（上品上生〜中品中生）は僧形、下位の四品（中品下生〜下品下生）は俗形にあらわすという区別がある。
・行者の台を捧げ持つ観音菩薩と勢至菩薩をあらわすのは、上輩の三品と中品上生の計四図に限られる。
・聖衆の数は上品上生から中品上生まではほぼ等しく、来迎は五尊、「還り来迎」は三尊にあらわす。中品中生は一仏のみの来迎であるが、「還り来迎」は三尊にあらわす。
・下輩の三品だけでなく中品下生の図にも来迎の聖衆を描かない。これは中品下生以下では聖衆の来迎を説かない『観経』経文と一致した表現といえる。また下輩の三品は、「還り来迎」の聖衆をいずれも阿弥陀の独尊のみとする。
・上品上生の「金剛台」と上品中生の「紫金台」の違いを意識的に描き分けている。
・下輩の三品では地獄や餓鬼などの悪道の表現を加えている。
・必ずしも経文どおりに描かれているわけではないが、九品の等差が意識されている。
・背景に土坡を描き、場面を区切り、画面に奥行きや立体感を与えている。

（三）第一七一窟の九品来迎図

第一七一窟の九品来迎図も、第二一五窟と同じく西方浄土変の一部として描かれている（図21）。先述のとおり第一七一窟には東壁・北壁・南壁に西方浄土変が描かれ、それぞれに九品来迎図が付属しているが、これら三幅は基本的に同じ下絵をもとに描かれている。そこで、ここでは北壁と南壁を例にとり、まず北壁から図相をみていき

図21　莫高窟第171窟北壁　西方浄土変

たい㉙。

〔北壁〕（図22）

阿弥陀浄土の荘厳相をあらわした浄土変部分の下縁を横に九等分し、それら方形の小画面のうちに九品来迎図を描く。九品の表現は基本的に共通しており、ただ向かって右側の五図と左側の四図では、画面構成が左右で反転している違いがあるだけである。それゆえ、ここでは比較的保存状態のよい、右端から二番目の図（図23）によって図相をみておきたい。

画面右には瓦葺単層の堂宇を描き、堂宇の前方と左方には樹木が枝葉を伸ばす。屋内には右端に病態の行者が合掌し、その左側に侍者が合掌して坐す。さらにその左には善知識と思しき僧侶が坐す。画面右下の堂前には、行者の侍者であろうか、俗形の人物が二人合掌して坐す。来迎聖衆の乗る雲は、画面右上から画面右下に向かって大きくC字形を描き、雲頭に宣字形台座、その後ろに観音・勢至の二菩薩坐像、さらにその上空に阿弥陀仏と二比丘の坐像を描く。行者から立ちのぼった雲は、緩やかな逆C字形を描きながら画面左上に向かい、先頭に阿弥陀三尊を描き、浄土への帰還をあらわす。

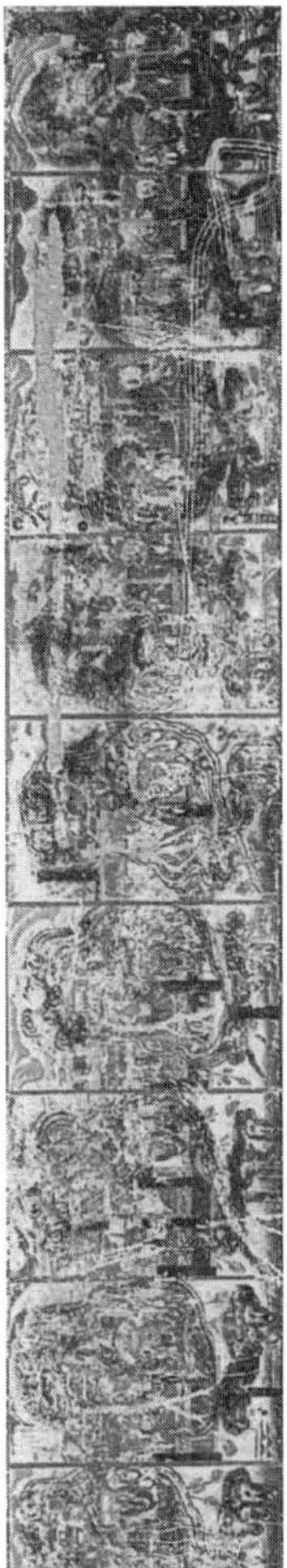

図22　莫高窟第171窟北壁　九品来迎図

図24　莫高窟第171窟南壁　九品来迎図

図23　莫高窟第171窟北壁　九品来迎図のうち右端から２番目の図

表3　莫高窟第一七一窟　九品来迎図のモチーフ

壁面	来迎	還り来迎	台	善知識	悪道
北	一仏三比丘＋二菩薩	一仏二菩薩	宣字形台座	僧形	
南	一仏二仏（肉髻あり）＋二菩薩	一仏二菩薩＋行者	宣字形台座	僧形	

画面最下部には土坡を描く。

〔南壁〕（図24）

西方浄土変の中での九品来迎図が描かれる位置は、北壁と同じである。ただ南壁の西方浄土変では、九品来迎図は上品上生～中品中生および下品中生・下品下生の七図の向きが同じで、それらの間に位置する中品下生と下品上生の二図のみ左右を反転させた構図をとっている。これは北壁の場合とは構成が異なっている。したがって、第一七一窟の九品来迎図の下図は、九品を組として描いたものではなく一品分のみであったこと、そしてそれを壁画に描く際に適宜、左右反転させながら九場面に転用したことが分かる。

さて、南壁の九品来迎図も九場面の図相は大差ないが、北壁に比べると少しくバリエーションがみられる。右端の一図では、屋内に坐す人物は三人で、左に善知識、右に行者を二体描いている。興味深いのは、これら行者二体につき一つずつ雲が立ちのぼり、それぞれに行者が乗っているらしい点である(30)。ただ南壁の九品来迎図すべてにおいて行者が二体ずつあらわされているわけではなく、行者を一体のみ描いたものも含まれる。また堂宇の前に坐す俗形の人物も一体のものと二体のものとが混在する。ただし、全体の構図の大枠は共通しており、同じ下絵を用いつつ若干の変化をつけたものとみられる。画面最下部には必ず土坡を描いている。

この第一七一窟の九品来迎図の要点は、次のようになる（表3）。

・九品の区別はみられず、小異はあるものの基本モチーフは共通している。すなわち⑴行者と建物、⑵善知識、⑶俗形人物、⑷来迎の聖衆、⑸宣字形台座、⑹浄土に帰還する聖衆、⑺土坡である。

・⑷来迎の聖衆のうち、台座を捧げ持つ観音・勢至の二菩薩は、第四三一窟や第二一五窟とは異なり坐像であらわす。

・地獄などの悪道の表現を含まない。

・九品の各図の最下部には、ごく狭いスペースにもかかわらず必ず土坡を描く。

二　唐代九品来迎図の基本モチーフ

（一）主要モチーフ

敦煌の九品来迎図の作例からみえてくる、唐代九品来迎図の基本的な構成要素や特徴は何であろうか[31]。まず登場人物とでもいうべき主要な構成要素は、〈行者〉、〈来迎の聖衆〉、〈浄土に帰還する聖衆〉である。そのうち〈行者〉の姿は、九品の別にも関連して一様ではなく、端坐するものと病臥するものとがあるが、もっとも位階の高い上品上生図では、仏教徒にとって理想とされる坐亡を示唆した、端坐の姿であらわすのが一般的であったと考えられる。聖衆については、主尊たる阿弥陀如来は来迎と帰還とにかかわらず、いずれも坐像であらわしており一つの例外もない。したがって唐代の九品来迎図では、阿弥陀如来は坐像で表現されていたとみてよいであろう。

一方、観音・勢至の二菩薩の姿は、帰還の場面ではすべて坐像にあらわされているが、来迎の場面では第四三一窟と第二一五窟は立像、第一七一窟では坐像となっており、一様でない。しかし現存最古の第四三一窟および初唐期に遡る可能性が考えられる第二一五窟の作例においては、観音・勢至が地上に降り立ち蓮台を行者に差し出す姿であらわされていることからすれば、来迎の場面ではこれら二菩薩を立像にあらわすのが、より原初的な姿ではなかったかと推測される。

これら主要な登場人物のほかに、〈善知識〉が描かれる場合がある。これは『観経』の中品下生以下の経文に、善知識の存在が説かれていることによるものであろう。ただし〈善知識〉は、第四三一窟では下輩の三品のみにあらわされる一方、第二一五窟と第一七一窟では九品のすべてに描かれており、いずれにしろ写し崩れが生じている。

また、九品の別を意識した描き分けがなされている第四三一窟と第二一五窟では、ともに下輩の三品において地獄などの〈悪道〉の表現がみられる。したがって経文に則った正確な図相には、下輩の三品に〈善知識〉とともに〈悪道〉が描かれていたものとみてよかろう。(32)

その他、侍者が描かれるものがあるが、これは経文には記されておらず、また現存作例においても何ら基準や規則性が見出せないことから、基本モチーフからは除外して考えてよい。

（二）舞台背景となるモチーフ――雲と土坡――

次に、それらを取りまく舞台装置についてみてみると、行者が居す〈堂宇ないしは楼閣〉がまず挙げられる。それに加えて欠かすことのできないモチーフとなっているのが、〈雲〉と〈土坡〉である。そこで、唐代の九品来迎図において、これら〈雲〉と〈土坡〉のモチーフがいかなる意味や役割を担っていたのかという点について、少しくみておきたい。

変相図における雲のモチーフについては、肥田路美氏の研究がある。[33] すなわち、変相図に描かれる雲には、日常目にする雨雲のような天象としての雲のほかに、大画面変相図において多用された宝雲・瑞雲・彩雲などと呼ばれる超自然的な雲があり、それらが画面上で担った意味や役割は次のように整理できるという。

一、対象の動勢を補助するはたらきを担うもの。[34]

二、運動性が少なく、雲頭を密集させた形を示し、対象を上に乗せ、それが虚空や天上界に在ることを表示したり、飛行の状をあらわすもの。[35]

三、移動の方向と軌跡、スピード感を表現し、さらに画中に時間の流れを生み出すもの。[36]

四、別次元の世界を切り取って顕現させる、吹き出し機能。[37]

これらの指摘は、確かに九品来迎図の雲についても認められる。しかし、ここではさらに次のような意味や役割が見出せることを指摘しておきたい。すなわち来迎図に描かれた雲は、仏菩薩ら聖衆の出現をあらわす、象徴的記号としての意味や役割である。[38] この出現をあらわすモチーフとしての雲は、それを伴ってあらわされた存在が、今かりそめにその場に現れてはいるものの、異なる場所から移動し来たったものであり、やがては移動し去っていく存在でもあることを示している。そして来迎図にあらわされた雲はまた、阿弥陀の聖衆が阿弥陀浄土という、我々が住む世界とは別の異空間から出現した存在であるという意味をも内包している。であるからこそ、来迎図には雲が不可欠のモチーフとなっているのであり、さらにいえば変相図一般や他の仏画にあらわされた雲についても、同様の意味や役割を見出すことができよう。[39]

一方、土坡についてはどうであろうか。土坡のモチーフは一見すると、空間を埋めるために添えられているだけのようにもみえる。しかしながら土坡は、現存する唐代九品来迎図のすべてに必ずといってよいほど描かれており、空間認識の観点からみてやはり象徴的記号としての意味と役割を担うものであったと考えられる。すなわち、その場面がほかならぬこの地上での場景であることを明示するという意味と役割である。つまり土坡のモチーフは、それが描き添えられた九品来迎図が娑婆世界たるこの世において起こる奇瑞を造形化したものであることを、明確に観者に示しているといえよう。

唐代の九品来迎図では、娑婆世界で起きる仏菩薩の出現現象という、来迎のもつ本質的特徴が、雲と土坡というモチーフによって見事に表現されているのである。

三　来迎と往生の生起する場

九品来迎図は、九段階の位階に分けられた聖衆来迎の場景を描いたものであり、その聖衆による行者の来迎引接という事象が起きる場は娑婆世界――閻浮提――である。そして唐代の九品来迎図では、土坡のモチーフにみるごとく、そのことが明確に意識されていた。一方、往生はどうかといえば、来迎に引き続いて起きる現象であり、その意味では来迎とは不可分の関係にあるが、それが起きる場ないし空間という点でみた場合には、両者は全く異なっていることに注意したい。つまり往生とは文字どおり、阿弥陀浄土に往き（往《いた》り）生まれることを意味するのであり、それが起きる場はこの世ではなく阿弥陀浄土である。

ところが、この両者はしばしば混同されてきた。例えば望月信亨氏は、「鎌倉初期に既に下縁には九品来迎の相が図せられてあつたと信ぜられたことがわかる。……敦煌出の極楽浄土変には下縁に九品来迎の相を図したものもあるが」として、當麻曼荼羅下辺の図相を「九品来迎」とする一方、別の箇所では「下縁に散善の九品往生を画き」として九品往生とも呼んでおり、両者を言い換え可能な同義語として使用している。[40] また松原三郎氏も、下縁を「九品往生図」としており、[41] 岡崎譲治氏は當麻曼荼羅について「下縁の散善義三観は如来が自発的に説かれたものとするのが善導独特の説で、三観を九品に分かって極楽往生の種類を示すが、……五逆十悪を犯した罪深き者は臨終に際し唱名をとなえることにより日輪中に蓮台が現じて極楽に引導する下品下生の往生であることを図示する」と述べ、やはり来迎と往生とをとくに区別してはいない。[42]

はっきりと九品往生図と九品来迎図を同義に解しているのは濱田隆氏で、「当麻曼荼羅は、……続く上品上生以下下品下生にいたる三輩観（九品往生相）は、十六観想の最後のしめくくりとして、下辺向って右より左に描かれる[43]」、「九品往生図を別立するのは、従来からこのことで著名な四三一窟――北魏窟を初唐の貞観頃に再鑿したもの――南壁のそれで、この窟の場合、未生怨図、十三観図、九品往生（来迎）図が左廻りに北、西、南の順に各壁に独立して描かれる。このような例は……観経変の流行にさきがけて九品往生図が描かれたことを伝えるきわめて注目すべき貴重な遺例といえよう。このほか十六観中後三観を別立し、九品往生として描くものに、観経変の最盛期に属する盛唐期の一七一窟東、南、北壁の三組の観経変が確かめられる。一七一窟の三組の観経変は何れも浄土図本体の下辺に九品往生（来迎）図が九齣に振り分けられて描かれている[44]」、「当麻曼荼羅下辺の九品往生（来迎）の図相がどのようであったかは推測の域を出ないが、……あえて例を挙げれば敦煌一七一窟下辺の九品往生図のそれに近いものであったろう[45]」（傍点筆者）と述べ、望月氏と同じく「来迎」と「往生」の語を同義と認識している。

近年では冨島義幸氏が、明らかに来迎の場景をあらわした「九品来迎図」である當麻曼荼羅の下縁や平等院鳳凰堂の壁扉画について、「九品往生図」と称している。[46] こうした傾向は中国においてもみられ、例えば施萍婷主編

『敦煌壁画全集5　阿弥陀経画巻』においても、還り来迎のなかに描かれる行者を「行者往生的形象」としている。(47)

しかしながら唐代においては、「来迎」と「往生」は明確に区別されていた。そのことを最も如実に物語るのは、日本に伝来する當麻曼荼羅である。當麻曼荼羅は綴織の原本が中国から将来されたと目される唐代西方浄土変の一精華であり、(48)その図様は中台（浄土変）と外縁（『観経』の序分と十六観の図）ともに経典に忠実に則っており、図様の正確性という点で現存作例中、群を抜いている。

當麻曼荼羅の外縁は中台を凹字型に縁取っており、右縁（向かって左側）には『観経』序分に説かれる阿闍世太子の逆悪物語が、左縁には『観経』に阿弥陀浄土を観想する方法を十六の階梯に分けて示した十六観のうち第十三観までの内容が、それぞれ図示されている。残る下縁は、残念ながら平安末から鎌倉初期にかけてすでに損傷が進み、当初の図相は失われて久しい。しかし、転写本に描かれているように、下縁には十六観の残る三観（第十四観から第十六観）に相当する九品来迎の場景があらわされていたとみて問題ない。

そのうち左縁の初観から第十三観までの図は、いずれも阿弥陀浄土の構成要素を部分ごとに取り出すようにして韋提希夫人が観想している場面をあらわしたものである。興味深いのは、それらの構成要素が一つも漏れることなく中台の浄土変のなかにも見出せる点である。(49)これは左縁での韋提希夫人の観想の対象がすなわち阿弥陀浄土の構成要素であることからすれば当然である。しかし重要なのは、その場であり空間である。左縁は王舎城において韋提希夫人が観想している場面をあらわしているのであり、その場は娑婆世界である。一方、中台はその観想の対象たる阿弥陀浄土そのものの姿ということになり、娑婆世界とは場・空間を異にしている。そのようにみてくると、王舎城の悲劇をあらわした右縁の序分図もまた、同じく娑婆世界で起きた出来事を図示した部分であることに気付かされよう。つまり、當麻曼荼羅の画面構成を、そこに描かれた空間という視点でみるならば、外縁は娑婆世界、中台は阿弥陀浄土に分けられるのである（図25）。したがって、『観経』序分や十六観の図が、外縁として中台とは別の枠内にあらわされているのは、娑婆世界と阿弥陀浄土とが空間を異にするということが明確に意識されていたためであったと解せるであろう。

このようにみてくると、當麻曼荼羅の外縁＝娑婆世界、中台＝阿弥陀浄土とする関係は、下縁の九品来迎図においても認めることができる。すなわち、下縁部には娑婆世界において起こる九品来迎の場面が、一方の中台では阿弥陀浄土の宝池中に蓮華化生する九品往生の場面があらわされているのである。したがって、往生という現象が生起する、あるいは目撃されうる場が浄土である以上、外縁部にあらわされるのは九品往生図ではありえないということになろう。

莫高窟の第二一五窟（図26）や第一七一窟（図27）においても、この外縁＝娑婆世界、中台＝阿弥陀浄土という空間認識を認めることができる。なかでも目を引くのは、第一七一窟の中台に描かれた九品往生の各場面である。そこでは蓮華に坐す九品の往生者の傍らに、それぞれ乗雲の聖衆の姿があらわされているのである（図28）。これは娑婆世界（外縁）という異空間から阿弥陀浄土（中台）への聖衆の帰着を示すものであろう。その乗雲の聖衆の姿そのものは、下縁の九品来迎の図にあらわされた来迎の聖衆と大差ないが、それが描かれている場が中台の宝池中であることによって、まさしく浄土に「往き／往《いた》り」「生まれる」という往生のプロセスを視覚化した九品往生図であるといえる。

さらに、當麻曼荼羅や第一七一窟で九品来迎図が中台の下縁にあらわされていることについても、そこに娑婆世界と阿弥陀浄土との関係をふまえた、巧みな画面構成上の工夫を見て取ることができる。つまり、それらの作例では九品来迎図が中台（阿弥陀浄土）の下縁に配されることによって、あたかも阿弥陀浄土から飛来し、そして帰還

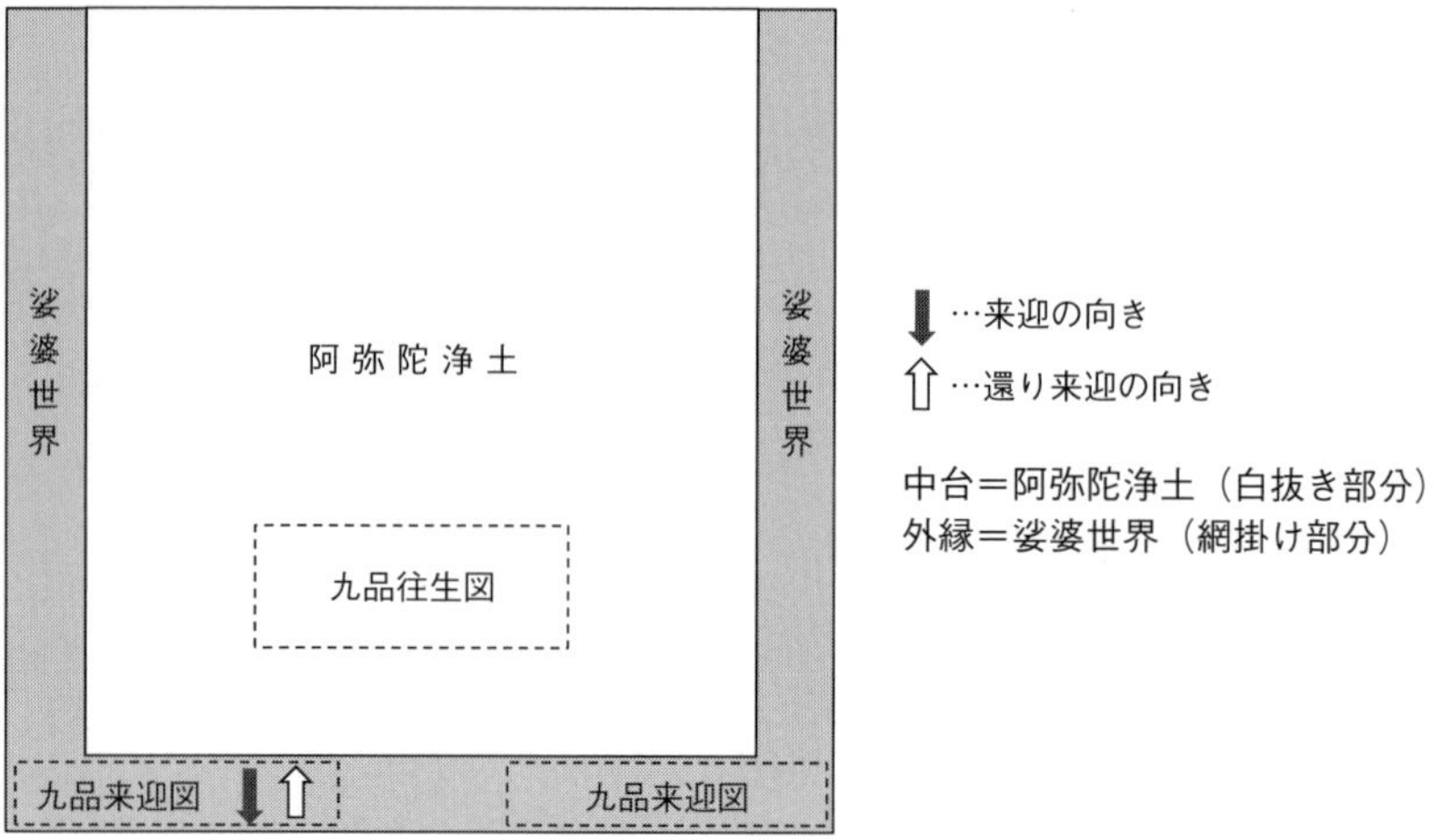

図25　當麻曼荼羅の画面構成

図26　莫高窟第215窟の画面構成

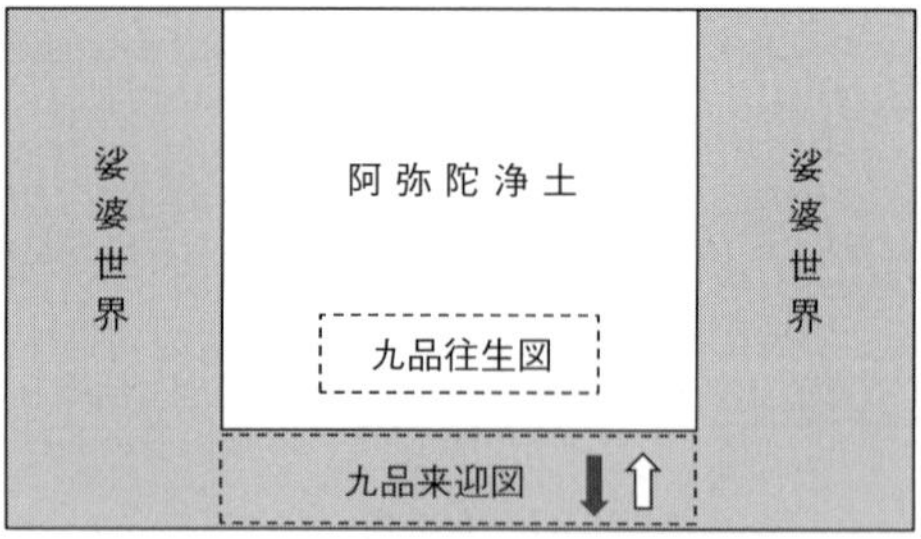

図27　莫高窟第171窟の画面構成

（左）左端部分の描き起こし図　（右）中台の九品往生図（部分）
図28　莫高窟第171窟北壁

していくことが、画面上の位置関係と聖衆の向きや雲頭から伸びる雲尾によって巧みに示されているのである。一方、第二一五窟では九品来迎図が中台の右縁（向かって左側）に配されており、浄土と来迎聖衆との画面上の位置関係は考慮されていない。したがって、當麻曼荼羅や第一七一窟のように、中台の下縁に九品来迎図を配する方が、第二一五窟よりも画面構成上、より発展的段階に位置づけることができよう。

おわりに

唐代の西方浄土変において、『観経』の序分や十六観の内容を外縁に付加した作例はいずれも、阿弥陀浄土と娑婆世界という空間の違いを反映し、両者は中台と外縁という形で画面構成上の明確な線が引かれていた。そのうち中台が阿弥陀浄土の場景であるのに対し、外縁は娑婆世界での出来事を図示したものであった。したがって、外縁部にあらわされるのは娑婆世界において起きる九品来迎であって、浄土において目撃されうる九品往生ではないということは、いまや明らかであろう。

阿弥陀浄土は、『阿弥陀経』に「爾の時、仏、長老舎利弗に告げたもう、是れ従り西方、十万億の仏土を過ぎて世界有り、名づけて極楽と曰う。其の

図29　莫高窟第148窟　薬師浄土変

図30　莫高窟第33窟南壁　弥勒浄土変

図31　莫高窟第217窟東壁　法華経変　観世音菩薩普門品

土に仏有りて、阿弥陀と号す。今、現に在《いま》して法を説きたもう（爾時、仏告長老舎利弗、従是西方、過十万億仏土有世界、名曰極楽。其土有仏、号阿弥陀。今現在説法）[50]」と説かれているように、閻浮提から十万億仏土を隔てた西方に現在する浄土である。唐代西方浄土変に中台とは別画面の外縁が付加されるにいたった背景には、阿弥陀浄土と娑婆世界とは同じ空間にはないという認識がはたらいていたからに違いない。東方に所在する薬師瑠璃光浄土を描いた薬師浄土変が、同じく中台の浄土景とは画面を異にする外縁をもつことも、同じ空間認識から出たものであろう（図29）。

一方、弥勒浄土は『観弥勒菩薩上生兜率天経』に弥勒について「閻浮提の歳数、五十六億万歳なるや、爾れ乃ち閻浮提に下生す（閻浮提歳数五十六億万歳。爾乃下生於閻浮提）[51]」として明確に説かれているように、弥勒が兜率天から娑婆世界に下生し仏となって実現される仏国土であり、その浄土はこの娑婆世界にある。それゆえ敦煌の弥勒浄土変では、浄土景のただなかに五百歳出嫁、一種七穫、転輪王（儴佉王）による七宝供養、修摩梵（須達摩）長者と八万四千人の剃髪・出家、迦葉の山中禅窟など、この娑婆世界で起きるとされる場面が描き込まれており、第三三窟の作例では、弥勒の浄土が娑婆世界であることを強調するために、画面中央に須弥山を描き画面左右にも山岳を描き込んでいる（図30）。そこには中台と外縁の区別は設けられていないのである。弥勒浄土と同じことは、閻浮提において衆生に救済の手を伸べる観音の応現を描いた『妙法蓮華経』巻七「観世音菩薩普門品第二十五」の図においても指摘できる（図31）。

唐代の変相図においては、そこに描かれている場や空間が我々の生きる娑婆世界であるのか否かということが、描かれるモチーフのみならず画面構成のうえにも、きわめて意識的に反映されていたと考えられるのである。

注

（1）敦煌研究院編『敦煌石窟内容総録』（文物出版社、一九九六年）では、外縁のない「阿弥陀経変」を六十二例（その他に楡林窟十二例、東千仏洞一例、西千仏洞一例を挙げる）、外縁を有するいわゆる「観無量寿経変」を九十例挙げている。

（2）編年については敦煌研究院の見解に従う。第二一五窟、第一七一窟についても同じ。

（3）一九九九年十一月七～八日、二〇一三年十月十二日および二〇一六年六月二十二日に行った実地調査にもとづく。

（4）男女の区別は定かでないが、唐代の男性の常服であった長袍を着けている。原田淑人『唐代の服飾』（東洋文庫、一九七〇年）参照。

（5）『大正蔵』一二、三四四c。以下、『観経』および『阿弥陀経』の訓読は、中村元・早島鏡正・紀野一義訳註『浄土三部経（下）観無量寿経・阿弥陀経』（岩波書店、一九六四年）を参照し、『大蔵経』にもとづき一部字句や句読点を改めた。

（6）坐亡については、小杉一雄「肉身像及遺灰像の研究」（『東洋学報』二四―三、一九三七年五月。のち『中国仏教美術史の研究』新樹社、一九八〇年に再録）を参照。
（7）炳霊寺石窟第一六九窟北壁一一号龕の維摩像も、同様の姿勢をとっている。甘粛省文物工作隊・炳霊寺文物保管所編『中国石窟　炳霊寺石窟』（平凡社、一九八六年）、図三六・三七を参照。
（8）『大正蔵』一二、三四五ａ。
（9）『大正蔵』一二、三四五ａ。
（10）宋元明の三本では「眷属」を「菩薩」とする。
（11）『大正蔵』一二、三四五ｂ。
（12）『大正蔵』一二、三四五ｂ。
（13）本図について施萍婷主編『敦煌石窟全集5　阿弥陀経画巻』（商務印書館〈香港〉、二〇〇二年。以下『阿弥陀経画巻』）の図版解説では「行者の往生の姿がよく保存される。窄衫小袖長裙を着し、彩雲上に跪く（値得一提的是行者往生的形象保存尚好、窄衫小袖長裙、跪於彩雲上）」とあるが、雲上には阿弥陀三尊の姿しか見て取ることはできず、また雲尾は画面の剝落が著しく行者の姿は確認できない。『阿弥陀経画巻』、一一一頁、図九一解説。雲上の阿弥陀三尊のうちの菩薩一体を、行者の姿と誤られたものであろうか。
（14）『大正蔵』一二、三四五ｃ。
（15）この俗人男性像について『阿弥陀経画巻』の図版解説では「階下に講経者が来て行者に講経する（階下講経者来給行者講経）」と解説しているが（前掲注（13）書、一一二頁、図九二）、行者に信仰の勧めをなし、往生の因をつくるのは堂内の善知識であるから、この解釈には首肯しがたい。なお、この俗人男性像は、行者の侍者であろうかとも思われるが未詳。
（16）画面下部の剣樹と鉄蒺藜の表現について、『阿弥陀経画巻』の図版解説では「地獄にあるもので、経文とは一致しない（門外有〝剣樹〟、鉄蒺藜〈這是地獄才有的東西、与経文不符〉）」とする（前掲注（13）書、一一二頁、図九二）。
（17）『大正蔵』一二、三四五ｃ。

(18) この像は、『阿弥陀経画巻』の図版解説に「廊下に餓鬼がいる（廊下有餓鬼）」とあるように、餓鬼とみてよかろう（前掲注（13）書、一一三頁、図九三）。
(19) この図について『阿弥陀経画巻』の図版解説では「画面下部は地獄であり、そこには油鍋に入れられ、刀山にのぼらされる受刑者がいる（画面下部是地獄、中有下油鍋上刀山的受刑者）」と解説しているが（前掲注（13）書、一一三頁、図九三）、刀山はみえず、油鍋とされるものは方形で車輪や轅・輅が付属していることから、油鍋ではなく火車と解される。
(20) 『大正蔵』一二、三四六a。
(21) これについて『阿弥陀経画巻』の図版解説では「彩雲上に行者が蓮花に坐して去る（彩雲上、行者坐蓮花而去）」と述べているが（前掲注（13）書、一一三頁、図九四）、本図に描かれているのは未開敷蓮華のみで、その中に包まれている行者の姿は実際には描かれていない。
(22) 『大正蔵』一二、三四六a。
(23) 細部の表現などから、本図は初唐期まで遡る可能性も考えられるが、本章の目的は編年の検討にはないため、ここでは敦煌研究院の見解に従っておく。
(24) 二〇〇三年十一月九～十日および二〇一三年十月十二日に行った実地調査にもとづく。
(25) この雲は、左の善知識の膝上辺、あたかも柄香炉から立ち上るかのように描かれている。しかし、来迎を受けて浄土に向かっているのは当然ながら右側の行者とみるべきで、柄香炉の香煙と混同した一種の写し崩れと考えられる。
(26) ここでも①上品上生図と同じく、聖衆を乗せた雲は善知識のもつ柄香炉から立ち上るように描かれている。
(27) ここでもまた還り来迎の聖衆の雲は、行者ではなく善知識の背後から立ち上っている。その還り来迎の一行のうちに行者の姿が見られないことも含め、本図を描いた画工が図の意味をよく理解していなかったことが分かる。
(28) 柄香炉を執っているかとも思われるが、画面の損傷により確認しがたい。
(29) 二〇一三年十月十二日および二〇一六年六月二十一日、同二十三日に行った実地調査にもとづく。ただし時間的制限があり、図像の細部で未確認の部分も残っている。また東壁については調査が及んでいない。あわせて今後の課題としたい。

(30) 右の一体については雲上に行者の姿を確認することができるが、左側は明瞭にしがたい。

(31) 日本に伝来する綴織當麻曼荼羅は、八世紀後半の唐代の作と目され、画面下部にはかつて九品来迎図があらわされていたと伝えられる。この九品来迎図の図相は平安時代後期にはすでに消えかかり、鎌倉初期にはすでに図相が困難な状態にあったことが『當麻曼陀羅注』や『建久御巡礼記』によって知られる。これら敦煌の現存作例からうかがえる唐代九品来迎図の基本的特徴は、當麻曼荼羅下縁部の九品来迎図を復原的に考察するうえで有用な材料になると思われる。本書第二部第三章を参照。

(32) これは『観経』において、下輩の三品では行者の悪業や罪が説かれて、とくに下品中生と下品下生では明確に地獄などの悪道についての言及があることによると考えられる。

(33) 肥田路美「『変』と雲――大構図変相図の成立と意味へのアプローチ――」(谷口財団第一六回国際交流美術史学会『東洋美術史研究の展望』一九九七年十月)。同「現前する仏の表現手法について」(『國學院雜誌』九八―一一、一九九七年十一月)。同「大画面変相図の成立と雲のモチーフ」(『初唐仏教美術の研究』中央公論美術出版、二〇一一年)。

(34) 肥田氏は具体例として、維摩変にあらわされる、維摩詰の神通力によって東方須弥相国から房室へ飛来してくる獅子座や、飛来する菩薩に伴う雲を挙げておられる。

(35) 肥田氏は、維摩変において文殊菩薩の上方にあらわされる、蓮華座に坐す香積仏らを乗せる雲を、その具体例として示しておられる。

(36) 肥田氏は、維摩変の中央に描かれる、香飯を奉持して衆香国まで往復する化菩薩や、九百万菩薩の往還に描かれる雲を、その具体例として挙げておられる。

(37) その具体例として肥田氏は、維摩変において維摩詰が妙喜国を顕現させる場面や、一座ごと右掌に乗せて釈迦のもとに赴いた場面にみられる、対象を五彩の陽炎のように縁取る雲を挙げておられる。

(38) 雲のモチーフが有する、出現を示すはたらきについては、拙稿「蓮華三昧院所蔵阿弥陀三尊像の主題と明遍の思想」(『南都仏教』七四・七五、一九九七年十二月。拙著『西方浄土変の研究』中央公論美術出版、二〇〇七年に再録) を参照。
(39) 田中奈美氏は、浄土教絵画における雲のモチーフについて、聖衆来迎の相を観想する際に、視覚化しやすいイメージとして聖衆に伴う雲が奇瑞として意識されるなかで、雲が聖衆をもたらすものとして強く意識されるようになったとし、その結果、中国の神仙思想に由来する「瑞雲の思想と聖衆の乗る雲が、観想されたイメージの中で融合し、往生の瑞相としての雲の意味が確立されたと推測する」と述べておられる (「浄土教絵画に見られる雲について」『美術史研究』三五、一九九七年十二月)。しかし聖衆来迎のイメージとして雲が意識されるようになったのは、単に視覚化しやすかったからではなく、より本質的な理由は、雲が来迎に限らず、広く出現を意味するモチーフであったからにほかならない。
(40) 望月信亨「当麻曼荼羅と善導の著書及び則天浄土変 (二)」(『寧楽』二、一九二五年二月)。
(41) 松原三郎「観経変相図」(『国華』六五三、一九四六年八月)。
(42) 岡崎譲治『浄土教画』(日本の美術四三) (至文堂、一九六九年)、三三頁。
(43) 濱田隆『極楽への憧憬――浄土教絵画の展開――』(美術出版社、一九七五年)、七四頁。
(44) 濱田隆『来迎図』(日本の美術二七三) (至文堂、一九八九年)、二八頁。
(45) 前掲注 (44) 書、三〇頁。
(46) 冨島義幸『平等院鳳凰堂――現世と浄土のあいだ――』(吉川弘文館、二〇一〇年)、四六～六六頁。
(47) 前掲注 (13) 書、一一一頁、図九一解説。
(48) 拙稿「綴織当麻曼荼羅考――図様解釈および制作地と制作年代について――」(『仏教芸術』二八〇、二〇〇五年五月。前掲注 (38) 拙著に再録)。本書第二部第一章・第二章を参照。
(49) 拙稿「敦煌莫高窟の西方浄土変に描かれた『観無量寿経』モティーフ」(『南都仏教』八五、二〇〇三年十月。前掲注 (38) 拙著に再録)。

（50）『大正蔵』一二、三四六c。
（51）『大正蔵』一四、四二〇a。

第二部　綴織當麻曼荼羅にみる唐と日本

第一章　綴織當麻曼荼羅と唐王朝

——敦煌発現の宮廷写経と諸州官寺制——

はじめに

奈良・當麻寺に伝わる綴織當麻曼荼羅（図1）は、約四メートル四方の巨大な西方浄土変である。本図は、綴織の技法によって画面の図様のすべてを丹念に織りあらわしたもので、きわめて手の込んだ絵画的織成品である。長らく堂内に懸吊されていたために、画面の下部は鎌倉時代初期にはすでに図様を識別できないほど損傷していたという。そうした経年による劣化に加え、人為的処置による傷みも著しい。すなわち本図は一時、保存の目的で板に貼られ、さらに江戸時代の延宝五年（一六七七）になって再び板から剝離し、裏打ちの平絹地に貼り付けられたのち、現在みるような掛幅装に改められた。こうした結果、画面全体が茶色く変色し、摩滅や剝離によって欠損した部分は一部後世の筆で補われている。とはいえ、部分的には現在もなお、はっきりと綴織組織を確認することができ、なかには金糸も見て取ることができる（図2）。

このように、現存作例中、他に類をみない綴織の巨大な西方浄土変である綴織當麻曼荼羅であるが、その制作をめぐって中国の唐時代の作とみるか日本の奈良時代の作とみるかで大きく見解が分かれている[1]。しかし、筆者がかつて旧稿で論じたように、日本説の根拠は薄く、技法また図様の観点からみて、本図は唐の宮廷や官府直属の工房

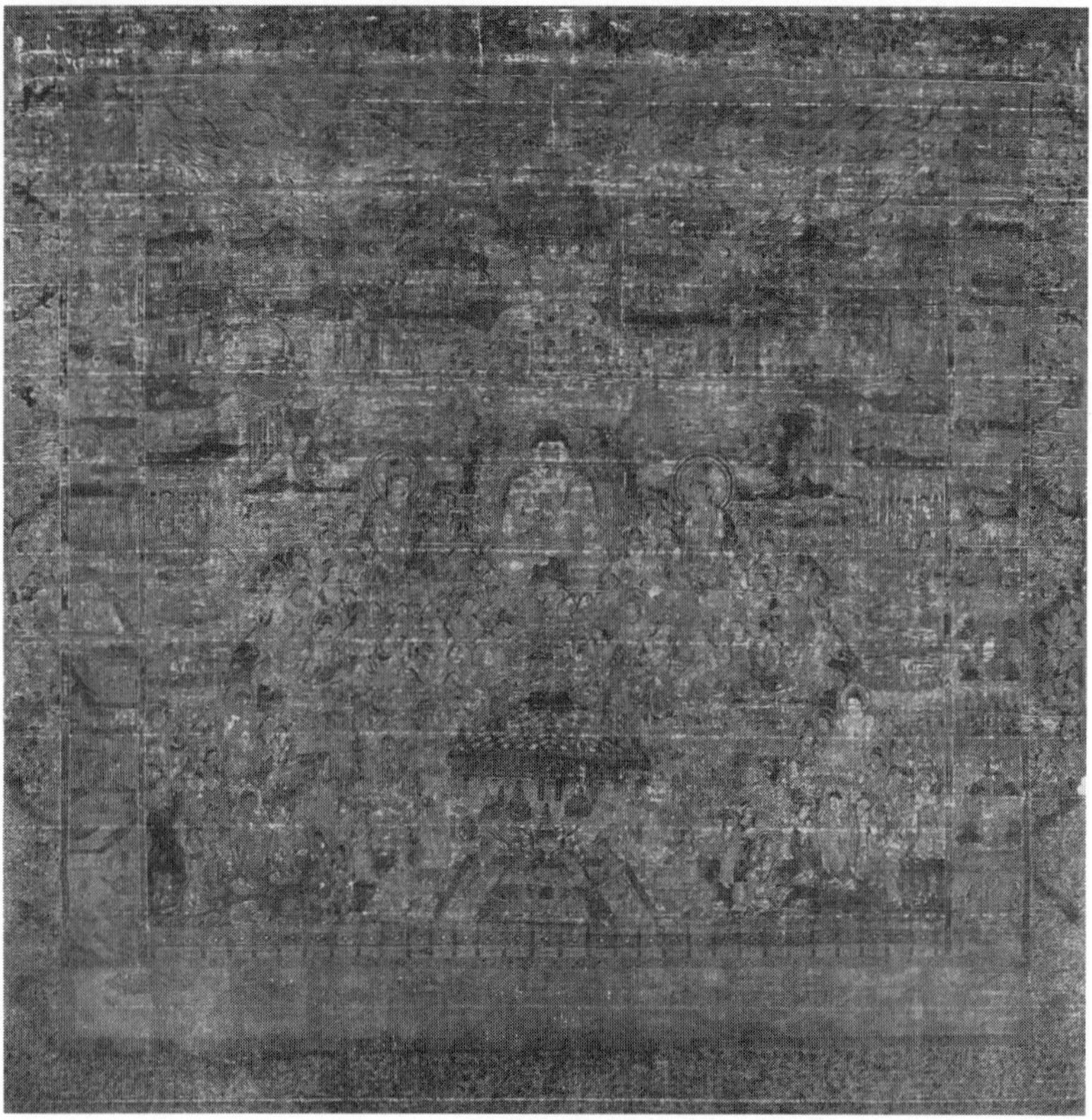

図１　綴織當麻曼荼羅

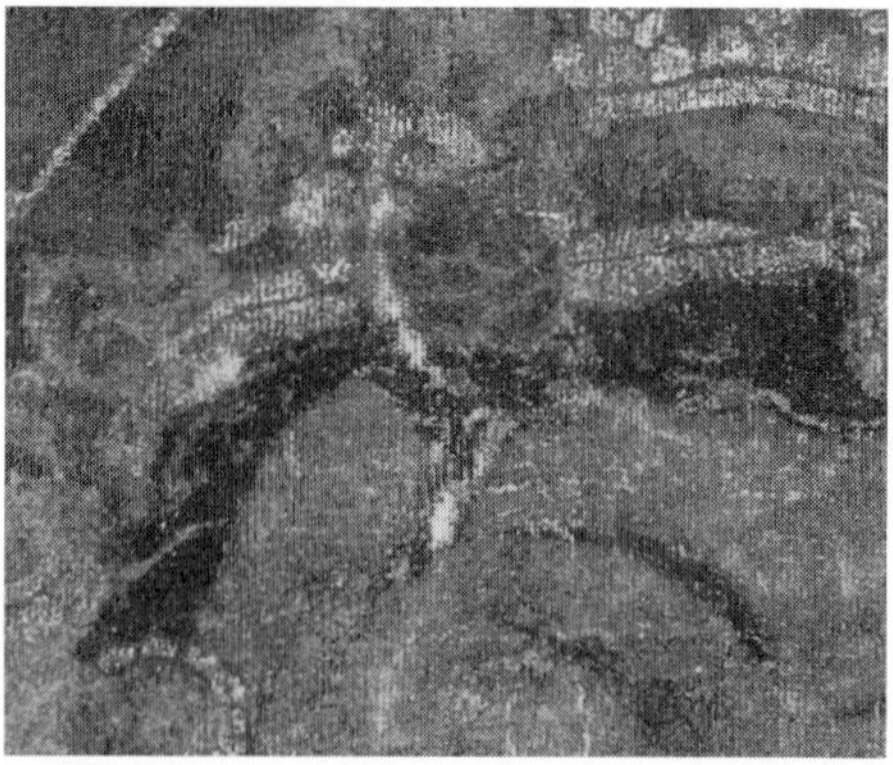

図２　綴織當麻曼荼羅の綴織
組織と金糸

の作であった可能性が高いと考えられる(2)。そこで本章では、この点をふまえたうえで、さらに一歩考察を進め、本図が唐代前半期に敷かれていた諸州官寺制のもと、宮廷工房において制作された可能性を指摘してみたい。その目的は、綴織當麻曼荼羅という一作品を手がかりとして、隋代に始まり唐代前半期に受け継がれる諸州官寺制に注目することによって、隋唐期の宮廷が仏教美術、とくに織成像や繡仏、仏画といった絵画的作品の制作と流布に果たした役割に光を当てるところにある。

一　綴織當麻曼荼羅の「織付縁起」——日本説批判——

綴織當麻曼荼羅の唐朝制作を論じる前に、本図がなぜ日本製ではありえないのか、日本説の根拠を検証するところから始めたい(3)。

本図を日本製とする根拠は、本図の下縁部中央にあったとされる銘文のなかに、「天平宝字七年」（七六三）との年紀が含まれているという一点に尽きる(4)。問題の銘文箇所は、十二世紀後半にはかなり傷んで消えかかっていたらしく(5)、鎌倉時代の初めにはすでに部分的にしか判読できなかったという。本図に関する文献上の初見である『建久御巡礼記』には、「彼寺僧ノ申サク、織リ仏ノ事ト無《ナシ》二慥《カノ》日記一、但ダ此ノ曼荼羅ノ下《シモ》ノ縁《ヘリ》、不《ザリ》二シ壊《ヤ》レ一之時キ。天平宝字七年ト云フ年号、慥ニ被《ラレ》二織付《ツケ》一タリキ」と記されている(6)。この記述からは、鎌倉時代初頭の時点ですでに銘文の年紀も確認しがたい状態にあったこと、しかしかつては天平宝字七年という年紀があったと寺内で伝承されていたことが知られる。ただし、本図の転写本のうち現存最古の京都・禅林寺本(7)（正安四年〈一三〇二〉写）には、点々と拾字された銘文の末尾に「天平宝字七年」と記されており、この当時には辛うじて判読できた可能性もある（図3）。いずれにせよ、この銘文末尾にあったとされる年紀を本図の発願もしくは制作の時期を示すものとみなし、本図を日本製と解するのが、すなわち日本説である[8]。

しかし、仮に銘文には当初からこの年紀があったとしても、それだけで本図を日本製とみなしうるとはかぎらない。なぜなら銘文とは、作品の材質・技法を問わず、その完成後に施されるべきものだからである。したがって、作品そのものが仕上がった時点では、銘文を施すべき箇所は空白のままに残されているものであって、施主のもとに届けられ、法会などの儀式を執り行うのを俟って初めてそこに銘文が記されるのであり、なかには銘文が記されないで終わる場合もあった。莫高窟蔵経洞発現の絹本画のなかに、画面下部中央に銘文用のスペースが設けられているにもかかわらず、銘文が記されない例があるのは、このことを如実に物語っている[9]（図4・図5）。つまり、作品そのものが制作された時や場所と、銘文が書き加えられる時や場所とは必ずしも一致しないのである。したがって、綴織當麻曼荼羅の銘文にあったと伝えられる「天平宝字七年」の年紀は、それだけでは本図が日本製であることの根拠とはなりえず、中国で制作された後に日本に伝えられ、日本において銘文が記された可能性も十分に存するのである。

ただ、本図に付されていた銘文については、前掲の『建久御巡礼記』に「慥ニ被《ラレ》ニ織付《ツケ》一タリキ」とあり、『當麻曼陀羅注』巻三にも「織付縁起」と記され、筆墨で記したものではなく織付けられていたと伝えられている[10]。しかし、先に述べた銘文の性質から考えても、また綴織による制作が絵画より圧倒的に時間を要するという点から考えても、制作時においてあらかじめ銘文を織り込んでいったとは考えがたい。そもそも銘文を含む本図下縁部は平安から鎌倉時代にかけてすでに著しく損傷が進んでいたのであり、実際には銘文が織られているのか墨書されているのか判断しがたい状態にあったはずである。これについて参照されるのは、一九三九年に調査が始まるまで、本図に対し

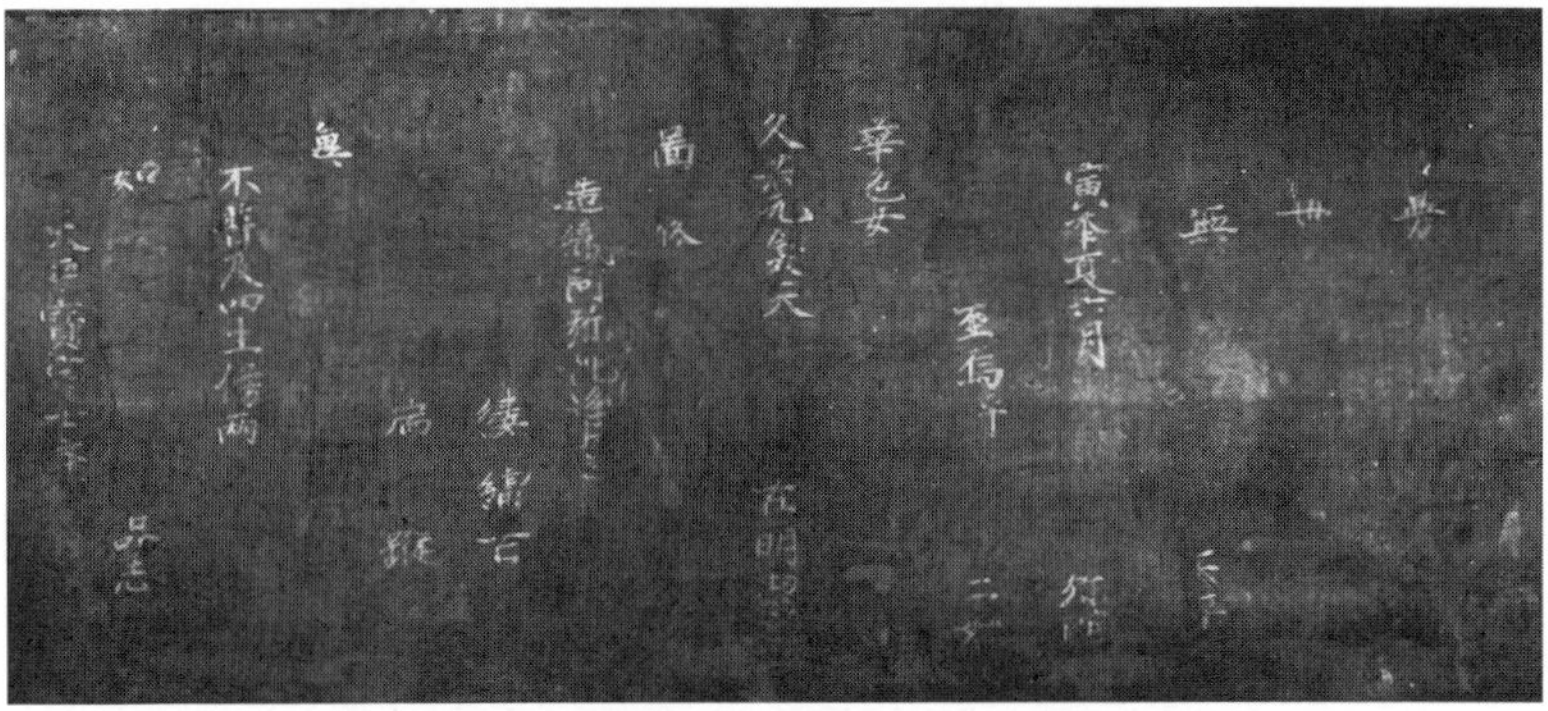

図３　当麻曼荼羅（禅林寺本）の銘文

図５　Stein painting 6　樹下説法図
大英博物館所蔵

図４　EO.3581　観音菩薩図
ギメ東洋美術館所蔵

ては明治以来、織物か絵画か、または刺繡なのか議論されていたという事実である。[11]つまりすでに画面の損傷が相当進んでいた鎌倉初頭の時点において、肉眼では本図の銘文が織られたものなのか書かれたものなのか判じがたい状態にあったというのが実情であったはずである。恐らく、銘文というものの性質から考えて、本図の銘文もまた墨書されていたものであろう。本図の銘文が織付けられていたとの伝承が生まれたのは恐らく、下縁部に比して保存状態の良かった本図の左右両縁（序分図・十六観図）の題記が綴織であらわされていたことに引きずられたものであって、化人が一夜にして蓮糸で織りあらわしたという伝承[12]と同様に、史実としては信ずるに足りない。

したがって、本図にかつて付されていたという銘文の年紀は、本図の制作地を特定する根拠とはなりえないのであり、本図の制作地は、作品そのものの検討から導かれなければならないということになろう。

二　綴織當麻曼荼羅と則天縫繡極楽浄土変――唐朝における制作――

作品としての検討から、綴織當麻曼荼羅を中国製すなわち唐製と論じたのは太田英蔵氏である。[13]太田氏が本図を唐製とみる根拠は、次の二点である。第一に、本図は縦三九四・八センチメートル、横三九六・八センチメートルにおよぶ巨大な綴織作品であり、この巨大な画面全体が、一寸（約三・三センチメートル）幅に経糸六十本という、きわめて細かな綴織[14]によって織り上げられていること。しかも、西方浄土の場景から外縁部の説明的図相にいたるまで、複雑にして豊かな図相と題記のすべてが、下図どおり丹念に一つひとつ織り出されており、自身も織工であった太田氏によれば、これだけのものを織り上げるためには、息の合った熟練の織工が数人以上、生活を保障されたなかで織り続けたとしても、十年近い年月を要すると推定されるという。第二に、日本における綴織作品は、本図を除けば正倉院に奈良時代の小品があるのみで、その後は完全に途絶え、江戸時代の安永年間(一七七二～一七八一)になって漸く再び綴織が織られるようになったこと。仮に本図が日本製であるならば、一時はかように高度な技術と大規模な人的組織を擁していたはずであるにもかかわらず、なぜ突如として途絶えてしまったのか不審だという。そこで太田氏は、本図は唐製であり、しかも恐らくは宮廷や政府の錦織工房による制作になるのではないかと指摘した。

以上の太田氏の指摘は明解で的を射ており、こうした技術的また歴史的見地からは、本図が日本製であったとはとても考えられない。

加えて注目すべきは、本図の図像が、敦煌に現存する他の唐代西方浄土変の作例に比して、群を抜いて経典に正確だという点である[15]。すなわち、敦煌の作例では必ずしも『観無量寿経』(以下『観経』)の十六観に則った西方浄土の表現がなされているわけではなく、とくに盛唐期以降の作例では経典から乖離した図像や配列が目立つのに対し、本図においては外縁部の十六観図においても、中台の浄土変部分においても、『観経』十六観の経文が細部にいたるまで忠実に造形化されており、その正確さは比類ない。しかも外縁部において各部分ごとに分けて示された西方浄土の構成要素が、中台の浄土変のなかに見事に組み込まれており、十六観の完成形としての西方浄土変の意義が余すところなく表現し尽くされている。これはつまり、本図の制作に用いられた下図が教理的にきわめて正確であったことを物語るものである。この事実はまた、本図の下図の作成に際して、『観経』および同経を用いた観想の実践に対する正しい知識を有する僧侶の関与があったことを強く示唆している。この本図の図様における正確さもまた、太田氏が推測されたように、本図が宮廷工房の手になると考えれば納得がいく。宮廷主導による作品であれば当然のことながら、高僧による指導や創案、校閲を経た正確な下図を使用したはずだからである。

したがって本図のように、正確な下図にもとづき、絹糸に金糸を交えるという高価な材料を惜しげもなく使用し、高度な技術を駆使しながら、細密な織目によるきわめて手の込んだ巨大な作品を織り上げるために、長期間にわたって大規模な人員を動員できる組織といえば、宮廷工房以外にはまず考えられない。すなわち本図は、唐代の宮廷工房によって制作された、綴織の西方浄土変であった可能性がきわめて高いのである。これは換言すれば、錦織などを担当する宮廷工房において、西方浄土変のような仏画的作品が制作されていたことをも意味する。

ここで注目したいのは、『天台宗延暦寺座主円珍伝』（以下『円珍伝』）のなかの記述である。同書は、日本の仁寿三年（八五三）から天安二年（八五八）にかけて唐に渡った天台僧円珍に関する伝記であり、そのなかに彼が帰国して十年近く経った貞観九年（八六七）、かつて入唐中に好を通じていた内道場供奉徳円座主から幸便に託して仏画類が贈られたことが、次のように記されている。(16)

九年。唐温州の内道場供奉徳円座主、婺州の人詹景全の向国の便に付し、則天皇后の縫繡四百副の内、極楽浄土変一鋪（長さ二丈四尺、広さ一丈五尺）、織絵霊山浄土変一鋪（長さ一丈五尺、広さ一丈）、付法像、上は釈迦々葉より下は唐の慧能に至るまでの影像二幀子（各おの広さ四丈）を贈る。

（九年。唐温州内道場供奉徳円座主、付婺州人詹景全向国之便、贈則天皇后縫繡四百副之内極楽浄土変一鋪（長二丈四尺広一丈五尺）、織絵霊山浄土変一鋪（長一丈五尺広一丈）、付法像(17)、上自釈迦々葉下至唐慧能之影像二幀子（各広四丈）。）

徳円座主から贈られた仏画類の内訳は、①縫繡極楽浄土変一鋪（長さ二丈四尺、広さ一丈五尺）、②織絵霊山浄土変一鋪（長さ一丈五尺、広さ一丈）、③付法像大師像（法量の記述なし）、④釈迦・迦葉から慧能までの影像二幀子（広さ各四丈）で、このうち①の「縫繡」とは刺繡製のいわゆる繡仏を指し、②の「織絵」とは綴織製の織成像のことをいう。したがって、②の霊山浄土変は、綴織當麻曼荼羅と同様に、仏の浄土世界を織りあらわした大画面の綴織作品であったことになり、唐代において綴織の浄土変が各種制作されていたことがうかがえる。

重要なのは、①の極楽浄土変すなわち西方浄土変について、則天皇后が縫繍させた四百副のうちの一鋪と記されている点である。ここからは則天武后が、長さ二丈四尺、広さ一丈五尺という大型にして刺繍という、綴織ほどではないにしてもかなり手間のかかる西方浄土変を四百副も造らせていたこと、そしてそのうちの一鋪が内道場に伝わっていたということが読み取れる。

残念ながら、この刺繍製の西方浄土変は現存しない。しかしながら、「則天皇后縫繍」というからには、やはりその制作には宮廷工房が当たっていたと推察される。綴織當麻曼荼羅という貴重な実物資料にみられる技術的・図像的特徴が、宮廷工房の作であることを強く示唆することは先述したとおりである。刺繍や綴織を担当する宮廷工房は、皇帝をはじめとする宮廷内の貴人や高官たちの衣冠や調度を誂えるだけでなく、浄土変のような仏教絵画に類する作品をも制作していたと考えられるのである。

では、なぜ則天武后は刺繍製の西方浄土変を四百副も造らせたのであろうか。その数の意味するところについて、次に考えてみたい。

三　隋唐時代における諸州官寺制と綴織當麻曼荼羅

先にも掲げた『円珍伝』には、内道場に「則天皇后縫繍四百副之内、極楽浄土変一鋪長二丈四尺 広一丈五尺」があり、それが徳円座主により円珍に贈られたことが記されていた。この四百という、やや半端な数が、何の意図もなく定められた任意の数であるとは考えがたい。そこで注目したいのが、当時行われていた諸州官寺制との関連である。

諸州官寺制とは、すなわち隋から唐代前半期において行われた、天下諸州に官寺を設置するという仏教政策であり、その多くは、同一の寺名を冠するという特徴的な制度である。その濫觴は隋の文帝に始まり、文帝ゆかりの四十五州に、隋帝国の興起を紀念し、大興国寺という同一名称の官寺を建てている。[18] 文帝はその他にも、仁寿年間の三次にわたって天下の計百十余所に舎利塔を建立し、同一日時に同一の規格で同一の儀式を行わせるという、まことに統一王朝を印象付けるにふさわしい中央集権的な仏教施策を打ち出している。[19]

唐朝においても、高宗は乾封元年（六六六）に、兗州に道観三所（紫雲観・仙鶴観・万歳観）と仏寺三所（封巒寺・非煙寺・重輪寺）を置き、さらに天下諸州に仏寺と道観を一所ずつ置いている。[20] このときに設置された寺観の名称は不明であるが、同一名称であった可能性は排除できない。明らかに同一名称の諸州官寺を置いたのは、則天武后である。彼女は武周革命においてこの制を利用し、まず載初元年（六九〇）七月に自身の受命を正当化する『大雲経疏』を偽撰して天下に頒布し、九月に即位すると天授と改元し、十月には諸州に大雲寺（大雲経寺とも称す）を置いている。[21] ついで中宗は神龍元年（七〇五）に、「大唐中興」を名とする寺観を諸州に置き[22]（のち「龍興」に改名）[23]、玄宗もまた開元二十六年（七三八）に開元寺と開元観を設置しており[24]、この制は隋から唐代前半期にかけて繰り返し行われたことが知られる。

では、その州の数はどれくらいであったのかというと、『旧唐書』巻三八、地理志一には、太宗期における州の数について、「貞観元年、悉く併省せしむ。始めて山河の形便に於いて、分かちて十道と為す。……十三年、簿を定むるに至りて、凡そ州府三百五十八、県一千五百五十一なり。十四年、高昌を平らぐるに至りて、又た二州六県を増す（貞観元年、悉令併省。始於山河形便、分為十道。……至十三年定簿、凡州府三百五十八、県一千五百五十一。至十四年平高昌、又増二州六県）」と述べ、貞観十三年（六三九）の時点では計三百五十八州、翌十四年には計三百六十州を数えたと伝えている。

また、日本に伝わる間接史料ではあるが、淡海三船による『唐大和上東征伝』（宝亀十年〈七七九〉撰）には「昔光州の道岸律師、命世挺生にして、天下四百餘州、以て受戒の主と為す（昔光州道岸律師、命世挺生、天下四百餘州、以為受戒之主）」とあり、中宗期に重んじられた道岸律師(25)の時代の州の数を四百余と伝えている。

一方、玄宗の勅撰により開元十年（七二二）から開元二十六年（七三八）にかけて編纂された『唐六典』巻三、戸部郎中員外郎条には、「凡そ天下の州府三百一十有五、而して羈縻の州、蓋し八百なり（凡天下之州府三百一十有五、而羈縻之州、蓋八百焉）」とあり、州の数を三百十五州と記している。また『新唐書』巻三七、地理志一には「開元二十八年の戸部の帳に、凡そ郡府三百二十有八、県千五百七十三、戸八百四十一万二千八百七十一、口四千八百一十四万三千六百九、応に受《さず》くべき田一千四百四十万三千八百六十二頃とあり（開元二十八年戸部帳、凡郡府三百二十有八、県千五百七十三、戸八百四十一万二千八百七十一、口四千八百一十四万三千六百九、応受田一千四百四十万三千八百六十二頃）」として、開元二十八年（七四〇）の州（ここでは郡と記す）の数を三百二十八と伝えている(26)。さらに『資治通鑑』巻二一五、天宝元年（七四二）正月壬子条には、「是の時、天下声教被う所の州三百三十一、羈縻の州八百なり（是時、天下声教所被之州三百三十一、羈縻之州八百）」とあり、天宝元年には計三百三十一州に増えていたことを記している。

以上から、時期により増減があるものの、唐代前半期における州の数は概ね三百余であり、多い時には四百余に及んでいたことが分かる。高宗期や武周期の州の数については文献上の記録がなく明確にはしがたいが、その前後の貞観十四年が三百六十州で中宗期が四百余州とみられることからすれば、およその中間辺りの数字であったのではないかということが推測される。ならば『円珍伝』の、則天皇后が造らせた刺繡製の西方浄土変の「四百副」

という数は、この諸州官寺に頒布することを意図していたものと考えてよいのではないだろうか。

この『円珍伝』にいう「則天皇后縫繡四百副之内極楽浄土変一鋪」は、高宗期の可能性と武周期の可能性とが考えられる。高宗期の諸州官寺の名は伝わっていないが、武周期に諸州に置かれた官寺は大雲寺（大雲経寺）であった。そのいずれであるかは定かでないが、先の四百副の縫繡西方浄土変は、恐らくこれらの諸州官寺に頒かれたものであり、宮廷の仏教施設たる内道場は、それに類するものとして頒布の対象とされ、そのうちの一鋪が所有されていたのであろう。

諸州官寺に関する従来の研究(27)では、仏教による治国策としての側面が強調され、日本の国分寺・国分尼寺制の先蹤としての位置づけや、また隋文帝や唐玄宗にみられる皇帝等身像の頒布など皇帝権との関係が論じられるのみで、仏教美術一般における関与については指摘されてこなかった(28)。しかしながら、綴織當麻曼荼羅の作品としての特徴や『円珍伝』の記事からは、諸州官寺という統一王朝下における仏教政策のもと、刺繡や綴織による西方浄土変が標準作《スタンダード》として宮廷工房で制作され、全国に頒布されていた可能性がみえてくる。さらにいえば、このようにして宮廷が制作・頒布する作例は必ずしも西方浄土変に限られたわけではなく、恐らくは仏教美術の他の作品のなかにもまた、同じような経路で中央から各地に送られていたものがあったのではないかと推測される。

四　長安宮廷写経と諸州官寺制

隋から唐代前半期にかけて敷かれていた諸州官寺制が、宮廷工房によって制作された仏教美術の標準作を全国に流布するシステムとして機能していた可能性を考えるにあたって、参考になる遺物が敦煌莫高窟の蔵経洞から発見

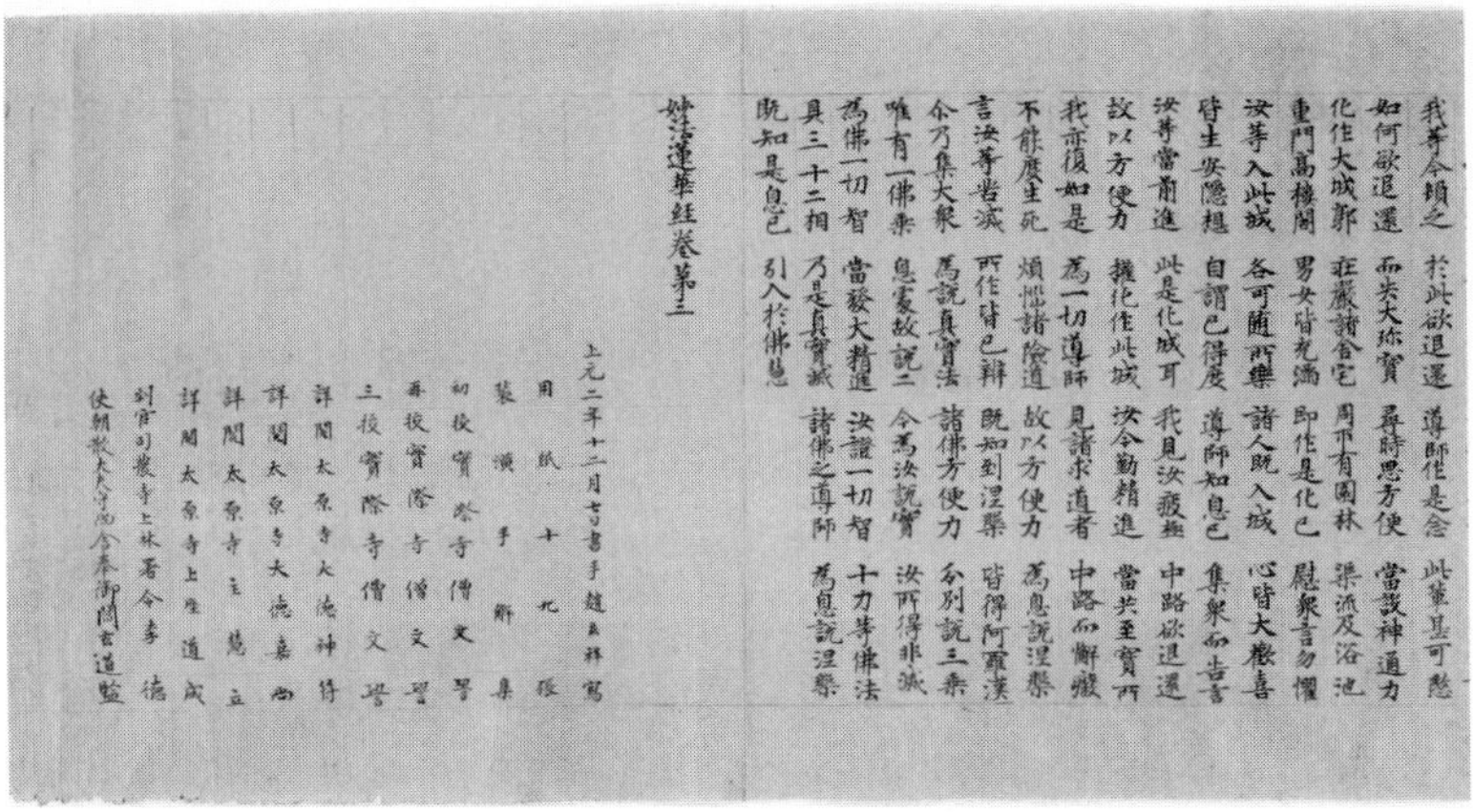
我等今頓乏　於此欲退還　導師作是念　此輩甚可愍
如何欲退還　而失大珍寶　尋時思方便　當設神通力
化作大城郭　莊嚴諸舍宅　周帀有園林　渠流及浴池
重門高樓閣　男女皆充滿　即作是化已　慰衆言勿懼
汝等入此城　各可隨所樂　諸人既入城　心皆大歡喜
皆生安隱想　自謂已得度　導師知息已　集衆而告言
汝等當前進　此是化城耳　我見汝疲極　中路欲退還
故以方便力　權化作此城　汝今勤精進　當共至寶所
我亦復如是　爲一切導師　見諸求道者　中路而懈廢
不能度生死　煩惱諸險道　故以方便力　爲息説涅槃
言汝等苦滅　所作皆已辦　既知到涅槃　皆得阿羅漢
尒乃集大衆　爲説眞實法　諸佛方便力　分別説三乘
唯有一佛乘　息處故説二　今爲汝説實　汝所得非滅
爲佛一切智　當發大精進　汝證一切智　十力等佛法
具三十二相　乃是眞實滅　諸佛之導師　爲息説涅槃
既知是息已　引入於佛慧
妙法蓮華經卷第三
上元二年十二月廿日書手趙玄祥寫
用紙十九張
裝潢手解集
初校實際寺僧文智
再校實際寺僧文智
三校實際寺僧文智
詳閱太原寺大德神符
詳閱太原寺大德嘉尚
詳閱太原寺主慧立
詳閱太原寺上座道成
判官司農寺上林署令李德
使朝散大夫守尚舍奉御閻玄道監

図6　『妙法蓮華経』巻三　京都国立博物館所蔵

されている。

藤枝晃氏は、厖大な数の敦煌文献のなかから、唐代初期に長安の宮廷において写されたと目される経典の存在があることに初めて注目され、それらの特徴を整理し「長安宮廷写経」と名付けられた[29]（図6）。すなわち藤枝氏の研究によれば、それらはいずれも『妙法蓮華経』と『金剛般若波羅蜜経』であり、上質の麻紙に、見事な筆跡で丁寧に書写されており、末尾にきわめて長文の識語を伴うという特徴を有しているという。さらに識語からは、それらがいずれも高宗の咸亨二年（六七一）から儀鳳二年（六七七）の間に書写されたものであること、宮廷の写経組織が筆写し、化度寺や西明寺など長安の大寺の高僧が校閲・校正を担当していることが分かる。そこで藤枝氏は、これら敦煌発現の「長安宮廷写経」は「テキストの乱れを統一するために、高僧の校定になるテキストを政府が一流の写字生たちに筆写せしめて全国に頒布したものの一部である」として、その性格を看破された。

藤枝氏はまた「印刷術がまだなかった当時では、各地の官寺の経蔵は、当然、こうした宮廷写経、乃至はそれを手本にして写した経が収められていたのであろう」とも指摘しておられる[30]。すなわち、ごく簡単な言及ではあるが、藤枝氏は長安で作成された宮廷写本が敦煌で発

表1　敦煌僧尼籍にみえる僧寺別僧数一覧

写本番号	S二七二九V	S五六七七V	S二六一四	P二二五〇V
資料名称	辰年牌子暦	僧尼数覚書	僧尼籍	布支給簿
年代	七八八	八〇〇頃	八九五頃	九二五頃
龍興寺	**28**	**23**	**50**	**60**
乾元寺	19		27	42
開元寺	**10**	**21**	**48**	**38**
永安寺	11	17		38
金光明寺	16	26		62
霊図寺	17	37		
顕徳寺				
乾明寺				
三界寺			22	
浄土寺			22	
蓮台寺	10	10	27	
報恩寺	9	31	47	
大雲寺	**16**	**15**	**32**	
宕泉		19		
窟		19		

（注）藤枝晃「敦煌の僧尼籍」（『東方学報（京都）』二九、一九五九年三月）表七をもとに作成。ただし、尼寺に関する部分および諸州官寺に関係しない資料については省略した。

見されたことに関して、官寺の介在を指摘しておられるのであるが、諸州官寺制との関係については注目しておられない。しかし、このいわゆる「長安宮廷写経」なる一群の写経の存在は、当時敷かれていた諸州官寺制を想定して初めて、構造的な理解が可能となるのではなかろうか。藤枝氏が指摘された「長安宮廷写経」がいずれも、諸州に官寺が設置されていた高宗期のものであることも、この推測を裏付ける[31]。

敦煌、すなわちかつての沙州にも、当然のことながら、諸州官寺制のもと、他州と同一名称の官寺が置かれていた。**表1**は、藤枝氏が中唐吐蕃期の敦煌における僧尼籍について、敦煌文献をもとに調べられた結果をまとめたものである[32]。そこから見て取れるように、敦煌では中唐吐蕃期にいたってもなお、武周期の大雲寺、中宗期の龍興寺、玄宗期の開元寺という、唐代前半期に置かれた官寺が存立していたことが知られる。また、第一四八窟[33]などの石窟内に記された供養人題記のなかにも、これら大雲寺や龍興寺、開元寺の名をみることができる。

無論、官寺という存在自体は、この時期に限らずともいくつも例を挙げることができる。しかしながら、天下諸州に同一名称を冠した官寺を置くという制は、隋から唐代前半期に限られた特異なものであり、同じ官寺とはいえ、個別の名称をもつ一般的な単立官寺とは区別して考える必要があろう。つまり、同一の寺名という点に端的にあらわれているように、これは統一的かつ中央集権的な制度であり、同一名称を掲げた各州の官寺は、中央の出先機関としての機能と役割を有していたのではないかと考えられる。したがって、武周期なら大雲寺、中宗期なら龍興寺、玄宗期なら開元寺が、中央と各地方とを結ぶ仏教の公的ネットワークとして機能していたのであろう。蔵経洞発現の「長安宮廷写経」は、この諸州官寺制のネットワークを通じて中央から各州の官寺に送られた仏典の標準テキストであったと考えられるのである。

敦煌文献の仏教経典の由来について、栄新江氏は敦煌研究院所蔵〇三四五号「三界寺見一切入蔵経目録」に、「長興伍年、歳次甲午六月十五日、弟子三界寺の比丘道真、乃ち当寺蔵内の経論部の不全なるを見、遂に乃ち虔誠を啓顙し、弘願を誓発し、謹みて諸家の函蔵に於いて、古壊の経文を尋訪し、収めて寺に入れ、頭尾を修補し、世に流伝し、玄門を光飾し、万代千秋、永く供養に充つ（長興伍年、歳次甲午六月十五日、弟子三界寺比丘道真、乃見当寺蔵内経論部不全、遂乃啓顙虔誠、誓発弘願、謹於諸家函蔵、尋訪古壊経文、収入寺、修補頭尾、流伝於世、光飾玄門、万代千秋、永充供養）」とあることに注目し、敦煌文献はもと三界寺の蔵経であり、その三界寺の蔵経は敦煌地域の諸寺院の蔵経から「古壊経文」を集めて構成されたものであったと考察しておられる(34)。この三界寺僧の道真が他寺の損壊した古写経を集め修復していたという記述は、「長安宮廷写経」が蔵経洞で発見された理由を考えるうえでも示唆に富む。なぜなら、仏典の標準テキストは本来、沙州城内の官寺に向けて中央から頒布されて

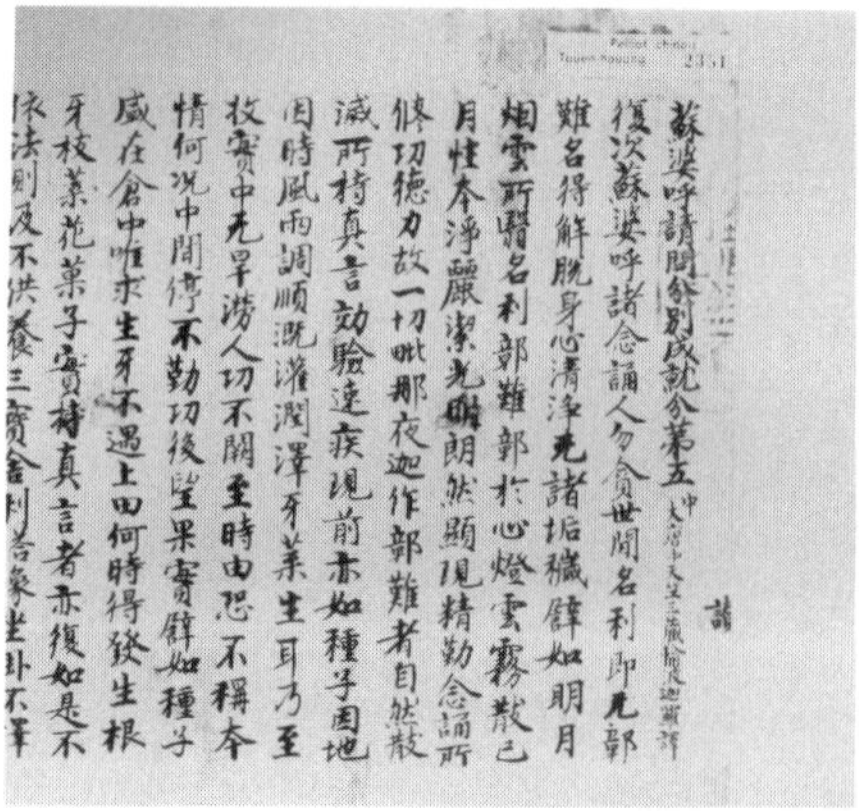

図 7 -(1)　「大蔵経開元寺」印　P.2351

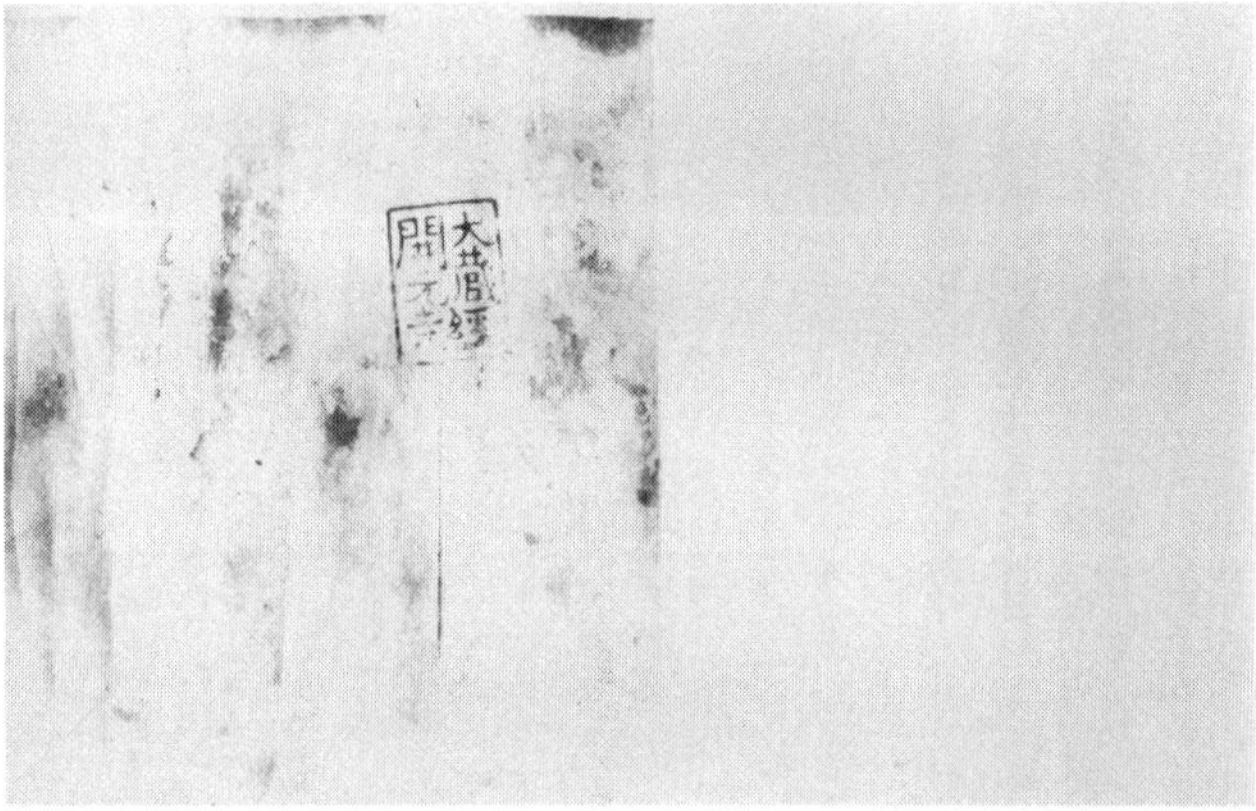

図 7 -(2)
「大蔵経開元寺」印
P.2351V

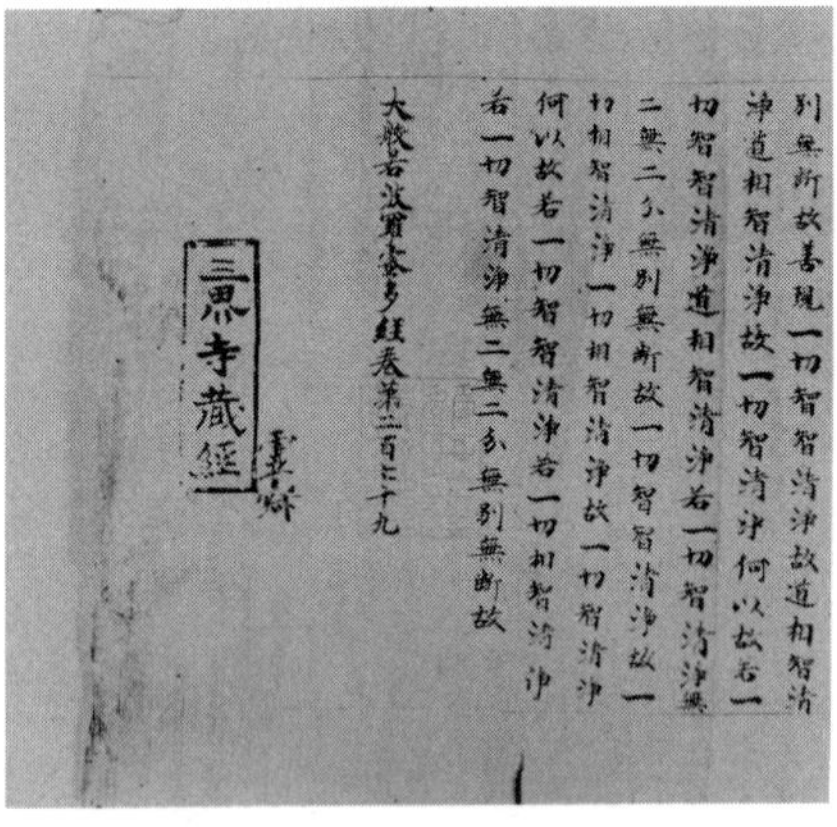

図 7 -(3)　「龍興寺蔵経印」Φ159

いたものと考えられるが、損壊等の理由により他寺に移蔵される場合のあったことを、先の記述は示しているからである。これはまた、敦煌文献のなかに、「大蔵経開元寺」の印が押されたもの（P二三五一）や「龍興寺蔵経印」（Φ九・Φ二三・Φ一五九）が含まれることからも推測される（図7）。このようにして、諸州官寺制により中央から沙州官寺に送られた「長安宮廷写経」は、やがて蔵経洞に集められ封閉されたものと考えられる[35]。

諸州官寺制は、隋の文帝に始まり、それが唐代前半期に継承された制度であった。ここで、その先蹤となった隋文帝に関する、『隋書』巻三五、経籍志四の次の記述に注目したい。

開皇元年、高祖普く天下に詔し、出家するを任聴《ゆる》し、仍りて口を計り銭を出だし、経像を営造せしむ。而して京師及び幷州・相州・洛州等の諸もろの大都邑の処、並びに官もて一切経を写さしめ、寺内に置く。而して又た別に写し、秘閣に蔵めしむ。天下の人、風に従いて靡き、競いて相い景慕す。

（開皇元年、高祖普詔天下、任聴出家、仍令計口出銭、営造経像。而京師及幷州・相州・洛州等諸大都邑之処、並官写一切経、置于寺内。而又別写、蔵于秘閣。天下之人、従風而靡、競相景慕。）

すなわち、開皇元年に文帝は、長安および太原や洛陽などの大都市の寺に「官写一切経」を置き、秘閣にも蔵したという。この「官写一切経」の〝官写経〟とは、藤枝氏のいわゆる「宮廷写経」と同義と解してよいであろう。とすると、初唐期の「長安宮廷写経」は、隋文帝による〝官写経〟を倣ったものとみることができよう。経典の標準テキストは、中央集権的な仏教施策における重要な柱の一つであったはずである。唐代の諸州官寺制は、その意味でも、隋文帝の仏教政策を継承しているといえるであろう。

いわゆる「長安宮廷写経」は、宮廷の写経組織が筆写を担当し、大寺の高僧が校閲・校正を行っていた。翻って、綴織當麻曼荼羅は、現存作例中でもずば抜けて正確な図相を誇る。つまり画工だけで下絵を制作したとは考えられず、経典に通暁した僧侶の関与がなければ、あれほど厳密に教理に適った図相を作り上げることはできない。これについて参照されるのは、時代はやや下るが『円珍伝』に、「兼ねて供奉画工刁慶等を召し、龍興寺に於いて今上御願の大曼荼羅像を図絵せしむ。青龍伝法和尚、始終検校し、僧円覚、専ら勾当し、国の為に力を竭くす（兼召供奉画工刁慶等、於龍興寺図絵今上御願大曼荼羅像。青龍伝法和尚始終検校、僧円覚専勾当、為国竭力）」とあり、円珍が入唐中に画工を雇い、曼荼羅像を写させた際、青龍寺の伝法和尚が「始終検校」したという記載である。これは、仏画などを制作ないし模写する際に、教理的正確さを担保するために僧侶が立ち会いチェックする場合のあったことを伝えている。この場合は、求法を志して唐に渡った円珍が、日本に正確な曼荼羅像を持ち帰ることを意図していたがために、図像的かつ教理的正確さを担保する目的でとくに依頼したものであろう。同じように、正確な図を制作するときには、僧侶が作図に立ち会ったと考えられるのであり、際立った図像的正確性を有する綴織當麻曼荼羅の下図もまた、信頼に足る僧侶が検校を行っていたと考えられる。

つまり、綴織當麻曼荼羅は、しかるべき大寺の高僧による図相の検校を経た下図を用いて、宮廷の錦織組織が織成したと考えられる。したがって、文字による経典と織成による絵画的作品という違いこそあれ、宮廷（官）と僧との協同によるという点、さらに諸州官寺制のもとで生み出され天下諸州に頒布されたと考えられる点で、宮廷写経と綴織當麻曼荼羅とはきわめて類似の関係にあるといえよう。

五　宮廷の錦織工房

最後に、綴織當麻曼荼羅を制作したと目される宮廷の錦織工房について、とくに仏教美術との関係においてみておきたい。

隋代、宮廷の錦織工房が仏教美術の作品を制作していたことを伝える興味深い記事が『辯正論』巻三にみられる。(36)

開皇の初め自り、仁寿の末に終わるまで、度する所の僧尼二十三万人、海内の諸寺三千七百九十二所、凡そ経論を写すこと四十六蔵、一十三万二千八十六巻、故経を修治すること三千八百五十三部、金銅・檀香・夾紵・牙石像等を造ること、大小一十万六千五百八十軀、故像を修治すること一百五十万八千九百四十許軀、宮内、常に刺繡・織成像及び画像・五色珠旛・五彩画旛等を造ること、称げて計うべからず。二十四年の営造功徳、弘揚すれども紀すこと能わず、隷首以て知る無し。

（自開皇之初、終於仁寿之末、所度僧尼二十三万人、海内諸寺三千七百九十二所、凡写経論四十六蔵、一十三万二千八十六巻、修治故経三千八百五十三部、造金銅・檀香・夾紵・牙石像等、大小一十万六千五百八十軀、修治故像一百五十万八千九百四十許軀、宮内常造刺繡・織成像及画像・五色珠旛・五彩画旛等不可称計。二十四年営造功徳、弘揚莫能紀、隷首無以知。）

すなわち、ここでは隋の文帝が即位後から仁寿末年にいたるまでに行った数々の仏教興隆事業の総計を分野ごとに列挙している。注目されるのは、「宮内において常に、刺繡・織成像および画像・五色の珠旛や五彩の画旛等を数え切れないほど造った」とある点である。ここにいう「刺繡・織成像」が、刺繡や綴織によって仏菩薩の姿や浄土世界の場景をあらわしたものであったことは、贅言を尽くすまでもない。「宮内」とあるのは、宮廷工房を指すのであろう。仏教美術研究において、これまで注視されてこなかったが、この短い記載は、隋の文帝期に宮廷工房において刺繡像や織成像といった手間のかかる豪奢な仏画的工芸作品や仏画が制作されていたことを伝えるもので、きわめて重要である。そして、文帝は前後約四百年に及ぶ分裂期に終止符を打ち中国全土を統一し、仏教を統一王朝の精神的支柱として中央集権的政策を次々と打ち出していたことを考えれば、これら宮廷工房で制作された仏教絵画作品や荘厳具が、宮廷内のみで使用されたとは考えにくく、恐らくは諸州に置かれた官寺にも頒かたれていたものと想像される。

これについては「大隋河東郡首山栖巌道場舎利塔之碑」（『金石続編』巻三、隋所収）に、「乃ち匠人を召し、等身の像を鋳せしめ、并びに僊尼を図きて帝側に置かしむ。是を用て三宝を紹隆し、諸れを四方に頒ち、率土の上をして皆な日角を瞻せしめ、普天の下、咸な龍顔を識らしめんと欲す（乃召匠人、鋳等身像、幷図僊尼置于帝側。是用紹隆三宝、頒諸四方、欲令率土之上、皆瞻日角、普天之下、咸識龍顔）」とあり、文帝の等身銅像と、彼の育ての親である智僊尼（智遷尼）の画像とを全国（四方）に頒布したと記されていることも参照される。[37] その際、直接の頒布先となったのはやはり官寺であったはずであろう。同様にして、宮廷内で制作された繡仏・織成像・仏画も、全国各地に頒布されたと考えられるのである。

では、繡仏や織成像を造っていた宮廷工房とは、どこであったのか。

佐藤武敏氏は、唐代における絹織物の宮廷工房を⑴尚功局、⑵少府監織染署、⑶掖庭局に分けている。[38] まず、女官六尚の一つである⑴尚功局は、『唐六典』巻一二に「尚功は女工の程課を掌り、司製・司珍・司綵・司計の四司の官属を総ぶ。司製は衣服・裁製・縫線の事を掌る。司珍は金玉・宝貨の事を掌る。司綵は綵物・繒錦・絲枲の事を掌る。司計は衣服・飲食・薪炭を支度するの事を掌る（尚功掌女工之程課、総司製・司珍・司綵・司計四司之官属。司製掌衣服・裁製・縫線之事。司珍掌金玉・宝貨之事。司綵掌綵物・繒錦・絲枲之事。司計掌支度衣服・飲食・薪炭之事）」とあり、[39] そのうちの「司製」は衣服の縫製を、「司綵」は絹織物および絹や麻の糸繰を所轄していたという。また、⑶掖庭局は内侍省に属し、同じく『唐六典』巻一二に「掖庭局令は宮禁女工の事を掌る。凡そ宮人の名籍、其の除附を司り、功桑養蠶、其の課業を会す（掖庭局令掌宮禁女工之事。凡宮人名籍、司其除附、功桑養蠶、会其課業）」とあり、宮人の簿帳を管理するとともに、彼女らに桑の栽培と養蚕を職務として課したという。(40)掖庭局については、さらに『新唐書』巻四七、百官志二に「婦人の罪を以て配没し、工縫に巧なる者は之を隷す（婦人以罪配没、工縫巧者隷之）(41)」とあるから、ここでは養蚕だけでなく絹糸の生産や縫製なども行っていたと考えられる。しかし、問題となる繍仏や織成像の制作に関わった可能性が最も高いと思われる宮廷工房は、次にみる(2)少府監であろう。(42)少府監については、『唐六典』巻二二に、

少府監。監一人、従三品。少監二人、従四品下。少府監の職、百工伎巧の政令を掌り、中尚・左尚・右尚・織染・掌冶の五署の官属を総べ、其の功徒を庀《おさ》め、其の繕作を謹《つと》む。少監、之の弐と為す。凡そ天子の服御、百官の儀制、備物を展采し、其の属を率いて以て供す。

（少府監。監一人、従三品。少監二人、従四品下。少府監之職、掌百工伎巧之政令、総中尚・左尚・右尚・織染・掌冶五署之官属、庀其功徒、謹其繕作。少監為之弐。凡天子之服御、百官之儀制、展采備物、率其属以供焉。）

とあり、天子の衣服や車馬、また百官の礼式制度に関わる品々の供給を一手に担っていたことが分かる。『旧唐書』巻四四、職官志三、少府監条には、

監の職、百工伎巧を供する事を掌り、中尚・左尚・右尚・織染・掌冶の五署の官属を総ぶ。……織染署。令一人、正八品上。丞二人、正九品上。監作六人、従九品下。典事十一人、掌固五人。織染令、天子・太子・群臣の冠冕を供するを掌り、其の制度を辨じ、而して其の職を供す。丞、之の貳と為す。

（監之職、掌供百工伎巧之事、総中尚・左尚・右尚・織染・掌冶五署之官属。……織染署。令一人、正八品上。

丞二人、正九品上。監作六人、従九品下。典事十一人、掌固五人。織染令、掌供天子・太子・群臣之冠冕、辨其制度、而供其職。丞為之弐。）

とあり、「百工伎巧」の供給を担当する部署であった。また『新唐書』巻四八、百官志三、少府条にも、

監一人、従三品。少監二人、従四品下。百工技巧の政を掌り、中尚・左尚・右尚・織染・掌冶の五署及び諸冶・鋳銭・互市等の監を総ぶ。天子の器御・后妃の服飾及び郊廟の圭玉・百官の儀物を供す。

（監一人、従三品。少監二人、従四品下。掌百工技巧之政、総中尚・左尚・右尚・織染・掌冶五署及諸冶・鋳銭・互市等監。供天子器御・后妃服飾及郊廟圭玉・百官儀物。）

とある。

この少府監が総監していた五署のうち、少府監の織染署については、

織染署。令一人、正八品上。丞二人、正九品上。冠冕・組綬及び織紝・色染を供するを掌る。錦・羅・紗・縠・綾・紬・絁・絹・布、皆な広さ尺有八寸とし、四丈を匹と為す。布、五丈を端と為し、綿、六両を屯と為し、絲、五両を絇と為し、麻、三斤を綟と為す。凡そ綾錦の文織、外に示すを禁ず。高品一人専ら之に莅《のぞ》み、歳ごとに用度及び織る所を奏す。掖庭、錦を経《お》る毎に、則ち酒・羊を給う。七月七日、杼を祭る。監作六人。

（織染署。令一人、正八品上。丞二人、正九品上。掌供冠冕・組綬及織紝・色染。錦・羅・紗・縠・綾・紬・絁・絹・布、皆広尺有八寸、四丈為匹。布五丈為端、綿六両為屯、絲五両為絇、麻三斤為綟。凡綾錦文織、禁示於外。高品一人専莅之、歳奏用度及所織。毎掖庭経錦、則給酒・羊。七月七日、祭杼。監作六人。）

とあり、錦や羅などの織物や、その原料となる綿（真綿）や絲（絹糸）、麻（麻糸）を生産していたこと、そこで織られる綾錦の文様は宮廷・官府での使用に限定されていたことなどが分かる。ここには綴織や刺繍については触れ

られていないが、少府において織成が造られていたことは、織染令の職掌に含まれる「天子・太子・群臣之冠冕」に関する『唐六典』巻一一から明らかである。すなわち天子の袞冕について、

袞冕、白珠十有二旒を垂れ、組を以て纓と為し、色は其の綬の如くす。黈纊を耳に充て、玉の簪導なり。玄衣、纁裳、十二章なり。八章は衣に在り、日・月・星辰・龍・山・華虫・火・宗彝なり。其の四章は裳に在り、藻・粉米・黼・黻なり。衣褾・領は升龍と為す。皆な織成もて之を為す。龍・山以下、章一行毎に、重ねて以て等と為し、毎行十二なり……。

（袞冕、垂白珠十有二旒、以組為纓、色如其綬、黈纊充耳、玉簪導。玄衣、纁裳、十二章。八章在衣、日・月・星辰・龍・山・華虫・火・宗彝。其四章在裳、藻・粉米・黼・黻。衣褾・領為升龍、皆織成為之。龍・山以下、毎章一行、重以為等、毎行十二……。）

とあり、その衣には八章、裳には四章、衣の袖口や領襟には升龍の文様が、いずれも織成つまり綴織によってあらわされていたことが分かる[43]。また皇太子の衣服についても、『旧唐書』巻四五、輿服志に、

袞冕、白珠九旒、組を以て纓と為し、色は其の綬の如くす。青纊を耳に充て、犀の簪導なり。玄衣、纁裳、九章なり。五章は衣に在り、龍・山・華虫・火・宗彝なり。四章は裳に在り、藻・粉米・黼・黻なり。織成もて之を為す。

（袞冕、白珠九旒、以組為纓、色如其綬。青纊充耳、犀簪導[44]。玄衣、纁裳、九章。五章在衣、龍・山・華虫・火・宗彝。四章在裳、藻・粉米・黼・黻。織成為之。）

とあり、衣の五章と裳の四章が天子の場合と同様に、綴織であらわされていた。一方、侍臣の場合は、

袞冕、青珠九旒を垂れ、組を以て纓と為し、色は其の綬の如くす。以下の旒・纓は皆な之の如きなり。青纊を耳に充て、簪導なり[44]。青衣、纁裳、九章を服す。五章は衣に在り、龍・山・華虫・火・宗彝にして五等を為す。四章は裳に在り、藻・粉米・黼・黻なり。皆な絳もて繡を為すこと、衣に偏くするのみ。下は皆な之の如し。

（衮冕、垂青珠九旒、以組為纓、色如其綬。以下旒・纓皆如之也。青纊充耳、簪導。青衣、纁裳、服九章。五章在衣、龍・山・華虫・火・宗彝、為五等。四章在裳、藻・粉米・黼・黻。皆絳為繡、偏衣而已。下皆如之。）

とあり、衣の五章と裳の四章は刺繡であらわされていた。したがって、織染署では錦や羅、綾などとともに、刺繡や綴織も大量に生産されていたことが知られると同時に、綴織が最高ランクに位置づけられていたことが分かる。綴織が最高ランクの織物とみなされていたことは、『旧唐書』輿服志に、皇后の祭服たる「褘衣」について「其衣以深青織成為之」とし、皇太子妃の祭服「褕翟」もまた「青織成為之」とあることからも読み取れる。少府監が天子・太子・群臣以外の衣装類の制作にも関わっていたことは、有名な安楽公主の百毛裙が尚方監すなわち少府監の作であったという事実から明らかである。(45)

　少府監が抱えていた工匠の数は、『唐六典』巻七、工部郎中員外郎条に次のように記されている。

　少府監の匠一万九千八百五十人、将作監の匠一万五千人は、諸州より散出し、皆な材力強壮・伎能工巧なる者を取り、巧を隠し拙を補い、重を避け軽を就くを得ざれ。其れ駆役尽くさず及び別に和雇有る者《とき》は、資市の軽貨を徴し、少府・将作監に納めよ。其れ巧手にして内に供する者は、納資するを得ず、闕有れば則ち先ず工巧業作の子弟を補え。一たび工匠に入りて後は、別に諸色に入るを得ず。其れ鋳匠を和雇し名有りて鋳を解く者《とき》は、則ち正功を補え。凡そ功程を計る者《とき》は、夏三月と秋七月を長功と為し、冬三月と春正月を短功と為し、春の二月・三月、秋の八月・九月を中功と為す。其の役功は則ち戸部式に依れ。

（少府監匠一万九千八百五十人、将作監匠一万五千人、散出諸州、皆取材力強壮・伎能工巧者、不得隠巧補拙、避重就軽。其駆役不尽及別有和雇者、徴資市軽貨、納于少府・将作監。其巧手供内者、不得納資、有闕則先補工巧業作之子弟。一入工匠後、不得別入諸色。其和雇鋳匠有名解鋳者、則補正功。凡計功程者、夏三月与秋七月為長功、冬三月与春正月為短功、春之二月・三月、秋之八月・九月為中功。其役功則依戸部式。）

すなわち少府監では一九八五〇人もの大量の工人を抱えていたこと、さらに諸州から技能に巧みな者を漏れなく探し出し、それらの任務に就かせていたこと、そのなかでも特に技能が高い場合は宮中の用に供奉していたことなどが分かる。(46) また先にも挙げた『新唐書』巻四八、百官志三、少府条には、

監一人、従三品。少監二人、従四品下。百工技巧の政を掌り、中尚・左尚・右尚・織染・掌冶の五署及び諸冶・鋳銭・互市等の監を総ぶ。天子の器御・后妃の服飾及び郊廟の圭玉・百官の儀物を供す。凡そ武庫袍襦は、皆な其の軽重を識《し》り乃ち之を蔵し、冬至・元日以て衛士に給す。諸州、牛皮角を市《か》い以て用に供し、牧畜の角・筋・脳・革は悉く輸す。鈿鏤の工は、教うるに四年を以てし、車路・楽器の工は、三年、平漫・刀矟の工は、二年、矢・鏃・竹・漆・屈柳の工は半なり。冠冕・弁幘の工は、九月なり。作を教うる者《とき》は家技を伝え、四季に令・丞を以て之を試し、歳終に監を以て之を試し、皆な物に工名を勒す。丞六人、従六品下、判監の事を掌る。五署の須《もち》うる所の金石・歯革・羽毛・竹木を給し、入る所の物は各おの名数・州土を以て籍と為す。工役の衆寡・難易に等差有り、而して其の労逸を均《なら》す。主簿二人、従七品下。録事二人、従九品上。〔武徳の初め、監を廃し、諸署を以て太府寺に隷《つ》かしむ。貞観元年復置す。龍朔二年改め内府監と曰い、武后の垂拱元年尚方監と曰う。府に二十七人、史十七人、計史三人、亭長八人、掌固六人有り。短蕃匠五千二十九人、綾錦坊の巧児三百六十五人、内作使の綾匠八十三人、掖庭の綾匠百五十人、内作の巧児四十二人、京都の諸司・諸使に配せる雑匠百二十五人なり。〕

（監一人、従三品。少監二人、従四品下。掌百工技巧之政、総中尚・左尚・右尚・織染・掌冶五署及諸冶・鋳銭・互市等監。供天子器御・后妃服飾及郊廟圭玉・百官儀物。凡武庫袍襦、皆識其軽重乃蔵之、冬至・元日以

給衛士。諸州市牛皮角以供用、牧畜角・筋・脳・革悉輸焉。鈿鏤之工、教以四年、車路・楽器之工、三年、平漫・刀矟之工、二年、矢・鏃・竹・漆・屈柳之工半焉。冠冕弁幘之工、九月。教作者伝家技、四季以令・丞試之、歳終以監試之、皆物勒工名。丞六人、従六品下、掌判監事。給五署所須金石・歯革・羽毛・竹木、所入之物、各以名数・州土為籍。工役衆寡・難易有等差、而均其労逸。主簿二人、従七品下。録事二人、従九品上。〔武徳初、廃監、以諸署隷太府寺。貞観元年復置。龍朔二年改曰内府監、武后垂拱元年曰尚方監。有府二十七人、史十七人、計史三人、亭長八人、掌固六人。短蕃匠五千二十九人、綾錦坊巧児三百六十五人、内作使綾匠八十三人、掖庭綾匠百五十人、内作巧児四十二人、配京都諸司・諸使雑匠百二十五人。〕

とあり、いつの時点での数字かは不明ながら、唐代のある時期、少府監には「短蕃匠五千二十九人、綾錦坊の巧児三百六十五人、内作使の綾匠八十三人、掖庭の綾匠百五十人、内作の巧児四十二人、京都の諸司・諸使に配せる雑匠百二十五人」もの工人を擁していたことが記されている。「短蕃匠」とは、『旧唐書』巻四四、職官志三、都水監条に、「河渠署……長上漁師十人、短番漁師一百二十人、明資漁師一百二十人」とある「短番」と同じで、短期間の労務従事を指すとみられ、先の『唐六典』巻七、工部郎中員外郎条にある「冬三月与春正月為短功」に当たるかと考えられる。

したがって、高級絹織物を織る宮廷工房は少府監に限らず、先にみた尚功局や掖廷局など複数箇所あったとみられるものの、当時の技術の粋を極めた最高級品の生産を担っていた部局は、宮廷に供奉する官府工房としての少府監であったとみてまず問題なかろう。そして綴織當麻曼荼羅もまた、この少府監で制作された蓋然性が高い。

京都・川島織物（名称・当時）の織工として実際の織にも携わってこられた太田氏をして、熟練した良工が数人以上従事しても十年近い年月を要すると推定せしめた綴織當麻曼荼羅であるが、唐代前半期の豊かな財政基盤を背景とし、選りすぐりの工人を多数抱えた宮廷工房であったればこそ、三百余州ときに四百余州に頒布するだけの十分な数を優に生産することができたのであろう。

綴織當麻曼荼羅は、唐帝国における中央から地方への統一的仏教施策のもとで、宮廷工房で生み出されたものの一つであり、さらにそれが唐帝国の天下秩序のもと、蕃夷たる日本に齎されたものであると考えられる。したがって綴織當麻曼荼羅は、唐代仏教美術において宮廷および諸州官寺が果たした役割を物語る貴重な遺例であると同時に、唐代の帝国的秩序との関係からみても、きわめて興味深い実物遺産であるといえよう。

おわりに

本章で考察してきたところをまとめると、以下のようになろう。

・綴織當麻曼荼羅の銘文は、日本に齎された後に記された可能性が高く、銘文の年紀を根拠に日本製とみなすことはできない。

・綴織當麻曼荼羅は、技術的にみて唐製と考えられる。

・綴織當麻曼荼羅にみられる特徴（正確な下図、高度な技術、金糸の使用、大規模組織を必要とする）から、唐の宮廷工房の作である可能性がきわめて高い。

・敦煌文書に残る「長安宮廷写経」は、初唐期において宮廷が標準テキストを作成し、諸州官寺制を通じて全国に頒布していたことを物語る遺品と考えられる。

・経典だけでなく、繡仏や織成仏などの仏画的工芸作品もまた、当時の仏教美術における標準作として宮廷工房で制作され、諸州官寺に頒かたれていたことが推測される。
・諸州官寺制のもとで宮廷において制作された遺品の一つが、綴織當麻曼荼羅であると考えられる。
・綴織當麻曼荼羅を制作した宮廷工房は、少府監であった可能性が高い。

唐代宮廷工房の作とみられる綴織當麻曼荼羅が、なぜ、いつ、いかにして日本に齎されたのか。そのことが有する意味とは何か。本章での考察の結果から導き出される、これらの問題については、次章において考察を加えることとしたい。

注

（1）国宝指定において「奈良時代」の作とされていることから明らかなように、綴織當麻曼荼羅の制作を日本の奈良時代とするのが一般的である（文化庁監修『国宝7　工芸品Ⅱ』毎日新聞社、一九八四年など）。一方、太田英蔵氏は主に技術的側面から、中国唐時代説を提唱しておられる。太田英蔵「綴織当麻曼荼羅について」（文化財保護委員会編『国宝綴織当麻曼荼羅』便利堂、一九六三年。のち『太田英蔵染織史著作集』上巻、便利堂、一九八六年に再録）。

（2）拙稿「綴織当麻曼荼羅考――図様解釈および制作地と制作年代について――」（『仏教芸術』二八〇、二〇〇五年五月。拙著『西方浄土変の研究』中央公論美術出版、二〇〇七年に再録）。

（3）本章に関しては、前掲注（2）拙稿もあわせて参照されたい。

（4）この銘文の全文は、二十一行四百三十字の「縁起」として『當麻曼陀羅注』巻三（佛教大学附属図書館所蔵、寛文七年〈一六六七〉本、巻三、第十三葉表～第三十四葉表、『大日本仏教全書』六三、三九～五一頁、『西山全書』二、三九～五一頁）に収められている。ただし、この「織付縁起」に関しては、文中の「曼陀羅」（初行・五行）

「局」（二行・十七行）がいずれも平安時代に出てくる用語であり、また初行に「孝謙天皇政」とあるが、天平宝字七年は淳仁天皇の治世に当たっており、史実と合わないことから、後世の手が加わっていることは明らかであると指摘されている（元興寺文化財研究所編『日本浄土曼荼羅の研究』中央公論美術出版、一九八七年、六八〜六九頁）。なお同書では、左に挙げる縁起本文に加え、各行に関する注を記しているが、ここでは省略する。また『當麻曼陀羅注』は証空（一一七七〜一二四七）撰と伝えられるが、室町時代まで撰述年代が下るとの見解もある。河原由雄「綴織当麻曼荼羅図」（『大和古寺大観　第二巻　当麻寺』岩波書店、一九七八年）注一四。

『當麻曼陀羅注』巻三所収「織付縁起」（各行の後に記された注および送り仮名や振り仮名、返り点は省略した。括弧内は寛文七年本の用字を示す）

初行云　今此大曼陀羅者。人王四十六代帝。孝謙天皇政也。
二行　依中将局願。織変繪図顕荘厳。是則厭離穢悪境界。
三行　求願西方極楽世界。因茲道心堅固一食長斎。天平
四行　宝字七年六月十五日。無著世間。参籠此寺。但有浄
五行　土経書写願。自去寅年夏六月。時時来此場称弥陀。
六行　行住坐臥。偏専敬至。烏呼懸憑二如来之誓約運思。
七行　三菩提之法輪。故尋花色。厭女身。捨金衣。祈無生。於
八行　人間不見貪。落鬚髪。久失天上之雲。志存明潔。依之
九行　禅尼一人。不図来以蓮為糸。寺巽角穿井雖高乾無
十行　水之土。如志願。修得之。成五色。然間同来一人織女。
十一行　執糸寄堂乾角。造織阿弥陀浄土変一鋪。又写称讃
十二行　浄土経一千巻。深頂戴受持。以縷繡百袋入之縦使
十三行　於未来世。雖片端之見聞。於一仏土。為浄業之主伴。
十四行　此変相者。不簡親疎。為憂患者顕之。皆蒙授記。有得

十五行　益之功。今応欲拝生身之願。織観無量寿経曼陀羅。
十六行　初文為序。起悪指掌。善分定散。入末利夫人清浄室。
十七行　説一乗。来韋提希女荘厳宮。教西方。今為中将局願。
十八行　弥陀現亦然。依之冀臨終正念。而傾西夕。見仏早則
十九行　預弥陀如来来迎。必坐（座）九品之榻。願此功徳廻法界。
二十行　利生不限。普及四生傍。共開生九品之志。
廿一行　天平宝字七年星（歳）次癸卯季夏六月廿三日。

（5）『當麻曼陀羅注』巻一には、本図が世に知られるきっかけとなった証空と當麻寺僧の出会いについて、次のように記されている（訓読および録文は寛文七年本に従い、原文の送り仮名や返り点などは省略した）。

爰に當麻寺の僧〔法名見阿〕、齢い八十に餘りて自ら西山に攀じり来たり謁して云わく、大和の国當麻寺は王孫子の建立の場、役行者練行の霊所なり。生身の弥陀、極楽曼陀羅を織り顕すこと有り。是れを観経曼陀羅と名づく。其の相、最も尊し。上人に非ずんば誰か之を開覚すること有らん。相い構えて参詣せしめて之を説き吾れに覚らしめたまえ。吾が齢今幾ならず。其の功徳を聞きて往生せんと欲す、と。予酬えて云わく、必ず参じて拝すべし、と。然るに日を送るに及び其の事を忘れ、参ぜずして空しく過ごしぬ。次の年又た来たりて云わく、吾れ二十四五の昔、本師阿闍梨〔実名は覚仏〕、老耄の後に我に語りて云わく、此の曼陀羅の下の縁の画并びに銘文消えんと欲す。吾れ幼少の古え、之を写し留む。弟子之を得て箱の底に置けり。今文の中従り求め出だし奉る。是れ拝し給うべし。是れ則ち蓮の糸を以て一夜三時の間に織り顕わす所なり。今其の絵并びに縁起の段銘文を将ち来たれり、と云云。予之を拝して随喜し、感涙禁じ難し。而して即ち上足の弟子二十餘人を引率して彼の當麻寺に参詣す。

（爰當麻寺僧法名見阿、齢餘八十、而自攀来西山謁云、大和国當麻寺者王孫子建立之場、役行者練行之霊所也。有生身弥陀織顕極楽曼陀羅。是名観経曼陀羅。其相最尊。非上人誰有開覚之。相構（注：『大日本仏教全書』と『西山全書』ではこの二字を「願」に作る）令参詣而説之令覚吾。吾齢今不幾。欲聞其功徳而往生。予酬云。

必可参而拝。然及送日忘其事、不参空過。次年又来云、吾二十四五之昔、本師阿闍梨実名覚仏、老耄後、語我云、此曼陀羅下縁画幷銘文欲消。吾幼少古、写留之。弟子得之置箱底。今従文中奉求出。是可拝給。是則以蓮糸一夜三時之間所織顕也。今其絵幷縁起段銘文将来云云。予拝之随喜感涙難禁。而即引率上足弟子二十餘人而参詣彼當麻寺。）

すなわち、當麻寺僧の見阿が証空のもとを訪れた際に語ったところによると、八十余歳の見阿が二十四、五歳の時、当時八、九十歳になる本師阿闍梨が綴織當麻曼荼羅の下縁の図と銘文が消えようとしていたことから、かつて幼少の頃に写し取っていたものを授けてくれたのだという。この記述のとおりだとすれば、銘文を含む本図の下縁部は十一世紀初頭には辛うじて判読できたが、十二世紀後半にはすでに消えかかっていたことになる。

（6）藤田經世編『校刊美術史料　寺院篇』上巻（中央公論美術出版、一九七二年）一五八頁。

（7）軸木に「正安四年五月六日図画畢」との銘文が記されていたことにより、制作時期が確認された。この禅林寺本は、数ある綴織當麻曼荼羅の転写本のうち現存最古のものになる。渡邊明義「禅林寺蔵当麻曼荼羅の軸木銘について」（『仏教芸術』一二二、一九七九年二月）を参照。

（8）濱田隆「当麻寺の絵画――とくに当麻曼荼羅を中心として――」（『当麻寺』近畿日本鉄道株式会社、一九六二年）。同「当麻曼荼羅の成立とその変遷」（『国宝綴織当麻曼荼羅』佼成出版社、一九七七年）。前掲注（4）河原由雄「綴織当麻曼荼羅図」など。濱田・河原両氏とも、本図が中国製である可能性を否定してはおられないが、年紀の存在を重視して日本製とみておられる。とくに河原氏は粉本のみが中国製であった可能性も想定しておられる。

（9）柳澤孝氏も「織成当麻曼陀羅について」において、同様の見解を述べておられる（『大和の古寺2　当麻寺』岩波書店、一九八二年、一六～一七頁）。この点について、前掲注（2）の拙稿「綴織当麻曼荼羅考――図様解釈および制作地と制作年代について――」執筆時は、粗忽にもこの柳澤氏の論考を見落としていた。ここに改めて記しておきたい。

（10）前掲注（6）『校刊美術史料　寺院篇』所収『建久御巡礼記』、前掲注（4）『當麻曼陀羅注』巻三を参照。

（11）大賀一郎「當麻曼荼羅は綴織である」（『古文化財之科学』一、一九五一年一月）。

(12) この化人による一夜織成の伝説は、『建久御巡礼記』にすでにみえている。

(13) 前掲注（1）太田論文。

(14) 現在日本において一般に織られている綴織は、幅の狭い帯のような作品であっても一寸幅に経糸四十本である。つまり綴織當麻曼荼羅は、並はずれて大きい織幅でありながら織目が細密であるという、きわめて贅沢で手間の込んだ作品であったことが分かる。

(15) 前掲注（2）拙稿、および拙稿「唐代西方浄土変の成立と流布」（『第一三回日中仏教学術交流会議発表論集』二〇一〇年十月。のち『日中浄土』二二、二〇一二年二月に再録）。

(16) 『続群書類従』第八輯下、七一〇a。

(17) 『続群書類従』第八輯下（七一〇a）には「付法蔵」と記されるが、後文に同じく徳円座主から贈られた品々に関する記述があり、そこでは「景全図画付法大師」（七一四a）とあることから、「付法像」に改めた。

(18) 『辯正論』巻三「始龍潜之日、所経行処四十五州、皆造大興国寺」（『大正蔵』五二、五〇九a）。

(19) 三次に及ぶ仁寿年間の舎利塔建立の次第の大略は次のとおり。

① 〔下詔〕仁寿元年（六〇一）六月十三日、〔舎利入函起塔〕十月十五日正午

② 〔下詔〕同二年（六〇二）正月二十三日、〔舎利入函起塔〕四月八日午時

③ 〔下詔〕同四年（六〇四）正月某日、〔舎利入函起塔〕四月八日

仁寿年間の舎利塔建立に関しては、大島幸代・萬納恵介「隋仁寿舎利塔研究序説」（『奈良美術研究』一二、二〇一二年二月）に、これまでの主要な研究をふまえ、基本資史料が要領よくまとめてあり、参照される。

(20) 『旧唐書』巻五、高宗本紀下、乾封元年正月丁丑条「兗州界置紫雲・仙鶴・万歳観、封巒・非煙・重輪三寺。天下諸州置観寺一所」。

(21) 『旧唐書』巻六、則天皇后本紀、載初元年（六九〇）七月条には、「有沙門十人偽撰大雲経、表上之、盛言神皇受命之事。制頒於天下、令諸州各置大雲寺、総度僧千人」とあり、大雲寺設置も同じく載初元年七月のことであったように読める。しかし、『唐会要』巻四八には「天授元年十月二十九日、両京及天下諸州各置大雲寺一所。至開元

二十六年六月一日、並改為開元寺」とあり、大雲寺の設置を天授元年（六九〇）十月二十九日のことと記す。また『資治通鑑』巻二〇四、天授元年十月壬申（二十九日）条にも同じく、「壬申、勅両京諸州各大雲寺一区、蔵大雲経、使僧升高座講解、其撰疏僧雲宣等九人、皆賜爵県公、仍賜紫袈裟銀亀袋」と記す。天下諸州における大雲寺の設置は、武周王朝の成立を紀念しての一大事業と考えられるため、武周革命のなった天授元年以降のことと考えるのが自然である。それゆえここでは、『旧唐書』に記す載初元年七月に行われたのは『大雲経』（正しくは『大雲経疏』）の偽撰のみであり、実際に大雲寺が諸州に設置されたのは天授元年十月と解した。本書第三部第三章を参照。

(22)『旧唐書』巻七、中宗本紀、神龍元年二月丙子条「諸州置寺・観一所、以中興為名」。『冊府元亀』巻五一、帝王部、崇釈氏一「中宗神龍元年二月制。天下諸州各置寺観一所。咸以大唐中興為名」。

(23)この間の事情については、『唐会要』巻四八、寺、龍興寺条に、「至神龍元年二月、改為中興寺。右補闕張景源上疏曰、伏見天下諸州、各置一大唐中興寺観。……況唐運自崇、周親撫政、母子成業、周替唐興、雖紹三朝、而化侔一統、況承顧復、非謂中興。夫言中興者、中有阻間、不承統暦。既奉成周之業、実揚先聖之資、君親臨之、厚莫之重、中興立号、未益前規。以臣愚見、所置大唐中興寺観及図史、並出制誥、咸請除中興之字、直以唐龍興為名。庶望前後君親、但承正統、周唐宝暦、共叶神聰。上納之、因降勅曰、文叔之起舂陵、少康之因陶正、中興之号、理異於茲、思革前非、以帰事実。自今已後、不得言中興之号。其天下大唐中興寺観、宜改為龍興寺観、諸如此例、並即令改」と伝える。

(24)『唐会要』巻五〇「二十六年六月一日、勅毎州各以郭下定形勝観寺、改以開元為額」。

(25)『宋高僧伝』巻一四（『大正蔵』五〇、七九三a〜c）に道岸律師の伝があり、中宗の尊崇を受けたさまが記されている。

(26)李玉珉氏のご教示による。ここに記して謝意を表したい。

(27)山崎宏「隋の高祖文帝の仏教治国策」（『仏教法政経済研究所モノグラフィ』八、一九三四年）。同『隋唐仏教史の研究』法藏館、一九六七年。塚本善隆「国分寺と隋唐の仏教政策並びに官寺」（『塚本善隆著作集　第六巻　日中仏教交渉史研究』大東出版社、一九七四年）。岸田知子「則天武后と三教」（『待兼山論叢』八、一九七五年一月）。

肥田路美「隋・唐前期の一州一寺制と造像」（『早稲田大学大学院文学研究科紀要』第五五輯第三分冊、二〇一〇年二月。のち『初唐仏教美術の研究』〈中央公論美術出版、二〇一一年〉第二部第一章「一州一寺制と皇帝等身仏像」として加筆のうえ再録）など。

(28) 前掲注（27）論文において肥田氏は、隋唐時代における諸州官寺制（同氏は「一州一寺制」と呼ぶ）について、「管見の限りでは美術史の見地からこれを取り上げたものを知らない。しかしながらこの制度は、造形においても王朝中央から地方へ一元的な規範——様式や図像の上でも主題の上でも——を及ぼすことになった可能性が、推測される」との注目すべき見解を提示しておられる。しかし、その造形的影響については、前掲注（27）の山崎論文や塚本論文に言及されている①隋文帝の仁寿年間における舎利塔建立、②隋文帝の等身銅像と神尼（智仙）画像の頒布、③唐玄宗の「玄宗等身」金銅仏像の開元寺安置を挙げるにとどまっている。

(29) 藤枝晃「敦煌出土の長安宮廷写経」（『仏教史学論集——塚本博士頌寿記念』塚本博士頌寿記念会、一九六一年）。

(30) 藤枝晃「敦煌写経の字すがた」（『墨美』九七、一九六〇年五月）。

(31) 筆者は、唐朝の宮廷写経は高宗期のみに限らず、諸州官寺制が敷かれた各時期にも制作されていた可能性を考えている。また書写された経典も『法華経』『金剛経』以外に存在したと考える。拙稿「長安宮廷写経の敦煌伝来をめぐる一考察」（『敦煌写本研究年報』六、二〇一二年三月）を参照。ただし、この問題については、いまだ初歩的な見通しを立てたにすぎず、今後の課題として、さらに検討を重ねる必要がある。

(32) 藤枝晃「敦煌の僧尼籍」（『東方学報（京都）』二九、一九五九年三月）。

(33) 莫高窟第一四八窟は、大暦十一年（七七六）ごろ李大賓により造営された、いわゆる「李家窟」で、窟内の供養人題記には、陰氏や張氏といった敦煌の名族のほか、敦煌所在の諸寺の僧侶が名を連ねており、そのなかに龍興寺や開元寺の寺名が記されている。Paul Pelliot, *Grottes de Touen-Houang Carnet de Notes de Paul Pelliot: Inscriptions et Peintures Murales Grottes 1 à 30.* Paris: Collège de France, 1981, pp. 29–52. また、敦煌研究院編『莫高窟供養人題記』（文物出版社、一九八六年、七〇頁）を参照。

(34) 栄新江『敦煌学十八講』（北京大学出版社、二〇〇一年）、第四講「敦煌蔵経洞的原状及其閉原因」、七三〜七五

頁。ただし、蔵経洞から発見された経典がすべて三界寺の蔵経であったかどうかについては、さらに検討する必要があるように思われる。これについても今後の課題としたい。

(35) この点についても前掲注（31）の拙稿を参照されたい。

(36) 『大正蔵』五二、五〇九b。

(37) 文帝による等身像および智儼尼像の頒布については、前掲注（27）肥田論文を参照。

(38) 佐藤武敏『中国古代絹織物史研究』下巻（風間書房、一九七八年）三七六～三八九頁。なお、殿中省の尚衣局は『唐六典』巻一一に「尚衣局。奉御二人、従五品上。直長四人、正七品下。主衣十六人。尚衣奉御掌供天子衣服、詳其制度、辨其名数、而供其進御。直長為之弐」とあるが、それら天子の衣服の制作そのものは後述する少府監が担当していたと解される。したがって尚衣奉御が「天子の衣服を供するを掌る」というのは、その時々に天子が着用する衣服を整えて出していたということを意味するものであろう。なお尚衣局については、『旧唐書』巻四四、職官志三に「尚衣局。奉御二人、従五品上。直長四人、正七品下。書令史三人、書吏四人、主衣十六人、掌固四人。奉御掌衣服、詳其制度、辨其名数。直長為之弐」、『新唐書』巻四七、百官志二には「尚衣局。奉御二人、直長四人、掌供冕服・几案。祭祀、則奉鎮圭於監、而進于天子。大朝會、設案」とある。

(39) 『唐六典』巻一二「尚功局。尚功二人、正五品。司製二人、正六品。典製二人、正七品。掌制二人、正八品。司珍二人、正六品。典珍二人、正七品。掌珍二人、正八品。司綵二人、正六品。典綵二人、正七品。掌綵二人、正八品。司計二人、正六品。典計二人、正七品。掌計二人、正八品。尚功掌女工之程課、総司製・司珍・司綵・司計四司之官属。司製掌衣服・裁製・縫線之事。司珍掌金玉・宝貨之事。司綵掌綵物・繒錦・絲枲之事。司計掌支度衣服・飲食・薪炭之事」。また『旧唐書』巻四四、職官志三、宮官条にも、『唐六典』巻一二とほぼ同文の次のような記事を載せる。「尚功二人、正五品。司製二人、正六品。典製二人、正七品。掌製二人、正八品。女史二人。司珍二人、正六品。典珍二人、正七品。掌珍二人、正八品。女史六人。司綵二人、正六品。典綵二人、正七品。掌綵二人、正八品。女史二人。司計二人、正六品。典計二人、正七品。掌計二人、正八品。女史二人。尚功之職、掌女功之程課、総司製・司珍・司綵・司計四司之官属。司製掌衣服・裁縫。司珍掌宝貨。司綵掌繒錦・絲枲之事。司計掌支度衣服・飲食・薪炭」。

(40) 『唐六典』巻一二「掖庭局。令二人、従七品下。丞三人、従八品下。計史二人。宮教博士二人、従九品下。監作四人、従九品下。典事十人。掖庭局令掌宮禁女工之事。凡宮人名籍、司其除附、功桑養蠶、会其課業。丞掌判局事。計史掌料功程。博士掌教習宮人書・筭・衆藝。監作掌監当雑作。典事典諸工役」。『旧唐書』巻四四、職官志三「掖廷局。令二人、従七品下。丞三人、従八品下。宮教博士二人、従九品下。監作四人、従九品下。令史四人、計史二人、書令史八人。掖廷令掌宮禁女工之事。凡宮人名籍、司其除附、公桑《ママ》養蠶、会其課業。丞掌判局事。博士掌教習宮人書算衆芸。監作掌監当雑作」。

(41) 『新唐書』巻四七、百官志二「掖庭局。令二人、従七品下。丞三人、従八品下。掌宮人薄帳・女工。凡宮人名籍、司其除附。公桑養蠶、会其課業、供奉物皆取焉。婦人以罪配没、工縫巧者隷之、無技能者隷司農。諸司営作須女功者、取於戸婢。……宮教博士二人、従九品下。掌教習宮人書・算・衆芸」。

(42) 唐代における少府監の名称の変遷について、『通典』巻二七、職官九、少府監条には、「大唐武徳初置軍器監、廃少府監。貞観元年五月、分太府中尚方・織染坊・掌冶坊署、置少府監。龍朔二年、改為内府監、咸亨元年復旧。光宅元年、改為尚方監、神龍元年復旧」と記す。なお旧稿（「綴織当麻曼荼羅図をめぐる一考察――唐の諸州官寺制との関係――」『仏法僧論集』山喜房佛書林、二〇一三年二月）では、綴織當麻曼荼羅などの制作にあたった宮廷工房について、尚功局の可能性が最も高いとしていたが、ここに訂正したい。

(43) 同様の記載は、『通典』巻一〇八、『旧唐書』巻四五、輿服志、『新唐書』巻二四、輿服志にもある。

(44) 『新唐書』巻二四、車服志は「青纊充耳、宝飾角簪導」に作っており、皇帝・皇太子に関する箇所では簪導の素材が記載されていることから、「角」字が欠けていると思われる。

(45) 『旧唐書』巻三七、五行志、服妖「中宗女安楽公主、有尚方織成毛裙、合百鳥毛、正看為一色、旁看為一色。日中為一色、影中為一色、百鳥之状、並見裙中。凡造両腰、一献韋氏、計価百万」。

(46) 『旧唐書』巻五一、后妃伝上、玄宗楊貴妃伝には、「宮中供貴妃院織錦刺繡之工、凡七百人、其雕刻鎔造、又数百人。揚・益・嶺表刺史、必求良工造作奇器異服、以奉貴妃献賀、因致擢居顕位」とあり、楊貴妃の用に供するために、宮中には織錦・刺繡の工匠が七百人、主に金属製装飾品などの加工にあたったと思われる彫刻・溶造の工匠が数百人いたという。これらの工匠がどこの所属であったのかについては詳らかでないが、やはり少府監の可能性が高いと考える。

第二章　綴織當麻曼荼羅の伝来と背景

——奈良時代における唐文化受容の一様相——

はじめに

奈良・當麻寺に伝わる綴織當麻曼荼羅は、一辺約四メートルにも及ぶ巨大な画面に細緻な綴織によって阿弥陀浄土世界を織りあらわした、きわめて豪奢な西方浄土変である。(1) 化人が蓮糸を用いて一夜にして織り上げたとの説話で有名であるが、(2) 実際は絹糸製で処々に金糸が併用されている。(3) 鎌倉時代に本図は証空によってその価値が見出され、以後さかんに喧伝されるとともに数多くの転写本を生み出した。當麻曼荼羅なる名称は、これら転写本を含めた総称となっているが、本図はその原本であり根本曼荼羅とも呼ばれる。

前章で述べたように、本図は天平宝字七年（七六三）に織成されたとの銘文を有していたとされるが、銘文自体の信憑性は乏しい。本図の存在を物語る文献上の初見は建久二年（一一九一）の『建久御巡礼記』に下らねばならず、奈良時代から平安時代にかけての消息は全く伝わっていない。また、どのような経緯によって、いつ當麻寺に齎されたのかについても、その間の事情は杳として不明である。これは、本図の制作や伝来を物語る確たる史料が存在しないことによる。一方、本図については、古くより中国製の可能性も指摘されており、筆者もまた本図を中国製と解し、唐代西方浄土変における本図の位置づけについて論じたことがある。(4) しかし、日本への伝来の経緯や時期については、いまだ明らかにされていない点も多く残されている。

そこで本章では、綴織當麻曼荼羅を、中国製のなかでもとくに宮廷工房が制作にたずさわった中央作とみる立場から、奈良朝における唐代仏教美術の移入の一事例として、本図の日本伝来をめぐる諸事情について考察を加えてみたい。

一　綴織當麻曼荼羅の日本伝来——唐における輸出禁止品規定——

前章でみてきたように、綴織當麻曼荼羅は唐の宮廷工房の制作になる最高級の仏教美術作品と考えられる。それでは本図は、一体どのようにして日本に齎されたのであろうか。

この問題を考えるうえで、注目すべき記載が『唐会要』巻八六、市の条所引の開元二年（七一四）閏三月の勅にみられる。(5)

開元二年閏三月勅すらく、諸《およ》そ錦・綾・羅・縠・繡・織成・紬・絹・絲・犛牛尾・真珠・金・鉄は、並びに諸蕃と互市し、及び将て蕃に入るを得ず。金・鉄の物も、亦た将て西北の諸関を度るを得ざれ、と。

（開元二年閏三月勅、諸錦・綾・羅・縠・繡・織成・紬・絹・絲・犛牛尾・真珠・金・鉄、並不得与諸蕃互市、及将入蕃。金・鉄之物、亦不得将度西北諸関。）

これはすなわち、外国人と交易する場合の、国外持ち出し禁止品に関する規定である。その大半は、色鮮やかな文様を織り出した錦や羅などの高級絹織物であり、そのなかに「織成」とあって、綴織もまた高級絹織物の一種として国外持ち出し禁止品に定められていたことが分かる。

同様の規定は、開元七年令を引くとみられる『唐律疏議』[6]巻八、衛禁律、齎禁物私度関条にもあるが、そこでは、

関市令に依るに、錦・綾・羅・縠・紬・綿・絹・絲・布・犛牛尾・真珠・金・銀・鉄は、並びに西辺・北辺の諸関を度り、及び縁辺の諸州に至りて興易するを得ず、とあり。

（依関市令、錦・綾・羅・縠・紬・綿・絹・絲・布・犛牛尾・真珠・金・銀・鉄、並不得度西辺北辺諸関、及至縁辺諸州興易。）

と記され、「織成」の語が抜けている。これによれば開元七年令では綴織は国外持ち出し禁止品から除外されていたかのようにも見受けられるが、綴織は錦や羅などと同じく高級絹織物であることからすれば、『唐律疏議』の当該条に脱落があった可能性が高い。

さらに同様の規定は『天聖令』に記された開元二十五年令にもあり[7]、そこには、

諸そ錦・綾・羅・縠・綉（繡）・織成・紬・絲[8]（綿）・絹・絲・布・犛牛尾・真珠・金・銀・鉄は、並びに諸蕃と互市し、及び将て蕃に入るを得ず。

（諸錦・綾・羅・縠・綉（繡）・織成・紬・絲（綿）・絹・絲・布・犛牛尾・真珠・金・銀・鉄、並不得与諸蕃互市、及将入蕃。）

とあり、やはり綴織が国外持ち出し禁止品に指定されている（括弧内は筆者による解釈。以下同じ）。

また、『冊府元亀』巻九九九、外臣部、互市、開成元年（八三六）六月の京兆府奏文には、

是の月、京兆府奏すらく、建中元年十月六日の勅に准《よ》るに、諸《およ》そ錦・罽・綾・羅・縠・繡・織成・細[9]（紬）・紬[10]（綿）・絲・布・犛牛尾・真珠・銀・銅・鉄・奴婢等は、並びに諸蕃と互市するを得ず、と。

（是月京兆府奏、准建中元年十月六日勅、諸錦・罽・綾・羅・縠・繡・織成・細（紬）・紬（綿）・絲・布・犛

輸出禁止品目														
縠	繡	織成	紬		絹	絲		犛牛尾	真珠	金			鉄	
縠			紬	綿	絹	絲	布	犛牛尾	真珠	金	銀		鉄	
縠	繡	織成	紬	絲（綿）	絹	絲	布	犛牛尾	真珠	金	銀		鉄	
縠	繡	織成	細（紬）	紬（綿）		絲	布	犛牛尾	真珠		銀	銅	鉄	奴婢

牛尾・真珠・銀・銅・鉄・奴婢等、並不得与諸蕃互市。）

として建中元年（七八〇）十月六日の勅が引かれており、そこでもやはり「織成」は外国人に売ることが禁止されている品目の一つに数えられている。

今、この四回にわたって記録の残る輸出禁止品を一覧表にまとめてみると、それらはほとんど共通しており、ほぼ同一のものであったと考えられる(11)（表1）。したがって、「織成」すなわち綴織はこの時期、一貫して国外持ち出し禁止の対象とされていたと考えてよかろう(12)。

この規定が実際に実施されていたことは、文献から読み取ることができる。例えば『冊府元亀』巻九七四、外臣部、褒異一、開元五年（七一七）十月条には、次のように記されている。

十月丁卯、日本国、使を遣わし朝貢す。戊辰、勅すらく、日本国は遠く海外に在り、使を遣わし来朝す。既に滄波を渉り、兼ねて邦物を献ず。其の使、真人英問等、宜しく今月十六日を以て、中書に於いて宴集せしむべし、と。乙酉、鴻臚寺奏すらく、日本国の使、孔子廟堂に謁し、寺観に礼拝せんことを請う、と。之を従《ゆる》す。仍りて州県・金吾をして相い知して、検校搦捉せしめ、之に示すに整《いましめ》を以てす。応《まさ》須に市買を作すに禁に違いて蕃に入るるに非ざる者《とき》は、亦た之を容《ゆる》すべし、と。

（十月丁卯、日本国遣使朝貢。戊辰、勅、日本国遠在海外、遣使来朝。既渉滄波、兼献邦物。其使真人英問等、宜以今月十六日、於中書宴集。乙酉、鴻臚寺奏、日本国使、

表1　唐における輸出禁止品一覧

勅・令	西暦	出　　典				
開元二年閏三月勅	714	『唐会要』巻86市	錦		綾	羅
開元七年令	719	『唐律疏議』巻８衛禁律	錦		綾	羅
開元二十五年令	737	天聖関市令（唐６条）	錦		綾	羅
建中元年十月六日勅	780	『冊府元亀』巻999外臣部互市	錦	罽	綾	羅

請謁孔子廟堂、礼拝寺観。従之。仍令州県・金吾相知、検校搦捉、示之以整応。須（湏）作市買非違禁入蕃者、亦容之。[13]）

すなわち、日本からの使節が孔子廟堂や寺院・道観などの拝観を願い出たことに対し、許可が与えられたこと、しかし同時に、州県と金吾に通知がゆき、彼らの行動が監視されていたこと、そして国外持ち出し禁止品でなければ、市での交易も許可されたことが記されている。遣唐使が唐において旺盛に書籍を買い求めていたことは有名であるが、こうした唐側の監視下にあって、国外持ち出し禁止品に該当する本図が、交易によって入手されたとはまず考えられない。

二　回賜品としての齎来

織成品は、唐において国外への持ち出しが禁じられている高級絹織物であった。しかも小品であるならまだしも、ここで問題にしている綴織當麻曼荼羅は約四メートル四方という巨大な綴織製品であることから、禁を犯して密かに持ち出されたとは考えがたい。のみならず本図は、先述のように技術的・図像的観点からみて、唐の宮廷工房が制作したものと推定される。となると本図は、唐皇帝から外国使節すなわち遣唐使に対して渡された、朝貢の回賜品と考えるのが自然であろう。

唐が外国使節からの貢献に対して授与する回賜品については、石見清裕氏の研究に詳しい[14]。唐側から朝貢使節に回賜品が授与される場には、（1）皇帝への謁見儀式の後に開かれる宴会儀礼[15]と、（2）使節が帰国する際に暇乞いする儀式（辞見）とがあった[16]。前者は、皇帝謁見儀式において外国使節が渡した国書と献上品に対し、返礼として設けられる宴会のなかで賜物が授けられる[17]。後者もまた奉見と同様の謁見儀式が執り行われたとみられるもので、その実際の例として、宝亀の遣唐使の辞見に際して代宗から「国土の宝貨」を贈り隣国の好を結びたいとの勅答があり、唐から信物が齎されたことが挙げられる[18]。

こうして外国使節に贈られる回賜品にはもともと目録が添えられていたが、それらは現行の史料には伝えられていない。しかし石見氏の研究によれば、唐が朝貢国に与える賜物の目録の一部が張九齢起草の国書に録されており、それらによると朝貢回賜品の中心物品は錦衣・錦袍・綾彩等の高級絹製品および金鈿帯・銀盆瓶・銀盤等の金銀製品であったことが知られる[19]。これらはいずれも、国外持ち出し禁止品に指定されていた品々である。したがって国外持ち出し禁止品の多くは、裏を返せば唐が外交において使用する回賜品であったとみることができ、これは唐から贈られる回賜品の権威や価値を守り高めるための措置でもあったと考えられる。さらに、『冊府元亀』巻一五九、帝王部、革弊一に収める開元二十六年（七三八）正月丁丑の制文には[20]、

今自り已後、王公、並びに珍物を以て進献するを得ず。所司の応縁《あらゆる》宮室の脩造、務めて節倹に従い、但だ風雨を蔽ぐのみにして、華飾を為すこと勿れ。金玉の器物、諸色の雕鏤の如きに至りては、朕、蕃客の要《もと》むる所に縁りて、将て宴賞に充てん。

（自今已後、王公並不得以珍物進献。所司応縁宮室脩造、務従節倹、但蔽風雨、勿為華飾。至如金玉器物、諸色雕鏤、朕縁蕃客所要、将充宴賞。）

とあることから、金や玉でできた高級器物、また彫刻や象嵌を施した贅沢品が、宴会儀礼において外国使節に回賜

品として贈られていたことがうかがえ、本図のみならず正倉院宝物の伝来を考えるうえでも興味深い。

以上から、本図は宴会儀礼または辞見のいずれかの機会に、皇帝から遣唐使に賜与されたものである可能性が高いといえよう。ここで参照したいのは、『冊府元亀』巻九九九、外臣部、請求条にある次の記載である。

（開元）二十三年閏十一月、日本国、其の臣名代を遣わし来朝せしむ。表を献じ懇ろに老子経本及び天尊像を求め、以て国に帰り、聖教を発揚せんとす。之を許す。

（二十三年閏十一月、日本国遣其臣名代来朝。献表懇求老子経本及天尊像、以帰于国、発揚聖教。許之。[21]）

すなわち、この記載からは遣唐使が唐側に日本へ持ち帰りたい品目をリクエストする場合のあったことが読みとれる。とすると記録には残っていないものの、遣唐使が本図のような仏教美術作品について同様の要求を出した可能性も考えられよう。

本図については、これまでにも本図を中国製とみる立場から、遣唐使による将来の可能性が説かれることがあった。これは、八世紀までの文物の入手は遣隋唐使また請益僧や留学生らによる齎来品が主であったとみられることから自然に導かれた見解であるにすぎず[22]、なぜ遣唐使なのかという積極的な根拠は示されてこなかった。しかし今、如上のような事情からすれば、本図は唐からの賜物であった蓋然性が高く、その入手経路としては遣唐使以外には考えがたいといえるのではないだろうか。

三　齎来の時期

では本図を齎した可能性が考えられるのは、いつの遣唐使であろうか。

遣唐使による本図の将来を論じた太田英蔵氏は、本図四周の宝相華文や中尊阿弥陀の光背外周を飾る文様、および観音像の天衣の文様を、法隆寺と正倉院に伝わる上代錦の文様と比較し、本図の下図が完成した時期を天宝の末年（七五六）頃と推測する。そのうえで綴織によって織り上げるまでの年数を加算すると本図の完成はそれから十数年後となり、それから日本に伝来するにはさらに若干の年月を要したと想定して、日本への伝来時期は平安初期とみるのが妥当であろうと結論づけている。(23)

一方、柳澤孝氏は、本図の図様を莫高窟壁画と比較する。(24)まず莫高窟壁画の西方浄土変のうち本図と同じく外縁部が付属する形式のもので、初唐末に遡るのは第二一七窟北壁の作例であるとしたうえで、第二一七窟の作例は本図よりも構図的に緊密さを欠き、楼閣表現に視点の同じでないものがあることから、本図よりも以前の発達段階にあるものとみなす。ついで、第一七二窟南北壁（同氏は八世紀中葉の作とする）や大暦十一年（七七六）の第一四八窟の作例は第二一七窟よりも統一のとれた奥行きある画面構成になっており本図に近いとし、なかでも第一四八窟の建物の表現は本図に最も類似するとする。さらに第一七一窟南北壁の作例（同氏は八世紀後半とする）(25)には、本図と同じく下縁に九品来迎相があらわされていることに注目し、中原での図様の変化は敦煌に先行すると考えられることから、本図の図様は八世紀中ごろに中原で成立したものと結論づける。そこから柳澤氏は、本図の将来を、宝亀九～十年（七七八～七七九）の遣唐使か、あるいは天応元年（七八一）に帰国した送唐客使の一行によるものと推定している。(26)

この両者による推定はいずれも、文様や図様の様式的判断によるものであり、傾聴すべきところもあるが問題も含んでいる。まず太田氏の見解は、法隆寺や正倉院に伝わる染織品についての制作年代の推定根拠が明確にされていないこと、また下図の完成を天宝末とみると、安史の乱により玄宗は都落ちし長安が陥落した頃（七五六年六月）と時期が重なってしまうことから承服しがたい。(27) 柳澤氏の説についても、比較に用いられた莫高窟の作例のうち、銘文を欠く作例の年代比定については客観的根拠がなく、しかも楼閣表現や画面構成が整っているかどうかという点から、制作時期の前後を直ちに判断できるのかは疑問である。さらに柳澤氏もまた、どの遣唐使による将来かという点については、唐を大混乱に陥れた安史の乱後を想定しており、同意しがたい。

では、本図はいつの遣唐使によって齎されたとみるべきであろうか。この問題を考えるうえで手がかりとなるのは、本図の系譜上の祖型と考えられる長安・実際寺の織成像の制作時期である。(28) 実際寺の織成像とは、天宝二年（七四三）に建碑された「大唐実際寺故寺主懐惲奉勅贈隆闡大法師碑銘幷序」（『金石萃編』巻八六）に、次のように記されているものである。

是に於いて広く有縁に勧め、九重万乗・四生六趣の奉為に、浄土堂一所を造る。虬棟、虚を浚《さら》いて、虹梁、架廻し、丹楹、日より絶くして、青璅、颪を延べざる莫し。春無くして返井、花を舒べ、瞑からずして重簷、霧を積む。是に於いて神螭は趾を戻《とど》めて、遠く瓊階を鎮め、宝鳳は来儀して、還た挂戸に陪う。彫甍・画拱の異、造化の規模を窮め、円璫・方鏡の奇、人天の巧妙を極む。又た堂内に於いて阿弥陀仏及び観音・勢至を造り、又た織成像幷びに餘の功徳を造る……。

（於是広勧有縁、奉為九重万乗四生六趣、造浄土堂一所。莫不虬棟浚虚、虹梁架廻、丹楹絶日、青璅延颪。無春而返井舒花、不瞑而重簷積霧。於是神螭戻趾、遠鎮瓊階、宝鳳来儀、還陪挂戸。彫甍画拱之異、窮造化之規模、円璫方鏡之奇、極人天之巧妙。又於堂内造阿弥陀仏及観音勢至、又造織成像幷餘功徳……。）

この実際寺とは、皇城のすぐ東南に位置する太平坊の西南隅にあり、その浄土院は『両京新記』に「京城の最妙たり」と記される。(29) 恐らくこの浄土院内に建てられたとみられる浄土堂は、右の碑文にその造作の素晴らしさを

表2　実際寺織成像の制作時期

年	代	事　項	西方浄土変関係
貞観十四	六四〇	懐惲、生まる	
貞観十六	六四二		この頃、莫高窟第二二〇窟南壁に西方浄土変描かる
総章元	六六八	懐惲、西明寺に出家す	
上元元	六七四	則天武后実権を握り、天后と称す	
永隆二	六八一	善導、示寂	
垂拱二	六八六		この頃、莫高窟第三三五窟南壁に西方浄土変描かる
永昌元	六八九	懐惲、実際寺寺主となる	
天授元	六九〇	武周王朝立つ	**莫高窟西方浄土変が外縁なしから外縁付に変化**
大足元	七〇一	懐惲、示寂	
神龍元	七〇五	**実際寺織成像の制作時期**	この頃、莫高窟第二一七窟北壁の西方浄土変制作か
天宝十四	七五五	安史の乱（～七六二）	

「造化の規模を窮め」「人天の巧妙を極む」などと讃えられているように贅を尽くした華麗な堂宇であった。その浄土堂内に阿弥陀三尊像とともに造られた「織成像」は本図と同じく西方浄土変であったと解され、その制作年代は懐惲が実際寺寺主となって以後、彼の示寂までの間とみられる〈永昌元年〈六八九〉以後、大足元年〈七〇一〉以前〉。この「織成像」を造った懐惲は善導の弟子であることから、この実際寺の織成像が本図にみるような、善導の教義に則った画面構成になっていた可能性は高い。さらに敦煌莫高窟の西方浄土変の諸作例と比較すると、先にみた実際寺織成像の制作時期はちょうど、浄土変のみの形式から外縁部が付加される形式への移行期に当てはまること、しかも本像は、則天武后や中宗からの尊崇を受けた懐惲が寺主を務め、都城の名刹の一つであった実際寺に懸けられていたことを考えれば、この実際寺の織成像こそが、外縁付西方浄土変の先駆的作品であった可能性があり、少なくとも、外縁付西方浄土変の流布に大きな影響を及ぼした作品であったことは恐らく間違いないものと思われる。したがって、綴織當麻曼荼羅の制作時期の上限は、この実際寺織成像の制作時期〈六八九～七〇一〉に求めることができよう（表2）。一方の下限は、先にもふれたように安史の乱とみるべきであろう。

四　齎来した遣唐使

本図が制作されたのが実際寺織成像から安史の乱までの間であるとすると、本図将来の遣唐使はおのずから大宝・養老・天平・天平勝宝の計四次に絞られる（表3）。この四次はいずれも入京して皇帝に謁見を果たしており、その点では皇帝からの下賜品と目される本図齎来の遣唐使としての条件を備えている。しかし、この四次のうち天平勝宝の遣唐使は、帰路暴風雨に遇い、うち大使藤原清河と阿倍仲麻呂らの乗った第一船は、漂流のすえ安南に流

表3　遣唐使年表

次	任命・出発年次	和暦	使人	航路	船数	入京年月（長安・洛陽）	帰朝年	航路	備考
1	六三〇発	舒明天皇二	犬上三田耜 薬師恵日	北路？			六三二	北路	
2	六五三発	白雉四	吉士長丹（大使） 吉士駒（副使）	北路？	1		六五四	北路	
		白雉四	高田根麻呂（大使） 掃守小麻呂（副使）		1		途中遭難		
3	六五四発	白雉五	高向玄理（押使） 河辺麻呂（大使） 薬師恵日（副使）	北路	2		六五五	北路？	
4	六五九発	斉明天皇五	坂合部石布（大使） 津守吉祥（副使） 伊吉博徳	北路	2	六五九（顕慶四） 閏十月〔〇〕	六六一（第二船）	北路	
5	六六五発	天智天皇四	守大石・坂合部石積・吉士 岐弥・吉士針間（送唐客使）	北路			六六七	北路	
6	六六七発	天智天皇六	伊吉博徳（送唐客使） 笠諸石（送唐客使）	北路			六六八	北路	
7	六六九発	天智天皇八	河内鯨	北路？				北路？	
8	七〇一任 七〇二発	大宝元 大宝二	粟田真人（執節使） 高橋笠間（大使） 坂合部大分（副使→大使） 巨勢邑治（大位） 山上憶良（少録）	南路		七〇二（長安二） 十月〔〇〕	七〇四（粟田真人） 七〇七（巨勢邑治） 七一八（坂合部大分）	南路	道慈留学
9	七一六任 七一七発	霊亀二 養老元	多治比県守（押使） 大伴山守（大使） 藤原馬養（副使）	南路？	4	七一七（開元五） 十月〔〇〕	七一八	南路？	玄昉留学 道慈帰国

10	七三二任 七三三発	天平四 天平五	多治比広成（大使） 中臣名代（副使） 平群広成（判官） 秦朝元（判官）	南路？	4	七三四（開元二十二）正月か〔○〕	七三四（第一船） 七三六（第二船） 七三九（第三船）	南路？	開元二十二年四月、広成ら洛陽にいたり、美濃絁・水織絁などを献上 玄昉帰国 菩提僊那・道璿・仏哲来日
11	七四六任	天平十八	石上乙麻呂（大使）						中止
12	七五〇任 七五二発	天平勝宝二 天平勝宝四	藤原清河（大使） 大伴古麻呂（副使） 吉備真備（副使）	南路	4	七五二（天宝十一）十二月以前〔○〕	七五三（第三船） 七五四（第二・四船）	南路	鑑真ら来日
13	七五九任 同年　発	天平宝字三	高元度（迎入唐大使使） 内蔵全成（判官）	渤海路	1		七六一	南路	
14	七六一任	天平宝字五	仲石伴（大使） 石上宅嗣（副使） 藤原田麻呂（副使）		4				中止
15	七六二任	天平宝字六	中臣鷹主（送唐容使） 藤原田麻呂（副使）		2				中止
16	七七五任 七七七発	宝亀六 宝亀八	佐伯今毛人（大使） 大伴益立（副使） 藤原鷹取（副使） 小野石根（副使） 大神末足（副使）	南路	4	七七八（大暦十三）正月〔○〕	七七八（第一～四船）	南路	
17	七七八任 七七九発	宝亀九 宝亀十	布施清直（送唐客使）	南路	2	七八〇（建中元）二月	七八一		
18	八〇一任 八〇四発	延暦二十 延暦二十三	藤原葛野麻呂（大使） 石川道益（副使）	南路	4	八〇四（貞元二十）十二月〔○〕	八〇五（第一・二船） 八〇六（第四船？）		最澄・空海ら随行・帰国
19	八三四任 八三八発	承和元 承和五	藤原常嗣（大使） 小野篁（副使）	南路	4	八三八（開成三）十二月〔○〕	八三九（第一・四船） 八四〇（第二船）	北路	円仁・円載ら随行

20	八九四任	寛平六	菅原道真（大使） 紀長谷雄（副使）					中止

（注）・遣唐使の次数については、論者により見解が異なるが、ここでは中止された回などをも含める、今日一般的に用いられている数え方に従った。
・本表の作成に際しては、おもに次の諸書を参照した。茂在寅男ほか『遣唐使研究と史料』東海大学出版会、一九八七年。東野治之『遣唐使船』朝日選書、一九九九年、二八～二九頁。石井正敏「外交関係」（『唐と日本』吉川弘文館、一九九二年）七四～七六頁。東野治之『遣唐使』岩波新書、二〇〇七年、二〇二～二〇五頁。奈良国立博物館編『大遣唐使展』図録、二〇一〇年、三五六～三五九頁。
・「入京年月」欄の〇印は、正月に在京したことを示す。

れ着き、ついに帰国を果たせずに終わっている。回賜品は大使と同じ船に積まれていたと考えられるから、この時に本図が日本に齎された可能性は低い。ただ、この天平勝宝の遣唐使には、無事帰国した第二船に鑑真一行が乗っており、彼らによる本図将来についても考える必要がある。しかし周知のとおり鑑真は密航の身であること、また『唐大和上東征伝』に録された詳細な将来品目録のなかに本図に当てはまるものがないことから、[30] やはりこの時に本図が将来されたとは考えがたい。

また、大宝の遣唐使は武周朝末期に入唐しており、太田氏や柳澤氏らによる本図の様式判断、すなわち本図を盛唐の開元～天宝期のものとする見解とは合わず、やや早すぎるきらいがある。[31] しかし本図にみられる唐草状の天蓋表現（図1）が、莫高窟壁画では初唐期の作例に限られること、加えて本図外縁部の画面の境界線に施された連珠文（図2）が、文様の大きさや配置の仕方は異なるものの莫高窟壁画の隋から初唐の作例にみられることは、本図の下図が初唐期に遡る可能性を示唆している。それゆえ大宝の遣唐使が本図を将来した可能性も、完全には排除しがたい。ただし、本図を大宝の遣唐使が将来したと仮定すると、実際寺織成像の制作時期からほとんど隔たりがなくなり、本図の制作に要する日数を考慮すると、時間的にみてやや無理があるように思われる。

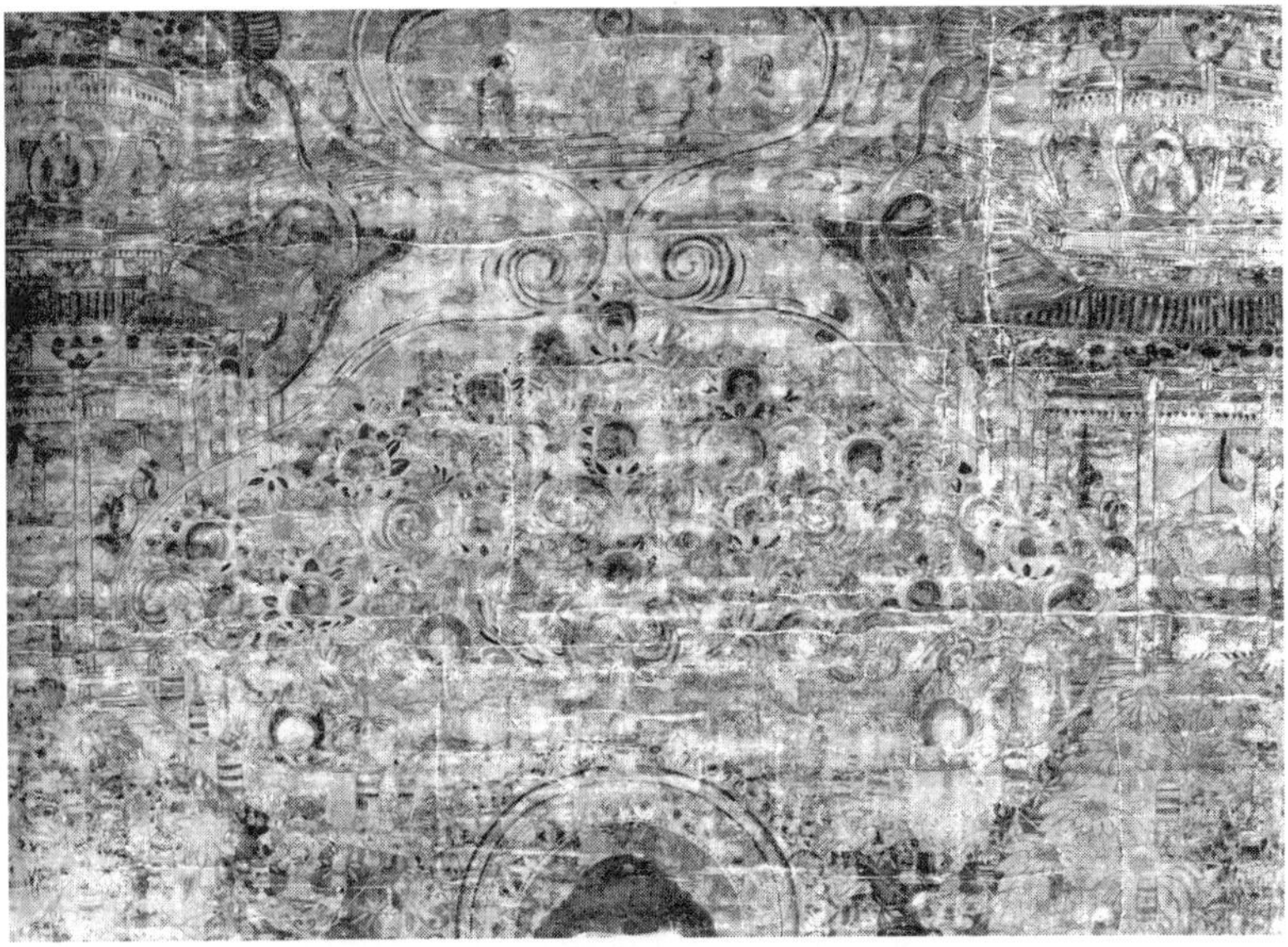

図１　綴織當麻曼荼羅　本尊の唐草状天蓋

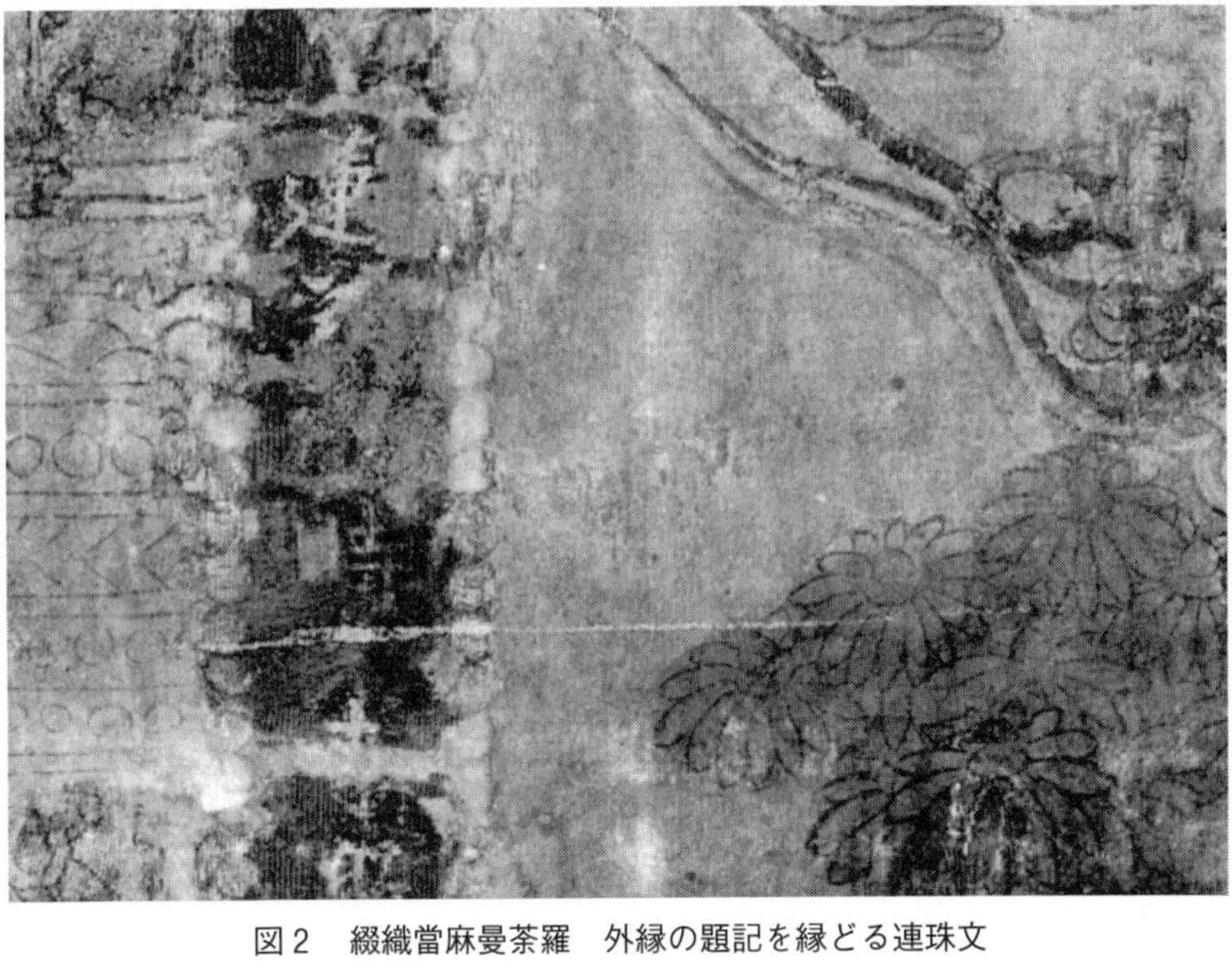

図２　綴織當麻曼荼羅　外縁の題記を縁どる連珠文

そこで、より蓋然性の高い遣唐使として残るのが、養老・天平の二回である。

まず養老の遣唐使が帰国した船には、大宝の遣唐使に随行して渡唐し、十七年の留学を終えた道慈が乗り込んでいたことが注目される。彼は長安・西明寺に学び、「法師尤も工巧に妙なり。構作形製、皆な其の規摸を稟く。所有匠手、歎服せざる莫し（法師尤妙工巧。構作形製、皆稟其規摸。所有匠手、莫不歎服焉）」（『続日本紀』巻一五、天平十六年十月辛卯条）と称されており、経論研究だけではなく仏教に関わる造形的手腕にも優れていたことが知られる。このような道慈が養老二年（七一八）の帰国に際し、仏教建築や仏教美術に関する品々を将来した可能性は十分に考えられよう。また僅かな記録ではあるが、『法隆寺伽藍縁起幷流記資財帳』には、養老三年に唐より請坐されたという「檀像壱具」および「舎利伍粒」が記されていることも参照される[32]。

しかし、本図将来の可能性がより高いとみられるのは、次の天平の遣唐使である。大使多治比広成や吉備真備とともに第一船に乗り、天平六年（七三四）十一月に種子島に到着、翌天平七年に拝朝した人物の中には、養老の遣唐使に随い渡唐し、在唐十八年に及んだ玄昉がいた。玄昉については『続日本紀』天平十八年六月己亥条に「唐の天子、昉を尊び、三品に准え紫袈裟を着さしむ。天平七年、大使多治比真人広成に随い還帰す。経論五千餘巻及び諸もろの仏像を齎ち来たる（唐天子尊昉、准三品令着紫袈裟。天平七年、随大使多治比真人広成還帰。齎経論五千餘巻及諸仏像来）」[33]とあり、五千余巻もの大部の経論とともに諸仏像を持ち帰ったと明記されている。残念ながら、玄昉が将来した仏像の具体的な内訳については史料にみえないが、これだけの量の物品を将来したのであるから、その中に本図が含まれていたとしても不思議ではない。さらに留意されるのは、玄昉が唐の天子すなわち玄宗に対面し、さらにその尊崇を得て紫袈裟を賜ったと記されている点であり、これは本図が唐皇帝からの賜物と推測される点から考えて看過しがたい。明確な記録がないだけに確定はできないものの、紫袈裟と同様に、本図が玄宗皇帝により玄昉に下賜された可能性が考えられるからである。
したがって、本図を日本に齎した遣唐使は、養老・天平のいずれかであった蓋然性が高く、そのうち現存史料に徴するかぎりでは、天平七年（七三五）に帰国した玄昉による将来の可能性が最も高いといえるのではなかろうか。

おわりに

綴織當麻曼荼羅は、日本の「天平宝字七年」との年紀を有する銘文が織付けられていたとの伝承から、日本製とする見解も長く行われてきた。しかしながら前章でみてきたように、銘文は制作地や制作時期を特定する直接的な根拠とはならないのであり、本図は金糸を交えた精緻な綴織であるという技術的観点や現存作例中きわだって正確な図相になるという図様的観点からみて、唐の宮廷工房による作と考えられる。その宮廷工房の所在地が長安であったのか洛陽であったのかまでは明らかにしがたいが、いずれにせよ中国において完全に失われてしまった中央の超一級品が、こうして日本に現存することの意義は大きい。

さらに、綴織當麻曼荼羅についてはこれまで、制作地が議論されることはあっても、その唐からの伝来経路については全く検討されてこなかった。しかし、唐代前半期に境外への持ち出しを禁ずる品目規定があったことに着目することによって、本図は唐の外交儀礼のなかで、正式な外交使節に対し回賜品として与えられたものであったことが裏付けられたといえよう。さらに、本図を将来した可能性のある遣唐使については養老・天平のいずれかに絞ることができた。この知見はさらに、正倉院宝物の金銀器など奈良時代の唐代文物の移入に関しても活かすことができ、従来から唐の宮廷工房の作の可能性が指摘されてきた勧修寺繡仏の伝来にも応用ができる。この勧修寺繡仏については、本書第三部第三章で考察を加えることとしたい。

注

（1）本図を「曼荼《陀》羅」と称するのは日本における訛称であって、平安時代中期以降、密教の流行に影響を受け、西方浄土変を「浄土曼荼《陀》羅」ないしは「極楽曼荼《陀》羅」などと呼ぶことが定着したことに由来する。したがって〝當麻曼荼羅〟とは、〝當麻寺に伝わる浄土曼荼羅〟つまり〝當麻寺の西方浄土変〟の謂いである。

（2）『諸寺縁起集』（嘉禎元年〈一二三五〉）、『古今著聞集』（建長六年〈一二五四〉）、『私聚百因縁集』（正嘉元年〈一二五七〉）、『當麻曼荼羅縁起』（鎌倉初期）、『元亨釈書』（元亨二年〈一三二二〉）など。

（3）本図の材料が藕糸（蓮糸）ではなく絹糸であることについて、初めて明らかにしたのは、縄文ハスを蘇らせたことで名高い大賀一郎氏である。大賀一郎「當麻曼荼羅原本の研究」（上・下）（『国華』五七二、一九三八年七・八月）。

（4）本書第二部第一章および以下の拙稿を参照。拙稿「綴織当麻曼荼羅考——図様解釈および制作地と制作年代について——」（『仏教芸術』二八〇、二〇〇五年五月。拙著『西方浄土変の研究』中央公論美術出版、二〇〇七年に再録）。同「唐代西方浄土変の成立と流布」（『第一三回日中仏教学術交流会議発表論集』二〇一〇年十月）。同「敦煌発現の宮廷写経について」（『敦煌写本研究年報』六、二〇一二年三月）。

（5）仁井田陞氏は、この開元二年勅について「関市令と性質の等しい規程であり、然も一般律令と同じく、文の初めに「諸」の字を冠している」と注している。仁井田陞『唐令拾遺』（東方文化学院東京研究所、一九三三年。東京大学出版会、一九六四年復刻）、七一五頁。

（6）『唐律疏議』は長孫無忌等により永徽三年（六五二）に編纂され翌四年（六五三）に頒布されたが、現在伝わるものには開元年間の手が加わっていると考えられている。ここでは神龍以後開元二十五年以前の通行本とみる劉俊文氏の説（『唐律疏議箋解』「序論」中華書局、一九九六年）にもとづき、開元七年令と解釈する山崎覚士氏の見解（「唐開元二十五年田令の復原から唐代永業田の再検討へ——明抄本天聖令をもとに——」〈『洛北史学』五、二〇〇三年六月〉）に従う。

（7）山崎覚士氏のご教示による。ここに記して深謝したい。天一閣博物館・中国社会科学院歴史研究所天聖令整理課題組校証『天一閣蔵明鈔本天聖令校証　附唐令復原研究』上冊（中華書局、二〇〇六年）、一二五頁。

（8）天一閣蔵の明鈔本『天聖令』は「絲」に作り、前掲注（7）書下巻の校録本（三〇九頁）および清本（四〇五頁）では以下の四字を「絲絹・絲布」という二品目に読んでいるが、『唐律疏議』において紬と絹の間に記されるのは綿であることから「絲」は「綿」の誤写であり、さらに以下の四字を「綿・絹・絲・布」の四品目と解した。本書第二部第四章を参照。

（9）『冊府元亀』は「細」に作るが、『唐律疏議』巻八、衛禁律や『唐六典』巻三、金部郎中員外郎条、天聖営繕令（宋10条）などにもとづき「紬」と解した。本書第二部第四章を参照。

（10）『冊府元亀』は「紬」に作るが、前掲（9）の諸書にもとづき「綿」と解した。本書第二部第四章を参照。

（11）注目されるのは、開元二年（七一四）閏三月勅と開成元年六月京兆府奏文に引用された建中元年十月六日勅では、「繍」も国外持ち出し禁止品目として名前が挙がっている点である。旧稿に述べたように、奈良国立博物館所蔵の刺繍釈迦如来説法図（勧修寺繍仏）もまた、本図と同じく唐の宮廷工房によって制作された将来品と考えられる（前掲注（4）拙稿「敦煌発現の宮廷写経について」、および本書第三部第三章）。刺繍製品もまた綴織と同じく唐からの輸出が禁じられていたことから、これら両作品はともに宮廷工房の作とみられるだけでなく日本への伝来経緯についても共通していた可能性が指摘できよう。

（12）さらにいえば、開元二年閏三月の勅も、それ以前に出された勅や慣行令などを下敷きにしている可能性があり、同様の規定は開元二年以前から敷かれていたとも考えられる。

（13）通行本では、「英問」を「莫問」に作り、また「検校」を「簡較」に作る。このうち「検」を「簡」に作るのは、明の崇禎帝の諱「由検」を避け、「校」を「較」に作るのは天啓帝の諱「由校」を避けたものである。杉本直次郎『阿倍仲麻呂伝研究』（勉誠出版、一九四〇年）五三七頁を参照。また、東野治之『遣唐使と正倉院』（岩波書店、一九九二年）三四・四七頁、石見清裕『唐の北方問題と国際秩序』付章「唐代外国貿易・在留外国人をめぐる諸問

題」（汲古書院、一九九八年）五一一頁を参照。

（14）前掲注（13）石見書、第Ⅲ部第六章「外国使節の宴会儀礼」、および石見清裕「唐の絹貿易と貢献制」（『東洋史論集』三三、二〇〇五年五月）を参照。

（15）前掲注（13）石見書、第Ⅲ部第六章「外国使節の宴会儀礼」では、『大唐開元礼』巻八〇、賓礼所載の「皇帝宴蕃国主」と「皇帝宴蕃国使」の検討から、唐側による返礼の宴会の式次第が復元されており参照される。さらに、この宴会に先だって行われる皇帝謁見儀式についても、同第五章「外国使節の皇帝謁見儀式復元」において、『大唐開元礼』巻七九、賓礼の「蕃主奉見」と「皇帝受蕃使表及幣」をもとに、式場の設営から使者と皇帝の行動および位置関係に至るまで式次第が復元されており、あわせて参照される。

（16）前掲注（13）石見書、付章、五〇七頁を参照。

（17）前掲注（13）石見書、第Ⅲ部第六章「外国使節の宴会儀礼」四七九～四八五頁を参照。

（18）『続日本紀』巻三五、宝亀九年（七七八）十一月乙卯条に載せる判官大伴宿禰継人の上奏文に「……正月十三日。到長安。即遣内使趙宝英。将馬迎接。安置外宅。三月廿四日。乃対龍顔奏事。四月廿二日。辞見首路。勅令内使揚光耀監送。至揚州発遣。便領留学生起京。又差内使掖庭令趙宝英。判官四人。賚国土宝貨。随使来朝。以結隣好。……」とある。なお、この大伴継人の上奏文とほぼ同じ内容が、『続日本紀』巻三五、宝亀九年十月乙未条に記されているが、こちらでは「……正月十三日。到長安城。即於外宅安置供給。特有監使。勾当使院。頻有優厚。中使不絶。十五日。於宣政殿礼見。天子不衙。是日。進国信及別貢等物。天子非分喜観。班示群臣。三月廿二日。於延英殿。対見。所請並允。即於内裏設宴。官賞有差。四月十九日。監使揚光耀宣口勅云。今遣中使趙宝英等。将答信物。往日本国。其駕船者仰揚州造。卿等知之。廿四日。事畢拝辞。奏云。本国行路遥遠。風漂無准。今中使云往。冒渉波濤。万一顚躓。恐乖王命。勅答。朕有少許答信物。今差宝英等押送。道義所在。不以為労。即賜銀鋺酒。以惜別也」とあり、「国土宝貨」ではなく「国信」「信物」「答信物」と記されている。この「答信物」は、翌宝亀十年五月に唐使の孫興進や秦忩期らによって光仁天皇に貢上されたことが『続日本紀』巻三五、宝亀十年五月癸卯条にみえる。

(19) 石見氏が挙げているのは、次の四史料である（前掲注（14）論文、六七～六八頁）。なお、録文については『張九齢集校注』（中華書局、二〇〇八年）にもとづき若干の字句を改め、注記についても同書を参照した。
① 開元二十三年「勅契丹都督涅礼書」（『曲江集』巻九、『文苑英華』巻四七一）に、「今、卿に錦衣一副、並びに鈿帯・七事を賜う。至らば宜しく領取すべし（今、賜卿錦衣一副、並鈿帯七事。至宜領取）」と記す。『曲江集』は「鈿帯」を「細腰帯」、『文苑英華』は「細帯」に作る。「七事」は、唐の武官五品以上の随身佩帯の佩刀・刀子・礪石・契苾真・噦厥針筒・火石袋などを指す（『旧唐書』巻四五、輿服志）。
② 開元二十一年「勅識匿国王書」（『曲江集』巻一二、『文苑英華』巻四七一）に、「今、卿・将軍に授けて物一百疋・錦袍・金鈿帯・七事を賜い、已下節級は衣物有り。各おの宜しく領取すべし（今授卿・将軍賜物一百疋、錦袍金鈿帯七事、已下節級者有衣物、各宜領取）」と記す。『文苑英華』は「一百疋」を「二百疋」に、「已下節級者有衣物」を「以下亦節級有衣物」に作る。『曲江集』および『文苑英華』では「金鈿帯」を「金細帯」に作る。
③ 開元二十二年「勅勃律国王書」（『曲江集』巻一二、『文苑英華』巻四七一）に、「今、物三百疋、銀盂瓶・銀盤各おの一、衣一副、幷びに金鈿帯・七事を賜う。至らば宜しく領取すべし（今、賜物三百疋、銀盂瓶銀盤各一、衣一副、幷金鈿帯・七事、至宜領取）」と記す。『文苑英華』は「賜物」を「賜卿物」に、「銀盂瓶銀盤」を「銀胡瓶盤」に作る。『曲江集』および『文苑英華』では「金鈿帯」を「金細帯」に作る。
④ 開元二十二年「勅蛮首領鐸羅望書」（『曲江集』巻一二、『文苑英華』巻四七〇）に、「便ち卿に授けて浪穹州刺史を襲がしめ、幷びに綾彩三百疋を賜う。至らば宜しく領取すべし（便授卿襲浪穹州刺史、幷賜綾彩三百疋、至宜領取）」と記す。『文苑英華』は「彩」を「綵」に作る。
(20) その他『冊府元亀』巻八五に同文を収めるほか、『唐大詔令集』巻七三にも「親祀東郊徳音」として採録する。前掲注（13）石見書、第Ⅲ部第六章「外国使節の宴会儀礼」四九九～四五〇頁を参照。
(21) この記事は、道先仏後とした唐朝にあって玄宗が道教を重んじたこと、さらに日本側は仏教の移入に熱心であって道教の経典や尊像を求めることは珍しかったことから、とくに記録に残ったものかもしれない。なお、この記事にもかかわらず日本に道教が受け入れられなかったことは周知のとおりである。

(22) 例えば、池田温「隋唐世界と日本」（池田温編『唐と日本』吉川弘文館、一九九二年）五頁、石井正敏「外交関係――遣唐使を中心に――」（同上書）八〇～八一頁、東野治之『遣唐使』（岩波書店、二〇〇七年）五〇頁など。

(23) 太田英蔵「綴織当麻曼荼羅について」（文化財保護委員会編『国宝綴織当麻曼荼羅』便利堂、一九六三年。のち『太田英蔵染織史著作集』上巻、便利堂、一九八六年に再録）。

(24) 柳澤孝「織成当麻曼陀羅について」（『大和の古寺2　当麻寺』岩波書店、一九二八年）。

(25) 十六観図に関する私見によれば、第一七一窟の作例は八世紀後半には下り得ず、第一七二窟や第一四八窟の作例に先行するだけでなく、第二一七窟よりも早いと考えられる。前掲注（4）拙著『西方浄土変の研究』第三章「敦煌における十六観図の研究」。

(26) 前掲注（24）柳澤論文、一〇～一四・一七頁。

(27) 唐朝の政治・社会・経済を一変させた安史の乱の顛末については、藤善眞澄『安禄山』（人物往来社、一九六六年）および同『安禄山と楊貴妃――安史の乱前後――』（清水書院、一九七二年）に詳しい。その他、おもに以下の論著を参照した。築山治三郎「安史の乱後の政治と官僚の対立抗争」（『京都府立大学学術報告・人文』一九、一九六七年十月）。鈴木正弘「安史の乱における士人層の流徙」（『社会文化史学』三三、一九九四年十二月）。高瀬奈津子「安史の乱後の財政体制と中央集権について――建中元年の財政使職廃止をめぐって――」（『史学雑誌』一一〇―一一、二〇〇一年十一月）。

(28) 前掲注（4）拙稿「綴織当麻曼荼羅考――図様解釈および制作地と制作年代について――」。

(29) 『両京新記』巻三、太平坊条（尊経閣文庫蔵旧抄本）に「西南隅、温国寺〔景龍元年、殤帝為温王立。寺内浄土院為京城之最妙〕」と記す（〔 〕内は割注）。また『唐両京城坊攷』巻四、太平坊条（連筠簃叢書本）にも、「西南隅、温国寺〔本宝《ママ》際寺。隋太保・薛国公長孫覧妻鄭氏捨宅所立。景龍元年、殤帝為温国、改温国寺。大中《ママ》六年、改崇聖寺。寺内浄土院為京城之最妙。院有尹琳・呉道元《ママ》画〕」と記す（〔 〕内は割注）。なお、実際寺については柏明主編『唐長安太平坊与実際寺』（西北大学出版社、一九九四年）に詳しい。

(30)『唐大和上東征伝』には鑑真により将来された品々が録されており、そのうち仏像については「功徳繍普集変一鋪、阿弥陀如来像一鋪、琱白栴檀千手像一軀、繍千手像一鋪、救苦観世音像一鋪、薬師・弥陀・勒井瑞像各一軀、同鄣子」と記されているが、綴織の西方浄土変である本図に該当するものは見当たらない。

(31) 河原由雄氏も「図相・様式ともに盛唐ないしは天平時代の特徴を表していることは明らかである」と述べている（「綴織当麻曼荼羅図」『大和古寺大観　第二巻　当麻寺』岩波書店、一九七八年、八七頁）。

(32)「檀像壱具／右養老三年歳次己未、従唐請坐者」「合舎利伍粒請坐金堂／右養老三年歳次己未、従唐請坐者」と記す（竹内理三編『寧楽遺文』中巻〈東京堂出版、一九六二年〉三四五～三四六頁）。

(33)『新日本古典文学大系一四　続日本紀　三』（岩波書店、一九九二年）三〇～三一・五八七頁による。

第三章　綴織當麻曼荼羅の九品来迎図

——敦煌壁画にもとづく復原的考察——

はじめに

奈良・當麻寺に伝わる綴織當麻曼荼羅は、鎌倉時代以降に大量に転写された當麻曼荼羅の原本である。本図は八世紀後半の制作とみられ、銘文に「天平宝字七年」（七六三）の年紀があったとされることから日本製とも解されているが、銘文は作品の完成後に施されるもので制作地や制作時期を特定する根拠にはなりえない。それに対し本図の高度な織成技術と正確無比な図像的特徴からみれば、本図は唐製としか考えられず、とりわけ宮廷工房の作であった可能性がきわめて高い(1)。

この綴織になる本図の画面下部には、かつて九品来迎図があらわされていたと伝えられる。この九品来迎図の図相は、平安時代後期にはすでに消えかかり、鎌倉初期には判別困難な状態にあったことが『當麻曼陀羅注』や『建久御巡礼記』によって知られ、当初の図様は失われて久しい。一方、當麻曼荼羅の転写本では、下縁部の九品来迎図について坐像にあらわすタイプと立像にあらわすタイプの二種が存在し、どちらを本来の姿とみるかが重要な論点の一つとなっている。この問題を考えるうえで、同時代の中国の作例において九品来迎図がどのように表現されているかをみることは、有用な視点を与えるものと考える。しかし従来の研究では、この問題に関する諸師の見解についても具体的な文献的根拠はほとんど示されておらず、また図相についても坐立の別以外は論じられてこなかった。

そこで本章ではまず、當麻曼荼羅下縁の九品来迎図をめぐる諸師の解釈を整理する。ついで綴織原本を中国製とみる立場から、敦煌莫高窟に現存する同時代の九品来迎図の図相をもとに、唐代前半期における九品来迎図の図様的特徴や基本的要素を洗い出す。そのうえで、綴織原本の九品来迎図の図様を復原的に考察してみたい。

一　當麻曼荼羅下縁部来迎図に関するこれまでの研究

鎌倉時代以降さかんに制作された當麻曼荼羅の転写本（以下、転写本とする）の多くは、下縁の九品来迎図を立像で描いており、その代表的なものに現存最古の転写本にあたる禅林寺本がある（図1）。一方、當麻曼荼羅下縁の九品来迎図における来迎聖衆の坐立の別にふれた最初の文献は、西誉聖聡による『當麻曼陀羅疏』（永享八年〈一四三六〉）であり、同書巻二五の最末尾には、次のように記されている。(2)

又問、当品已下来迎三尊如二愚カ所見一ノ者、新曼陀羅座《ママ》像也。又所所ノ伝本ノ中ニ有二座《ママ》像一有二立像一。何ソ違二新曼陀羅一ニ耶。但本曼陀羅ハ近年損壊スル之間、座《ママ》立不二見分一也。此義如何。答新万《ママ》陀羅ヲ可レ為レ本ト。所所ノ伝本必不レ可レ為正ト。

すなわち聖聴は、所々に伝わる諸本には坐像と立像があるが、新曼陀羅は坐像であり、これを正とすべきであるという。同書執筆時に文亀本はまだ制作されていないこと、(3)また興福寺大乗院の尋尊の日記に、建保本が延徳三年（一四九一）十月に勅により京に召し上げられ興福寺一乗院殿によって採寸された記事があり、建保本の存在が確

図１　禅林寺本　九品来迎図（上品上生・上品中生部分）

認できることから、[4] ここにいう「新曼陀羅」が、その後に失われた建保本を指すことは確かである。[5] したがって、綴織原本を原寸大に写した建保本の下縁九品来迎図の来迎聖衆は、坐像であったことが分かる。[6]

とくに坐立の別については記さないものの、次にこの問題に関連する記述を残しているのは、袋中良定の『當曼白記』（慶長十九年〈一六一四〉）である。同書巻七の上品上生に関する記述のなかには、

> 問当品来迎ノ仏何端坐哉。答仏ノ坐立往来ハ不レ妨共ニ得タリ。……古抄ニ坐相来迎ヲ属ス二報身一ニ、中下ハ化身ナリト云云。此義難レ知故ハ定勝散劣ノ時定善来迎ハ住立ナリ、是ヲ云レ化。散善ノ上上品ニ有二坐来迎一。是ヲ云レ報ト。

とあり、[7] 少なくとも良定が見た上品上生の図は、来迎聖衆は坐像であった。

坐立の別について記しているのは、義山良照の『當麻曼陀羅述奨記』（元禄十六年〈一七〇三〉、以下『述奨記』）である。同書巻一には、

> 於レ是ニ居士（注：居士無塵）歴ニ拝シテ旧新正ノ三図一ヲ、考照研覈シテ無シレ不ト云フコトレ罄《尽也》二精微一ヲ。……拝スルニ其ノ図一ヲ、与ニ世間所レノ伝者一ノ異同不レ少カラ。蓋シ當麻ノ聖図一千餘年ニシテ而大半難レシ見。写者ノ皆以二胸臆一ヲ擬レス之。是ノ故ニ多二シ舛誤一。今此ノ新図ハ於二補新ノ之後一ニ、研精シテ写レシテ之ヲ描ニ取ス其ノ全真一ヲ。所下以ナリ与ニ世ノ所レ伝不上ルレ同也。茲ニ従テ二新図一ニ、作ルニ之カ註説一ヲ。

とあり、[8] 経年により綴織原本の図相が判別しがたくなっているために、世

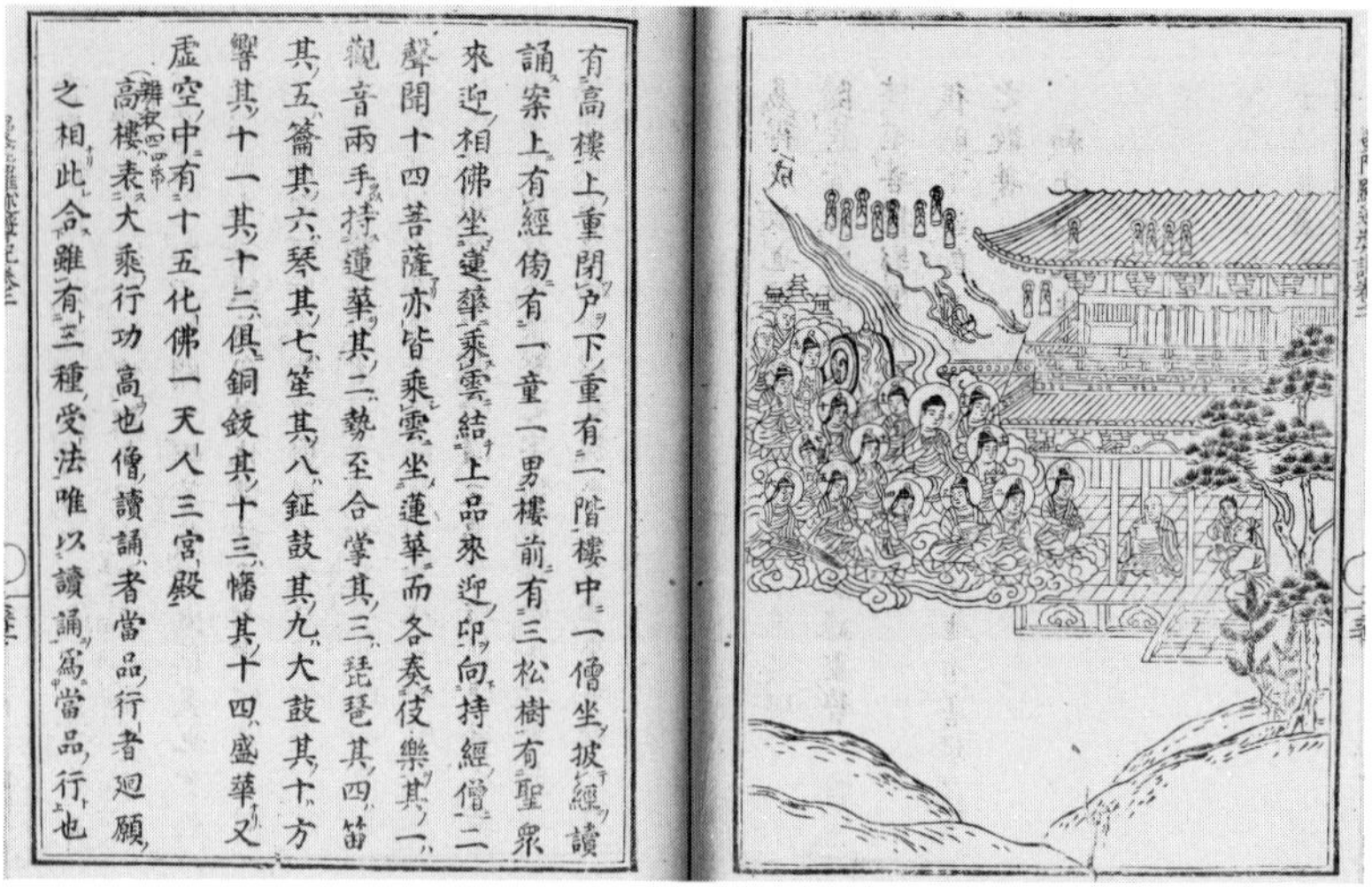

図2　『當麻曼陀羅述奨記』所載「新図」上品上生図部分

間に伝わっている當麻曼荼羅諸本には異同が少なくなく、かつ誤りも多いと指摘する。そこで同書は、精確かつ信頼すべき「新図」として貞享本を取り上げ[9]、同本にもとづき注解を施している。そして巻二では下縁の九品来迎図について、九品いずれも坐像に描いた「新図」を載せ、文中にも来迎の聖衆が坐像であることについて釈している[10]（図2）。

震誉大順も『當麻曼荼羅捜玄疏』（明和七年〈一七七〇〉、以下『捜玄疏』）において、この問題を取り上げている。すなわち同書巻三では、

今来迎ノ聖衆主伴同坐ス。古図作二立像一。

とし、「古図」は来迎聖衆を立像に図していると述べる[11]。そのうえで同書巻七において「新図」（坐像式＝義山『述奨記』の挿図）と「古図」（立像式）の図（表1）を載せた後に、次のように述べる[12]（〔 〕内は割注）。

聖衆坐立ノ差トハ者、新図ハ皆作二坐像一。古図ハ作ル二立像一。但シ古図ノ中、西師所覧ノ図〔此ノ図可レキ疑フ者如二統説ニ云云スル一〕上三品作二坐像一、袋中ノ図上上ノ一品作ル二坐像一〔西阿ノ図亦同之ニ〕如キ二袋中ノ図一ノ、恐ハ是レ写誤ナラン矣。何ヲ以カ

知ルレ之ヲ。謂ク其所将ノ聖衆皆作レリ二立像ニ一、何ソ乖テ下主伴同スル二坐立ヲ一例上、使シヤ二其ノ能将ノ仏ヲシテ坐セ一乎。案スルニ凡ソ遊方化益ノ霊儀ハ、宜ク二立像ナル一、以レ故ヲ第七観ノ三尊住二立シ空中ニ一雑想観ノ三尊及ヒ智光ノ変相来迎ノ聖衆皆為ルオハ二立像一、則以二古図ヲ一為レ得タリト矣。

すなわち大順は、「新図」と「古図」の相違点を整理したうえで、来迎聖衆の坐立の別については聖聰や良照とは逆に、立像にあらわすのが宜しいと述べている(13)。

以上みてきたように、當麻曼荼羅の九品来迎図については、諸師によって来迎聖衆の坐立のどちらを正しい、あるいは良いとみるか解釈が分かれている。また、「新曼陀羅」や「新図」というように同じ「新」という語を用いていながら、それぞれに指している転写本が異なる点も紛らわしい。

しかし、いずれにせよこうした議論が生じた背景には、実際の転写本の多くが立像であったという事実がある。このことはまた『観無量寿経』（以下『観経』）第七華座観に阿弥陀仏が空中に住立したと説く経文に対し、善導が「立撮即行」と解釈したこととも関係し、重視されたと考えられる。しかし聖聰の『當麻曼陀羅疏』にいうように、最初の転写本である建保本が坐像式であったと考えられることから、一般に綴織原本の九品来迎図は坐像式であったと推測されている(14)。

この点も含め、次節では唐代九品来迎図の遺例の検討から、綴織原本の九品来迎図の図相を復原的に探ってみることとしたい。

上品中生図	上品上生図	
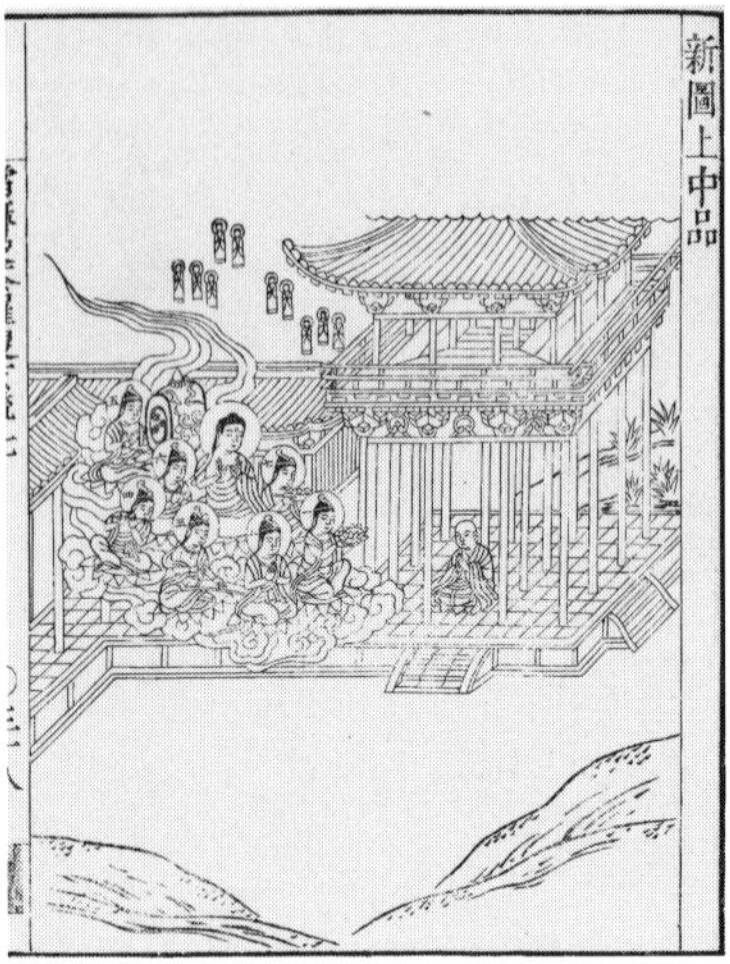		「新図」（『當麻曼陀羅述奨記』の挿図）
		「古図」

表１　『當麻曼陀羅捜玄疏』所載九品来迎図

中品上生図	上品下生図	
		「新図」（『當麻曼陀羅述奨記』の挿図）
		「古図」

中品下生図	中品中生図	
		「新図」（『當麻曼陀羅述奨記』の挿図）
		「古図」

下品中生図	下品上生図	
	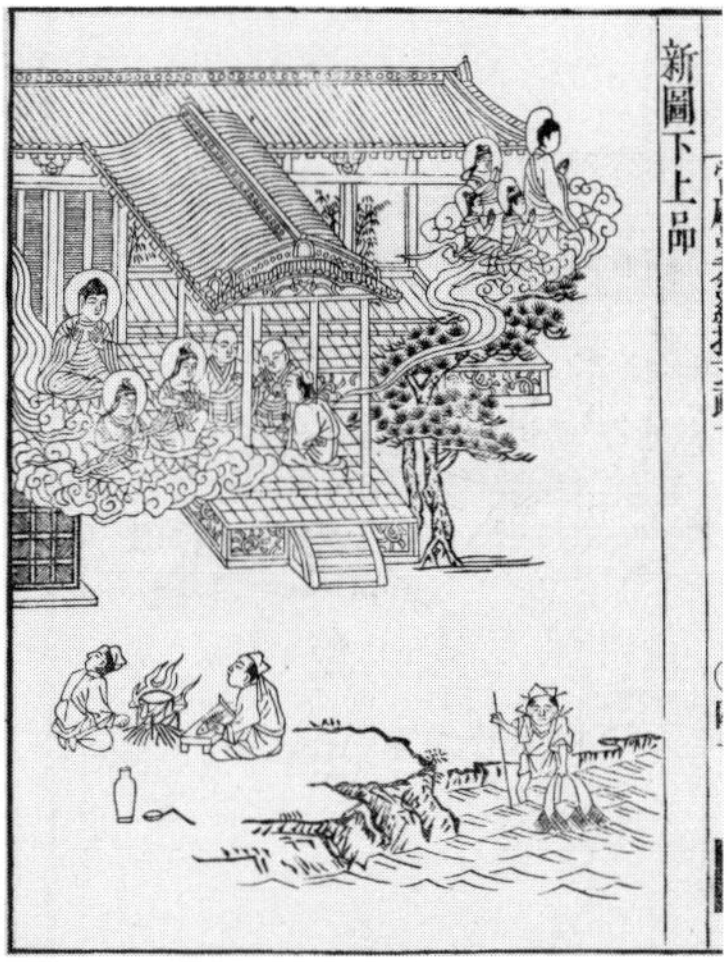	「新図」（『當麻曼陀羅述奨記』の挿図）
		「古図」

	下品下生図
「新図」（『當麻曼陀羅述奨記』の挿図）	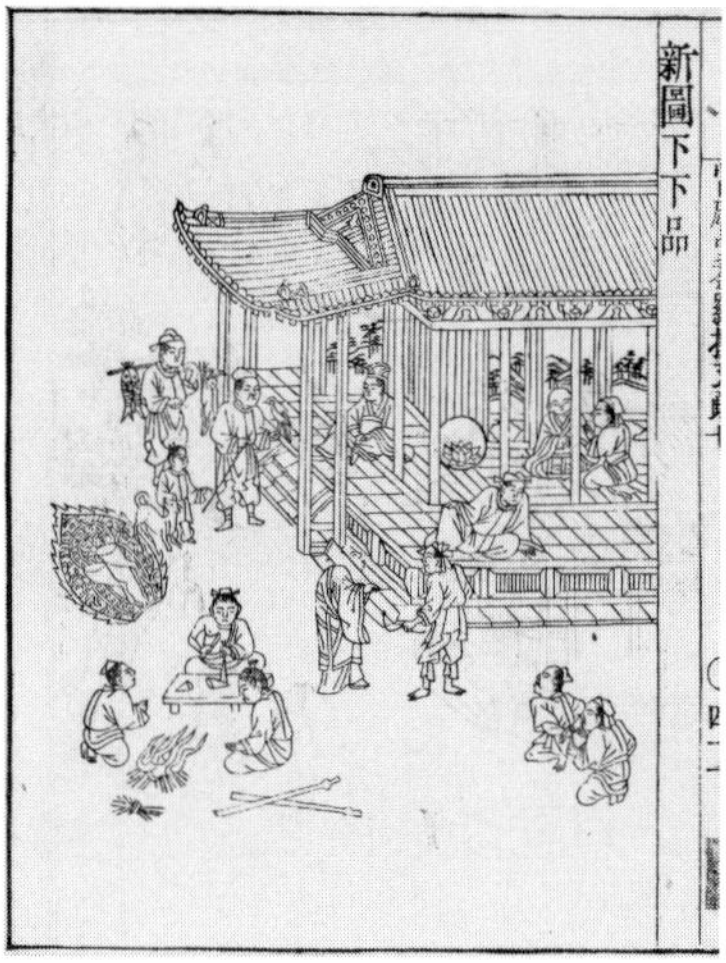
「古図」	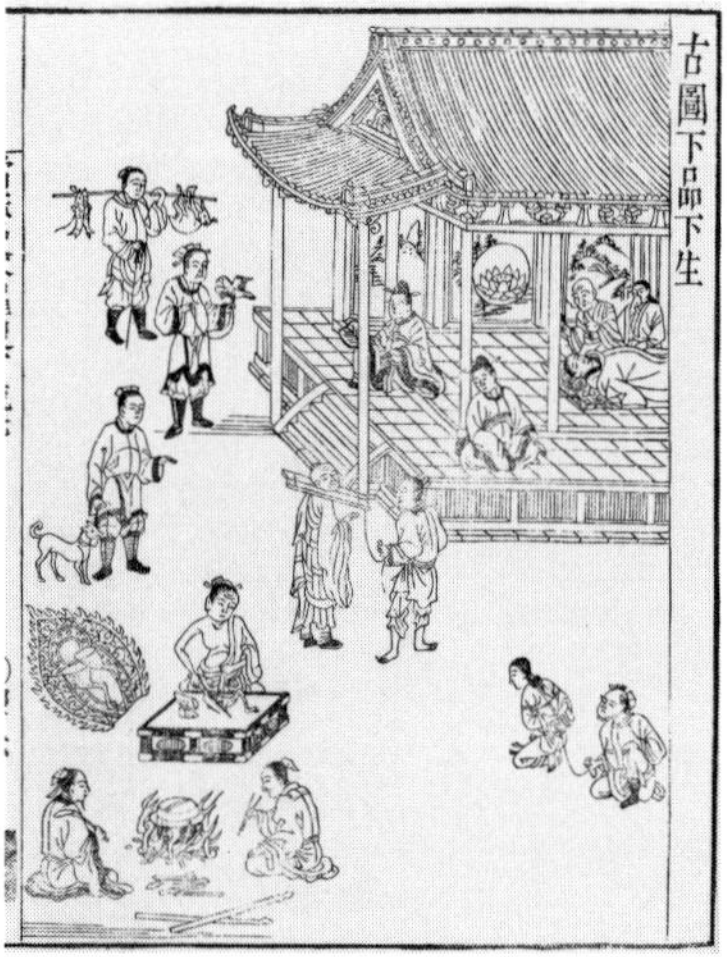

二　唐代の九品来迎図

敦煌莫高窟には、初唐期から帰義軍期までの西方浄土変の作例が多数現存しており、その数は百数十例にものぼる。[15] しかし九品来迎図を描いたものは意外なほどに少なく、唐代の第四三一窟南壁、第二一五窟北壁、第一七一窟北壁・同南壁・同東壁のわずか五例にとどまる。しかもこのうち第一七一窟の三例は同じ下図を転用して描いたとみられることから、実質的には三種しか現存しない。これらの図相の詳細については本書第一部第四章にゆずるが、その特徴をまとめると次のようになる。

まず登場人物とでもいうべき主要構成要素は、〈行者（臨終者）〉、〈来迎聖衆〉、〈浄土に帰還する聖衆（還り来迎）〉である。そのうち〈行者〉の姿は、當麻曼荼羅の転写本では、建物内に行者の姿が隠れて見えない表現が含まれるが[16]、敦煌唐代の作例は九品のすべてに行者をあらわしており、綴織原本も恐らく同様であったと考えられる。また行者の姿について、転写本では上品上生・上品中生・中品上生の行者を僧形にあらわすのに対し、唐代の作例は九品ともに俗形に描いている。これについては材料が乏しく判断は難しいが、『観経』では上輩であっても大乗を学ぶ凡夫を指すのみで出家者と特定していないことを考慮すれば、綴織原本においても行者を俗形であらわしていた可能性が考えられる。一方、行者の姿勢について、転写本では大順のいう「古図」（立像式）の下品下生図に病臥の姿を描くほかは、行者はいずれも端坐にあらわしている。ところが唐代の作例では、臨終の態であることを示すためか端坐よりもむしろ病臥の姿であらわしているものの方が多い。ただし、最も位階の高い上品上生図では仏教徒にとって理想とされる坐亡を示す端坐の姿であらわすのが一般的であったと考えられ、これは転写本とも共通している。したがって、綴織原本の上品上生図の行者は端坐形であったと推測され、その他の各品では病臥のものも混じっていた可能性が考えられる。

〈来迎聖衆〉について、唐代の作例では主尊たる阿弥陀如来は来迎と帰還とにかかわらず、いずれも坐像であらわされ一つの例外もない。一方、観音・勢至の二菩薩の姿は、帰還の場面ではすべて坐像にあらわされているが、来迎の場面では第四三一窟と第二一五窟は立像、第一七一窟では坐像となっており、一様でない。しかし制作年代が先行する二例が立像であることから、来迎の場面では観音・勢至の二菩薩を立像にあらわすのが、より原初的な姿であったと推測される。また転写本との違いでいえば、転写本では来迎聖衆のなかに奏楽菩薩の姿が含まれるのに対し[17]、唐代の作例には奏楽菩薩は全く描かれていない。これは、『観経』では来迎に関する経文のなかに奏楽菩薩の存在が記されていないこととも関係しよう。恐らく奏楽菩薩は日本において新たに付加された要素であり[18]、綴織原本にはあらわされていなかったと推測される。さらに阿弥陀の印相について、転写本では転法輪印と来迎印にするが[19]、唐代の作例ではいずれも両手を腹前に置いて大衣の内側に隠しているから、綴織原本の印相も同様であったと推測される。

また、〈浄土に帰還する聖衆（還り来迎）〉について、転写本では描かない場面も含まれる[20]。ところが唐代の作例では九品の全場面に描いている。これは、『観経』が九品の等差はあれ、いずれも往生できると説いていることと合致する。つまり、九品の全場面に還り来迎を描くのは経意に適った表現であるといえる。したがって、綴織原本の九品来迎図にも、九品の各場面に還り来迎があらわされていたと考えてよいであろう。

これら主要な登場人物のほかに、〈善知識〉を描く場合がある。これは『観経』の中品下生以下の経文に、善知識の存在を説くことによるものと解される。これについて第四三一窟では下輩の三図にのみ善知識をあらわし、第二一五窟と第一七一窟では九品のすべてに描いているが、いずれも程度の差はあれ写し崩れである。また善知識の姿について、転写本はすべて僧形に描いているが[21]、唐代の作例では僧形とするほかに俗形に描くものもある。この区別について『観経』また善導の『観経疏』ともに、とくに言及はないが、どちらも下品下生については「善友」とある点が、あるいは善知識を俗形とする根拠になっているかとも思われるが詳らかでない。

〈悪道〉については、九品の別を意識した描き分けがなされている第四三一窟と第二一五窟では、ともに下輩三図に地獄や餓鬼などの表現がみられる。これは『観経』において、下輩にあたる人物を「愚人」「罪人」とし悪業を説いていること、さらに下品中生では臨終時に堕すべき地獄が来至することや、下品下生でも悪道に堕すべきことを説いていることによるものと考えられる。[22] したがって、経文に則った作例には下輩三図に地獄などの〈悪道〉の来臨のさまがあらわされていたはずで、綴織原本にも本来は、下輩三図に悪道が表現されていたと考えられる。

その他、転写本や唐代の作例には侍者が描かれる場合があるが、経文に記載がなく現存作例においても規則性が見出せないことから、基本モチーフからは除外してよい。また転写本には、漁撈や魚・獣の調理、仏像・卒塔婆の破壊などの悪業が表現されているが、唐代の作例には同種の表現はみられない。しかし、『観経』の下輩三品には悪業が説かれていることから、[23] 綴織原本にも悪業を示す描写がなされていた可能性は排除できない。

次に、それら主要登場人物を取りまく舞台装置についてみてみると、まず外せない要素となっているのは、行者が居す〈堂宇ないし楼閣〉、そして〈雲〉と〈土坡〉のモチーフである。

〈雲〉は今日、来迎を示すモチーフとみなされているが、仏画における雲は本来、仏菩薩ら聖衆の出現をあらわす象徴的記号としての役割を担っている。[24] つまり阿弥陀浄土という異空間から娑婆世界に出現し、また去りゆく存在として来迎の聖衆を表現するにあたって、雲は不可欠のモチーフとなっているのである。一方の〈土坡〉については、これまでほとんど注目されてこなかったが、西方浄土変の画面構成を考えるうえで実は重要な役割を担っていると考えられる。[25] それはすなわち、中台の阿弥陀浄土世界に対し、外縁に配される九品来迎図がほかならぬこの娑婆世界で起きる場景の描写であることを明示する役割である。それゆえ西方浄土変の外縁部に付された九品来迎図において、土坡は欠かすことのできないモチーフであったと考えられる。

三　復原的考察

以上の考察結果をふまえ、さらに綴織當麻曼荼羅は現存作例中ぬきんでて『観経』経文に正確であることを勘案すれば、下縁に本来あらわされていたであろう九品来迎図について、次のようにまとめることができよう。

一、転写本には行者の姿を隠しているものも含まれるが、原図では九品ともに行者をあらわしていたと考えられる。行者の姿はいずれも俗形であった可能性がある。行者の姿勢は、端坐と病臥の両様があったと考えられるが、上品上生図は端坐であった可能性が高い。

二、来迎聖衆の姿は、経文に記載のある上品上生から中品中生までと、下品上生については綴織原本にもあらわされ、それぞれの聖衆の種類は経文に則っていたと考えられる。中品下生について経文は聖衆の来迎を説いていないが、それより下位の下品上生に説いていることからすれば、綴織原本の中品下生図にも来迎聖衆をあらわしていたと考えるのが自然である。下品中生図では、地獄の猛火が涼風と化して吹く天華の上に化仏菩薩があって迎接するとの『観経』所説を表現していたと考えられる[26]。

三、転写本の下品下生図に描かれる日輪のごとき金蓮華は、『観経』所説に則っている。したがって、綴織原本にも同様の表現がなされていたと考えられる。

四、来迎聖衆のうち、阿弥陀仏は坐像であったと考えられる。一方、行者の坐す台座を捧げ持つ観音・勢至の二菩薩は、唐代の作例には立像と坐像とが存在するが、建保本が坐像であったとみられることから、坐像と推測される。

五、阿弥陀の印相は、転写本のような転法輪印や来迎印ではなく、両手を腹前に置き大衣の内側に納める形であった可能性が高い。

六、奏楽菩薩は、経文にも善導の『観経疏』にもなく唐代の作例にも描かれていないことから、綴織原本の来迎聖衆に奏楽菩薩の姿は含まれていなかったと考えられる。

七、浄土に帰還する聖衆の姿は、敦煌の作例ではどの品位にも描かれている。これは九品のいずれもが往生できることを示すモチーフでもあることから、綴織原本の各図にもあらわされていたと考えられる。またそこには、経文にある「仏の後に随《しりえ》いて」という表現にもとづき、行者の坐す蓮台を聖衆の背後にあらわしていた可能性が高い。

八、善知識は、『観経』では中品下生以下の四品に説かれていることから、當麻曼荼羅の綴織原本でも中品下生以下の四図にあらわされていたと推測される。そのうち善知識の姿は僧形と俗形の両様があった可能性がある。

九、下輩の三図には、地獄など本来行者が堕すべき悪道が表現されていたと考えられる。一方、その因となった悪業について、転写本には下品上生と下品下生の二図に表現されているが、唐代の作例では表現されていない。しかし、『観経』の下輩三品には悪業が説かれており、綴織原本にそれら悪業の表現がなされていた可能性がある。

十、九品の各図の最下部には、門牆や籬門、樹木のほかに、土坡があらわされていたと考えられる。

これらのうち三と十以外は、転写本とは図相が異なっている。ここから、転写が始まった時点で、もとの図相がかなり不明瞭になっており、転写の際に抜け落ちた部分や推測によって補われた部分が少なくなかったことが読み取れる。

おわりに

綴織當麻曼荼羅は、鎌倉時代にその存在が世に知られるようになって以降、朝野の尊崇を集め多数の転写本を生み出した、いわゆる當麻曼荼羅の原本である。本図下縁にあったとされる九品来迎図部分はしかし、銘文部分とともに十一世紀後半にはかなり損傷しており、ために転写本において異なる図相を生む原因となったと考えられる。當麻曼荼羅の転写本は、仏菩薩などの面貌や文様などに時代的相違がみられるものの、原図に忠実であろうとする転写姿勢が強く、中台や左右両縁の序分図や十六観図などは、基本的に同じ図像とみてよい。ところが下縁の九品来迎図に関しては、建物の形や背景、また登場人物などが諸本で異なっている。これは転写がなされるようになった時点で、九品来迎図部分には図相を判じがたい箇所が少なくなかったことを物語る。なかでも来迎の聖衆が坐像か立像かという点は最も顕著な相違点となり、「古図」「新図」と呼ばれる系統の違いを生み、どちらが原図に忠実であるかということが問題とされてきた。

しかし本章で検討してきたように、来迎聖衆が立像であらわされるようになったのは、鎌倉時代以降の立像式来迎図の盛行に影響されたものであり、その背景には『観経』第七華座観の経文を「立撮即行」とみる善導の解釈があったと考えられる。しかし、敦煌に残る唐代の九品来迎図では、少なくとも阿弥陀仏に関しては坐像でしかあらわされていないこと、さらに聖聡の『當麻曼陀羅疏』によれば最初の転写本である建保本が坐像式であったと考えられることから、綴織原本の九品来迎図における来迎聖衆は坐像式であったと考えてよいであろう。

注

（1）本書第二部第一章を参照。

（2）佛教大学附属図書館所蔵、慶安二年（一六四九）本にもとづく。引用箇所は、同書の巻二五、第十一葉表。以下、版本の句読点は筆者が補った。

（3）文亀本は、明応二年（一四九三）に画絹が織られたのに始まり、永正二年（一五〇五）に完成したとされる。

（4）『大乗院寺社雑事記』尋尊大僧正記巻一四七、延徳三年（一四九一）十月九日条「一當麻新万タラ為勅被召上之、昨日京上云々、自一乗院殿被申付之、彼寺知行故也」、同年同月十八日条「一當麻新万陀羅自一乗院殿給之、開見了。縁起絵二福《（幅）》一寺之縁起・万タラノ縁起後五大院殿筆一巻在之」云々とある（『大乗院寺社雑事記』十、角川書店、七七頁、八一～八二頁）。この『大乗院寺社雑事記』においても、建保本を「新曼陀羅」と呼んでいることから、当時この呼称が一般化していたことがうかがえる。

（5）大順の『當麻曼荼羅捜玄疏』巻一にも、「一酉鈔ノ所謂ル新曼荼羅ナル者云フ是レ建保中良賀・源慶・源存等ノ所ト レ写ス。然ニ参ニ校スルニ之ヲ西山所依ノ建保ノ図一ニ其ノ差非レ一ニ。同ク称ニスル建保ノ図一ト者ニシテ豈ニ有ニンヤ相違一スルコト乎。酉師ノ所覧恐クハ非ニ真物一ニ。来哲詳ニシテ而質セ焉」と記している（佛教大学附属図書館所蔵、明和九年〈一七七二〉本、巻一第五葉裏）。

（6）この建保本をもとに写された可能性が高いとされる文亀本も来迎聖衆を坐像で描いている。

（7）佛教大学附属図書館所蔵、寛文十一年（一六七一）本、巻七、第十葉表～第十一葉裏。

（8）佛教大学附属図書館所蔵、元禄十六年（一七〇三）本、巻一、第一葉裏。

（9）貞享本は、京都・大雲院の性愚により、延宝五年（一六七七）～貞享三年（一六八六）にかけて、綴織原本（『述奨記』にいう正本）と文亀本（『述奨記』にいう旧本）を参借し、転写がなされた。絵師は青木七太夫良慶、外縁三辺の題記および下縁中央の織付縁起は霊元天皇の宸筆になる。

（10）佛教大学附属図書館所蔵、元禄十六年本、第三十葉裏～第五十四葉裏。

（11）佛教大学附属図書館所蔵、明和九年本、巻三、第三葉裏。

（12）佛教大学附属図書館所蔵、明和九年本、巻七、第四十七葉表裏。

(13) この坐立の別のほかに、大順は「古図」と「新図」の九品来迎図の相違について、来迎・引接・人数及形相・室屋境荘器財等の四点を挙げ、そのうちの来迎はさらに①聖衆坐立に加え、②放光、③手印、④下下品日輪相において違いがあると指摘している。

(14) 河原由雄「当麻曼荼羅下縁九品来迎図像の形成」(『密教図像』一、一九八二年六月)。奈良国立博物館編『浄土曼荼羅――極楽浄土と来迎のロマン――』一九八三年、二〇五頁。元興寺文化財研究所編『日本浄土曼荼羅の研究』中央公論美術出版、一九八七年、一五八頁。北澤菜月「當麻寺と當麻曼荼羅の信仰史」(奈良国立博物館『當麻寺』二〇一三年)一三～一四頁など。

(15) 敦煌研究院編『敦煌石窟内容総録』(文物出版社、一九九六年)によれば、外縁のない「阿弥陀経変」は七十四例(その他に楡林窟十二例、東千仏洞一例、西千仏洞一例を挙げる)、外縁を有するいわゆる「観無量寿経変」は九十例がある。

(16) 『捜玄疏』所載の転写本の二系統でみると、新図(坐像)では上品下生図、中品中生図、下品中生図の三図、古図(立像)ではそれらに中品下生図を加えた四図が、行者を建物内に隠した表現となっている。

(17) 『捜玄疏』所載の新図(坐像)では上品三図の来迎聖衆と中品下生の還り来迎のなかに、古図(立像)では、上品三図の来迎聖衆に奏楽の菩薩を描く。

(18) 日本で来迎図に奏楽菩薩が付加されるようになった背景としては奈良時代以来、日本に伝わっていた西方浄土変(阿弥陀浄土図)のなかに、奏楽菩薩の姿が描かれていたことが考えられよう。その理由については、さらに考察を加える必要があろうが、平安時代の来迎図のなかにすでに奏楽菩薩の姿があらわされていたことは事実であり、それら既存の来迎図の影響を受けて、當麻曼荼羅の転写本では下縁の九品来迎図に奏楽菩薩が加えられたのではないかと考える。

(19) 『捜玄疏』所載の新図(坐像)では、上品上生図、上品中生図、下品上生図は転法輪印、上品下生図、中品上生図は来迎印とする。古図(立像)では、来迎聖衆を描く図(上輩三図、中品上生図、下品上生図)はいずれも来迎印とする。

（20）『捜玄疏』所載の新図（坐像）古図（立像）ともに、上品上生図、上品中生図、上品下生図、下品下生図には還り来迎を描かない。

（21）『捜玄疏』所載の新図（坐像）古図（立像）ともに、下品上生図と下品下生図に善知識を描く。なお、新図の中品下生図では堂上に臨終者のほかに背後に俗人が二人坐しているが、臨終者とは相対していないことから、善知識とはみなせない。一方、同書所載の古図の中品下生図には、堂内の人物を描かない。

（22）『観経』では下品の三生に関して行者の悪業や罪を説く。とくに下品中生では「如此罪人、以諸悪業、応堕地獄。命欲終時、地獄衆火、一時倶至」、下品下生では「或有衆生、作不善業、五逆十悪、具諸不善。如此愚人、以悪業故、応堕悪道、経歴多劫、受苦無窮」とあり、明確に地獄などの悪道についての言及がある（『大正蔵』一二、三四五c～三四六a）。

（23）『観経』巻下に「下品上生者、或有衆生、作衆悪業。雖不誹謗、方等経典、如此愚人、多造衆悪、無有慚愧」、「下品中生者、或有衆生、毀犯五戒八戒、及具足戒。如此愚人、偸僧祇物、盗現前僧物、不浄説法、無有慚愧、以諸悪業、而自荘厳。如此罪人、以悪業故、応堕地獄」、「下品下生者、或有衆生、作不善業、五逆十悪、具諸不善。如此愚人、以悪業故、応堕悪道、経歴多劫、受苦無窮」として、下輩三品における悪業について記す。

（24）雲のモチーフが有する、出現を示すはたらきについては、拙稿「蓮華三昧院所蔵阿弥陀三尊像の主題と明遍の思想」（『南都仏教』七四・七五、一九九七年十二月。拙著『西方浄土変の研究』中央公論美術出版、二〇〇七年に再録）および本書第一部第四章を参照されたい。

（25）土坡のモチーフに関しては、本書第一部第四章を参照。

（26）転写本の下品中生図は、新図（坐像）古図（立像）ともに還り来迎のみを二組ずつ描いている。

第四章　奈良時代における文物の移入と唐関市令

――『天聖令』関市令を中心に――

はじめに

日本には、唐の宮廷工房（宮廷内の官府工房）の作になると目される、きわめて質の高い仏画的工芸作品が二点伝来する。すなわち、奈良国立博物館所蔵 刺繡釈迦如来説法図（勧修寺繡仏）と綴織當麻曼荼羅であり、図像的見地から前者は八世紀初め、後者は八世紀前半に制作されたと推定される[1]。これらはいずれも、唐代前半期に国外への持ち出しを禁じられた品目に該当することから、日本への入手経路は遣唐使に対する回賜品以外には考えがたい。こうした遣唐使による唐文化の移入については、これまで多方面からの研究がなされているが、国外持ち出し禁止品を含めた唐代の文物が、中国国内でどのような手続きを経て持ち出されたのかという問題については、いまだ十分に明らかにされておらず、とりわけ唐代仏教美術の日本伝来に関しては、ほぼ手付かずの状態にある[2]。

そこで本章では、まず『天聖令』関市令をもとに唐関市令の条文排列の復原を試みる。そのうえで、唐代仏教美術の日本伝来にかかわる条文を検討し、先の二点の仏画的工芸品が唐代前半期において、どのような手続きや経路をとって日本に齎されたのかという問題について考察を加えてみたい。

一　開元二十五年関市令の条文排列

唐代の関市令については、『唐令拾遺』と『唐令拾遺補』に佚文からの復原がなされ、そのうち朝貢・貿易管理規定の条文に関しては榎本淳一氏による復原研究があった。[3] しかし、それらがいずれも史料的に制限された佚文による復原であったのに対し、一九九八年に明鈔本北宋『天聖令』（以下『天聖令』）が発見されたことにより研究条件は飛躍的に向上した。すなわち『天聖令』は、唐開元二十五年令をもとに新たに制定した北宋の現行法を列挙し、ついで撤廃された唐令を附載するという体裁になっていることから、より全面的な唐令の復原の可能性が開かれた。

『天聖令』巻二五、関市令には、北宋現行令が計十八条、不行唐令が計九条挙げられている（以下、北宋現行令については**宋1条**〜**宋18条**、不行唐令は**唐1条**〜**唐9条**と表記する）。『天聖令』を用いた唐関市令の復原研究の最初の成果は、『天聖令』全文が公開された二〇〇六年の『天一閣蔵明鈔本天聖令校証　附唐令復原研究』下冊において、孟彦弘氏が提示した復原案である。[4] それをふまえ榎本氏は、朝貢・貿易管理規定の条文（**宋6**・**宋7**・**宋8**・**唐6**・**宋17条**）について改めて検討を加えているほか、[5] 吉永匡史氏は孟氏による復原案を再検討し、新たな条文排列案と、関にかかわる条文群の根幹規定である**宋1条**の復原案を提示している。[6]

『天聖令』を用いて唐令を復原する場合、不行唐令については基本的に旧文のままを伝えているとみてよいが、北宋現行令については唐令を継承しつつも改変が加えられている可能性を考慮する必要がある。またその改変についても、条文内容だけでなく、条文を分割あるいは統合した可能性もある。しかし、本節では条目ごとの内容の復原はひとまず不問とし、条文の排列の復原を試みる。その目的は、唐開元二十五年関市令（以下、唐関市令）の全体構成を捉えるところにある。

唐関市令の条文排列を復原するには、天聖関市令に記される不行唐令を北宋現行令のなかに戻す必要がある。その際、手がかりとなるのは『天聖令』における不行唐令と北宋現行令の、それぞれにおける並び順であり、また唐令を手本とした『養老令』(7)の条文排列である。それらは基本的には唐令の条文排列を反映していると考えられるからである。また各条文の内容も、当然のことながら条文排列を復原するにあたって考慮しなければなるまい。

唐関市令の排列構成に関しては、先述した孟彦弘氏と吉永匡史氏による復原案がある。そのうちまず孟案からみていくと、孟氏は関市令の全体を「関」と「市」とに大別したうえで、さらに関規定を、「(一) 請過所」「(二) 度関」「(三) 禁物出入関」「(四) 関門管理」に、市規定を「(一) 置市及管理」「(二) 交易」に分けている（表1）。これに対し吉永氏は関と市に分けることをせず、全体を「①過所の申請・発給」「②関における勘過」「③禁物の出入制限」「④関門の管理」「⑤市の設置・管理」「⑥交易にかかわる諸規定」に分け、そのうえで孟氏の復原方法を批判する。すなわち孟氏が宋令の論理構造を最重視したうえで宋令・不行唐令の順序を崩さずに復原するという方法を採用して、養老令の排列を重視していない点に問題があるとし、「原則として、天聖令編纂の際に唐令を改変して新たに立条するにあたっては、もとの唐令の順序を崩すことなく配列したものと推測されるため（不行唐令も同様）、まずは宋令・不行唐令・養老令それぞれの条文順序を生か」すべきだとした。また、孟氏が唐令にはないと解した宋4条については、『唐律疏議』巻二九、第一三条「囚徒伴稽送併論条」を引き、唐令に存在したと指摘し、さらに孟氏が（宋7条）条文を前後に分け、前半を関の「(三) 禁物出入関」規定に置き、後半を市の「(二) 交易」に入れた点についても、分割すべきではないとする榎本氏の見解を承け(8)、新たな条文排列案を示した（表2）。

結論からいえば、私案は吉永案に近い（表3）。しかし、吉永氏は自身の復原案について、「宋令・不行唐令・養

表1　孟彦弘氏による唐関市令条文排列復原案（附榎本説）

開元令		天聖令		養老令 孟説	養老令 榎本説		『唐令拾遺』による復原順
Ⅰ関 （一）請過所	1	宋1条	欲度関津請過所	1条			1
	2	唐1条	請過所自録副白				
	3	唐2条	丁匠上役度関之憑証	5条			
	4	唐3条	将物互市請過所				
	5	唐4条	隔関属州県者、過関之憑証				
	6	唐5条	関司及家口出入餘処関請過所				
（二）度関	7	宋2条	行人度関	2条・3条			2
	8	宋3条	行人齎過所及乗逓馬出入関	4条			
	9	宋5条	兵馬出入関				3
	10	宋6条	蕃客給過所出入関	7条	7条	蕃客の貨物検査	
（三）禁物出入関	11	宋7条（前半部分）	私将禁物至関		8条	齎禁物私度関の摘発・報賞→官司先買違反の摘発・報賞	4
	12	宋8条	禁物不得出関	9条	9条	禁物出関（境）の例外規定	
	13	唐6条	錦繡等不得互市		6条	輸出禁止品の規定→交易禁止品の規定	
	14	唐7条	禁鉄之郷	6条			
（四）関門管理	15	宋9条	関門開閉	10条			

Ⅱ市								
（一）置市及管理	16	唐8条	置市及市之開閉	11条			6
	17	宋10条	市肆標行名及物価	12条			7
	18	宋11条	官与私交関	13条			8
	19	唐9条	斗秤尺平校	14条			9
	20	宋12条	秤・斛斗	15条			10
（二）交易	21	宋13条	売牛馬駝騾驢	16条			11
	22	宋14条	造弓箭横刀及鞍出売	17条			12
	23	宋15条	居係官店肆・男女別坐	18条			
	24	宋16条	以行濫之物易者	19条			13
	25	宋17条	縁辺与外蕃互市		（8条）	縁辺互市の運営	5
	26	宋7条（後半部分）	与外蕃互市	8条			
	27	宋18条	官有所市買	20条			

（注）孟氏は二〇〇八年の論文「唐代〝副過所〟及過所的〝副白〟、〝録白案記〟辨釈——兼論過所的意義——」において、唐1条を宋1条の注文として条文中に入れ込む新たな復原案を提示している。この孟氏の論文については、本文注（21）を参照。

老令の条文順序を崩さないだけでなく、宋令部分の論理構造も保持できる点が、私案のメリットと言えるだろう」と述べるものの、不行唐令を現行宋令のなかに戻していく過程において、その前後関係をいかに決定したのかという理由や、「宋令部分の論理構造」の具体的内容についても言及がない。そこで以下では、まず孟案に対して条文排列の再検討を行い、そのうえで吉永案についても検討を加えることにしたい。

関市令は関津によるヒトとモノの出入管理と交易管理を規定する法令であり、関と市との規定から成っている。

表2　吉永匡史氏による唐関市令条文排列復原案

吉永案	分類	孟氏案	宋令	不行唐令	天聖令条文名（仮称）	養老令	養老令条文名	『唐令拾遺』	『唐令拾遺補』	天聖関市令の各条文の内容
1	①過所の申請・発給	1	1		欲度関条	1	欲度関条	1甲・乙	1甲・乙	行人が過所を申請するにあたっての細則。
2		2		1	請過所条	×				行人が所持する来文の複写規定。
3	②関における勘過	7	2		行人度関条	2、3	行人出入条、行人度関条	2	2	関において関司が勘過を行う場所についての原則。
4		8	3		齎過所条	4	齎過所条			関司による行人の過所・駅券・逓牒の記録義務を明示。
5		×	4		乗逓馬度関条	×				逓馬に乗る行人、および護送する囚人等の勘過規定。
6		9	5		兵馬出関条	×		3	3	軍勢を率いて出関する際の原則。
7		3		2	丁匠上役条	5	丁匠上役条			丁匠が上役する際の関における勘過細則。
8		4		3	将物互市条	×				互市目的で関を通過する行人に対する検察規定。
9		5		4	隔関条	×				同一州県内部に関が存在する場合の勘過業務簡略措置。
10		6		5	関官司及家口出入餘処関条	×				関司官人・その家口の過所申請規定、および関所在州県に属する百姓への便宜規定。
11	③禁物の出入制限	13		6	錦等不得互市条	6	弓箭条		補1	諸蕃や縁辺諸州に対する禁物の互市禁止規定、および禁物の品目列挙。
12		10	6		蕃客条	7	蕃客条		補2	関における蕃客および随身物品の勘査規定。
13		11、26	7		有私将禁物条	8	官司条			関における禁物没官と没収物の分配規定。

14	③禁物の出入制限	12	8		禁物条	9	禁物条	4	4	関外に在住する者や蕃客等に対する、関における禁物出入の特例措置。
15		14		7	禁鉄之郷条	×				鉄の交易を禁ずる地域の百姓が、鉄製農具等を入手するための特殊規定。
16	④関門の管理	15	9		関門条	10	関門条			関門の開閉規定。
17	⑤市の設置・管理	16		8	非州県之所条	11	市恒条	6	6	州県城のみに市の設置を許可し、併せて市の開催時刻を規定。
18		17	10		市四面条	12	毎肆立標条	7	7	市内部・周辺における店舗の設置、および物価の記録にかかわる細則。
19		18	11		官私交関条	13	官私交関条	8	8	官私間の交易に際する価格決定方法。
20		19		9	官私斛斗秤尺条	14	官私権衡条	9	9	官私で使用する度量衡器の検査規定。
21		20	12		用秤条	15	用称条	10	10	秤と格を用いる際の細則。
22	⑥交易にかかわる諸規定	21	13		売牛馬条	16	売奴婢条	11	11	牛馬等を売却する際の立券規定。
23		22	14		造弓箭等出売条	17	出売条	12	12	弓箭等の武装を製造する際、製作者の姓名等を明記すべきことを規定。
24		23	15		欲居係官店肆条	18	在市条			官と交関する店舗の本属確認、および市における男女の別坐規定。
25		24	16		行濫条	19	行濫条	13	13	交易された粗悪品の処理についての規定。
26		25	17		縁辺互市条	（8）		5	5	外蕃と交易する際の互市官司による事前の価格設定、および互市品目・数量の報告規定。
27		27	18		官市買条	20	除官市買条	・	補3	官が交易する際は必ず市において行い、時価に従って支払うことを規定。

（注）吉永匡史「律令関制度の構造と特質」（『東方学』一一七、二〇〇九年一月）表一「唐関市令条文配列復原案」を転載。ただし旧字は新字に、異体字は本字に改めた。

表3　唐関市令条文排列復原私案

分類（関規定）	復原唐令（私案）条文番号	天聖令 条文番号（唐）	天聖令 条文番号（宋）	天聖令 条文名（仮称）	養老令 条文番号	養老令 条文名	唐令拾遺	復原案 孟案	孟案	孟案	復原案 吉永案	吉永案
過所規定	1		宋1条	欲度関条	1条	欲度関条	1	1	Ⅰ関	（一）請過所	1	①過所の申請・発給
過所規定	2	唐1条		請過所条				2	Ⅰ関	（一）請過所	2	①過所の申請・発給
勘過規定	3		宋2条	行人度関条	2条	行人出入条	2	7	Ⅰ関		3	②関における勘過
					3条	行人度関条				（二）度関		
勘過規定	4		宋3条	行人齎過所条	4条	齎過所条		8	Ⅰ関		4	②関における勘過
勘過規定	5		宋4条	乗逓馬度関条				×	Ⅰ関	×	5	②関における勘過
勘過規定	6		宋5条	兵馬出関条			3	9	Ⅰ関	（二）度関	6	②関における勘過
勘過規定	7	唐2条		丁匠上役条	5条	丁匠上役条		3	Ⅰ関	（一）請過所	7	②関における勘過
勘過規定	8	唐3条		将物互市条				4	Ⅰ関	（一）請過所	8	②関における勘過
勘過規定	9	唐4条		隔関属州県条				5	Ⅰ関	（一）請過所	9	②関における勘過
勘過規定	10	唐5条		関官司条				6	Ⅰ関	（一）請過所	10	②関における勘過
勘過規定	11		宋6条	蕃客条	7条	蕃客条	補2	10	Ⅰ関	（二）度関	12	②関における勘過
禁物規定	12	唐6条		錦綾羅縠条	6条	弓箭条	補1	13	Ⅰ関	（三）禁物出入関	11	③禁物の出入制限
禁物規定	13	唐7条		居在禁鉄条				14	Ⅰ関	（三）禁物出入関	15	③禁物の出入制限
禁物規定	14		宋7条	有私将禁物条	8条	官司条	4	11	Ⅰ関	（三）禁物出入関		③禁物の出入制限
								26	Ⅱ市	（二）交易	13	
禁物規定	15		宋8条	禁物不得出関条	9条	禁物条		12	Ⅰ関	（三）禁物出入関	14	③禁物の出入制限
関門規定	16		宋9条	関門条	10条	開門条		15	Ⅰ関	（四）関門管理	16	④関門の管理

市規定									Ⅱ市		
置市規定	17	唐8条		非州県不得置市条	11条	市恒条	6	16	(一)置市及管理	17	⑤市の設置・管理
置市規定	18		宋10条	市四面不得侵占条	12条	毎肆立標条	7	17	(一)置市及管理	18	⑤市の設置・管理
物価・計量規定	19		宋11条	官与私交関条	13条	官私交関条	8	18	(一)置市及管理	19	⑤市の設置・管理
物価・計量規定	20	唐9条		官私斛斗秤尺条	14条	官私権衡条	9	19	(一)置市及管理	20	⑤市の設置・管理
物価・計量規定	21		宋12条	用秤条	15条	用称条	10	20	(一)置市及管理	21	⑤市の設置・管理
雑規定	22		宋13条	売牛馬駝騾驢条	16条	売奴婢条	11	21	(二)交易	22	⑥交易にかかわる諸規定
雑規定	23		宋14条	造弓箭横刀条	17条	出売条	12	22	(二)交易	23	⑥交易にかかわる諸規定
雑規定	24		宋15条	欲居係官店肆条	18条	在市条		23	(二)交易	24	⑥交易にかかわる諸規定
雑規定	25		宋16条	以行濫之物条	19条	行濫条	13	24	(二)交易	25	⑥交易にかかわる諸規定
雑規定	26		宋17条	縁辺与外蕃条			5	25	(二)交易	26	⑥交易にかかわる諸規定
雑規定	27		宋18条	官有所市買条	20条	除官市買条	補3？	27	(二)交易	27	⑥交易にかかわる諸規定

（注）・『唐令拾遺補』の条文番号のうち、1～2、6～13の各条は養老令の排列に拠るが、3～5、および14の各条の排列の根拠は明らかでないという（『唐令拾遺補』七九二頁）。

したがって、孟氏が関市令全体を大きく「関」と「市」に二分するのは適切である。そのうち後半の市にかかる計十一条（孟氏復原開元令第17～第27条）の条文排列については、榎本氏や吉永氏が批判した**宋7条後半**を含むこと以外は問題ない。なぜなら不行唐令は**唐8条**と**唐9条**の二条のみで、しかも**宋17条**以外はすべて『養老令』に対応する条文が存在し、おのずと唐関市令の排列が定まるからである。これに対して、前半の計十六条ある関の条文排列については、検討が必要である。こちらは不行唐令が計七条（**唐1～7条**）あり、さらに『養老令』と対応しない条文も計七条（不行唐令五条…**唐1・唐3・唐4・唐5・唐7条**。[9] 現行宋令二条…**宋4・宋5条**）あって、復原の手がかりが乏しいだけでなく、吉永氏が指摘されたとおり孟氏による復原案では対応する『養老令』の条文順序が乱れることになり、内容的にも以下のような疑問がある。

第一に、孟氏は関の規定を「(一) 請過所」「(二) 度関」「(三) 禁物出入関」「(四) 関門管理」の四カテゴリに大別し、そのうち「(一) 請過所」を宋1条→唐1～5条の計六条で括っている。このうち、宋1条と唐1条については、宋1条は関を通過するには過所の申請が必要であることを定めた全般的な規定であり、一方の唐1条は過所申請時に必要となる写し(「副白」・「抄実」)を定めたものであるから宋1条の付則的内容といえる。したがって、その前後関係は宋1条→唐1条とみて問題はなく、しかもこの計二条は過所全般にかかる規定とみてよかろう。しかし、孟氏が唐2～5条をいずれも過所申請に関する規定とみなし、先の宋1条、唐1条と同じ「(一) 請過所」カテゴリに入れた点は疑問である。なぜなら唐2～5条は、特定の状況下での過所申請にかかる規定というよりは、関を通過しようとするヒト別の勘過手続きの規定と解されるのであり、その内容も過所だけでなく簿籍や往還牒による勘査についても記しているからである。したがって唐2～5条は、むしろ孟氏が「(二) 度関」に区分した宋2～6条[10]の行人・乗逓馬・兵馬・蕃客の勘過手続きと同じ括りに入れる方が自然であろう[11]。つまり唐2～5条は宋2～6条と同じ範疇に属し、それらはいずれも通関者の種類ごとに必要な手続きを規定したものと考えられる。

これに対し吉永氏は、唐2～5条については宋2～5条とともに「②関における勘過」カテゴリに入れる一方、孟氏が「(二) 度関」に入れていた宋6条蕃客条を「③禁物の出入制限」に移しておられる。しかし、この宋6条に関する吉永氏の分類には承服しがたい。なぜなら宋6条は蕃客の所持品勘査の内容を含んではいるものの禁物にかかわる記載はなく、あくまで蕃客の勘過手続きについて定めた内容になっているからである。したがって宋6条は宋2～5条や唐2～5条と同じく、関の勘過手続きにかかわる規定と解すべきであろう。

そこで次に問題となるのが、**唐2〜5条と宋2〜6条**の前後関係である。吉永氏は**宋2〜5条→唐2〜5条**の順に復原する。その理由について同氏は明確にしていないが、おそらく前掲の「天聖令編纂の際に唐令を改変して新たに立条するにあたっては、もとの唐令の順序を崩すことなく配列したものと推測される」との原則に則り、宋令・不行唐令の条文順序のまとまりを崩さず、しかも養老令の排列順序を考慮した結果かと思われる。しかし、これについては唐代の通行証について記した『唐律疏議』巻八、衛禁律の次の記載が、より積極的な根拠になろう。

諸《およ》そ私に関を度る者《とき》は、徒一年。越度する者は、一等を加う。門に由らざるを越と為す。

疏議に曰く、水陸等の関は、両処に各おの門禁有り。行人の来往に皆な公文有り。駅使は符券を験《しら》べ、伝送は逓牒に拠り、軍防・丁夫は総暦有り、自餘は各おの過所を請いて度るを謂う。若し公文無く、私に関門従り過ぐれば、合《まさ》に徒一年とすべし。越度とは、関の門に由らず、津の済に由らずして度る者《とき》を謂い、徒一年半とす。

（諸私度関者、徒一年。越度者、加一等。不由門為越。

疏議曰、水陸等関、両処各有門禁。行人来往皆有公文。謂駅使験符券、伝送拠逓牒、軍防・丁夫有総暦、自餘各請過所而度。若無公文、私従関門過、合徒一年。越度者、謂関不由門、津不由済而度者、徒一年半。）

ここには関津を通過するヒト（行人）に必要とされる「公文」の通行証が、通過者の種類によって駅使は「符券」、伝送は「逓牒」、軍防・丁夫は「総暦」、その他は「過所」と定められている。ここで注目したいのはその括りと記載順で、関津の通過者全般を包括する用語は「行人」であり、その内訳となる種別の記載順は、「駅使」→「伝送」→「軍防・丁夫」→「自餘」となっていることが分かる。この記載順は**宋2〜5条**の並び（「行人」→「逓馬」→「兵馬」）とも一致するから、これを適用すれば「丁匠」の**唐2条**以下はその後にくると考えてよかろう。(12)残る宋6条の位置については、養老関市令第七条と対応することから、養老関市令第五条と対応する唐2条よりも後にくることはほぼ確実である。また宋6条と唐3〜5条との前後関係については、行人の内訳のうち宋6条「蕃客条」のみ、百姓とは異なる外国人にかかわる規定であることから、勘過手続きの最後に置かれていたと推定できる。

これは『唐六典』巻六、司門郎中員外郎条に、

凡そ……関、中外を限り、華夷を隔て、険を設け固めを作し、邪を閉《ふせ》ぎ暴を正す所以の者なり。

（凡……関所以限中外、隔華夷、設険作固、閑邪正暴者也。）

とあるように、関を設ける意義は第一に「中外を限り、華夷を隔て」ることにあったと考えられていたことによっても裏付けられよう。したがって、関によるヒトとモノの出入管理においては、畿内と畿外、中華の百姓と蕃客とが厳格に差別化されていたと考えられるのであり、その点からも宋6条「蕃客条」はモノではなくヒトの出入管理にかかわる、勘過手続きの末尾に復原するのが妥当であろう。

一方、モノに関する出入管理について孟氏は、「(三) 禁物出入関」を宋7条前半[13]〜宋8条→唐6〜7条の順に復原している。このカテゴライズには問題ないが、順序には修正の余地がある。これら四条は、外国への持ち出しや外国人との交易を禁じる「禁物」についての規定である。そのうち唐6条は禁物の内訳など、このカテゴリ全般にかかわる内容になっているから、ここでの冒頭に置くのが妥当である。一方宋7条は、それら禁物の取扱違反に対する糾獲と報賞、宋8条は禁物の持ち出し特例という、禁物にかかわる付則であるから、唐6条→宋7〜8条の順に復原するのが適当であろう。問題となるのは、宋7〜8条と唐7条との前後関係であり、吉永氏は宋7〜8条→唐7条の順に復原している。しかし、唐6条後半には「如有縁身衣服、不在禁例……中牒官司、計其口数斟量、聴於内地市取、仍牒関勘過」とあり、唐7条には「除縁身衣服之外……経本部申牒商量須数、録色目給牒聴市。市訖、

官司勘元牒無牘、移牒本部知」とあって、いずれも身に着けた衣服を対象外とする文章を挟み、数量を官司に届け出たうえで市買することを許可するなど、共通した書き方がみられる。したがって私案では、**唐6条**と**唐7条**は連続した条文であったと考え、**唐6～7条→宋7～8条**の順に推定的に復原した。

以上の復原私案を孟案や吉永案と対照し、まとめたものが**表3**であり、復原私案に条文を入れて示したものが**表4**である。孟氏の復原案では、**唐2条**と対応する養老関市令の第五条が、第二～第四条よりも前に来ることになり、『養老令』の条文排列との対応関係を大きく乱していたが、復原私案によればそうした齟齬は、養老関市令第六条と第七条の順が顚倒するのみで、ほかは解消する。一方、この復原私案による養老関市令の第六条（**唐6条**と対応）と第七条（**宋6条**と対応）の顚倒は、吉永氏の復原案では生じない。吉永氏は**宋6条**を「③禁物の出入制限」カテゴリに括り、**唐6条→宋6～8条→唐7条**の順に復原しているからである。しかし、先述したように**宋6条**蕃客条は「行人」の勘過規定のうち、「蕃客」という特定のヒトの手続きについて定めたものであるから、この見解には従いがたい。復原私案による養老関市令の第六条と第七条の顚倒については、養老関市令のなかで第六条が最も大きく唐令に変更を加えた箇所であることに関連すると思われる。すなわち養老関市令第六条は、諸蕃との交易や国外持ち出しを禁じた品目について記した長文の**唐6条**を下敷きにしているとみられるものの[14]、そのごく一部を抜粋し、かつ**唐6条**には記されない弓箭兵器のみを禁物に指定しており、さらに後半は雑令にもとづくなど[15]、ほとんど原形をとどめないまでに大幅な改変が加えられているのである。

なお吉永案は、上記「③禁物の出入制限」カテゴリを**唐6条→宋6～8条→唐7条**の順に復原しているが、そこから**宋6条**蕃客条を抜くと**唐6条→宋7～8条→唐7条**の順になる。しかし、**唐6条**錦綾羅縠条と**唐7条**居在禁鉄条は、いずれも禁物の内訳を規定しているのに対し、**宋7条**有私将禁物条はそれら禁物を関から持ち出そうとした

表4　復原唐関市令および関連条文一覧

分類		復原唐令（推定）条文番号	天聖令 条文番号	天聖令 条文名（仮称）	天聖令 条文	養老令 条文番号	養老令 条文名	養老令 条文	唐令拾遺
関規定	過所規定	1	宋1	欲度関条	諸欲度関者、皆経当処官司請過所、〔今日公憑。下皆准此。〕具注姓名・年紀及馬牛騾驢牝牡・毛色・歯歳、判給。還者、連来文申牒勘給。若於来文外更須附者、験実聴之。日別総連為案。若已得過所、有故不去者、連旧過所申納。若在路有故者、経随近官司申牒改給、具状牒関。若船筏経関過者、亦請過所。	1	欲度関条	凡欲度関者。皆経本部本司請過所。官司検勘、然後判給。還者、連来文申牒勘給。若於来文外更須附者、験実聴之。日別惣連為案。若已得過所、有故卅日不去者、将旧過所申牒改給。若在路有故者、申随近国司、具状送関。雖非所部、有来文者亦給。若船筏経関過者、亦請過所。	1
関規定	過所規定	2	唐1	請過所条	諸請過所、並令自録副白、官司勘同、即依署給。其輸送官物者、検鈔実、付之。				
関規定	勘過規定	3	宋2	行人度関条	諸行人度関者、関司一処勘過、皆以人到為先後、不得停擁。雖廃務日、亦不在停限。若津梁阻関須両処勘度者、両処関司覆験聴過。其不依過所別向餘関者、不得聴其出入。	2	行人出入条	凡行人出入関津者、皆以人到為先後、不得停擁。	2
						3	行人度関条	凡行人度関者、皆依過所々載関名勘過。若不依所詣、別向餘関者、関司不得随便聴其入出。	

関規定

勘過規定

4	5	6	7	8	9
宋3	宋4	宋5	唐2	唐3	唐4
行人齎過所条	乗逓馬度関条	兵馬出関条	丁匠上役条	将物互市条	隔関属州県条
諸行人齎過所及乗逓馬出入関者、関司勘過所、案記。其過所・駅券・逓牒並付行人自随。	諸乗逓馬度関者、関司勘聴往還。若送囚度関者、〔防援人亦準此。〕其囚験逓移聴過。	諸兵馬出関者、但得本司連写勅符、即宜勘出。其入関者、拠部領兵将文帳検入。若鎮戍烽有警急事須告前所者、関司験鎮戍烽文牒、即宜聴過。	諸丁匠上役度関者、皆拠本県歴名、共所部送綱典勘度。其役了還者、勘朱印鈔并元来姓名・年紀同、放還。	諸将物応向互市、従京出者、過所司門給、従外州出者、従出物州給、皆具載色数、関司勘過。	諸隔関属州県者、毎年正月造簿付関、其須往来、就関司申牒、勘簿判印聴過、日収連為案。其州県雖別而輸課税之物者、亦拠県牒聴過、随了即停。
4			5		
齎過所条			丁匠上役条		
凡行人齎過所及乗駅伝馬出入関者、関司勘過、録白案記。其正過所及駅鈴伝符、並付行人自随。仍駅鈴伝符、年終録目、申太政官惣勘。			凡丁匠上役及庸調脚度関者、皆拠本国歴名共所送使勘度。其役納畢還者、勘元来姓名年紀同、放還。		
		3			

関規定		
勘過規定		禁物規定
10	11	12
唐5	宋6	唐6
関官司条	蕃客条	錦綾羅縠条
諸関官司及家口応須出入餘処関者、皆従当界請過所。其於任所関入出者、家口造簿籍年紀、勘過。若比県隔関、百姓欲往市易及樵采者、県司給往還牒、限三十日内聴往還、過限者依式更翻牒。其興州人至梁州及鳳州人至梁州・岐州市易者、雖則比州、亦聴用行牒。	諸蕃客初入京、本発遣州給過所、具姓名・年紀・顔状、牒所入関勘過所。有一物以上、関司共蕃客・官人具録申所司。入一関以後、更不須検。若無関処、初経州鎮亦準此。即出関日、客所得賜物及随身衣物、並申所属官司出過所。	諸錦・綾・羅・縠・繡・織成・紬・綿・絹・絲・布・犛牛尾・真珠・金・銀・鉄、並不得与諸蕃互市及将入蕃、〔綵不在禁限。〕所禁之物、亦不得将度西辺・北辺諸関及至縁辺諸州興易。其錦・繡・織成、亦不得将過嶺外、金銀不得将過越嶲道。如有縁身衣服、不在禁例。其西辺・北辺諸関外戸口須作衣服者、申牒官司、計其口数斟量、聴於内地市取、仍牒関勘過。
	7	6
	蕃客条	弓箭条
	凡蕃客初入関日、所有一物以上、関司共当客・官人、具録申所司。入一関以後、更不須検。若無関処、初経国司、亦准此。	凡弓箭兵器、並不得与諸蕃市易。其東辺北辺、不得置鉄冶。
	補2	補1

関規定			
禁物規定			関門規定
13	14	15	16
唐7	宋7	宋8	宋9
居在禁鉄条	有私将禁物条	禁物不得出関条	関門条
諸居在禁鉄之郷、除縁身衣服之外、所須乗具及鍋釜農器之類要須者、量給過所、於不禁郷市者、経本部申牒商量須数、録色目給牒聴市。市訖、官司勘元牒無賸、移牒本部知。	諸有私将禁物至関、已下過所、関司捉獲者、其物没官。已度関及越度為人糾獲者、三分其物、二分賞捉人、一分入官。若私共化外人交易、為人糾獲、其物悉賞糾人。如不合将至応禁之地、為人糾獲者、皆二分其物、一分賞糾人、一分入官。若官司於其所部捉獲者、不在賞限、其物没官。如糾人在禁物郷応得賞者、其違禁物準直官酬。其所獲物応入官者、年終申所司。〔其獲物給賞分数、自有別勅者、不拘此限。〕	諸禁物不得出関者、若住在関外因事入関及蕃客入朝別勅賜者、連写正勅、牒関聴出。〔即蕃客在内賜物、無勅施行者、所司勘当知実、亦給牒聴出。〕	諸関門並日出開、日入閉。管鑰、関司官長者執之。
	8	9	10
	官司条	禁物条	開門条
	凡官司未交易之前、不得私共諸蕃交易。為人糺獲者、二分其物、一分賞糺人、一分没官。若官司於其所部捉獲者、皆没官。	凡禁物、不得将出境。若蕃客入朝、別勅賜者、聴将出境。	凡関門、並日出開、日入閉。
	4		

市規定						
置市規定		物価・計量規定			雑規定	
17	18	19	20	21	22	23
唐8	宋10	宋11	唐9	宋12	宋13	宋14
非州県不得置市条	市四面不得侵占条	官与私交関条	司私斛斗秤尺条	用秤条	売牛馬駝騾驢条	造弓箭横刀条
諸非州県之所、不得置市。其市、常以午時撃鼓三百下而衆大会、日入前七刻撃鉦三百下散。其州県領戸少之処、欲不設鉦鼓者、聴之。	諸市四面不得侵占官道以為賈舎、毎肆各標行名、市司毎行準平貨物時価為三等、旬別一申本司。	諸官与私交関、以物為価者、準中估価。即約評贓物者亦如之。	諸司私斛斗秤尺、毎年八月詣太府寺平校。不在京者、詣所在州県平校、並印署然後聴用。	諸用秤者皆掛於格、用斛斗者皆以概、粉麺則秤之。	諸売牛馬駝騾驢、皆価定立券、本司朱印給付。若度関者、験過所有実、亦即聴売。	諸造弓箭・横刀及鞍出売者、並依官様、各令題鑿造者貫属・姓名、州県官司察其行濫。剣及漆器之属、亦題姓名。
11	12	13	14	15	16	17
市恒条	毎肆立標条	官私交関条	官私権衡条	用称条	売奴婢条	出売条
凡市恒以午時集、日入前撃鼓三度散。〔毎度各九下。〕	凡市毎肆立標題行名、市司准貨物時価、為三等。十日為一簿、在市案記。季別各申本司。	凡官与私交関、以物為価者、准中估価。即懸評贓物者亦如之。	凡官私権衡度量、毎年二月、詣大蔵省平挍。不在京者、詣所在国司平挍、然後聴用。	凡用称者皆懸於格、用斛者皆以概、粉麺則称之。	凡売奴婢、皆経本部官司取保証、立券付価。〔其馬牛、唯責保証立私券。〕	凡出売者、勿為行濫。其横刀・槍鞍・漆器之属者、各令題鑿造者姓名。
6	7	8	9	10	11	12

市規定							
雑規定							
24	宋15	欲居係官店肆条	諸欲居係官店肆者、皆拠本属牒、然後聴之。在肆男女別坐。	18	在市条	凡在市典販、男女別坐。	
25	宋16	以行濫之物条	諸以行濫之物交易者没官、短狭不如法者還主。	19	行濫条	凡以行濫之物交易者没官。短狭不如法者還主。	13
26	宋17	縁辺与外蕃条	諸縁辺与外蕃互市者、皆令互市官司検校、各将貨物・畜産等倶赴互市所、官司先共蕃人対定物価、然後交易。非互市官司、不得共蕃人言語。其互市所用及市得物数、毎年録帳申三司。其蕃人入朝所将羊馬雑物等、若到互市所、即令準例交易、不得在道与官司交関。				5
27	宋18	官有所市買条	諸官有所市買、皆就市交易、不得乖違時価。市訖、具注物主戸属・姓名、交付其価、不得欠違、仍申所司勘記。	20	除官市買条	凡除官市買者、皆就市交易。不得坐召物主。乖違時価、不論官私、交付其価、不得懸違。	補 3?

（注）・天聖令は、天一閣博物館・中国社会科学院歴史研究所天聖令整理課題組の校録本に拠った。ただし唐8条の「常」字を校録本では「当」としているが、影印および養老関市令第十一条により改めた。
・唐6条は私見により釈読を改めた。
・『養老令』は、広橋家本を底本とした国史大系本『令義解』に拠る。別字を正字に改め、句読点を改めた。
・『唐令拾遺補』の条文番号のうち、1～2、6～13の各条は養老令の排列に拠るが、3～5、および14の各条の排列の根拠は明らかでないという（『唐令拾遺補』七九二頁）。

場合の処罰規定、逆に宋8条禁物不得出関条は禁物の持ち出しが許される例外規定である。したがって、私案では「関規定」のなかの「禁物規定」カテゴリとして唐6～7条→宋7～8条の順に復原した。

以上、全二十七条からなる唐関市令は、関規定計十六条（No.1～16）と、市規定計十一条（No.17～27）に大きく分かれ、さらに関規定は、①過所規定（No.1～2）、②勘過規定（No.3～11）、③禁物規定（No.12～15）、④関門規定（No.16）に、市規定は⑤置市規定（No.17～18）、⑥物価・計量規定（No.19～21）、⑦雑規定（No.22～27）に分類できる。関市令全体の七割近くを関規定が占めているのは、劉馨珺氏が指摘したように、唐では市の設置・運営管理よりも関におけるヒトとモノの出入管理をより重視していたことを示すものである。[16]これは律令制が戸籍による人民支配を基盤として成り立っていたことを考えれば当然といえよう。そして綴織當麻曼荼羅のような文物の日本移入にかかわった唐令もまた、関による出入管理規定であった。

二　唐代文物の日本移入にかかわる勘過規定と禁物規定

『天聖令』から輪郭が復原される唐関市令のうち、遣唐使や遣唐留学僧らによる唐代文物の持ち出しに関係するのは、①過所規定のNo.1（宋1条）・No.2（唐1条）、②勘過規定のNo.3（宋2条）・No.4（宋3条）・No.11（宋6条）、③禁物規定のNo.12（唐6条）とNo.15（宋8条）である。それらのうち、①過所規定のNo.1（宋1条）とNo.2（唐1条）については、過所の定義や有効期限などにかかわる問題を含んでおり、かつ現行宋令については唐令条文への復原が必要となる。しかし、ここではそれらの問題には立ち入らず、勘過手続きにかかわる要点のみを確認しておきたい。

（一）過所規定：No.1（宋1条）・No.2（唐1条）

まず、遣唐使らも過所の申請が求められた（No.1〈宋1条〉・No.2〈唐1条〉）。これは前掲の『唐律疏議』巻八、衛禁律に「行人来往皆有公文。謂駅使験符券、伝送摭逓牒、軍防・丁夫有総暦、自餘各請過所而度」とあり、行人の種類によって必要とされる通行証が異なることを記したなかに、駅使は符券、伝送は逓牒、軍防・丁夫は総暦とし、その他は過所と定められていることとも一致し、さらに大中九年（八五五）の例ではあるが、円珍の「越州都督府過所」（図1）や「尚書省司門過所」[17]（図2）によっても裏付けられる。

過所の申請を受け付け発給するのは、『唐六典』巻六、司門郎中員外郎条に「凡度関者、先経本文本司、請過所。在京則省給之、在外州給之。雖非所部、有来文者、所在給之」とあるように[18]、都では尚書省の刑部司門、それ以外では州であった。したがって遣唐使らが入唐する場合は、円珍の例にみるように、まず入唐した地点の州において過所を申請し発給され、入京後に再び過所申請が必要となった場合には尚書省にて手続きを行ったことになる。これに関連して問題となるのは、円珍が大中九年三月十九日に越州都督府から発給された過所は文中に「伏乞給往還過所」とあり、往復の過所であったにもかかわらず、同年十一月十五日に再度、尚書省司門から過所の発給を承けている点である。これについて礪波護氏は「前回に発給をうけてから八カ月経過して有効期限が超過したのか、或いは前回は円珍と丁満の外に驢両頭を連れていたのに、帰途は驢馬がいなかったからなのか、或いは慎重を期して再発行を需めたのか、課題として残しておきたい」として複数の可能性を指摘している[19]。いずれにせよ、これにより大中九年当時に「往還過所」なる往復有効の過所が存在していたことは確認できる。

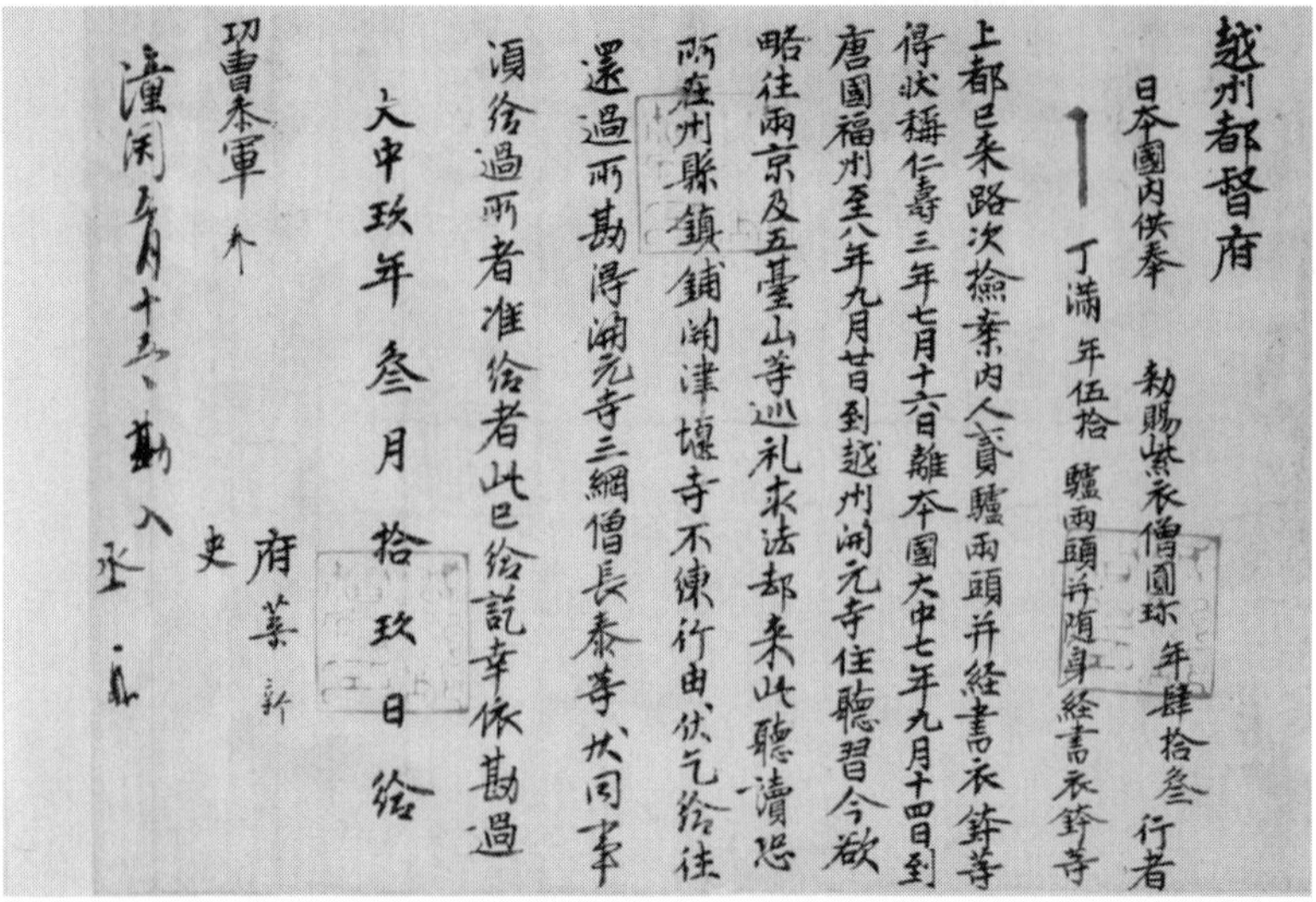

図１　越州都督府過所

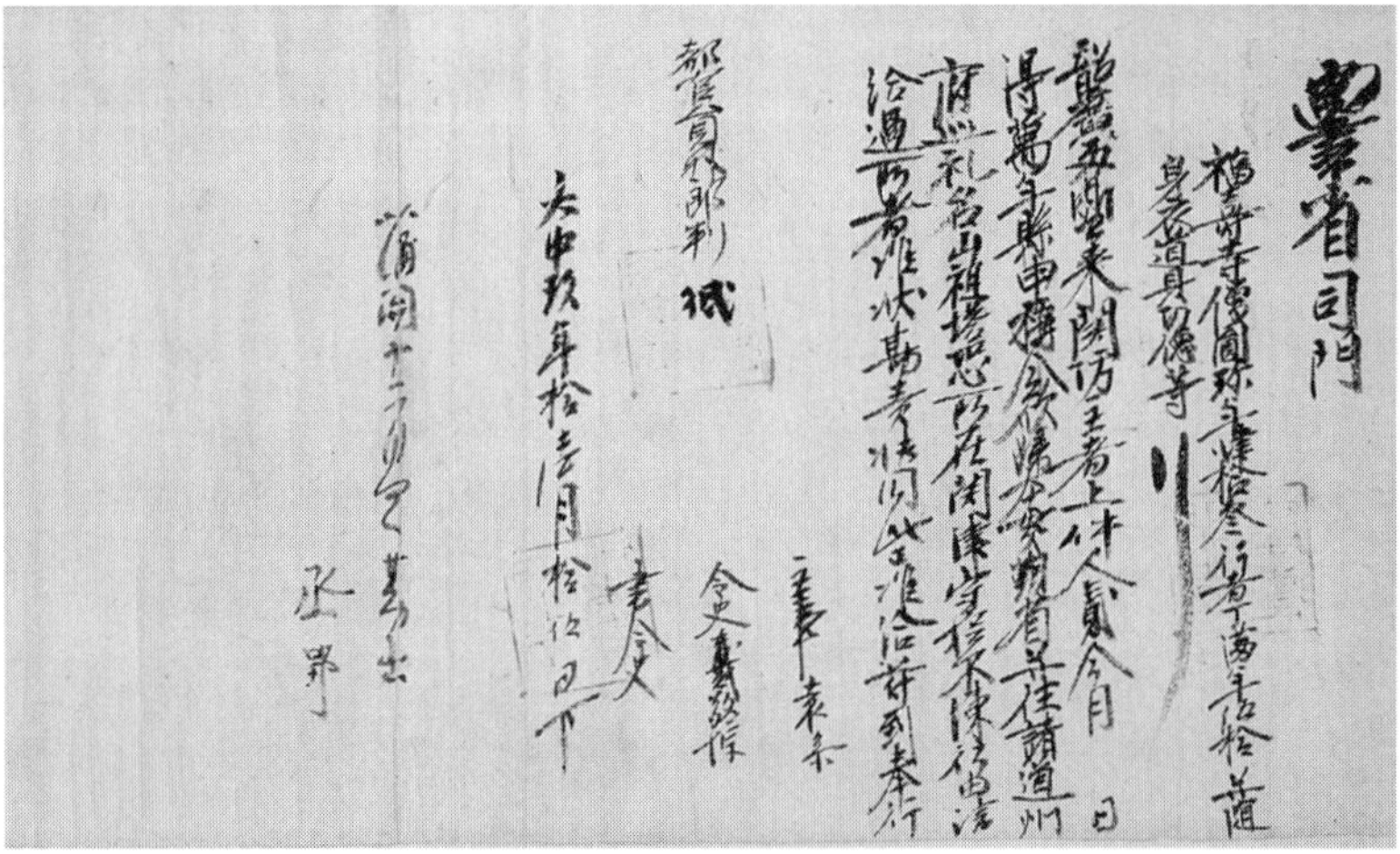

図２　尚書省司門過所

（二）勘過規定：No.3（宋2条）・No.4（宋3条）・No.11（宋6条）

過所を入手した後は、関津での勘過が必要となる。遣唐使を含めた行人全般にかかわる勘過規定No.3（宋2条）とNo.4（宋3条）によれば、関での勘査は到着順であり、通常は関司が一処で勘査を行うが、津梁を挟み関が両岸の二処に設けられている場合は、その両処で重ねて勘検する（No.3〈宋2条〉）。勘査に際しては「関司勘過所、案記。其過所・駅券・逓牒並付行人自随」（No.4〈宋3条〉）とあり、関司が過所を検勘し「案記」のうえ、過所の正本は行人である遣唐使らが携行し関を通過したと考えられる。この条文を下敷きにしたとみられる養老関市令第四条には「関司勘過、録白案記。其正過所及駅鈴伝符、並付行人自随」とあり、「録白案記」と記している。このNo.4（宋3条）の「案記」ないし養老関市令第四条の「録白案記」については一般に、関司が過所の写しを作成することと解されている[20]。しかし孟彦弘氏は、関司が過所の副本を作成することを意味するのではなく、検関して通過を認める場合に過所の末尾の余白部分に書き入れる「某日某所某人勘過」等の文言のことと解している[21]。しかし、『令義解』には「凡行人及乗駅伝度関者、関司皆写其過所、若官符以立案記、直於白紙録之、不点朱印、故云録白也」とし、関司が作成する写しには朱印を捺さないとの注がある。また、敦煌やトゥルファンからは、莫高窟第一二二窟前発見の天宝七載（七四八）敦煌郡給某人過所断片（K一二二：一四）（図3）[22]やアスターナ二二八号墓出土の年某往京兆府過所（七二TAM二二八：九）（図4）[23]のように、全体が同一の筆になり官印を欠いていることから過所の副本と解される文書がみつかっている。したがって「案記」「録白案記」はいずれも、関司による過所の写しの作成とみる一般的見解の方が自然な解釈であろう。

さて、勘過規定の行人のうち、遣唐使に該当する特定の勘過規定はNo.11（宋6条）蕃客条である。この「蕃客」

図３　天宝七歳敦煌郡給某人過所断片

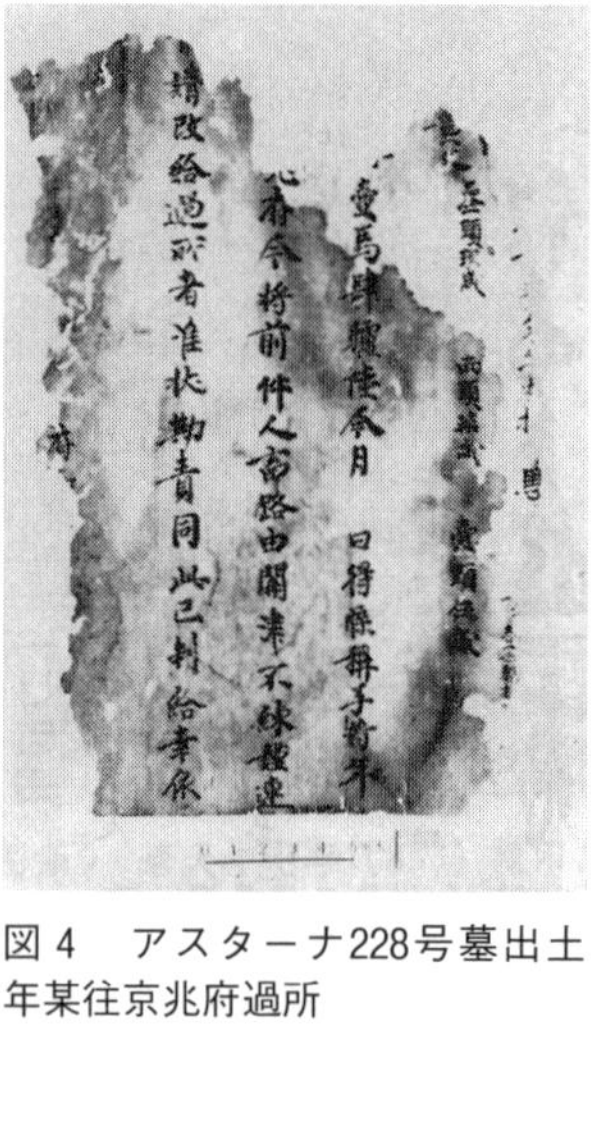

図４　アスターナ228号墓出土年某往京兆府過所

の定義については、林麟瑄氏の研究に詳しい(24)。すなわち、『唐会要』巻二九、節日の長慶二年（八二二）九月勅に、

　蕃客等の使、皆な遠きより申《かさ》ねて朝聘す。節、重陽に遇わば、宜しく共に銭二百貫文を賜い、以て宴賞に充て、仍りて太常の音楽を給すべし。

（蕃客等使、皆遠申朝聘。節遇重陽、宜共賜銭二百貫文、以充宴賞、仍給太常音楽。）

とあり(25)、蕃客が来聘の外国使者であったことが分かる。また、『令集解』巻六、職員令の大宰府条に(26)（〔　〕内は割注。以下同）、

　蕃客。〔朱に云わく、蕃客とは、蕃国の使なり……〕。

（蕃客。〔朱云、蕃客者、蕃国使也……〕。）

同じく『令集解』巻一九、考課令にも(27)、「蕃客得所」の注に、

　問うらく、蕃客と夷狄とは若為なる別あらん、と。答うらく、蕃客と称する所は、朝聘を兼ね幷びに在京せる

夷狄等なり。唯だ夷狄と称する所は、朝聘の使を入れざるなり、と。

（問、蕃客与夷狄。若為別。答、蕃客称所者、兼朝聘幷在京夷狄等也。唯称夷狄所者、不入朝聘之使也。）

とあり、やはり「蕃客」が入朝の外国使節を指す詞であったことが読み取れる。(28)

さて、№11（宋6条）蕃客条には、次のように規定されている。

諸そ蕃客初めて京に入るや、本と発遣の州、過所を給い、姓名・年紀・顔状を具し、入る所の関に牒し過所を勘せしめよ。一物以上有らば、関司、蕃客・官人と共に具さに録して所司に申せ。一関に入りて以後は、更に検するを須いず。関無き処の若きは、初めて経るところの州鎮も亦た此れに準ぜよ。即《も》し関を出ずるの日、客の得る所の賜物及び随身の衣物あらば、並びに所属の官司に申して過所を出だせ。

（諸蕃客初入京、本発遣州給過所、具姓名・年紀・顔状、牒所入関勘過所。有一物以上、関司共蕃客・官人具録申所司。入一関以後、更不須検。若無関処、初経州鎮亦準此。即出関日、客所得賜物及随身衣物、並申所属官司出過所。）

ここからは入京と出京にかかわる規定が読み取れる。まず入京に際しては、遣唐使一行を含む外国使節は、過所の勘査だけでなく所持品の申告も課せられていたこと、ただし関での勘査は一箇所のみで良かったこと。次に、帰国のため関を通過するときには、京師にて得た「賜物」と「随身衣服」の申告および過所の提出が求められたことが分かる。

このうち「賜物」と「随身衣服」の申告については、『新唐書』巻四八、百官志三、鴻臚寺条に、

凡そ客還らんとすれば、鴻臚、衣賚・賜物の多少を籍し、以て主客に報じ、過所を給す。

（凡客還、鴻臚籍衣賚・賜物多少、以報主客、給過所。）

織成	紬		絹	絲		犛牛尾	真珠	金			鉄	
	紬	綿	絹	絲	布	犛牛尾	真珠	金	銀		鉄	
織成	紬	絲（綿）	絹	絲	布	犛牛尾	真珠	金	銀		鉄	
織成	細（紬）	細（綿）		絲	布	犛牛尾	真珠		銀	銅	鉄	奴婢

	紬	綿	絹	絲	布								紗	絁	麻
	紬	絺（綿）	絹	絲	布										
	紬	綿	絹	絲	布								紗	絁	麻

とあるのに通じる。[29]これらにいう「賜物」とは、石見清裕氏の研究に明らかなように、宴会儀礼における返礼品や使節の帰国辞見などにおいて賜与された品を指すものであろう。[30]

一方、№11（宋6条）蕃客条に、一つの関で勘査を受ければ良しとしている点[31]について、復路に関しては明確な記載がないものの、「即出関日、客所得賜物及随身衣物、並申所属官司出過所」として蕃客による所持品の申告にもとづき所属の官司が過所を発給することが規定されていることからすれば、復路でも一つの関で勘査を受けることが想定されているとみてよかろう。これは、朝貢を終えて出京する時には所持品が大幅に入れ替わること、すなわち国信物などは所持品から消えるのに対し、賜物など唐で入手した物品が新たに加わっていることを考えれば、復路での勘査が改めて必要とされたのは当然のことといえよう。蕃客の場合は、それが往復各一回のみとする措置がとられていたということであろう。

（三）禁物規定：№12（唐6条）・№15（宋8条）

では具体的に、関ではどのような所持品勘査が行われていたのであろうか。それを示すのが禁物規定の№12（唐6条）と№15（宋8条）である。周辺諸国に比してはるかに高度に発達した文明と技術を誇っていた唐王朝

表5　持ち出し禁止品一覧

『唐会要』巻86市	開元二年（714）閏三月勅	錦		綾	羅	縠	繡
『唐律疏議』巻8衛禁律		錦		綾	羅	縠	
天聖関市令（唐6条）	開元二十五年（737）	錦		綾	羅	縠	繡
『冊府元亀』巻999外臣部互市	建中元年（780）十月六日勅	錦	罽	綾	羅	縠	繡

（参考）

『唐六典』巻3金部郎中員外郎条		錦		綾	羅	縠	
天聖賦役令（唐27条）		錦	罽	綾	羅		
天聖営繕令（宋10条）	開元二十五年（737）	錦			羅	縠	

にとって、それは専ら出ずるを制するものであった。No.12（唐6条）錦綾羅縠条には、外国人との交易や外国への持ち出しが禁じられている物品について、次のように規定されている（括弧内は筆者による解釈）。

諸そ錦・綾・羅・縠・繡・織成・紬・絲（綿）・絹・絲・布・犛牛尾・真珠・金・銀・鉄は、並びに諸蕃と互市し、及び将て蕃に入るを得ず〔綾（綵）[32]は禁の限りに在らず〕。禁ずる所の物も、亦た将て西辺・北辺の諸関を度り及び縁辺の諸州に至り興易するを得ず。其れ錦・繡・織成も、亦た将て嶺外を過ぐるを得ず、金銀は将て越嶲道を過ぐるを得ず。如し縁身の衣服有らば、禁例に在らず。其れ西辺・北辺の諸関の外の戸口、須らく衣服を作る者《とき》は、牒を官司に申し、其の口数を計り斟量し、内地において市取するを聴《ゆる》し、仍りて関に牒して勘過せしむべし。

（諸錦・綾・羅・縠・繡・織成・紬・絲（綿）・絹・絲・布・犛牛尾・真珠・金・銀・鉄、並不得与諸蕃互市及将入蕃〔綾（綵）不在禁限〕。所禁之物、亦不得将度西辺・北辺諸関及至縁辺諸州興易。其錦・繡・織成、亦不得将過嶺外、金銀不得将過越嶲道。如有縁身衣服、不在禁例。其西辺・北辺諸関外戸口須作衣服者、申牒官司、計其口数斟量、聴於内地市取、仍牒関勘過。）

これら禁物のうち、大多数を占めるのは絹を中心とする織物および、それらの原料となる綿（真綿）や絲（絹糸）である。それらの内訳や区切りについては専論がなく諸書により異なっているが、ここでは①『唐会要』巻八六、市[33]、②『唐律疏議』巻八、衛禁律、賷禁物私度関条所引関市令[34]、③『冊府元亀』巻九九九、外臣部、互市[35]を参考に右のように区切り、釈読した[36]。また参考として、『唐六典』巻三、金部郎中員外郎条[37]および天聖賦役令（唐**27条**）[38]と天聖営繕令（**宋10条**）の条文[39]を加え、これら禁物を品目ごとに表にまとめると**表5**のようになる。日本に伝わる勧修寺繡仏と綴織當麻曼荼羅は、それぞれ表中の「繡」と「織成」であり、いずれも禁物に該当する。それらが日本にまで賷されたのは、次のNo.15（**宋8条**）禁物不得出関条による禁物の例外に当たるためであったと考えられる。

諸そ禁物の関を出ずることを得ざる者《とき》、若し住まりて関外に在り事に因りて関に入る、及び蕃客入朝し別に勅賜あらば、正勅を連写し、関に牒して出ずることを聴せ。〔即《も》し蕃客の在内の賜物、勅の施行無き者は、所司、勘当し実を知り、亦た牒を給し出ずることを聴せ〕。

（諸禁物不得出関者、若住在関外因事入関及蕃客入朝別勅賜者、連写正勅、牒関聴出。〔即蕃客在内賜物、無勅施行者、所司勘当知実、亦給牒聴出〕。）

これにより、原則として禁物の関外への持ち出しは許可されないが、入朝した蕃客が別に勅賜を得た場合であれば、正勅を連写し関に提出することによって持ち出しが許可されたことが分かる。したがって、勧修寺繡仏と綴織當麻曼荼羅もまた、この例外規定に則り日本へ賷されたのであろう。

この手続きに関しては、石見氏が指摘された賜物目録の存在が参照される[40]。すなわち、白居易の元和三年（八〇八）「与回鶻可汗書」に「今、少物を賜う。具さには別録の如し（今賜少物。具如別録）[41]」とあるように、賜物には

別録が付されていた。また、『唐会要』巻五四、省号上、中書省には聖暦三年四月三日の勅として、

応《およ》そ外国に賜う物、宜しく中書をして具さに賜物の色目を録さしめ、附して勅函の内に入れしむべし。
（応賜外国物者、宜令中書具録賜物色目、附入勅函内。）

とあり、「外国使節に授与される国書は勅函に収められ、その函中に賜物の目録が付され[42]」ることとされたのであった。

したがって、勧修寺繡仏や綴織當麻曼荼羅もまた、こうした手続きを経て関外に持ち出され、日本に将来されたのであろう。では、その関とはどこであったのだろうか。

三　遣唐使はどこで勘査を受けたのか――むすびにかえて――

遣唐使が賜物を携え帰国の途上、勘査を受けた関がどこであったかを考えるに先立ち、問題となる勧修寺繡仏と綴織當麻曼荼羅が、長安・洛陽のどちらで賜与されたのかについて確認しておきたい。

勧修寺繡仏と綴織當麻曼荼羅の制作年代は、いずれも直接的な史料的根拠がなく、図像的特徴などから探るほかないが、同時代の壁画墓や敦煌莫高窟などとの比較から、前者は則天武后期、後者は実際寺織成像（六八九～七〇二）から安史の乱の間と推定される[43]。したがって、それらを日本に齎した遣唐使はいずれも大宝以降ということになる[44]。そのうち、勧修寺繡仏は、私見によれば則天武后を下生の弥勒仏と結び付ける特殊な図様と考えられることから、武周期以外の将来は考えがたく、本図を齎した遣唐使は大宝期にほぼ絞られる。

大宝の遣唐使は、『旧唐書』巻六、則天皇后本紀、長安二年条に、

冬十月、日本国、使を遣わし方物を貢す。

（冬十月。日本国遣使貢方物。）

とあり、[45]『旧唐書』巻一九九上、日本伝にも、

長安三（二）年、其の大臣朝臣真人、来たりて方物を貢す。朝臣真人、猶お中国の戸部尚書のごとし。進徳冠を冠し、其の頂は花を為《つく》り、分かちて四散し、身に紫袍を服し、帛を以て腰帯と為す。真人、好く経史を読み、属文を解し、容止温雅なり。則天、之を麟徳殿に宴す。司膳卿を授け、本国に放還す。

（長安三（二）年、其大臣朝臣真人来貢方物。朝臣真人者、猶中国戸部尚書。冠進徳冠、其頂為花、分而四散、身服紫袍、以帛為腰帯。真人好読経史、解属文、容止温雅。則天宴之於麟徳殿。授司膳卿、放還本国。）

とあって、[46]その場が長安城の大明宮麟徳殿であったことが分かる。これは、則天武后が長安元年（七〇一）十月から同三年（七〇三）十月まで長安に滞在していたこととも合致する。[47]

一方の綴織當麻曼荼羅は、将来時期を特定しうる材料に欠けるが、かつて本図には「天平宝字七年」（七六三）との銘文があったと伝えられていることからすると、それ以前に日本に齎されていた可能性が高いと考えられる。したがって、その将来時期はやはり大宝・養老・天平・天平勝宝の四次に限られるとみてよかろう。そのうち、先述した大宝期以外の三次の朝貢がどこでなされたのかについて、順にみていこう。

養老の遣唐使は、『冊府元亀』巻九七一、外臣部、朝貢四の開元五年の記事に、

十月、日本国、使を遣し朝貢す。通事舎人に命じ鴻臚に就き宣慰せしむ。

（十月、日本国遣使朝貢。命通事舎人就鴻臚宣慰。）

とあり、同じく『冊府元亀』巻九七四、外臣部、褒異一にも同年の記事として、

十月丁卯、日本国、使を遣わし朝貢す。戊辰、勅すらく、日本国は遠く海外に在り、使を遣わし来朝す。既に滄波を渉り、兼ねて邦物を献ず。其の使、真人英問等、宜しく今月十六日を以て中書に於いて宴集せしむべし、と。乙酉、鴻臚寺奏すらく、日本国の使、孔子廟堂に謁し、寺観に礼拝せんことを請う、と。之を従《ゆる》す。仍りて州県・金吾をして相い知して、検校搦捉せしめ、之に示すに整《いましめ》を以てす。応須《まさ》に市買を作すに禁に違いて蓄に入るるに非ざる者《とき》は、亦た之を容すべし、と。

（十月丁卯、日本国遣使朝貢。戊辰、勅、日本国遠在海外、遣使来朝。既渉滄波、兼献邦物。其使真人英問等、宜以今月十六日於中書宴集。乙酉、鴻臚寺奏、日本国使請謁孔子廟堂、礼拝寺観。従之。仍令州県金吾相知、検校搦捉、示之以整。応須作市買非違禁入蕃者、亦容之。）

とあり[48]、開元五年（七一七）十月に朝貢している。この間、玄宗は開元五年正月から翌六年十一月まで洛陽に滞在していたと思われるから[49]、これは洛陽での朝貢と考えてよかろう。

天平の遣唐使は、『冊府元亀』巻九七一、外臣部、朝貢四に、

（開元二十二年）四月、日本国、使を遣わして来朝し、美濃絁二百匹・水織絁二百疋を献ず。

（四月、日本国遣使来朝、献美濃絁二百匹・水織絁二百疋。）

とある。玄宗は同年正月から翌々二十四年十月まで洛陽に滞在していたとみられるから、この度の朝貢も洛陽でのことと考えられる[50]。

天平勝宝の遣唐使は、『続日本紀』巻一九、天平勝宝六年正月条に、

大唐天宝十二載、歳癸巳に在り正月朔癸卯、百官・諸蕃朝賀す。天子蓬萊宮含元殿に於いて朝を受く。

（大唐天宝十二載、歳在癸巳正月朔癸卯、百官・諸蕃朝賀。天子於蓬萊宮含元殿受朝。）

とある。[51]蓬萊宮とは大明宮のことであり、この時の元会儀礼は長安で執り行われたことが明らかである。
したがって、勧修寺繡仏や綴織當麻曼荼羅を将来した遣唐使が賜物を得た都城とは、大宝・天平勝宝は長安、養老・天平は洛陽であったと考えられる。これは、それ以外の他の遣唐使にも当てはまり、長安か洛陽のいずれかであった。

さて、唐代の関については、先学の研究により関連資料がほぼ網羅され、それぞれの論点から整理されている。[52]しかし、遣唐使が出京の後に勘験を受けた関はどこかという問題を論じた研究はなく、わずかに円仁による蒲津関の通過[53]や、円珍が入京時は潼関を出京時は蒲津関を勘過したことが個別の事例として知られるのみであった。そこで、ここではまず先行研究にもとづきながら、唐代前半期の関の廃置について、とくに長安と洛陽の間にある潼関を中心にみていきたい。

唐代の関に関する最も古い史料は、武徳九年（六二六）八月十七日壬申の「廃潼関以東縁河諸関不禁金銀綾綺詔」である。このなかで即位直後の太宗は、

其れ潼関以東の縁河の諸関は、悉く宜しく停廃すべし。其れ金・銀・綾・綺等の雑物、格に依り関を出ずるを得ざりし者《とき》は、並びに須らく禁ずべからず。
（其潼関以東、縁河諸関、悉宜停廃。其金・銀・綾・綺等雑物、依格不得出関者、並不須禁。）

とし、[54]潼関以東の黄河沿いの諸関を廃止し、さらにそれに伴って従来は格によって関から持ち出すことのできなかった金・銀・綾・綺などの禁物の持ち出しをも許可している。この詔の目的は、同詔の一節に「朕、区宇に君臨し、情、覆育を深くす。率土の内、幽遐を隔つること靡《な》し。公私の往来をして道路を壅《ふさ》ぐこと無からしめ、賝宝の交易をして中外殊なること匪《あら》ざらしめんと欲す。前弊を改め、以て民俗を諧《ととのえ》んことを思《ねが》う（朕君臨区宇、情深覆育、

率土之内、靡隔幽遐。欲使公私往来、道路無壅、賝宝交易、中外匪殊。思改前弊、以諧民俗)」と記されており、[55]公私の往来や国外との交易の便をはかるところにあったことが分かる。この詔からはまた、高祖期に潼関以東の黄河沿いに諸関が置かれていたことも読み取れる。

こうして武徳九年に廃止された潼関であるが、その後の高宗期については史料がなく明らかでない。ただし、武周期の天授二年（六九一）に再び潼関を廃すべしとの制が出されているから、その間に潼関は設置されていたことが分かる。まず天授二年四月二十九日に「廃潼関雍洛州置開鄭汴許衛等州府制」が出され、そこに、

洛東の鄭州・汴州、南の汝州・許州、西の陝州・虢州、北の懐州・沢州・潞州、東北の衛州、西北の蒲州を以て、王畿の内と為すべし。鄭州・汴州・許州は八府を置くべし。汝州は二府を置くべし。衛州は五府を置くべし。別兵は皆な一千五百人なり。

（可以洛東鄭州・汴州、南汝州・許州、西陝州・虢州、北懐州・沢州・潞州、東北衛州、西北蒲州、為王畿内。鄭州・汴州・許州可置八府。汝州可置二府。衛州可置五府。別兵皆一千五百人。）

とあり、[56]潼関以東の洛陽周辺の十一州が畿内に編入された。礪波氏が指摘したように、この制文には標題にある潼関と雍州・洛州の廃止の言及はない[57]。一方、標題に付された割注に「詔令作」として記される「以鄭汴等州為王畿制」の方が、この制文の内容によく合致する[58]。

潼関の廃止が制文中に確認できるのは、同年七月九日に出された「置鴻宜鼎稷等州制」である[59]。そこには、

宜しく雍州管内をして五州を析置せしむべし、其の間以西を雍州と為し、安置せる潼関は即ち宜しく廃省すべし。然らば千里の内を以て、旧制通畿し、征賦の出だす所、事資広達せん。又た王侯は険を設け、以て其の国を固くす。若し襟帯無ければ、何を以て守と為さん。雍州幷びに析する所の州、同州・太州は、並びに畿内に

通入し、洛州の南面・東面・北面に、各おの関を置き、庶幾わくは食采の地、自ら湯沐の邑を分かち、棄繻の客、更に軒蓋の遊に従わんことを。

（宜令雍州管内析置五州、其間以西為雍州、安置潼関即宜廃省[60]。然以千里之内、旧制通畿、征賦所出、事資広達。又王侯設険、以固其国。若無襟帯、何以為守。雍州幷所析州、同州・太州、並通入畿内、洛州南面東面北面各置関、庶幾食采之地、自分湯沐之邑、棄繻之客、更従軒蓋之遊。）

とあり、雍州の管轄州と同州・太州がさらに畿内に加えられ、それに伴い潼関を廃し、その代わりに洛陽の南面・東面・北面に関を置くことが定められた。この時の潼関廃止は、太宗の武徳九年のそれとは異なり、神都洛陽を中心とする広大な王畿が改めて設定されたことにより、潼関が畿内に呑み込まれたためと考えられる。

ところが、わずか七年後の聖暦元年（六九八）五月十九日に「却置潼関制」が出され、潼関は再び設置されることとなった。そのなかに、

朕、情は太朴に存し、志は無外に在り、成皐の姫陝、咽喉を用うること勿く、函谷の秦封、其の襟帯を解く。鴈行をして靡拾し、鶉居をして不擾ならしめんと欲す。而るに毗俗澆弊し、浮惰の者多し。末游を禁絶し中外を作限する所以に非ず。……其れ神都四面の応須《まさ》に関を置くべき処、宜しく検校文昌虞部郎中の王玄珪をして、即《ただ》ちに往きて検行し、要害を詳択して、務めて省功に在り、古今を斟酌して、必らず折衷し、還るの日に図様を具して奏聞せしむべし。

（朕情存太朴、志在無外、成皐姫陝、勿用咽喉、函谷秦封、解其襟帯。欲使鴈行靡拾、鶉居不擾。而毗俗澆弊、浮惰者多。非所以禁絶末游、作限中外。……其神都四面応須置関之処、宜令検校文昌虞部郎中王玄珪、即往検行、詳択要害、務在省功、斟酌古今、必令折衷、還日具図様奏聞。）

とあり[61]、人々の交通の便宜を図って関所を廃止したが却って弊害の方が多かったこと、そこで神都洛陽の四面関を設置するための調査と図面の作成が王玄珪に命じられたことが記されている。この結果であろうか、『新唐書』巻四、則天皇后本紀、長安三年（七〇三）十二月丙戌条には、「天下に関三十を置く（天下置関三十）」とある。残念ながら、ここに具体的な関名は記されていないが、潼関が神都洛陽の西面関として再び設置されたことは間違いない[62]。

玄宗の開元年間の関は、『唐六典』巻六、司門郎中員外郎条に、次のように記されている[63]（〔　〕内は注文）。

凡そ関は二十有六なり。而して上・中・下の差を為す。京城の四面関の駅道有る者は上関と為す。〔上関六。京兆府藍田関・華州潼関・同州蒲津関・岐州散関・隴州大震関・原州隴山関なり。〕餘関の駅道有る、及び四面関の駅道無き者は中関と為す。〔中関一十三。京兆府子午・駱谷・庫谷・同州龍門・会州会寧・原州木峡・石州孟門・嵐州合河・雅州邛莱・彭州蠶崖・安西鉄門・興州興城・華州渭津なり。〕他は皆な下関と為す。〔下関七。梁州甘亭・百牢・河州鳳林・利州石門・延州永和・綿州松嶺・龍州涪水なり。〕中外を限り、華夷を隔て、険を設け固めを作し、邪を閑ぎ暴を正す所以の者なり。

（凡関二十有六。而為上・中・下之差。京城四面関有駅道者為上関。〔上関六。京兆府藍田関・華州潼関・同州蒲津関・岐州散関・隴州大震関・原州隴山関。〕餘関有駅道及四面関無駅道者為中関。〔中関一十三。京兆府子午・駱谷・庫谷・同州龍門・会州会寧・原州木峡・石州孟門・嵐州合河・雅州邛莱・彭州蠶崖・安西鉄門・興州興城・華州渭津也。〕他皆為下関焉。〔下関七。梁州甘亭・百牢・河州鳳林・利州石門・延州永和・綿州松嶺・龍州涪水。〕所以限中外、隔華夷、設険作固、閑邪正暴者也。）

すなわち、開元年間の関は計二十六箇所に整理され、それらは上関・中関・下関の三ランクに分けられていた。そのうち上関六所、中関十三所、下関七所の内訳が注記されており、潼関は上関に位置づけられていた。

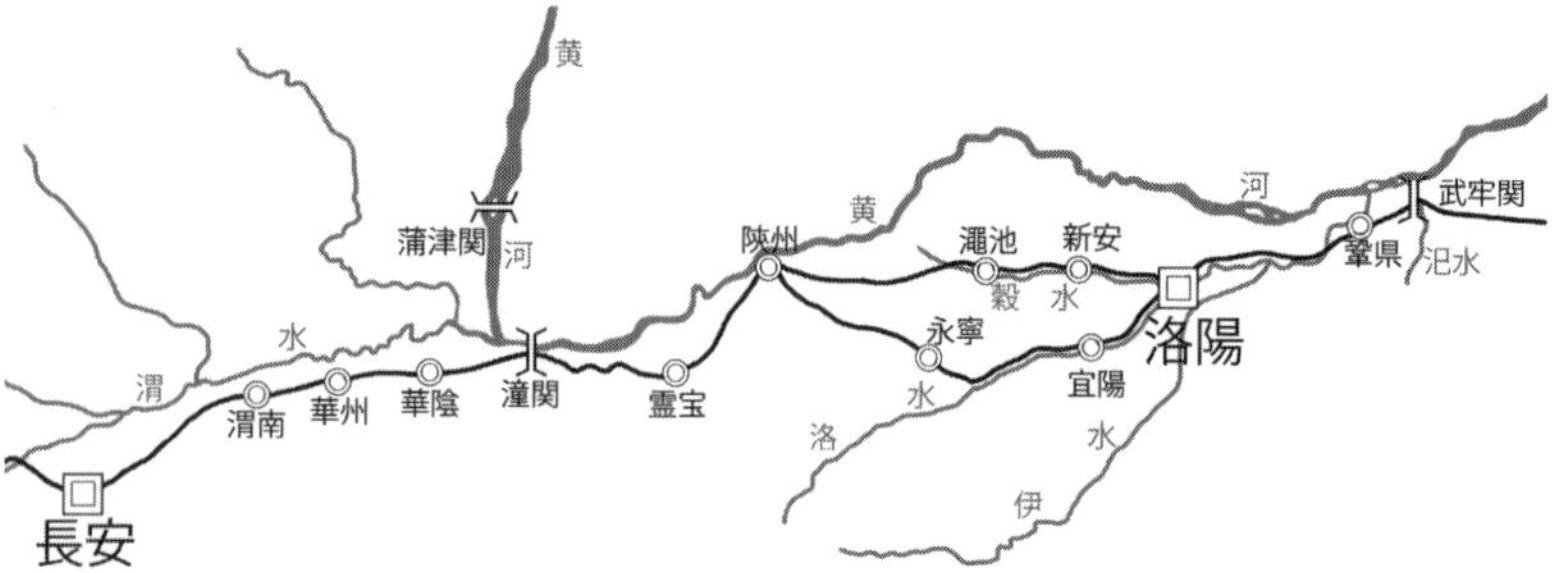

図5　長安～洛陽間の唐代交通路
（関津については本文に関係するもののみを地図上に表した。筆者作成）

勧修寺繍仏や綴織當麻曼荼羅を将来した遣唐使は、先述したように、大宝から天平勝宝の四次のいずれかであったと考えられる。つまり朝貢年月でいえば、武周期の長安二年十月から天宝十二載正月の間にあたる。すると、この時期には常に潼関が設置されていたと考えられる。長安～洛陽間を結ぶ唐代交通路には、南北二つのルートが存在したが、南北に道が分かれるのは陝州府（現、三門峡市）以東であり、「長安から潼関・函谷関を過ぎるまでは、基本的に一本道」であったから、[64] 長安で朝貢した大宝・天平勝宝の遣唐使が、帰路において勘検を受けた関は潼関であったと推測できる（図5）。

一方、洛陽で朝貢した養老・天平の両遣唐使の場合については材料に乏しいが、洛陽の東に位置する関としてまず考えられるのは、汜水の武牢関（虎牢関）である。[65] これは先の聖暦元年五月十九日「却置潼関制」において、洛陽の東西関として名前が挙がっていたのは成皋関と函谷関であり、東面関にあたる成皋関とはすなわち武牢関だからである。また、大宝以降の遣唐使は東シナ海を横断する南路をとっているから、洛陽から東へは、偃師→鞏県→汜水→河陰へと進み、鄭州へ出るルートを採ったと考えられるが、そのルート上で洛陽を東に出てまず行きあたる関といえば武牢関に限られる。[66] いつの時点での状況を反映したものかは不明ながら、『新唐書』巻三九、地理志三の孟州汜水県条には「有虎牢関。東南有成皋故関。西南有旋門故関。有牛口渚」とあり、恐らく唐代後半期には武牢関が設置されていたと考えられる。しかしながら、養老・天平の遣唐使が入唐した際の関の設置状況は、『唐六典』に記される二十六関であったと考えられ、そこに洛陽の東面関が含まれていないことは注目に値する。すると、養老・天平の遣唐使の場合は、№11（宋6条）蕃客条の規定のうち、「関無き処の若きは、初めて経るところの州鎮も亦た此れに準ぜよ（若無関処、初経州鎮亦準此）」とある条文にもとづき、関ではなく州鎮での勘査を受けたということになろうか。

注

（1）拙論「綴織当麻曼荼羅考——図様解釈および制作地と制作年代について——」（『仏教芸術』二八〇、二〇〇五年五月。拙著『西方浄土変の研究』中央公論美術出版、二〇〇七年に再録）、本書第二部第一章・第二章および第三部第三章を参照。

（2）遣唐使や入唐僧による唐文化の移入に関する研究は、枚挙にいとまがないが、なかでも唐代の朝貢体制と貿易管理に注目した榎本淳一氏の研究は、本章における関心の所在と関連する重要な成果である。榎本淳一『唐王朝と古代日本』（吉川弘文館、二〇〇八年）。

（3）仁井田陞『唐令拾遺』（東方文化学院東京研究所、一九三三年）七一三～七二一頁。仁井田陞著、池田温編集代表『唐令拾遺補』一九九七年、七九二～七九九頁。榎本淳一「『性霊集』に見える「竹符・同契」と「文書」について」（佐伯有清先生古稀記念会編『日本古代の伝承と東アジア』吉川弘文館、一九九五年。前掲注（2）榎本書に第一部第一章「律令国家の対外方針と「渡海制」」として再録）。榎本淳一「律令貿易管理制度の特質——日唐関市令の比較を中心として——」（『工学院大学共通課程研究論叢』三八—一、二〇〇〇年十月。前掲注（2）榎本書に第一部第三章「律令貿易管理制度の特質」として再録）。

（4）孟彦弘「唐関市令復原研究」（天一閣博物館・中国社会科学院歴史研究所天聖令整理課題組校証『天一閣蔵明鈔本天聖令校証　附唐令復原研究』下冊〈校録本〉、中華書局、二〇〇六年）。以下、『天聖令』の釈読は基本的に同書に従った。

（5）前掲注（2）榎本書、第一部補論三「北宋天聖令による唐関市令朝貢・貿易管理規定の復原」。榎本氏が検討を加えた条文は、『天聖令』の宋6・宋7・宋8・唐6・宋17条で、同氏は孟氏が復原した唐関市令の条文番号を用いて検討を加えている。なお、孟氏による唐令復原案の条文番号と、『天聖令』の条文番号とを対応させると、次のようになる。10条（宋6条）、11条（宋7条前半）、12条（宋8条）、13条（唐6条）、25条（宋17条）、26条（宋7条後半）。本章表1参照。

（6）吉永匡史「律令関制度の構造と特質」（『東方学』一一七、二〇〇九年一月）。

（7）『養老令』は唐の永徽律令および永徽律疏を藍本とし、養老二年（七一八）または養老年間（七一七～七二四）に制定され、天平宝字元年（七五七）に施行されたと考えられている。岡野誠「日本における唐律研究――文献学的研究を中心として――」（『法律論叢』五四―四、一九八二年一月）六二頁、石上英一「令義解」（皆川完一・山本信吉編『国史大系書目解題』下巻、吉川弘文館、二〇〇一年）を参照。

（8）前掲注（2）榎本書、第一部補論三「北宋天聖令による唐関市令朝貢・貿易管理規定の復原」。劉馨珺氏もまた、『唐令拾遺』獄官令三〇に囚人を移す際「差専使領送」とあることや、『全唐文』巻三二（「賜楊慎矜等自尽併処置詔」）に「応配流及安置人等、所在即差綱駅領送」とあることにもとづき、宋4条は唐令にあったとみなしている（劉馨珺「評《天一閣蔵明鈔本天聖令校証附唐令復原研究》関市令」（『唐研究』第一四巻、北京大学出版社、二〇〇八年）。

（9）孟彦弘氏は、唐7条を『養老令』関市令第六条と対応する条文とみなしており、その見解に従えば新出条文は唐6条となる。ここでは唐6条を『養老令』関市令第六条に対応する条文とみなす榎本淳一氏の見解に従う。前掲注（4）孟論文および前掲注（2）榎本書、第一部補論三。

（10）孟氏の復原案の表（前掲注（4）書、五二三～五二四頁。本章表1参照）では宋4条が抜けている。これは孟氏が宋4条に対応する唐代の史料がないとみなし、復原唐令には入れなかったことによる（前掲注（4）書、五三一頁）。これに対する榎本淳一氏と劉馨珺氏の反論については、前掲注（8）を参照。

(11)　劉馨珺氏は、孟氏が「(一) 請過所」の細目に入れた唐2〜5条のうち、唐2条の丁匠上役条と唐4条隔関属州県条については「(二) 度関」部分に置いた方がよいとしている。その理由として唐2条の丁匠の上役には過所ではなく簿歴が用いられたこと、唐4条の内容は過所請求ではなく「度関」勘査の手順を記したものであることを挙げている(前掲注(8)書評)。しかし私見によれば、これらのほかに唐3・5条についても同様に関の勘過手続きを記したものと解される。

(12)　『天聖令』巻二二、賦役令にも複数の条文(宋10〜15・宋18〜21・唐22〜25条)に「丁匠」の語がみえる。

(13)　孟氏は宋7条を前半「諸有私将禁物至関、已下過所、関司捉獲者、其物没官。已度関及越度為人糾獲者、三分其物、二分賞捉人、一分入官」と後半「若私共化外人交易、為人糾獲、其物悉賞糾人。如不合将至応禁之地、為人糾獲者、皆二分其物、一分賞糾人、一分入官。若官司於其所部捉獲者、不在賞限、其物没官。如糾人在禁物郷応得賞者、其違禁物準直官酬。其所獲物応入官者、年終申所司(其獲物給賞分数、自有別勅者、不拘此限)」に分け、前半を関規定、後半を市規定に置いている。これは後半の文中に交易の内容が含まれているためかと思われる。しかし養老関市令第八条は宋7条全文を簡略化した内容になっていることから、本章では宋7条を唐令においても一つの条文であったと解しておく。

(14)　養老関市令の第六条の元となった唐令について、孟氏は鉄に関する内容である点を重視したためか唐7条と解しているが、諸蕃との互市を禁じる唐6条とみる榎本説が適切である(前掲注(4)孟論文および前掲注(2)榎本書、第一部補論三)。

(15)　黄正建「天聖雑令復原唐令研究」(前掲注(4)書)、および前掲注(2)榎本書、第一部補論三。

(16)　前掲注(8)書評、五三〇〜五三一頁。劉馨珺氏は唐関市令における関管理の重視を宋以後の関市制度との比較から指摘しており、南宋の『慶元条法事類』に散録される計二十一条の関市令では、市場経済の規範に重きを置き、唐代の「禁物出入関」に類するのは巻二九、榷禁門二、「銅銭金銀出界」規定の「諸禁銅銭出中国条制」一条のみであって、他はすべて市場にかかわる規定であると述べている。

(17)　内藤湖南「三井寺所蔵の唐過所に就て」(桑原博士還暦記念祝賀会編『東洋史論叢――桑原博士還暦記念――』

弘文堂書房、一九三一年。『内藤湖南全集』第七巻、筑摩書房、一九七〇年、に再録）、礪波護「唐代の過所と公験」（礪波護編『中国中世の文物』京都大学人文科学研究所、一九九三年。礪波護『隋唐仏教文物史論考』法藏館、二〇一六年に再録）を参照。

(18)『旧唐書』巻四三、職官志二、刑部司門郎中員外郎条に「凡度関者、先経本文本司、請過所。在京則省給之、在外則州給之。而雖非所部、有来文者、所在亦給」という、ほぼ同文を記す。

(19) 前掲注(17)礪波論文、六九九頁（再録書、三六八頁）。

(20) 敦煌文物研究所考古組（樊錦詩・馬世長執筆）「莫高窟発現的唐代絲織物及其他」（『文物』一九七二年第一二期）。陳国燦「唐瓜沙途程――唐開天〝過所〟実地考察小記――」（『魏晋南北朝隋唐史資料』第六期、一九八四年）。前掲注(17)礪波論文。李全徳「〈天聖令〉所見唐代過所的申請与勘験――以〝副白〟与〝録白〟為中心――」（『唐研究』第一四巻、北京大学出版、二〇〇八年）。李全徳「再談天一閣明鈔本〈天聖令・関市令〉之〝副白〟与〝案記〟」（『西域研究』二〇一二年第三期）。

(21) 孟彦弘「唐代〝副過所〟及過所的〝副白〟、〝録白案記〟辯釈――兼論過所的意義――」（『文史』二〇〇八年第四輯。黄正建主編『〈天聖令〉与唐宋制度研究』中国社会科学出版社、二〇一一年に再録）。また同論文には、辻正博氏による和訳がある（「唐代の「副過所」及び過所の「副白」「録白案記」辨析――兼ねて過所の意義を論ず――」『東方学』一一七、二〇〇九年一月）。

(22) 前掲注(20)敦煌文物研究所考古組論文、五八頁。前掲注(20)陳論文、一七頁。中村裕一『唐代官文書研究』（中文出版社、一九九一年）口絵一〇。程喜霖「唐代的公験与過所」（『中国史研究』一九八五年第一期）一二二～一二三頁。前掲注(17)礪波論文、七〇〇～七〇三頁（再録書、三六九～三七三頁）。程喜霖『唐代過所研究』（中華書局、二〇〇〇年）第二章第三節「唐代過所的正副文本」九九頁。

(23)『吐魯番出土文書』第八冊（一九八七年）四一六頁。前掲注(22)程論文、一二五頁。前掲注(17)礪波論文、七〇八～七〇九頁（再録書、三七七～三七九頁）。前掲注(22)程書、第二章第三節「唐代過所的正副文本」九八～九九頁。なお程氏は、年紀部分を欠くこの某往京兆府過所の年代について、同じアスターナ二二八号墓から出土した紀年文書のうち、最も早いのは開元十九年（七三一）、最も晩いのは天宝三載（七四四）であることから、その頃と推定している。

(24) 林麟瑄「唐代蕃客的法律規範」（台湾大歴史系・中国法制史学会・唐律研読会主編『新史料・新観点・新視角天聖令論集』下、元照出版公司、二〇一一年）。

(25) 石見清裕『唐の北方問題と国際秩序』（汲古書院、一九九八年）四九九頁を参照。

(26) 黒板勝美・国史大系編修会編『令集解』一〔新訂増補国史大系〈普及版〉〕（吉川弘文館、一九七二年）一六〇頁。

(27) 黒板勝美・国史大系編修会編『令集解』三〔新訂増補国史大系〈普及版〉〕（吉川弘文館、一九七二年）五六八～五六九頁。

(28) ただし、林氏は蕃客が商業行為にもかかわっていたことを示す史料として、『冊府元亀』巻九九九、外臣部、互市の（唐）文宗大和五年（八三一）詔に、「如聞頃来京城内衣冠子弟及諸軍使幷商人百姓等、多有挙諸蕃客本銭、歳月稍深、徴索不得、致蕃客停滞市易、不獲及時。方務撫安、須除旧弊、免令受屈、要与改更。自今以後、応諸色人、宜除准勅互市外、並不得輒与蕃客銭物交関。委御史台及京兆府切加提搦、仍即作条件聞奏。其今日已前所欠負、委府県速与徴理処分」との記載を挙げている。なお、林氏が挙げられた史料のほか、『令義解』巻一、職員令の玄蕃寮条にも「頭一人。掌仏寺・僧尼名籍〔謂、在京幷諸国仏寺、及僧尼名籍也〕・供斎・蕃客辞見讌饗送迎〔謂、凡諸蕃入朝者、始自入城、終于辞別、讌饗送迎等、皆惣主知。其送迎者、唯於京内、不出畿外也。〕」とある（黒板勝美・国史大系編修会編『令義解』〔新訂増補国史大系〈普及版〉〕吉川弘文館、一九八一年、四一頁）。

(29) 前掲注（25）石見書、三七三頁を参照。

(30) 前掲注（25）石見書、第Ⅲ部第六章「外国使節の宴会儀礼」四九七～五〇〇頁、および第Ⅲ部付章「唐代外国貿易・在留外国人をめぐる諸問題」五〇七頁を参照。なお、蕃客に対する賜物規定として、『旧唐書』巻四三、職官志二、戸部金部郎中員外郎条には「若賜蕃客錦綵、率十段、則錦一張、綾二疋、縵三疋、綿四屯」、『唐六典』巻三、金部郎中員外郎条には「若賜蕃客錦綵、率十段、則錦一張、綾二匹、縵三匹、綿四屯」とあり、天聖倉庫令（**唐17条**）に「諸賜蕃客綿（錦）綵、率十段、綿（錦）一疋、綾二匹、縵三匹、綿四屯」とある（前掲注（4）『天一閣蔵明鈔本天聖令校証　附唐令復原研究』下冊〈校録本〉、二八六頁。句読点を一部改めた）。ここにみえる賜物の規定について石見清裕氏は、現存する唐の国書にみられる国家元首への国信物に比し額に大きな開きがあることから、入京した外国の使節団員への賜物を規定したものではないかとしている（石見清裕「唐の絹貿易と貢献制」『九州大学東洋史論集』三三、二〇〇五年五月。同「唐の貢献制と国信物――遣唐使への回賜品――」『学習院史学』四九、二〇一一年三月）。

(31)『新唐書』巻四六、百官志一、刑部司門郎中員外郎条にも、「蕃客往来、閲其装重、入一関者、余関不譏」として、同様の内容を見て取ることができる。榎本淳一「律令賤民制の構造と特質」（池田温編『中国礼法と日本律令制』東方書店、一九九二年、二九六頁）、『唐令拾遺補』七九七頁を参照。

(32)前掲注（4）『天一閣蔵明鈔本天聖令校証　附唐令復原研究』下冊（校録本）三〇九頁では「綾（?）」としているが、次の『唐六典』の記載から、ここでは「綵」と解した。すなわち、『唐六典』巻三、金部郎中員外郎条には、

凡有互市、皆為之節制。〔諸官私互市、唯得用帛・練・蕃・綵、自外並不得交易。其官市者両分練（練上疑脱帛字）、一分蕃綵、若蕃人須羅糧食者、監司斟酌須数、与州司相知、聴百姓将物就互市所交易。〕

とあり、官民を問わず交易してよい織物が「帛・練・蕃・綵」の四品目に限られているためである。これは禁物規定の**唐6条**と表裏をなす記事と思われる。

(33)『唐会要』巻八六、市「開元二年閏三月勅、諸錦・綾・羅・縠・繡・織成・紬・絹・絲・犛牛尾・真珠・金・鉄、並不得与諸蕃互市、及将入蕃。金・鉄之物、亦不得将度西北諸関」。

(34)『唐律疏議』巻八、衛禁律、齎禁物私度関条所引関市令「依関市令、錦・綾・羅・縠・紬・綿・絹・絲・布・犛牛尾・真珠・金・銀・鉄、並不得度西辺北辺諸関、及至縁辺諸州興易」。

(35)『冊府元亀』巻九九九、外臣部、互市「(開成元年六月）是月京兆府奏、准建中元年十月六日勅、諸錦・罽・綾・羅・縠・繡・織成・細紬（紬・綿）・絲・布・犛牛尾・真珠・銀・銅・鉄・奴婢等、並不得与諸蕃互市。又准令式、中国人不合私与外国人交通・買売・婚娶・来往。又挙取蕃客銭以産業奴婢為質者、重請禁之」。

(36) 『天聖令』では「絲絹絲布」に作り、それを前掲注（4）『天一閣蔵明鈔本天聖令校証　附唐令復原研究』下冊（校録本）三〇九頁、および清本（同四〇五頁）では「絲絹・絲布」という二品目に釈読している。しかし、『唐会要』では「紬・絹・絲」、『唐律疏議』では「紬・綿・絹・絲・布」とあるから、最初の「絲」は「綿」の誤記とみなし、「綿・絹・絲・布」の四品目に解した。本書第二部第二章を参照。

(37) 『唐六典』巻三、金部郎中員外郎条「凡縑・帛之類、必定其長短広狭之制、端・匹・屯・綟之差焉〔羅・錦・綾・絹・紗・縠・絁・紬之属以四丈為匹、布則五丈為端、綿則六両為屯、絲則五両為絇、麻乃三斤為綟〕」。

(38) 天聖賦役令（**唐27条**）「諸朝集使赴京貢献、皆尽当土所出。其金・銀・珠・玉・犀・象・亀・具（貝）、凡諸珍異之属、皮革・羽毛・錦・罽・羅・紬・綾・絲・絹・絺（綿）・希（布）之類、淤（漆）・蜜・香・薬及画色所須、諸是服食器翫之物、皆準絹為価、多不得過五十匹、少不得減二十匹。兼（通）以雑附及官物市充。無、則用正倉。其所送之物、但令無損壊（壊）穢要（悪）而已。不得過事修理、以致労費」。釈読は前掲注（4）『天一閣蔵明鈔本天聖令校証　附唐令復原研究』下冊（校録本）二七五頁に従うが、「稀」のみ私見により「綿」の誤記と釈した。なお唐の朝集使については、渡辺信一郎『天空の玉座――中国古代帝国の朝政と儀礼――』（柏書房、一九九六年）一七七～一八三頁に詳しい。

(39) 天聖営繕令（**宋10条**）「制。諸造錦・羅・紗・縠・紬・絹・施（絁）・布之数（類）、皆闊二尺、長四丈為匹、布長五丈為端。其土俗有異、官司別定長闊者、不用此令。絲綿以両、麻以斤」。釈読は前掲注（4）『天一閣蔵明鈔本天聖令校証　附唐令復原研究』下冊（校録本）三四五頁に従う。

(40) 前掲注（30）石見論文「唐の絹貿易と貢献制」六七～六八頁。本書第二部第二章注（19）。

(41) 『白氏長慶集』巻四〇、『文苑英華』巻四六八。

(42) 前掲注（30）石見論文「唐の絹貿易と貢献制」六七頁。

(43) 本書第二部第三章および第三部第三章を参照。

(44) 本書第二部第二章、表3遣唐使年表を参照。

(45) 『冊府元亀』巻九七〇、外臣部、朝貢三にも「（長安二年）十月、日本国遣其大臣朝臣真人貢方物」とある。

（46）大宝の遣唐使が朝貢した年は、諸書にばらつきがあり、『新唐書』巻二二〇、日本伝には「長安元年、其王文武立、改元曰太宝、遣朝臣真人粟田貢方物。朝臣真人者、猶唐尚書也。冠進徳冠、頂有華蘤四披、紫袍帛帯。真人好学、能属文、進止有容。武后宴之麟徳殿、授司膳卿、還之」、『唐会要』巻一〇〇、日本国条には「長安三年、遣其大臣朝臣真人来朝、貢方物」、『通典』巻一八五、辺防一、倭条は「武太后長安二年、遣其大臣朝臣真人貢方物……」とあり、元年・二年・三年の別がある。ここでは長安二年とする通説に従う。なお、粟田真人は、大宝元年（七〇一）正月に任命され、同二年六月に出発し、慶雲元年（七〇四）七月に帰国している。

（47）『資治通鑑』巻二〇七「（長安元年）冬十月壬寅、太后西入関、辛酉、至京師。赦天下、改元。……（長安三年）冬十月丙寅、車駕発西京、乙酉、至神都」。

（48）本書第二部第二章注（13）を参照。

（49）『旧唐書』巻八、玄宗本紀上には「（開元五年春正月）辛亥、幸東都。……二月甲戌、至自東都、大赦天下」、「（開元六年）冬十月丙申、車駕還京師。十一月辛卯、至自東都」とある。『資治通鑑』巻二一一は、「（開元五年正月）辛亥、行幸東都。……二月甲戌、至東都、赦天下」、同、巻二一二は「（開元六年）冬十一月辛卯、車駕至西京」とする。

（50）『旧唐書』巻八、玄宗本紀上「（開元二十二年春正月）己巳、幸東都。……己丑、至東都。（二十四年）冬十月戊申、車駕発東都、還西京」。

（51）『冊府元亀』巻一〇七、帝王部、朝会一にも「（天宝）十二載正月癸卯朔、帝御含元殿、受朝賀」とある。

（52）青山定雄「唐・五代の関津と商税」（『唐宋時代の交通と地誌地図の研究』吉川弘文館、一九六三年）一三〇頁。また以下の論文も参照。礪波護「唐代の畿内と京城四面関」（唐代史研究会編『中国の都市と農村』汲古書院、一九九二年。礪波護『隋唐都城財政史論考』法藏館、二〇一六年に再録）。程喜霖「論唐代関津与過所的関係及其国防治安功能」（『湖北大学学報』第二六巻第二号、一九九九年三月）。前掲注（22）程喜霖書、第四章「唐代公験過所与関防及国家的統一」。陳習剛「論武則天時期関津的職能及其興廃」（『中州学刊』二〇〇七年第五期）。牛来穎「武則天時期的洛陽関津建設――兼論《天聖令・関市令》関津制度――」（『武則天与広元』文物出版社、二〇一四

年）。その他、厳耕望『唐代交通図考　一　京都関内区』（中央研究院歴史語言研究所、一九八五年）も参照した。
(53)　円仁は五台山を巡礼した後に長安に向かう途上の開成五年（八四〇）八月十三日、蒲津関を通過した（『入唐求法巡礼行記』巻三）。蒲津関については、以下を参照。愛宕元「唐代の蒲州河中府城と河陽三城」（『唐代地域社会史研究』同朋舎、一九九七年）。吉永匡史「唐代における水関と関市令」（『工学院大学研究論叢』五〇―一、二〇一二年一〇月）。
(54)　『唐大詔令集』巻一〇八、禁約上。『冊府元亀』巻五〇四、邦計部、関市にも「唐太宗武徳九年八月甲子即位。是月壬申、詔曰」として同詔が引用されているほか、『唐会要』巻八六、関市にも「武徳九年八月十七日詔」として、潼関以東の縁河の諸関の停廃にかかわる要点のみが引かれている。
(55)　この「諳」字を『唐大詔令集』巻一〇八、禁約上は「清」に作るが、『冊府元亀』巻五〇四、邦計部、関市にもとづき「諳」とした。
(56)　『文苑英華』巻四六四、廃置。
(57)　前掲注（52）礪波論文。
(58)　この割注により、本来はこの制が『唐大詔令集』に収められていたことが推測されるものの、通行本には含まれていないことから、礪波氏は「おそらく闕巻となっている巻八七から巻九八の何処かに収められていたのであろう」と述べておられる（前掲注（52）礪波論文、一九六頁。再録書、八八頁）。なおこの制文は『全唐文』巻九五にも「以鄭汴等州為王畿制」と題して収録されている。
(59)　『唐大詔令集』巻九九、建易州県。『文苑英華』巻四六四にも同文を収録する。
(60)　『唐大詔令集』の原文は「其間以西安為雍州、置潼関即宜廃省」とするが、『文苑英華』巻四六四には「其間於雍州以西、安置潼関、即宜廃省」とし、『唐会要』巻八六、関市には「其雍州已西安置潼関、即宜廃省」とあることから改めた。
(61)　『唐大詔令集』巻九九、建易州県。『文苑英華』巻四六四、廃置。
(62)　陳習剛氏は「不完全な統計ではあるが」と断りつつ、「武則天期に存在した関五十九、故関三十六、津十一の合計関津一〇六、そのうち神都畿内に置かれた関は十三（潼関を含む）、故関十七、津七の合計関津三十七」とし、注では、この他さらに天授二年に畿内に組み入れられた「雍州幷所析州・同州・太州」等の域内の関津として、潼関のほかにまだ七箇所の関津があったと指摘している（前掲注（52）陳論文）。

(63)『旧唐書』巻四三、職官志二、刑部司門郎中員外郎条、『新唐書』巻四六、百官志一、司門郎中員外郎条、『新唐書』巻四九下、百官志四下、関官条にも、簡略ながら同様の記載がある。

(64)前掲注（51）厳耕望『唐代交通図考　一　京都関内区』。河野保博「長安と洛陽を結ぶ二本の道――「臨泉駅」銘石刻を中心に――」（鈴木靖民・荒井秀規編『古代東アジアの道路と交通』勉誠出版、二〇一一年、一六二頁。佐藤長門編『遣唐使と入唐僧の研究――附 校訂『入唐五家伝』――』高志書院、二〇一五年、一六四頁に再録）。河野氏によれば、陝州から東は（1）澠池→鉄門→新安へと山間部を横断する北路と、（2）硤石→永寧と山間部を抜け、三郷→宜陽へと洛河（洛水）沿いに洛陽に至る南路に分かれ、円仁は潼関を出て洛陽に向かう折に南路をとり、円珍も長安からの帰途に南路を通ったと推測されるという。

(65)『旧唐書』巻三八、地理志一の孟州汜水県条に「隋県。武徳四年、分置成皋県。貞観元年、省入汜水、属鄭州。顕慶二年、割属洛州、仍移治武牢城。垂拱四年、改為広武。神龍元年、復為汜水。開元二十九年、移治所於武牢。成皋府在県北」とあり、続く河陰県条に「開元二十年、割汜水・滎沢二県置、管河陰倉」とある。なお唐代に虎牢関を武牢関と称したのは、高祖の祖父李虎の避諱による。

(66)『新唐書』地理志には、県に関する記述のなかで関や津、また故関の有無を記している。そのうち、偃師→鞏県→汜水→河陰へのルート上で、故関ではなく唐代に設置されていた関として記述がみえるのは、巻三九、孟州汜水県条の「有虎牢関。東南有成皋故関。西南有旋門故関。有牛口渚」に限られる。洛陽周辺の自然環境については、塩沢裕仁「洛陽八関とその内包空間――漢魏洛陽盆地の空間的理解に触れて――」（『法政考古学』三〇、二〇〇三年十一月。のち塩沢裕仁『千年帝都洛陽――その遺跡と人文・自然環境』雄山閣、二〇〇九年、および同『後漢魏晋南北朝都城境域研究』雄山閣、二〇一三年に修正再録）を参照。

第三部　則天武后期の仏教政策と仏教文化

第一章　則天文字の日本移入

——聖語蔵本『宝雨経』を手がかりに——

はじめに

東大寺尊勝院の経蔵であった聖語蔵には、隋唐経から奈良～鎌倉にかけての古写経四九六〇巻が伝存しており、そのなかに菩提流支訳『宝雨経』が含まれている。[1]この聖語蔵本『宝雨経』は、光明皇后の発願になる天平十二年（七四〇）五月一日の奥書をもつ、いわゆる「五月一日経」の一部として書写されたものである。[2]全体にわたって朱墨による書き入れが施されており、他本との校訂を経て丁寧に書写されたことがうかがえる。興味深いのは、その経文に則天文字が使用されている点である。従来、日本への則天文字の移入を示す資料としては、正倉院の『王勃詩序』（慶雲四年〈七〇七〉書写）や高野山ほかの『文館詞林』（弘仁十四年〈八二三〉鈔写）などが代表的なものとしてしばしば取り上げられているが、[3]聖語蔵本『宝雨経』に則天文字が使用されていることについては、存外に知られていない。[4]しかしながら、則天文字の使用という点でみた場合、聖語蔵本『宝雨経』は『王勃詩序』や『文館詞林』よりも正確で、徹底している。

そこで本章では、則天文字の日本移入を示す一資料として、聖語蔵本『宝雨経』を取り上げ、そこでの則天文字の使用状況をもとに、原本の書写年代および日本への将来時期を検討してみたい。

一　『宝雨経』と則天武后

長寿二年（六九三）九月に菩提流支によって訳された『宝雨経』[5]は、則天武后の登極に仏教側から正当性を与えるものとして、『（擬）大雲経疏』[6]（以下『大雲経疏』）と並んで重要視された経典である。『宝雨経』にはこの菩提流支訳の十巻本のほかに、異訳として梁・曼陀羅仙訳の『宝雲経』七巻、梁・曼陀羅仙と僧伽婆羅共訳の『大乗宝雲経』七巻、宋・法護訳『除蓋障菩薩所問経』二十巻があるが、滋野井恬氏が指摘したように、菩提流支訳には他の三訳には全くみられない特異な記述がある。[7]すなわちそれは、巻一の月光天子に対する世尊の宣言内容にかかわる箇所であり、そこには月光天子が、

①涅槃後の第四五百年中の仏法が滅せんとするとき、贍部州の東方摩訶支那国に女身となって現れ自在主となり、多年にわたり正法をもって治めるということ
②阿鞞跋致と転輪聖王位を得るということ
③王位を受けるとき国土中に山が涌出するということ
④覩史多天宮に往詣し、慈氏（弥勒）菩薩を供養し、慈氏菩薩が成仏するときには阿耨多羅三藐三菩提記を授かるということ

が説かれている。

滋野井氏の指摘にあるように、①は菩提流支訳『宝雨経』の翻訳当時、則天武后が女帝として君臨していたことと照応するものであり、③は則天武后の登極に先立つ垂拱二年（六八六）に、新豊県の東南に山が涌出したという

瑞祥と合致し、④は薛懐義らが則天武后を弥勒の下生と喧伝したことと符合する。とりわけ興味深い一致を示すのは②の部分で、『宝雨経』が訳出されたまさしくその同年同月に、則天武后は武承嗣ら五千人の上表に従い「金輪聖神皇帝」の尊号を採用しており、さらに仏典に転輪聖王がもつと説かれる七宝（金輪宝・白象宝・女宝・馬宝・珠宝・主兵臣宝・主蔵臣宝）を作り、朝会するごとに殿庭に陳べたと伝えられる。

したがって滋野井氏が指摘したとおり、この菩提流支訳『宝雨経』は則天武后の登極にまつわる事象を、きわめて意識的に経文に取り入れた経典ということができる。そして聖語蔵本『宝雨経』（以下、単に聖語蔵本とのみ記す場合も、とくに注記しないかぎり聖語蔵本『宝雨経』を指す）は、この菩提流支訳を写したものであり、しかも経文には則天武后が制定した則天文字が使用されているのである。

二　聖語蔵本『宝雨経』における則天文字の使用状況

則天文字については、これまでに数多くの研究の蓄積がある。論者によって若干見解の分かれる部分はあるものの、字数については計十七字十八字形、また概ね五次にわたって制定され（表1）、公的には中宗即位の神龍元年（七〇五）正月をもって廃止されたとする点では、ほぼ見解の一致をみている。

聖語蔵本『宝雨経』には、全十巻からなる同経のうち現在、巻二、巻五、巻八、巻十の各巻が現存する。これらは巻二、巻五、巻十の冒頭の数行を欠く以外は、経文がほぼすべて残されており、その経文には一貫して則天文字が使用されている（図1）。聖語蔵本『宝雨経』に用いられている則天文字を抜き出し、巻ごとに用例数を表にまとめると、次のようになる（表2）。

表1　則天文字の制定時期

分期	開始年月	則天文字
第一期	載初元年正月一日（六八九年十二月十八日）	𡆠・𡝗・〇・𠀘・埊・𠡦・𠙺・𡕀・𡔈・𠺞・𢘑・曌（計12字）
第二期	天授元年九月九日（六九〇年十月十六日）	𥠢（増1字＝計13字）
第三期	証聖元年正月一日（六九四年十一月二十三日）	𤤿・𨲢（増2字＝計15字）
第四期	証聖元年四～五月の間（六九五年）	圀（増1字＝計16字）
第五期	聖暦元年正月一日（六九七年十二月二十日）	𤯔・𠥱（増1字・改1字＝計17字18字形）

表2　聖語蔵本『宝雨経』における則天文字の使用状況

則天文字		聖語蔵本（巻二）	聖語蔵本（巻五）	聖語蔵本（巻八）	聖語蔵本（巻十）
第一期	𡆠（日）		23		3
	𡝗（月）	2	13		3
	〇（星）				
	𠀘（天）	4	14	6	23
	埊（地）	2	12	6	10
	𠡦（年）	1		1	
	𠙺（正）	29	6	12	22
	𡕀（載）				
	𡔈（初）	3	1	1	3
	𠺞（君）				
	𢘑（臣）	8			
	曌（照）				
第二期	𥠢（授）	8	1		
第三期	𤤿（証）	(21)	(10)	(10)	
	𨲢（聖）	(3)	(4)	(6)	(4)
第四期	圀（国）	(12)		(3)	
第五期	𤯔（人）	(1)	(22)	(19)	(13)
	𠥱（月）				
花（華）			(2) 19	1	11

（注）・則天文字および「花」字の出現回数を示す。（　）内の数字は常字あるいは「華」字の出現回数を示す。

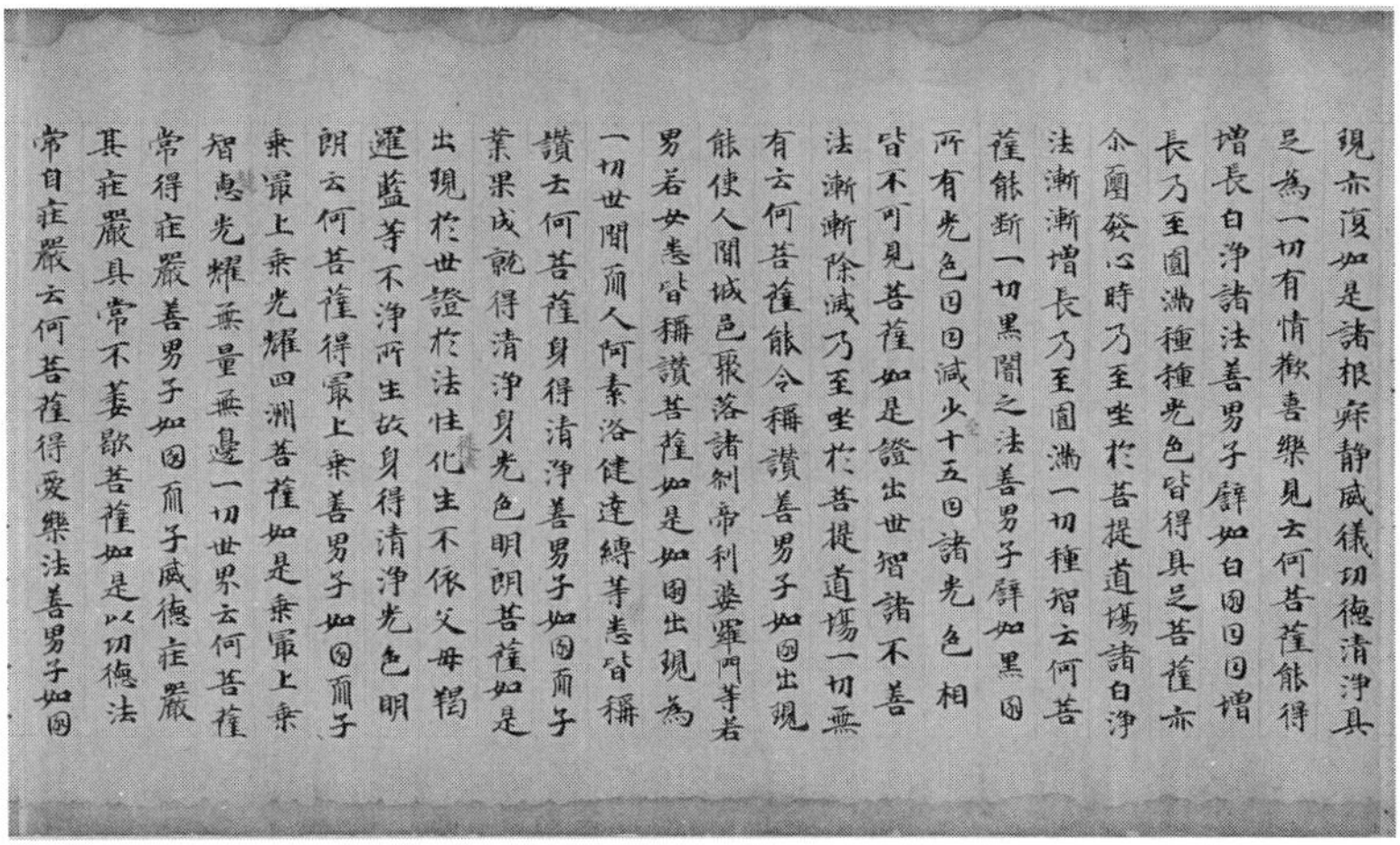

現亦復如是諸根寂靜威儀功徳清淨具
足為一切有情歡喜樂見云何菩薩能得
增長白淨諸法善男子譬如白月日日增
長乃至圓滿種種光色皆得具足菩薩亦
爾發心時乃至坐於菩提道場諸白淨
法漸漸增長乃至圓滿一切種智云何菩
薩能斷一切黑闇之法善男子譬如黑月
所有光色日日減少十五日諸光色相
皆不可見菩薩如是證出世智諸不善
法漸漸除滅乃至坐於菩提道場一切無
有云何菩薩能令稱讚善男子如月出現
能使人間城邑聚落諸剎帝利婆羅門等若
男若女悉皆稱讚菩薩如是如月出現為
一切世間天人阿素洛健達縛等悉皆稱
讚云何菩薩身得清淨善男子如月天子
業果成就得清淨身光色明朗菩薩如是
出現於世證於法性化生不依父母羯
邏藍等不淨所生故身得清淨光色明
朗云何菩薩得最上乘善男子如月天子
乘最上乘光耀四洲菩薩如是乘最上乘
智慧光耀無量無邊一切世界云何菩薩
常得莊嚴善男子如月天子威德莊嚴
其莊嚴具常不萎悴菩薩如是以功德法
常自莊嚴云何菩薩得愛樂法善男子如月

図1　聖語蔵本『宝雨経』巻5　第11紙部分（『大正蔵』16、304b第10行〜304c第3行）

表中の数字は、当該文字の出現回数を示し、そのうち括弧なしの数字は則天文字の、括弧内の数字は常字の、それぞれ出現回数をあらわす。この表2から明らかなように、聖語蔵本の経文では、第二期までに制定された則天文字のみが使用されており、第三期以降のものについては常字が使用されている。また、則天文字を用いるべき字についてはもれなく則天文字が使用されていることから、聖語蔵本の底本[18]は武周期に筆写されたものであり、しかも証聖元年正月より前――すなわち延載元年十月末（六九四年十一月）まで――に書写されたものということになろう。先述のとおり、『宝雨経』の訳出は長寿二年九月三日（六九三年十月七日）である。したがって聖語蔵本の底本は、同経訳出後まもない頃に書写されたものと考えられる。

これに関連して興味深いのは、聖語蔵本において則天文字がみられるのは底本を写した箇所に限られるという事実である。すなわち経文については終始一貫して第二期までの則天文字が使用されているのに対し、光明皇后による発願文を記した天平十二年五月一日の奥書には「日」「月」「天」「年」「君」「臣」「人」の各字が含まれているにもかかわらず、いずれも常字が

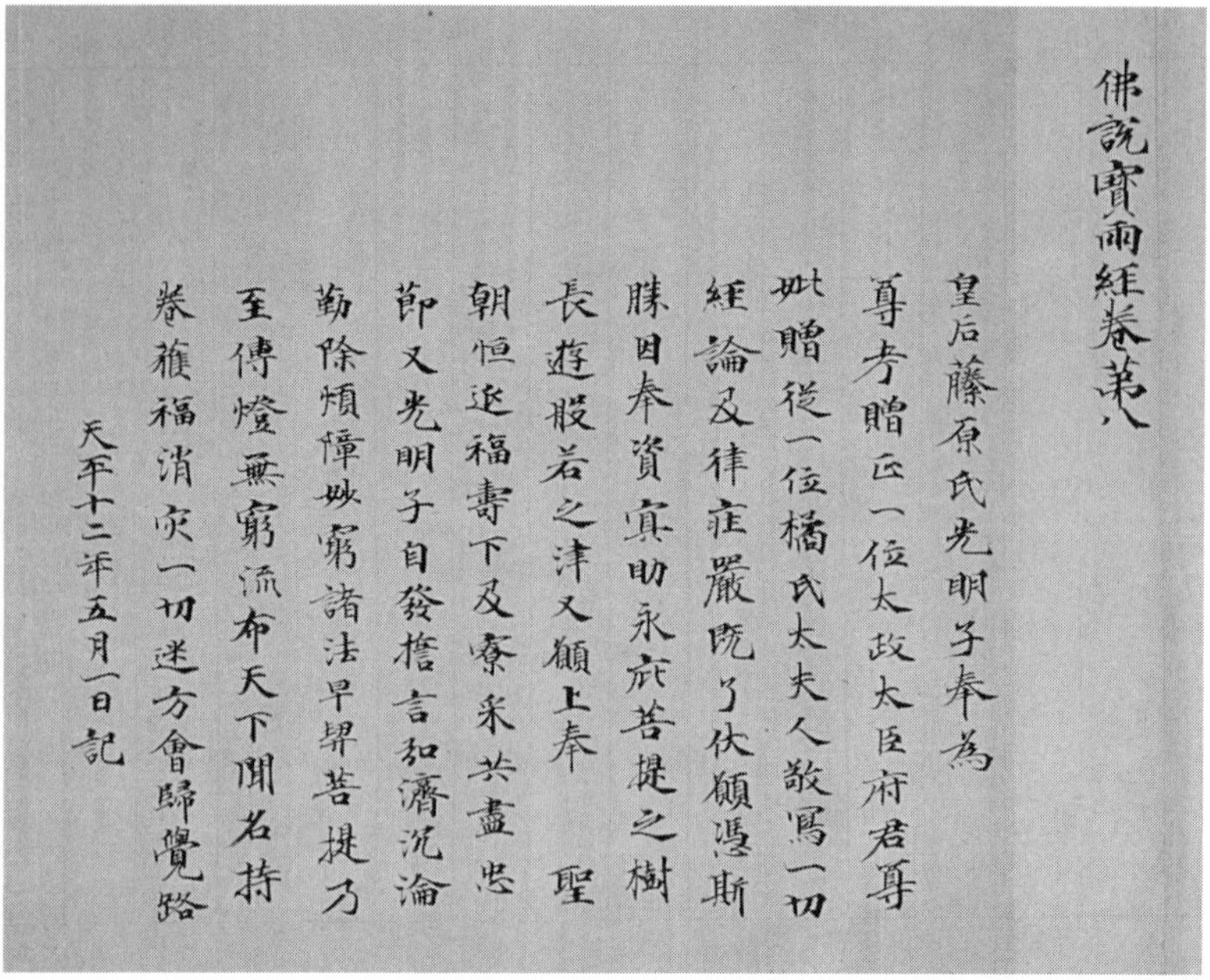

佛說寶雨經卷第八
皇后藤原氏光明子奉為
尊考贈正一位太政太臣府君尊
妣贈從一位橘氏太夫人敬寫一切
經論及律莊嚴既了伏願憑斯
勝因奉資冥助永庇菩提之樹
長遊般若之津又願上奉 聖
朝恒延福壽下及寮采共盡忠
節又光明子自發誓言弘濟沉淪
勤除煩障妙窮諸法早契菩提乃
至傳燈無窮流布天下聞名持
卷獲福消災一切迷方會歸覺路
天平十二年五月一日記

図２　聖語蔵本『宝雨経』巻８　天平12年奥書

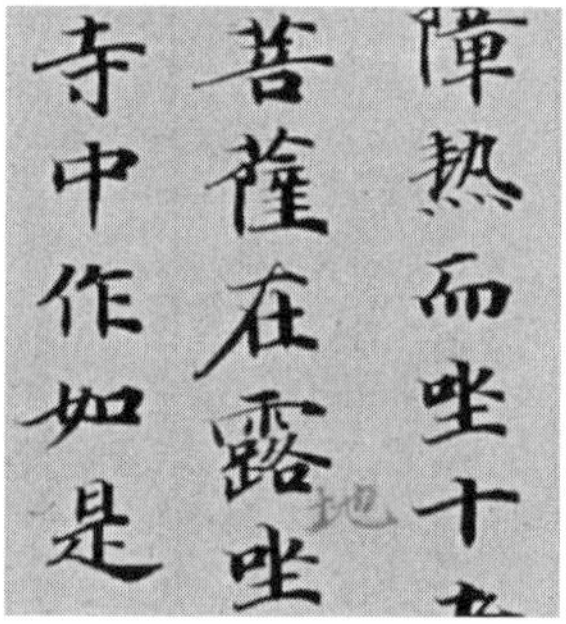

図３　聖語蔵本『宝雨経』巻８　第10紙第13行　「地」字の補筆部分（『大正蔵』16、317c第22行）

使われ則天文字の使用は全くみられないのである（図２）。また校訂の際の朱墨による書き込みのうち、巻八の第十紙第十三行には「地」字が補われているが、その補筆は常字であることも注意される（図３）。

　また聖語蔵本の用字では、「花」字についても注目される。現存の三巻のうち、巻五に「華」字が二箇所混じっているが、[19] その他はすべて「花」字が使われている。これについては内藤乾吉氏が『大方広仏花厳経』巻八について指摘したように、武周期には則天武后の祖父の諱「華」を避けて「花」と表記したことと関連するものであろう。[20] これもまた先の則天文字の使用とあわせて、聖語蔵本の底本が武周期の書写になることを物語る。

なお『宝雨経』には、聖語蔵本のほかに敦煌蔵経洞やトゥルファンから発見された写本がある。そのうち敦煌写本のS二二七八（巻九）とトゥルファンのMＩKⅢ一一三号（巻二）は、首部を闕くものの、いずれも長寿二年の訳場列位が残っており貴重である（図4）[21]。これらS二二七八とMＩKⅢ一一三号について『大正蔵』と全文を対照すると、全く誤写が含まれておらず、きわめて正確な写本であることが分かる。さらに、これら中国西陲の地から発見された両写本においても、使われている則天文字は聖語蔵本と同じく第二期までに限られている[22]（表3）。したがって、これらの底本もまた聖語蔵本と同じく、『宝雨経』訳出後一年以内に書写されたものであるといえる[23]。

表3　敦煌・トゥルファン『宝雨経』写本における則天文字の使用状況

則天文字		S二二七八（巻九）	MＩKⅢ一一三号（巻二）
𡆠（日）	第一期	3	1
𠥱（月）		1	1
〇（星）			
𠀑（天）		4	4
埊（地）		10	1
𠡦（年）		1	1
𠙺（正）		3	29
𡕀（載）			
𡔈（初）		1	3
𠺞（君）			
𢘑（臣）		8	7
曌（照）			
𥠢（授）	第二期	8	8
𧗟（証）	第三期	（32）	（21）
𨲢（聖）		（4）	（3）
圀（国）	第四期	（7）	（7）
𤯔（人）	第五期	（4）	（2）
𡝝（月）			
花（華）			

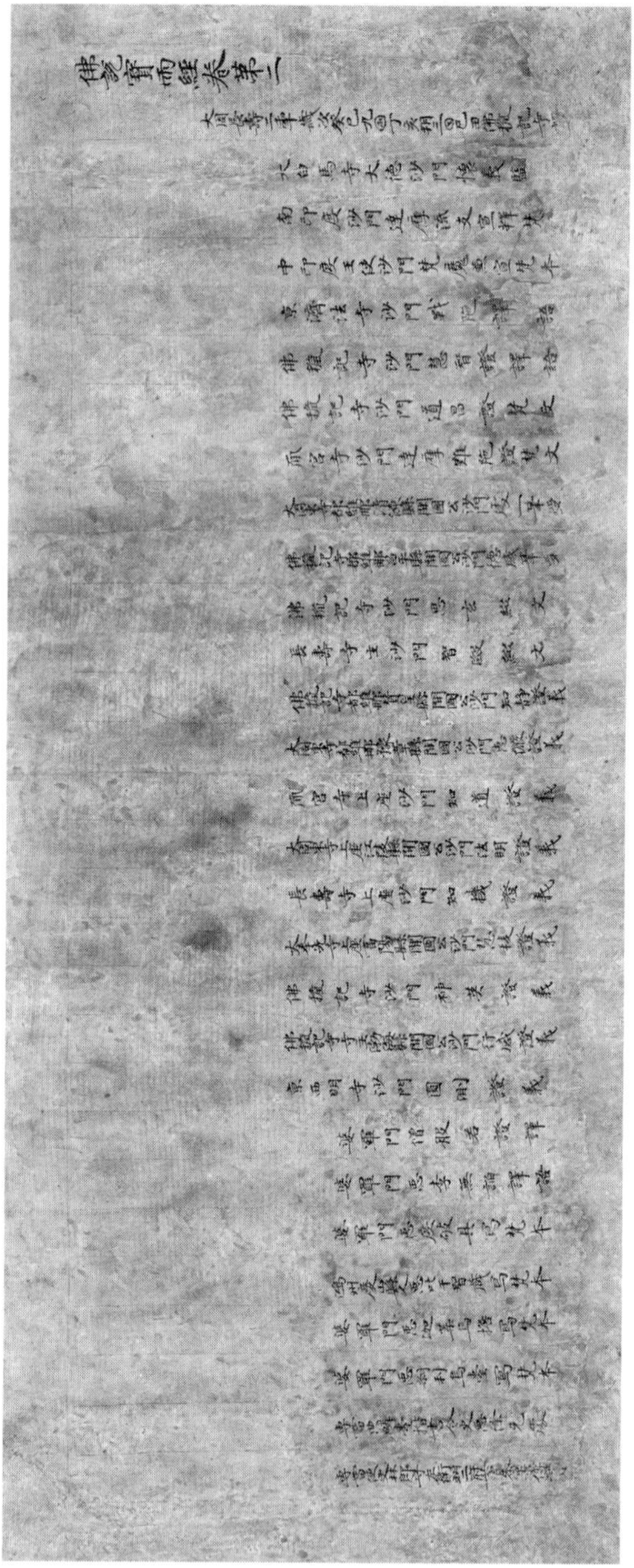

図４　トゥルファン MIK Ⅲ-113号『宝雨経』長寿２年（693）訳場列位

三　聖語蔵本『宝雨経』底本の将来時期

では、聖語蔵本『宝雨経』の底本は、いつ日本に齎されたのであろうか。『宝雨経』が訳出されたのは長寿二年九月である。一方、聖語蔵本『宝雨経』は、五月一日経と称される一切経書写事業の一環として写されたものである。したがってまず、聖語蔵本の底本の日本将来時期の上限と下限はそこに置くことができよう。

五月一日経の書写をめぐる状況は、先学の研究により大略が明らかにされている。すなわち、五月一日経は光明子が父の藤原不比等と母の県犬養三千代の追善のために発願し、天平五年（七三三）頃には書写が始められていたが、玄昉の帰朝を契機として天平八年九月からは、玄昉が齎した唐・智昇撰『開元釈教録』の入蔵録所載経典（一〇七六部五〇四八巻）の完備を目指すようになった。その書写を担当したのは皇后宮職の写経所であり、のちに福寿寺写経所または金光明寺写経所といわれた時代まで継続し、主として玄昉将来経典を底本とし、天平十二年四月までに三五三一巻が写され、同年五月九日から五月一日付の願文が加えられた後、一旦書写が中断された。翌十三年閏三月から再び書写が始まり、天平十四年末までには、目標の九割にあたる四五六一巻に及んだ。翌十五年五月からは『開元釈教録』にない章疏も書写の対象とされ、最終的には天平勝宝八歳（七五六）までに約七〇〇〇巻が書写されたという。(24)

玄昉とは、養老の遣唐使に学問僧として随行し、在唐十八年の後、天平の遣唐使とともに帰国した入唐留学僧で、『続日本紀』天平十八年六月己亥条に、「唐の天子、昉を尊び、三品に准え紫袈裟を着さしむ。天平七年、大使多治比真人広成に随い還帰す。経論五千餘巻及び諸もろの仏像を齎ち来たる（唐天子尊昉、准三品令着紫袈裟。天平七年、随大使多治比真人広成還帰。齎経論五千餘巻及諸仏像来）」として、帰国に際し仏像とともに経論五千余巻を将来したと記されている人物である。(25)

しかし玄昉将来経典になかったものについては大安寺・禅院などの諸寺院に底本が求められており、(26) 問題の『宝雨経』の底本は禅院により充当されたことが、松本包夫氏により明らかにされている。(27) すなわち、天平十四年（七四二）七月二十四日「装潢本経充帳」に「禅院本経充」としてあげる経典類のなかに「宝雨経五巻充建部広足用九十二枚」とあり（続々修二十八帙三巻、『大日本古文書』編年八、一一二頁）、同年九月三十日「一切経幷疏経生等手実案帳」には、

建部広足　請雑経十八巻既写了
受紙三百廿張　見用紙「合」三百廿張此中願文十三枚
宝雨経五巻、第二十八文一、第五十九文一、第八十八、第九十九文一、第十十八文一（中略）
「以上十八巻」天平十四年九月卅日「読道主　勘人成」

とあり（続々修一帙二巻所収、『大日本古文書』編年八、九二〜九三頁）、手実の各巻の用紙合計数と本経充帳の用紙数が合致し、さらに現存の経巻の用紙数とも合うということが指摘されている。(28) したがって聖語蔵本『宝雨経』はいずれも、この時に禅院から底本を借用し書写されたものであることが分かる。松本氏はまた、天平宝字五年（七六一）三月廿二日の「奉写一切経所解」に「宝雨経五巻第一二三四六七……以前経論、並是旧元来无本、去天平勝宝六年入唐廻使所請来、今従内堂請、奉写加如前、謹解」（続々修三帙四巻、『大日本古文書』編年四、四九七・四九九頁）とあることから、五月一日経書写当時は『宝雨経』全十巻のうち五巻しか伝来しておらず、残部は天平勝宝六年に入唐廻使によって伝えられたことについても指摘している。(29)

では、五月一日経の『宝雨経』に底本として供された禅院本は、いつ将来したのであろうか。

禅院には入唐僧により将来された経論が数多く蔵されていた。その入唐僧とは道昭である。道昭は、孝徳天皇の白雉四年（六五三）に遣唐使に随い入唐し、[30]玄奘に師事して法相を学んだのち、文武天皇四年（七〇〇）三月に没した人物である。[31]正倉院文書にある「禅院」とは、この道昭が住した平城右京の元興寺禅院のことであり、「此の院、多く経論有り。書迹楷好にして、並びに錯誤あらず。皆な和上の将来する所の者なり（此院多有経論。書迹楷好、並不錯誤。皆和上之所将来者也）」と称されるほど、道昭将来の多くの経論を蔵し、それらはいずれも正確な善本として知られていた。[32]彼がいつ唐から帰国したのかについては明徴を欠くが、『日本三代実録』では禅院の建立を「壬戌年（天智元年＝六六二）三月」とすることから、[33]斉明天皇七年（六六一）帰朝の遣唐使とともに帰国したと解されている。[34]しかし、問題の聖語蔵本『宝雨経』の底本については道昭将来という見解は当てはまらない。なぜなら、道昭の帰朝時には『宝雨経』はいまだ訳出されていなかったからである。

では、聖語蔵本『宝雨経』そのものから底本の将来時期を考えれば、どうなるであろうか。先にみたように、聖語蔵本に使用されている則天文字は第二期制定のものまでに限られ、第三期以降のものについては常字が使用されていた。したがって、底本の書写年代は経典訳出の長寿二年九月から延載元年十月までの間となる。さらに先にみたように、聖語蔵本は天平十四年七月二十四日までには書写されていたとみられるから、日本への移入の下限はそこに置くことができる。このようにみてくると聖語蔵の底本を将来した可能性のある遣唐使は、大宝・養老・天平の三次に絞られる。そしてこれら三次のうち、どの時点での将来であるにしても、聖語蔵本の底本が『宝雨経』訳出後まもなく書写されたものであったとみられることは先述したとおりである。

一方、敦煌やトゥルファンで発見された『宝雨経』写本（S二二七八、MＩＫⅢ一一三号）もまた、それらの底本が聖語蔵本と同じく『宝雨経』訳出後一年以内に書写されたものであることを示していた。さらに『宝雨経』は武周王朝にとって『大雲経疏』と同等の重みをもつ経典であった。こうした事実からは、次のような可能性がみえてくる。すなわち、かつて『大雲経疏』がそうであったように、『宝雨経』もまた宮廷の写字生によって大量に書写され天下諸州に頒布された可能性である。(35)

当時の州の数はおよそ四百であったから、『宝雨経』が訳出後に書写された写本の数は少なくとも四百部、それらが短時日のうちに宮廷の写字組織によって書写されたことになろう。(36)では聖語蔵本『宝雨経』の原本を齎したのは、三次のうちのどの遣唐使であろうか。

則天文字の実質的な使用期間は、神龍元年（七〇五）二月五日の中宗即位までの十五年間に限られ、とくに墓誌や碑文などではかなり厳格に守られているという。(37)しかし写本の場合、筆写されてから時間の経ったものを将来するということも十分に考えられるから、これ以上に時期を限定することは難しい。先にみたような武周王朝と『宝雨経』の関係、および天下諸州に頒布されたとみられることからすれば、聖語蔵本『宝雨経』の底本は、則天武后によって大宝の遣唐使に頒賜された可能性も考えたくなる。しかし、『宝雨経』全十巻のうちの五巻しか将来されていなかったことからすれば、頒賜の可能性は低いといわざるをえまい。したがって現時点では、大宝から天平の遣唐使のいずれかに限られるということを確認するにとどめておきたい。

四　一行十六字の写経規格

S二二七八およびＭＩＫⅢ一一三号の中国発見の古写本と聖語蔵本とでは、使用されている則天文字のほかに興味深い一致がみられる。すなわち、訳出から一年以内に書写された『宝雨経』の姿を伝えるこれら諸写本は、一紙ごとの行数は一致しないものの、[38] いずれも一行の文字数が原則十六字で書写されているという点で奇妙な一致をみせている。南北朝期から唐代にかけての写経の規格は一行十七字であるが、これら『宝雨経』写本三種はいずれも一行十六字で一致しており、武周期に一行十六字の写経規格が存在していた可能性を示唆している。

この点について、他の聖語蔵五月一日経七五〇巻について一行ごとの文字数を調べたところ、そのほとんどが一行十七字の規格に則っていることが確かめられた。[39] そのうち一行十六字とするのは、わずかに『宝雨経』と『大般涅槃経集解』[40] のみであり、しかも則天文字を使用するのは、『宝雨経』だけで、五月一日経の他経にはみられないことも併せて明らかとなった。したがって、これはやはり底本をそのまま忠実に写した結果と考えるほかない。

そこで、武周期の年紀を有する敦煌写本を対象に一行の文字数を調べてみると、予想に反して、調査した範囲では一行十六字とするのは『宝雨経』のS二二七八のみで、他はすべて十七字であった。[41] また興味深いことに、武周期の書写であるにもかかわらず、経文に則天文字を使用しているのはS二二七八『宝雨経』とS六二二『新菩薩経』の二点のみで、他は識語のみに則天文字を使用し、経文は常字であった。これは武周期の墓誌がほぼ例外なく則天文字を使用しているのとは全く対照的である。

しかし経典において『宝雨経』だけが例外だったのかといえば、そうではなかった可能性がある。武周期を含む隋唐期の経録、すなわち『衆経目録』（開皇十四年〈五九四〉勅撰）、『大唐内典録』（麟徳元年〈六六四〉撰）、『大周刊定衆経目録』（天冊万歳元年〈六九五〉勅撰）、『開元釈教録』（開元十八年〈七三〇〉撰）、『貞元新定釈教目録』（貞元十六年〈八〇〇〉勅撰）には、経典の紙数が記されており、それらを比較すると、『大周刊定衆経目録』のみ紙数が多くなっているものが散見し、そのなかには問題の『宝雨経』も含まれている（表4）。

こうした紙数の違いは、武周期に『宝雨経』以外にも一行十六字の写経が存在していた可能性を示すものかもし

表4　経録に記された紙数比較

経　録　名	紙　数				
	衆経目録	内典録	武周録	開元録	貞元録
大方広仏華厳経　六十巻	1087	1087		1079	1079
大般涅槃経　四十巻	720	720		730	720
大般若波羅蜜多経　六百巻	12000		12000	10581 10331	10331
摩訶般若波羅蜜経　四十巻或三十巻	619	619	619	623	623
大方等大集経　三十巻	604	604	604	621	621
大方等日蔵経　十巻	204	204	204	206	206
大方等月蔵経　十巻	214	214	214	119	219
宝星陀羅尼経　十巻	130		**140**	133	133
大威徳陀羅尼経　二十巻	265	265	265	268	268
法炬陀羅尼経　二十巻	300	300	265*	298	298
大菩薩蔵経　二十巻	410	410	410		
菩薩瓔珞経　十二巻或十四巻	303	337	337	331	337
菩薩見実三昧経　十四巻	238	238			
仏名経　十二巻	247	247		253	253
月灯三昧経　十巻	203	202	202	198	198
賢劫経　十三巻	195	195	**207***	192	192
華手経　十巻	215	225		229	229
十住断結経　十巻	254	254	254	254	
大灌頂経　十二巻	113	112		118	
観仏三昧経　十巻或八巻	159	159	**184**	156	156
五千五百仏名経　八巻	126	126	126	131	131
大方便報恩経　七巻	124	124		126	126
大方等大集経　八巻	128	128			
勝天王般若波羅蜜経　七巻	121	121	124	125	122
宝雲経　七巻	100	100	**120**	102	102
金光明経　六巻	122	115			
法集経　八巻	121	122	**132**	127	127
菩薩処胎経　五巻	113	113			115
大悲経　五巻	88	88	**100**	87	87
大集賢護菩薩経　五巻	93	93	93		
大方等無相経　六巻（大雲経）	92	92	93		
密迹金剛力士経　五巻	112	112	**132**		
大方等陀羅尼経　四巻	62	62	62	63	63
海龍王経　四巻	72	73		73	73
央掘魔羅経　四巻	78	78			
無所有菩薩経　四巻	60	60	60	62	62
僧伽吒経　四巻	51	51	**59**	51	51
観察諸法経　四巻	60	60	60	63	63
七仏神呪経　四巻	70	70	**71**		
菩薩本行経　三巻	52	52	52	47	47
称揚諸仏功徳経　三巻	55	55	**67**	57	57
菩薩蔵経　三巻	61	61	**72***		
力荘厳三昧経　三巻	36	46	36	38	38
須真天子経　三巻	46	46		46	46
首楞厳三昧経　三巻	52	51	**58**	52	52
般舟三昧経　三巻	47	47	47	50	50
等目菩薩所問三昧経　二巻	50		**63**	52	52
明度五十校計経　二巻	40	40		40	
菩薩瓔珞本業経　二巻	48	38	42	39	39
宝雨経　十巻			**186**	141	141

（注）・『衆経目録』巻1（『大正蔵』55、181c ～182c）冒頭の50部と『宝雨経』について、対応する他の経録の記載をまとめた。
・『大周刊定衆経目録』（武周録）のみ紙数が多いものをゴチック体とした。
・＊印は、宋本の表記に従った。
・経典が未収録の場合は空欄とした。

れない。ただ、勅撰である『大周刊定衆経目録』には、他の経録と紙数が異ならないものも多く含まれていることからすれば、仮に一行十六字の書式が存在していたとしても、武周期に改めて全経典をその書式で写し直すといったことはなされていなかったようである。またそもそも、武周期において一部の経典の紙数が増えているのは、一行十六字の書写によるものなのか、あるいは別の理由によるものなのか。経文における則天文字の使用を含め、武周期の写経については、なお検討すべき問題が残されている。

おわりに

聖語蔵本『宝雨経』は、天平十二年五月一日の奥書をもつ、光明皇后御願経の一部として書写されたものである。武周期の長寿二年九月に訳出された菩提流支訳の十巻本のうち、巻二、巻五、巻八、巻十が現存しており、天平十二年の奥書には則天文字が一切使用されていないのに対し、経文には首尾一貫して則天文字が使用されている。これは書写に際して供せられた底本をそのまま写したためと解される。この聖語蔵本『宝雨経』にみられる則天文字の使用はきわめて正確であり、常字との混用や誤記はみられない。これは『王勃詩序』が、則天文字の日本移入を示す代表的資料として注目されてきた資料でありながら、使われるべき則天文字が所々常字になるなど書手のケアレスミスを含んでいることに比して、特筆に値しよう。

聖語蔵本『宝雨経』に使用されている則天文字は、すべて第二期（天授元年九月〈六九〇年十月〉制定）までのものに限られ、第三期（証聖元年正月〈六九四年十一月〉制定）以降のものには常字が使用されている。したがって、聖語蔵本の底本は武周期に筆写されたものであり、より具体的にいえば『宝雨経』が訳出された長寿二年九月〈六九三年十月）から延載元年十月末（六九四年十一月）までの、約一年の間に書写されたものであると考えられる。この底本の書写年代は、敦煌やトゥルファンで発見された『宝雨経』写本S二二七八やMIKⅢ一一三号についても同様のことがいえる。したがって『宝雨経』は訳出後まもなく、『大雲経疏』と同じく天下諸州に頒布するために宮廷の写字組織により大量に書写されたことが推測され、聖語蔵本の底本もまた、そのようにして書写されたなかの一本であったと考えられる。

聖語蔵本『宝雨経』の底本の将来時期については、これまでとくにこの問題のみを論じた研究はなく、一般に五月一日経は玄昉将来経典を底本とし、そのうち禅院から借用されたものについては道昭将来経典を底本としたと考えられてきた。一方、聖語蔵本『宝雨経』は禅院本をもとに書写されたことが正倉院文書によって確認できる。しかし、聖語蔵本『宝雨経』の底本に関していえば道昭将来ではありえず、底本の書写年代（上限）および聖語蔵本の書写年代（下限）からみて、大宝の遣唐使、養老の遣唐使、天平の遣唐使の三次のうちのいずれかによる将来と考えられる。

注

（1）　聖語蔵経巻は東大寺尊勝院の経蔵「聖語蔵」に伝来し、明治二十七年（一八九四）に皇室へ献納され、現在は宮内庁正倉院事務所の管理になる。

（2）　光明皇后御願の五月一日経が東大寺に移納された経緯等については、堀池春峰「光明皇后御願一切経と正倉院聖語蔵」（『古代学』三―三、一九五四年九月。のち『南都仏教史の研究』上・東大寺篇、法藏館、一九八〇年に再録）に詳しい。皆川完一氏によると、五月一日経は聖語蔵に伝わるものが七五〇巻、その他、巷間に散逸しているものと合わせると一五九部九〇七巻が伝存するという（「光明皇后願経五月一日経の書写について」〈坂本太郎博士

還暦記念会編『日本古代史論集』上巻、吉川弘文館、一九六二年〉。日本古文書学会編『日本古文書学論集』三、吉川弘文館、一九八八年に再録）。

五月一日経については、以下も参照。福山敏男「奈良朝に於ける写経所に関する研究」（『史学雑誌』四三―一二、一九三二年十二月。同『寺院建築の研究』中巻〈福山敏男著作集　二〉、中央公論美術出版、一九八二年に再録）。松本包夫「聖語蔵五月一日経の筆者と書写年代その他1～3」（『書陵部紀要』一五～一七、一九六三年十月・六四年十月・六五年十月）。栄原永遠男「初期写経所に関する二三の問題」（岸俊男教授退官記念会編『日本政治社会史研究』上巻、塙書房、一九八四年。栄原永遠男『奈良時代の写経と内裏』塙書房、二〇〇〇年に再録）。赤尾栄慶「光明皇后御願一切経五月一日経について」（古筆学研究所編『古筆学叢林』第二巻〈古筆と写経〉八木書店、一九八九年）。大平聡「天平勝宝六年の遣唐使と五月一日経」（笹山晴生先生還暦記念会編『日本律令制論集』上巻、吉川弘文館、一九九三年）。山下有美「皇后宮職管下の写経機構」（『正倉院文書と写経所の研究』吉川弘文館、一九九九年）、同「五月一日経『創出』の史的意義」（『正倉院文書研究』六、一九九九年十一月）。宮﨑健司「光明子発願五月一日経の勘経」（『日本古代の写経と社会』塙書房、二〇〇六年）。山本幸男「玄昉将来経典と「五月一日経」の書写（上）・（下）」（『相愛大学研究論集』二二・二三、二〇〇六年三月・二〇〇七年三月。山本幸男『奈良朝仏教史攷』法藏館、二〇一五年に再録）。

（3）『王勃詩序』については、蔵中進「上代則天文字考」（伊藤博・井手至編『古典学藻――小島憲之博士古稀記念論文集――』塙書房、一九八二年）、長田夏樹他「正倉院本王勃詩序の研究Ⅰ」（『神戸市外国語大学外国学研究』三〇、一九九五年三月）、道坂昭廣「正倉院蔵『王勃詩序』中の「秋日登洪府滕王閣餞別序」について」（『敦煌写本研究年報』七、二〇一三年三月）を、『文館詞林』については、阿部隆一「文館詞林考」（『影弘仁本　文館詞林』古典研究会、一九六九年）、蔵中進「奈良・平安初頭則天文字考」（『神戸外大論叢』三四―三、一九八三年十月）を参照した。『王勃詩序』には、則天文字と常字の混用がみられ、『文館詞林』の則天文字の使用は、現存する約三十巻のうち三巻（巻三四六、巻五〇七、巻六六二）に限られる。

（4）管見の限り、聖語蔵本『宝雨経』に則天文字が用いられていることを指摘したものを知らない。『大正蔵』一六巻所収の『宝雨経』では、聖語蔵本が校勘に用いられているが漏れも含まれており、則天文字の使用については全くふれられていない。

（5）矢吹慶輝『三階教之研究』岩波書店、一九二七年、七四八〜七六〇頁。滋野井恬「宝雨経をめぐる若干の考察」（『印度学仏教学研究』二〇―一、一九七一年十二月。のち滋野井恬『唐代仏教史論』平楽寺書店、一九七三年に再録）。

（6）敦煌写本中のS二六五八とS六五〇二の二本が存する。『大雲経疏』については、次を参照。前掲注（5）矢吹書、七三七〜七四七頁。Antonino Forte, *Political Propaganda and Ideology in China at the End of the Seventh Century. Inquiry into the Nature, Authors and Functions of the Tunhuang Document S. 6502, Followed by an Annotated Translation*. Napoli: Instituto Universitario Orientale, 1976 (Second Edition. Kyoto: Italian School of East Asian Studies (Monographs 1), 2005). アントニーノ・フォルテ「『大雲経疏』をめぐって」（『講座敦煌7　敦煌と中国仏教』大東出版社、一九八四年）。

（7）前掲注（5）滋野井論文。これについては本書第三部第三章も参照。

（8）『資治通鑑』巻二〇四、載初元年正月丁亥条、『旧唐書』巻三七、五行志。このときに出現した新山を武則天は慶山と名付け、新豊県を慶山県に改めている。滋野井氏は、S二二七八『宝雨経』訳場列位のうちに「写梵本」として鴻州慶山県の「叱于智蔵」が名を連ねていることに注目し、「「宝雨経」の文中に新山涌出ということを盛り込んだのは、この人の細工であったかも知れない」と述べておられる（前掲注（5）論文）。

（9）『旧唐書』巻一八三、薛懐義伝。S二六五八やS六五〇二の『大雲経疏』にも、「謹按、弥勒者即神皇応也」とある。本書第三部第三章を参照。

（10）『資治通鑑』巻二〇五、長寿二年九月乙未条。

（11）則天武后の登極とかかわる菩提流支訳特有の内容を含む巻一は、残念なことに聖語蔵本には含まれていない。しかしながら、現存する巻五、巻八、巻十の経文から、聖語蔵本が菩提流支訳『宝雨経』であることは疑いを容れない。

（12）則天文字については、主に以下を参照した。常盤大定「武周新字の一研究」（『東方学報（東京）』六、一九三六年二月。『支那仏教の研究　第三』春秋社松柏館、一九四三年に再録）。内藤乾吉「敦煌発見唐職制戸婚廏庫律断簡」（『東洋学論叢――石浜先生古稀記念――』石浜先生古稀記念会、一九五八年。大阪市立大学法学会編『中国法制史考証』有斐閣、一九六三年に再録）。董作賓・王恒余「唐武后改字考」（『中央研究院語言研究所集刊』三四―下、一九六三年）。施安昌「従院蔵拓本探討武則天造字」（『故宮博物院院刊』一九八三年第四期）。施安昌「関于武則天新字的誤識与結構」（『故宮博物院院刊』一九八四年第四期）。Jean Paul DRÈGE, Les caractères de l'impératrice Wu Zetian dans les manuscrits de Dunhuang et Turfan, *Bulletin de l'Ecole française d'Extrême-Orient*. Tome 73, 1984. 王三慶「敦煌写巻中武后新字之調査研究」（『漢学研究』八、一九八六年）。何漢南「武則天改制新字考」（『故宮博物院院刊』一九八七年第四期）。施安昌「武周新字〝国〟制定的時間――兼談新字通行時的例外――」（『故宮博物院院刊』一九九一年第一期）。蔵中進『則天文字の研究』翰林書房、一九九五年。李静傑「関于武則天〝新字〟的幾点認識」（『故宮博物院院刊』一九九七年第四期）。王維坤「武則天造字的分期」（『文博』一九九八年第四期）。董理「関于武則天金簡的幾個問題」（『華夏考古』二〇〇一年第二期）。宋建華「唐代墓誌銘中武后新字之調査――以《唐代墓誌銘匯編附考》為範疇――」（『許錟輝教授七秩祝寿論文集』台北市万巻図書股份有限公司、二〇〇四年）。

（13）「月」に前期型と後期型の二種の字形があるため、十七字十八字形となる。

（14）第一期の十二字の制定については、『資治通鑑』巻二〇四に「改永昌元年十月為載初元年正月……鳳閣侍郎河東宗秦客、改造天地等十二字以献。丁亥、行之。太后自名曌、改詔曰制。秦客従父姉之子也」とあり、載初元年（六八九）正月に宗秦客らが十二字を献じ、丁亥（八日）に使用が開始されたことが知られる。第四期の制定時期については、前掲注（12）施安昌「従院蔵拓本探討武則天造字」参照。王維坤氏もこの施氏の見解に従っている（前掲注（12）王維坤論文）。なお本章における暦日の換算は、平岡武夫編『唐代の暦』（唐代研究のしおり第一）（京都大学人文科学研究所、一九五四年）にもとづく。

（15）ただし、則天文字の使用は中宗の即位（神龍元年正月二十五日）とともに直ちに廃止されたとはいえ、「その廃止令の不徹底のために、京畿以外の辺境地方ではなおしばらく使用されている。しかしそれもやがては使用されなくなり、かえって漢字文化圏の周辺諸国において特定則天文字が生き残って使用されている」との指摘がある（蔵中進「則天文字――女帝の権力が生んだ十七字――」『月刊しにか』八―六、一九九七年六月）。

こうした則天文字の延用については前掲注（12）李静傑論文、西脇常記『ドイツ将来のトルファン漢語文書』（京都大学学術出版会、二〇〇二年）などを参照。また日本における、則天文字の延用例については、以下を参照。高島英之「則天文字の導入」（『月刊文化財』三六二、一九九三年十一月）。東野治之『書の古代史』第二章第一節「則天文字」（岩波書店、一九九四年、六一～六八頁）。田熊清彦「則天文字」（平川南・沖森卓也・栄原永遠男・山中章編『文字と古代日本5　文字表現の獲得』吉川弘文館、二〇〇六年）。住田明日香「則天文字を記した墨書土器」（『古代文化』五八―三、二〇〇六年十二月）など。

（16）巻五・巻八・巻十は、いずれも第六三号（宮内庁正倉院事務所所蔵編『聖語蔵経巻（CD―R）』第二期〈天平十二年御願経〉第一回配本、丸善、二〇〇〇年）に編号されているが、巻二のみ第一二一号（同、第二期〈天平十二年御願経〉第三回配本、丸善、二〇〇三年）に別出されている。このうち巻二にのみ『宝雨経』の訳場列位が記されている。しかも聖語蔵本巻二の訳場列位は、他の『宝雨経』写本のS二二七八やＭＩＫⅢ一一三号のそれとは小異があり、貴重である。なお五月一日経の『宝雨経』は、これら聖語蔵本のほかに東京国立博物館所蔵の巻九が現存する。本書第三部第二章を参照。

（17）聖語蔵本『宝雨経』の経文における各巻の残存状況と、『大正蔵』での該当箇所は、巻二（首闕、『大正蔵』一六、二八八ｃ第一行～二九二ｂ）・巻五（首闕、『大正蔵』一六、三〇一ｃ第二十一行～三〇六ｂ）・巻八（首尾完存、『大正蔵』一六、三一五ｂ～三一九ｃ）・巻十（首闕、『大正蔵』一六、三二四ｂ第九行～三二八ｃ）。なお巻二は現状では、「由是因縁生於悪処」から「是名下痴菩薩於彼」の計三百八十四字が抜けている（『大正蔵』一六、二九〇ｃ第三行～第二十六行）。この字数は十六字×二十四行に相当することから、一紙分が丸ごと抜け落ちているものとみられる。

（18）これについては、聖語蔵本を書写する際の直接の底本という可能性だけでなく、あるいはさらにそのもととなった写本の可能性も考えられるが、ここではそれらを含めて聖語蔵本の底本と称しておく。

(19) 第十二紙第十七行、第十七紙第十七行。

(20) 内藤乾吉「大方広仏花厳経巻第八（解説）」（『書道全集』第二六巻、中国一五、平凡社、一九六七年、一八八頁）。同様の指摘は、蔵中進氏にもみられる（蔵中進「則天文字資料四題――涇州大雲寺舎利石函銘その他について――」〈『神戸外大論叢』三九―六、一九八八年十一月〉。前掲注（12）『則天文字の研究』に再録）。なお、武周期の「華」字には闕筆があることが知られているが、聖語蔵本の巻五にみられる二箇所の「華」字には、闕筆は認められない。これが聖語蔵本の書き誤りであるのか、底本そのものの誤りを引き継いだものかは不明。

(21) このほかに『宝雨経』の敦煌写本には、S六三二五（巻九）、S七四一八（巻三）、BD〇五六二六（李二六、巻一）、BD〇五六三一（李三一、巻二）があるが、いずれも則天文字は使われていない。なお中国国家図書館蔵の二本は、巻上に「兌」字が大きく書されている兌廃稿であり、九～十世紀の帰義軍期の写本と目されている（任継愈編『国家図書館蔵敦煌遺書』第七五冊、北京図書館出版社、二〇〇七年、一七～一八頁）。S六三二五とS七四一八も、これら二本と書体が酷似しており、やはり同じ頃の兌廃稿とみてよいのではないかと思われる。

(22) なおS二二七八には、訳場列位の後に別筆で「証聖元年歳次癸未四月戊寅朔八日」以下三行の検校勘校記が記されており、「証」「聖」「年」「月」「日」には則天文字が使用されている。

(23) S二二七八は、改行すべき箇所の改行を省き、そのまま文章をつなげている箇所が散見する。また、聖語蔵本とMIKⅢ一一三号は字形が共通している（「損害」「曾」「作」「蓋」「随」「着」「厭」など）のに対し、S二二七八では異なっている。こうしたことから、S二二七八は中央から沙州に頒布された原本そのものではなく、その写しと考えられる。一方、MIKⅢ一一三号は謹厳な筆遣いで丁寧に書写されているが、訳場列位をみると聖語蔵本巻二やS二二七八にある「尚方監匠臣李審恭装」「勅検校翻経使典司賓寺府史趙思泰」「勅検校翻経使典司賓寺府録事摂丞孫永辟」の各行が脱落しているから、やはり中央から送られた原本そのものではなく、そのさらなる写しかと思われる。

(24) 前掲注（2）福山・皆川・大平・山下論文。

(25)　本書第二部第二章の表3を参照。

(26)　山本幸男氏の調査によれば、玄昉から借請された経典は五六四部二一六六巻で、五月一日経に占める割合は、部数で五二・四パーセント、巻数では四二・九パーセントにとどまるという（前掲注（2）山本論文）。

(27)　前掲注（2）松本論文。

(28)　前掲注（2）松本一九六三論文、五七〜五八頁。ここに記される五巻の内訳はまた、天平十五年三月三日の「写一切経所請経帳」にも「宝雨経五巻第二五八九十合五巻」（続々修一六帙四巻、『大日本古文書』編年八、一六六頁）とあるのと一致し、しかも興味深いことに現存する五月一日経の『宝雨経』五巻の内訳とも合う。

(29)　前掲注（2）松本一九六三論文、五八頁。五月一日経として書写された『宝雨経』は五巻がすべてであり、しかもそれらがいずれも現存しているということになる。なお、天平勝宝三年九月二十日の「写書布施勘定帳」（続々修一三帙一巻、『大日本古文書』編年十二、一〇七頁）にも「宝雨経十巻欠五」とあり、やはり天平勝宝六年以前は『宝雨経』は五巻しか伝来していなかったことが確認できる。

(30)　『日本書紀』巻二五、白雉四年五月壬戌条。

(31)　『続日本紀』巻一、文武天皇四年三月己未条に卒伝があり、「適遇玄奘三蔵、師受業焉。……於後随使帰朝、臨訣、三蔵以所持舎利・経論、咸授和尚」と記す。

(32)　『続日本紀』巻一、文武天皇四年三月己未条。道昭は帰朝の後、まず飛鳥寺（法興寺）の東南隅に禅院を建てて住んでいたが、平城遷都にともない養老二年（七一八）平城右京の元興寺に移ったと伝えられる。

(33)　『三代実録』巻三二、元慶元年十二月十六日条。なお『類聚国史』の同日条では、この箇所を壬午年（天武天皇十年＝六八二）三月」とするが、壬戌年の誤りとみられる（後掲注（34）藤野論文を参照）。

(34)　井上光貞「王仁の後裔氏族と其の仏教――上代仏教と帰化人の関係に就いての一考察――」（『史学雑誌』五四―九、一九四三年九月。原島礼二編『論集日本歴史』一、有精堂出版、一九七三年、および『井上光貞著作集二　日本古代思想史の研究』岩波書店、一九八六年に再録）、藤野道生「道昭和尚の帰朝と禅院の創建」（『日本仏教史』二、一九五七年五月）など。

（35）『旧唐書』巻六、則天皇后本紀「〔載初元年（六九〇）〕秋七月……有沙門十人偽撰大雲経、表上之、盛言神皇受命之事。制頒於天下、令諸州各置大雲寺、総度僧千人」。『旧唐書』巻一八三、薛懐義伝「其偽大雲経頒於天下、寺各蔵一本、令升高座講説」。ここで『旧唐書』は『大雲経』を「偽撰」したと記しているのは誤りで、正しくは同経の注疏の撰述であり頒布であったことを、フォルテ氏が指摘している。前掲注（5）フォルテ論文。本書第三部第三章を参照。

（36）拙稿「敦煌発現の宮廷写経について」（『敦煌写本研究年報』六、二〇一二年三月）および本書第二部第一章を参照。

（37）蔵中進「『金石萃編』所収武后時代金石資料の則天文字」（『神戸外大論叢』四〇―四、一九八九年九月。前掲注（12）『則天文字の研究』に再録）。同「則天文字の成立とその本邦将来――『千唐誌斎蔵誌』拓影墓誌を中心にして――」（和漢比較文学会編『和漢比較文学研究の構想』汲古書院、一九八六年。前掲注（12）『則天文字の研究』に再録）。同氏はまた「武后時代の文献（筆写本、墓碑拓影など）には、これらの則天文字がかなり正確に使用されていて、使用令が徹底していたことを物語っているが、このことは同時に武后時代文献の真偽判定の有力な徴証ともなるものであり、前記の制作年時に照らして、より正確に該文献の成立（書写）年代を判定する標識として利用することもできる」と述べている（前掲注（15）蔵中論文）。

（38）Ｓ二二七八は一紙二十八行、ＭＩＫⅢ一一三号は一紙二十二行、聖語蔵と東京国立博物館所蔵の五月一日経は一紙二十四行で書写されている。

（39）一紙あたりの行数についても聖語蔵の五月一日経七五〇巻について調べてみると、一部に二十三～二十七行のものが含まれるほかは、大半が二十四行か二十五行であった。五月一日経の書写には中断期があったことが明らかにされており、一紙二十四行と一紙二十五行との違いは、そうした中断による時期的な相違に由来するものかもしれないが、その是非を含めた詳細は今後の調査に俟ちたい。

（40）第八九号（宮内庁正倉院事務所所蔵編『聖語蔵経巻（ＣＤ―Ｒ）』第二期〈天平十二年御願経〉第三回配本、丸善、二〇〇三年）。

(41)　調査した写本は次のとおり。S二一五七『妙法蓮華経』巻四（天授二年〈六九一〉三月）、S二二三八『金真光八景飛経』（如意元年〈六九二〉閏五月）、S五一七六『妙法蓮華経』巻三（長寿三年〈六九四〉四月）、S三五四二『阿弥陀経』（長寿三年六月）、P二八〇六『太玄真一本際経』巻四（証聖元年〈六九五〉閏二月）、S五〇〇五『薬師経』巻一（証聖元年四月）、S二一一七『観世音経』（天冊万歳二年〈六九六〉正月）、P二三一四『大方広仏華厳経』（聖暦二年〈六九九〉十月）、S八七『金剛般若経』（聖暦三年五月）、S五二三三『金光明最勝王経』巻八（長安三年〈七〇三〉十月）、S六二二二『新菩薩経』（長安四年五月）。

第二章　五月一日経『宝雨経』

はじめに

前章では、東大寺尊勝院の経蔵であった聖語蔵に伝わる『宝雨経』（巻二・巻五・巻八・巻十）を取り上げ、そこでの則天文字の使用に着目し、原本の書写年代や日本への移入について検討した。この聖語蔵の『宝雨経』は、光明皇后の発願になる天平十二年（七四〇）五月一日の奥書をもつ、いわゆる五月一日経の一部として書写されたものであるが、同じ五月一日経の『宝雨経』のうち巻九のみは東京国立博物館（以下、東博）に所蔵されている。

そこで本章ではまず、この東博本巻九の則天文字の使用状況を確認する。次に五月一日経『宝雨経』の書写状況について、正倉院文書をもとに考察を加え、最後に『宝雨経』の訳場列位の校訂を行い、則天武后期の仏教を考える一助としたい。

一　東博本『宝雨経』巻九における則天文字の使用

東博本『宝雨経』巻九の法量は、縦二六・〇センチメートル、一紙の平均的な長さは四六・〇センチメートルで、

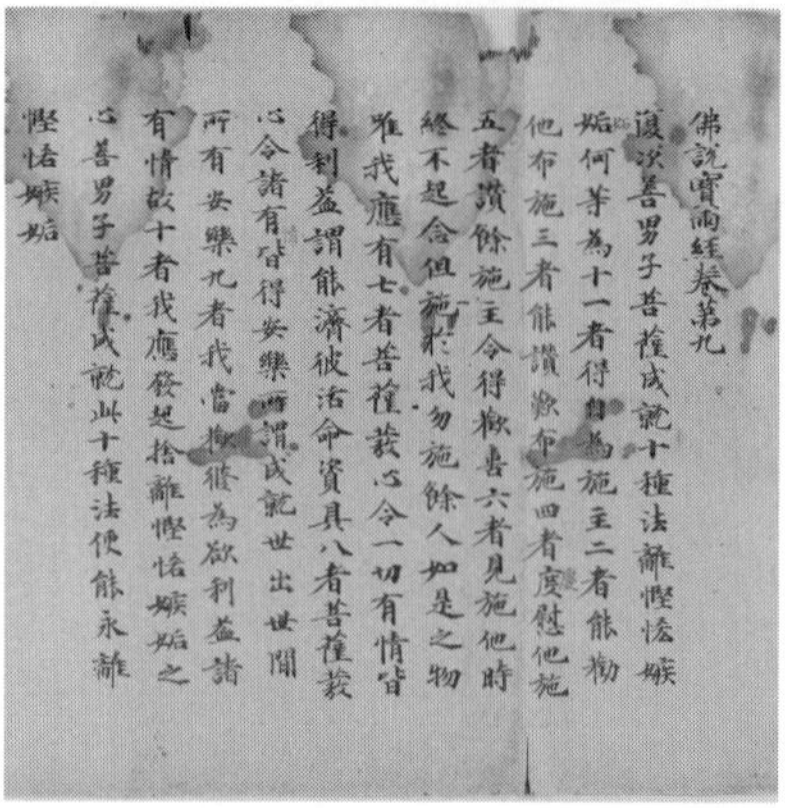

図1　東京国立博物館所蔵『宝雨経』巻九第一紙部分

本文は計十九紙からなり、全長は八三〇・三センチメートルである。一紙二十四行、一行十六字で書写されている（図1）。

東博本『宝雨経』巻九には、末尾に「天平十二年五月一日記」と記す光明皇后の発願文がある。また前章でも述べたように、五月一日経として書写された『宝雨経』は全十巻のうち半分の巻二・巻五・巻八・巻九・巻十の五巻しかなかったことが正倉院文書によって確認できる[1]。この五月一日経として書写された『宝雨経』五巻の内訳は、聖語蔵に現存する四巻（巻二・巻五・巻八・巻十）と東博本（巻九）とに見事に一致している。したがって東博本『宝雨経』巻九が、他の聖語蔵諸巻と同じ五月一日経の写経事業の一環として書写されたものであることは、全く疑いを容れない。そして、このことは東博本巻九における則天文字の使用状況からも確認することができる（表1）。つまり東博本巻九に用いられている則天文字は、聖語蔵本の他の四巻と同じく、天授元年九月（六九〇年十月）に制定された第二期までのものに限られ、証聖元年正月（六九四年十一月）に制定された第三期以降の文字については、一字の例外もなく常字が使用されている。また東博本巻九においても、経文は首尾一貫して則天文字を使用しているのに対し、天平十二年の奥書は則天文字を一切使用しない点も、聖語蔵本の他の四巻と等しい。

なお、東博本巻九における則天文字の使用状況を、同じ巻九の敦煌写本であるS二二七八と比べると、一部の文字数に小異がみられる。しかしこれは、東博本は訳場列位の後半を闕き、S二二七八は巻首を闕いているために生じたものであって、しかもそれら文字数の差はすべて欠損箇所での当該文字の出現回数と一致しているから[2]、実際には違いは含まれないことになる。

したがって東博本巻九の底本に含まれる則天文字もまた、聖語蔵の『宝雨経』他巻や敦煌写本S二二七八およびトゥルファン写本MIKⅢ一一三号と同じく、第二期制定のものまでに限られ、その書写年代の下限は第三期の則天文字制定までに置くことができる。(3) その上限はいうまでもなく『宝雨経』の訳出時であるから、書写時期は長寿二年九月（六九三年十月）から延載元年十月末（六九四年十一月）までの間、すなわち『宝雨経』の訳出からわずか一年以内に求めることができる。

表1　東博本と他の『宝雨経』写本における則天文字の使用状況

則天文字	期	東博本（巻九）	S二二七八（巻九）	聖語蔵本（巻二）	聖語蔵本（巻五）	聖語蔵本（巻八）	聖語蔵本（巻十）
（日）	第一期	3	3		23		3
（月）	第一期	1	1	2	13		3
（星）	第一期						
（天）	第一期	4	4	4	14	6	23
（地）	第一期	10	10	2	12	6	10
（年）	第一期	1	1	1		1	
（正）	第一期	4	3	29	6	12	22
（載）	第一期						
（初）	第一期	1	1	3	1	1	3
（君）	第一期						
（臣）	第一期		8	8			
（照）	第一期						
（授）	第二期	7	8	8	1		
（証）	第三期	(30)	(32)	(21)	(10)	(10)	
（聖）	第三期	(4)	(4)	(3)	(4)	(6)	(4)
（国）	第四期	(6)	(7)	(12)		(3)	
（人）	第五期	(5)	(4)	(1)	(22)	(19)	(13)
（月）	第五期						
花（華）					(2) 19	1	11

（注）・則天文字および「花」字の出現回数を示す。（　）内の数字は常字あるいは「華」字の出現回数を示す。

二　五月一日経『宝雨経』の書写

五月一日経『宝雨経』は、正倉院文書によって具体的な書写および校正の時期を窺い知ることができる。順を追ってみていこう。

まず、前章でも取り上げた天平十四年（七四二）七月二十四日から天平十五年九月七日までの記録を収めた「装潢本経充帳」に、

天平十四年七月廿四禅院本経充

（中略）

宝雨経五巻充建部広足 用九十二枚

とある。[4] そこから『宝雨経』五巻は元興寺禅院から底本を借用した経典であったこと、書写担当者は建部広足で、書写用に充当された用紙が九十二枚であったことが分かる。さらに、同文書の後半にはまた、

以九月廿日充

（中略）

宝雨経五巻用九十二

（中略）

合六十八巻　用紙壱仟参佰漆拾漆枚空六 破四

右、経充秦大床、勘如前、

九月廿日韓国人成
知大伴民

とある[5]。これらの経典六十八巻を充当された秦大床は装潢であること[6]、また「宝雨経」とある経名の右に別筆で「題」と追記されていることからみて、この九月二十日の段階で『宝雨経』の書写は完了し、その後、巻子に仕立てられたものと考えられる。すると五月一日経の『宝雨経』書写は、天平十四年七月二十四日から九月二十日までの間になされたと推定できる。

この書写時期は、さらに限定することができる。それは『宝雨経』書写を含めた作業報告が、天平十四年九月三十日の「一切経幷疏経生等手実案帳[7]」に、経生の建部広足の手実として残されているためで、そこには次のようにある。

建部広足　請雑経十八巻既写了
受紙三百廿張　見用紙「合」三百廿張此中願文十三枚
宝雨経五巻、第二十八文一、第五十九文一、第八十八、第九十九文一、第十十八文一（中略）
「以上十八巻」天平十四年九月卅日「読道主　勘人成」

この建部広足の手実を含む継文の端裏書には「自天平十四年九月一日至廿九日一切経々生手実案文紙」とあり[8]、これらが九月一日から二十九日までに行った経生の実務報告であることが知られる。したがって五月一日経『宝雨経』の書写が着手されたのは天平十四年九月一日以降、完成したのは装潢の秦大床に送られた九月二十日までの間ということになろう。

さらに、ここには用紙の各巻あたりの内訳も示されており、その合計は前掲の「装潢本経充帳」に記された九十

表2　五月一日経『宝雨経』の用紙数

写本	正倉院文書が記す紙数	実際の紙数
東博本（巻九）	十九紙	十九紙
聖語蔵本（巻二）	十八紙	十六紙（冒頭二紙闕）
聖語蔵本（巻五）	十九紙	十九紙（冒頭九行闕）
聖語蔵本（巻八）	十八紙	十八紙
聖語蔵本（巻十）	十八紙	十八紙（冒頭十行闕）

二枚とも合致する。のみならず、これら正倉院文書に記される用紙数は、現存する五月一日経『宝雨経』の各巻とも確かに一致している（表2）。なお、これら各巻に要する用紙を記した割注に、「文二」とあるのは、二行目に「願文十三枚」とある願文のことと考えられるから[9]、天平十二年五月一日付の光明皇后の発願文を指すものであろう[10]。ただし、この願文については、用紙の枚数にはカウントされていない。

経生手実には、担当する経師と担当した経典名および巻数、用紙の内訳、写経用に受け取った紙（「受紙」）の枚数と実際に使用した紙（「見用」）の枚数、さらに未使用で返却した紙（「反上」）の枚数などが記されている。この建部広足の場合は、三二〇枚を受け取り、実際に書写に要した枚数もちょうど三二〇枚であったことになる。

三　追筆「読某」の意味

ここで注目したいのは、「読道主　勘人成」との追筆である。従来の研究によって、この「勘人成」とある「人成」は、布施申請解の経師名の最後に記されている韓国人成であり、手実を貼り継ぎ布施申請解を作成するという、写経機構の事務統括を行っていた人物であったと指摘されている[11]。問題としたいのは、「読道主　勘人成」とある追筆の解釈であるが、従来は手実の報告内容を「点検」したことを示すものと解されている[12]。つまり、手実は布施申請解を作成するための原資料としての役割を果たしていたことから、布施計算の根拠となる報告内容に誤りがないかどうかを韓国人成らがチェックした際の追記であるとの解釈である。これは確かに「勘人成」と記す韓国人成については正しい。しかし、「読道主」のように「読某」とある追筆部分については、点検とは別の作業工程を示すものではないだろうか。この点について、少し検討してみたい。

「読某」の追筆の意味を考えるためには、問題の『宝雨経』の手実を含む「一切経幷疏経生等手実案帳」の構成を知る必要があろう。当該文書は、天平十四年六月から十一月に行われた写経事業に関わる複数の文書を貼り継いだもので、およそ次のような構成になっている。(13)

Ⅰ．総首題（第一紙）「自天平十四年六月一日至十一月卅日一切経生々幷装潢校生等案文紙」

Ⅱ．六〜十一月　経生手実（第二〜第六十六紙）

　ⅰ〔六・七月分〕首部総計（第二紙）・経生手実（第三〜第八紙）

　ⅱ〔八月分〕首部総計（第九紙）・経生手実（第十〜第二十九紙）

　ⅲ〔九月分〕首部総計（第三十紙）・経生手実（第三十一〜第四十八紙）

　ⅳ〔十・十一月分〕首部総計（第四十九紙）・経生手実と用紙未奉人注文（第五十〜第六十六紙）

Ⅲ．六〜十二月　装潢充経注文（第六十七紙）

Ⅳ．四〜十一月　校経手実解（第六十八〜第七十二紙）

Ⅴ．十二月　装潢所解（第七十三紙）

つまり、本文書は天平十四年六月から十一月にかけての一切経（すなわち五月一日経）書写に関わる手実を、（Ⅰ）首題→（Ⅱ）経生→（Ⅲ）装潢→（Ⅳ）校生→（Ⅴ）装潢の順に貼り継いだものということになる。そのうち（Ⅳ）の校生とは、田辺当成、大伴吉人、川原人成、田辺道主、尾張少土の五人である。

ここで、（Ⅱ）の経生手実に記された「読某」「勘某」等の追筆を拾い上げると、次のようになる。

Ⅱ—ⅰ〔六・七月〕:「川原[14]　勘人成」「勘人成　川原」「読大伴　勘人成」「読川原　勘人成」「読川原　勘人成　川原人成」「勘人成並読」「読田辺　勘人成　川原人成」

Ⅱ—ⅱ〔八月〕:「読田辺　勘人成」「読大伴　勘人成　川原人成」「読川原　勘人成　川原人成」「読田辺　勘人成　川原人成」「読川原　勘人成　川原人成」「読勘人成」「読大伴　勘人成」「読川原　勘人成」「読道主　勘人成」

Ⅱ—ⅲ〔九月〕:「読川原当成　勘人成」「読川原当成　勘人成」「読当成川原」「勘人成」「読川原　勘人成」「読田辺道主　勘人成」「読道主　勘人成」

Ⅱ—ⅳ〔十・十一月〕:「読尾張　勘人成」「読勘人成」

すでに指摘されているように、「勘某」は例外なく「勘人成」である。したがって「勘人成」については、従来の指摘どおり韓国人成による点検を示す追筆とみなして問題なかろう。一方、「読某」あるいは人名のみが追筆されているのは、①川原（人成）、②大伴、③田辺、④当成、④（田辺）道主、⑤尾張であり、（Ⅳ）の校経手実解に記される校生と完全に一致する。したがって「読某」とあるのは、校生による校経の担当箇所を示す追筆と解せるのではなかろうか。

この推定は次の資料によって裏付けが可能となる。すなわち天平十四年十月二十八日「田辺道主校経解[15]」では、

田辺道主解　申所校一切経幷千手経事

一切経巻数惣玖拾漆巻用紙壱仟捌佰捌拾張

千手経巻数壱拾巻用紙壱佰漆拾張
合巻数壱佰漆巻
用紙合弐仟五拾張
右、始七月廿八日至十月廿八日、所校一切経并千手経巻数用紙等、記進如前、
天平十四年十月廿八日[16]「勘人成」

とあり、田辺道主が天平十四年七月二十八日から同年十月二十八日までの間に行った一切経（五月一日経）の校経巻数は九七巻で、紙数は一八八〇張であったことが記されている。注目されるのは、この巻数が先の（Ⅳ）の校経手実解のうち、次の田辺道主の手実[17]と一致する点である。

田辺道主　校紙経[18]紙事
合校経九十七巻校紙一千八百八
右、始七[19]月廿八日至十月廿八日、所校一切顕注如前、以申、
十月廿八日「勘人成」
「且充二百文　一千枚料」

このうち校紙数を「一千八百八」としているのは、末桁の「十」を省略したものであろうか。いずれにせよ、時期的にみてこの手実と先の手実解とが、同じ校経について記したものであることは間違いない。先述したように五月一日経『宝雨経』の書写時期は、天平十四年九月一日から九月二十日までの間であったと推定され、その後、装潢のもとに送られているから、校経はさらにその後の十月二十八日までの間になされたと考えられる。

聖語蔵の五月一日経について、現存する全七五〇巻を対象に校経の有無を調べたところ、朱字による訂正が含ま

れないものは、わずか四十五巻[20]にすぎなかった。また正倉院文書には、経生（経師）だけでなく校生の手実なども残されていることから、五月一日経の写経事業では校経までもが一連の工程の中に含まれていたと考えられ、恐らくは経生（経師）による書写が完了した経典から順に、時を隔てずして校生のもとに送られ、校訂が加えられたものと思われる。

以上から、五月一日経『宝雨経』は、建部広足によって、天平十四年九月一日から同月二十日の間に、当初配給されていた用紙をちょうど使い切る形で書写がなされ、韓国人成によるチェックを受けた後、校生の田辺道主のもとに送られ、同年十月二十八日までの間に校経がなされたということになろう。そして手実にみられる「読某」との追記は、報告内容の点検ではなく、校経担当者が記したものと考えられる。

四　『宝雨経』訳場列位の校訂

東博本巻九（図2）を含め、計四本の『宝雨経』写本に訳場列位が記されている。そのうち聖語蔵本とトゥルファン写本MIKⅢ一一三号は巻二、東博本と敦煌写本S二二七八は巻九である。その他、『開元釈教録』巻九にも菩提流支（達摩流支、菩提流志）の訳経を述べるなかで、

> 天后、御極に曁《およ》び方に帝京に赴かんとするや、長寿二年癸巳を以て創めて都邑に達す。即ち其の年を以て仏授記寺に於いて宝雨経を訳す。中印度王の使、沙門梵摩、同じく梵本を宣ぶ。沙門戦陀居士・婆羅門李無諂、訳語す。沙門慧智、訳語を証す。沙門処一等、筆受す。沙門思玄等、綴文す。沙門円測・神英等、義を証す。司賓寺の丞、孫辟《ママ》、監護す。

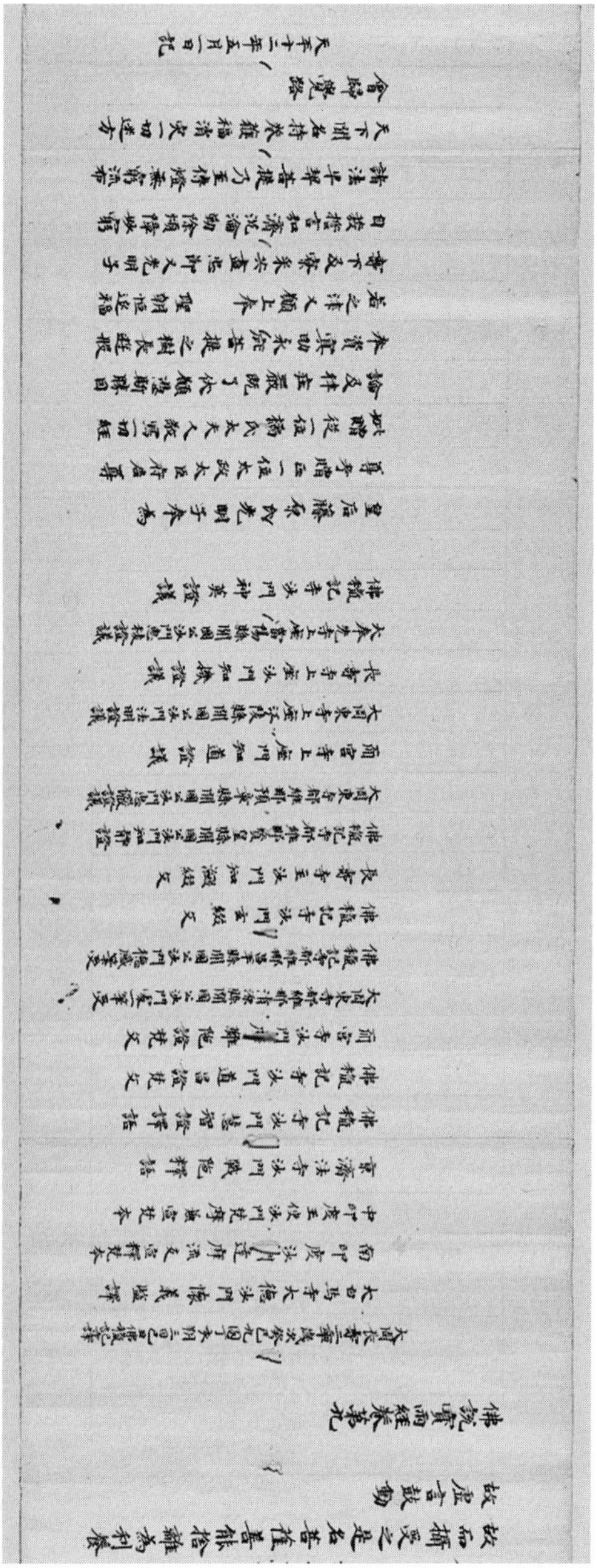

図２　東京国立博物館所蔵『宝雨経』巻九　訳場列位および願文部分

（曌天后御極方赴帝京、以長寿二年癸巳創達都邑。即以其年於仏授記寺訳宝雨経。中印度王使沙門梵摩同宣梵本。沙門戦陀居士・婆羅門李無諂訳語。沙門慧智証訳語。沙門処一等筆受。沙門思玄等綴文。沙門円測・神英等証義。司賓寺丞孫辟監護。）

と記し、『宝雨経』の漢訳にかかわる職掌ごとに代表者を一、二名ずつ挙げており参照される。[21] そこで、これらを表にまとめると**表3**のようになる。

これらのうち東博本巻九が、訳場列位の後半を闕いていることは一見して明らかである。この訳場列位のすぐ後には天平十二年五月一日の願文が記されているから、これは書写時の誤りではなく、禅院から借用した底本の欠損に由来するものであろう。これに対し、聖語蔵本巻二とS二二七八が内容的にもっとも詳細で、前者には他本にない「麟台揩書令史臣（「臣」字は則天文字。以下同）杜大賓写」の一行が加わり、後者にはMIKⅢ一一三号と同じく「波羅門臣李無諂訳語」の一行が記されている。そのうち麟台は「邦国の経籍図書の事を掌る（掌邦国経籍図書之事）」とされた秘書省の武周期における名称であり、[22]「専当典幷写麟台揩書令史臣徐元処」も同じ麟台の揩書令史であるから、信頼してよかろう。また「波羅門臣李無諂訳語」とある李無諂についても、前掲の『開元釈教録』巻九にも「沙門戦陀居士・婆羅門李無諂訳語」とあるから、『宝雨経』訳場列位に本来含まれていたことは疑いない。これはまた同じ『開元釈教録』巻九に、李無諂が則天武后の聖暦三年（七〇〇）庚子三月に仏授記寺の翻経院において訳出した経典として『不空羂索陀羅尼経』一巻を載せるなかで李無諂について、北インド出身で「識量聡敏にして、内外該通し、唐・梵二言、洞暁し滞ること無し。三蔵阿儞真那・菩提流志等、衆経を翻訳し、並びに無諂、語を度《はか》る（識量聡敏、内外該通、唐・梵二言、洞暁無滞。三蔵阿儞真那・菩提流志等翻訳衆経、並無諂度語）」と記していることからも頷ける。[23]

表3　『宝雨経』訳場列位対照表

	巻二（聖語蔵本）	巻二（MIKⅢ一一三号）	巻九（S二二七八）	巻九（東博本）	（参考）『開元釈教録』巻九
	大周長寿二年歳次癸巳九月丁亥三月《ママ》己丑仏授記寺訳	大周長寿二年歳次癸巳九月丁亥三日己丑仏授記寺□（訳）	大周長寿二年歳次癸巳九月丁亥朔三日己丑仏授記寺訳	大周長寿二年歳次癸巳九月丁亥朔三日己丑仏授記寺訳	長寿二年　仏授記寺訳
監訳	大白馬寺大徳沙門懐義監訳	大白馬寺大徳沙門懐義監□（訳）	大白馬寺大徳沙門懐義監訳	大白馬寺大徳沙門懐義監訳	
宣釈梵本	南印度沙門（「達」欠）摩流支宣釈梵本	南印度沙門達摩流支宣釈梵□（本）	南印度沙門達摩流支宣釈梵本	南印度沙門達摩流支宣釈梵本	達摩流志宣梵本
兼宣梵本	中印度王使沙門梵摩兼宣梵本	中印度王使沙門梵魔《ママ》兼宣梵本	中印度王使沙門梵摩兼宣梵本	中印度王使沙門梵摩兼宣梵本	中印度王使沙門梵摩宣梵本
訳語	京済法寺沙門戦陀訳語	京済法寺沙門戦陀訳語	京済法寺沙門戦陀訳語	京済法寺沙門戦陀釈《ママ》語	沙門戦陀居士訳語
証訳語	仏授記寺沙門慧智証訳語	仏授記寺沙門慧智証訳語	仏授記寺沙門慧智証訳語	仏授記寺沙門慧智証訳語	沙門慧智証訳語
証梵文	仏授記寺沙門道昌証梵文	仏授記寺沙門道昌証梵文	仏授記寺沙門道昌証梵文	仏授記寺沙門道昌証梵文	
	天宮寺沙門（「達」欠）摩難陀証梵文	天宮寺沙門達摩難陀証梵文	天宮寺沙門達摩難陀証梵文	天宮寺沙門摩難陀証梵文	
筆受	大周東寺都維那清源県開国公沙門処一筆受	大周東寺都維那清源県開国公沙門処一筆受	大周東寺都維那清源県開国公沙門処一筆受	大周東寺都維那清源県開国公沙門処一筆受	沙門処一等筆受
	仏授記寺都維那昌平県開国公沙門徳感筆受	仏授記寺都維那昌平県開国公沙門徳感筆受	仏授記寺都維那昌平県開国公沙門徳感筆受	仏授記寺都維那昌平県開国公沙門徳感筆受	

綴文	仏授記寺沙門思玄綴文	仏授記寺沙門思玄綴文	仏授記寺沙門思玄綴文	仏授記寺沙門（「思」欠）玄綴文	沙門思玄等綴文
綴文	長寿寺主沙門智激綴文	長寿寺主沙門智激綴文	長寿寺寺《ママ》主沙門智激綴文	長寿寺主沙門智激綴文	
証義	仏授記寺都維那賛皇県開国公沙門知静証議《ママ》	仏授記寺都維那賛皇県開国公沙門知静証義	仏授記寺都維那賛皇県開国公沙門知静証義	仏授記寺都維那賛皇県開国公沙門知静証（「義」欠）	
証義	**仏授記寺主渤海県開国公沙門行感証議《ママ》**				
証義	大周東寺都維（「那」欠）預《ママ》章県開国公沙門恵儼証議《ママ》	大周東寺都維那豫章県開国公沙門恵儼証義	大周東寺都維那豫章県開国公沙門恵儼証義	大周東寺都維那預《ママ》章県開国公沙門恵儼証議《ママ》	
証義	天宮寺上座沙門知道証議《ママ》	天宮寺上座沙門知道証義	天宮寺上座沙門知道証義	天宮寺上座（「沙」欠）門知道証議《ママ》	
証義	大周東寺上座江陵県開国公沙門法明証議《ママ》	大周東寺上座江陵県開国公沙門法明証義	大周東寺上座江陵県開国公沙門法明証義	大周東寺上座江陵県開国公沙門法明証議《ママ》	
証義	長寿寺上座沙門知機証議《ママ》	長寿寺上座沙門知機証義	長寿寺上座沙門知機証義	長寿寺上座沙門知機証議《ママ》	
証義	大奉先寺上座当陽県開国公沙門恵稜証議《ママ》	大奉先寺上座当陽県開国公沙門慧稜証義	大奉先寺上座当陽県開国公沙門慧稜証義	大奉先寺上座当陽県開国公沙門恵稜証議《ママ》	
証義	仏授記寺沙門神英証議《ママ》	仏授記寺沙門神英証義	仏授記寺沙門神英証義	仏授記寺沙門神英証議《ママ》	沙門神英証義
証義		**仏授記寺寺主渤海県開国公沙門行感証義**	**仏授記寺寺主渤海県開国公沙門行感証義**		
証義	京西明寺沙門円測証議《ママ》	京西明寺沙門円測証義	京西明寺沙門円測証義		沙門円測証義
証訳	婆羅門僧般若証訳	婆羅門僧般若証訳	婆羅門僧般若証訳		

訳語	写梵本				装	写	専当		勅検校	
	婆羅門僧《ママ》臣度破具写梵本	鴻州度《ママ》山県人臣叱干智蔵写梵本	婆羅門臣迦葉烏担写梵本	婆羅門臣刹利烏台写梵本	尚方監匠臣李審恭装	麟台揩書令史臣杜大賓写	専当典幷写麟台揩書令史臣徐元処	専当使文林郎守左術《ママ》翊二府兵曹参軍事臣傅守真《ママ》	勅検校翻経使典司賓寺府史趙思泰	勅検校翻経使司賓寺録事摂然《ママ》孫承《ママ》辟
婆羅門臣李無諂訳語	婆羅門臣度破具写梵本	鴻州慶山県人臣叱干智蔵写梵本	婆羅門臣迦葉烏担写梵本	婆羅門臣刹利烏台写梵本			専当典（「幷写」欠）麟台揩書令史臣徐元処	専当使文林郎守左衛翊二府兵曹参軍事（「臣」欠）傅守□（真）		
婆羅門臣李無諂訳語	婆羅門臣度破具写梵本	鴻州慶山県人臣叱干智蔵写梵本		婆羅門臣刹利烏台写梵本	尚方監匠臣李審恭装		専当典幷写麟台揩書令史臣徐元処	専当使文林郎守左衛翊二府兵曹参軍（「事」欠）臣傅守貞	勅検校翻経使典司賓寺府（「史」欠）趙思泰	勅検校翻経使司賓寺録事摂丞孫永辟
婆羅門李無諂訳語										司賓寺丞孫（「永」欠）辟監護

（注）・実際には則天文字が用いられているが、常字での表記とした。

また四種の写本における訳場列位の記載順は、証義の行感以外は乱れがみられない。すなわち聖語蔵本巻二のみ、行感を知静と恵儼の間に記しているが、ＭＩＫⅢ一一三号とＳ二二七八は神英と円測の間に記している。一方、東博本巻九に行感が記されていないのは、神英の後の部分が欠けていることによるものであろう。したがって、行感はＭＩＫⅢ一一三号やＳ二二七八のように神英の次に記されるのが、本来の順序であったと考えられる。

さらに写本中には誤写も含まれている。「中印度王使沙門梵魔兼宣梵本」（ＭＩＫⅢ一一三号）とあるのは「中印度王使沙門梵摩兼宣梵本」の誤りである。同様に「鴻州度山県人臣叱干智蔵写梵本」（聖語蔵本巻二）は「鴻州慶山県人臣叱干智蔵写梵本」、「専当使文林郎守左術翊二府兵曹参軍事臣傅守真」（聖語蔵本巻二）は「専当使文林郎守左衛翊二府兵曹参軍事臣傅守貞」、「勅検校翻経使司賓寺録事摂然孫承辟」（聖語蔵本巻二）は「勅検校翻経使司賓寺録事摂丞孫永辟」、「京済法寺沙門戦陀訳語」（東博本巻九）は「京済法寺沙門戦陀釈語」の、それぞれ誤りである。また聖語蔵本巻二と東博本巻九はすべて「証議」としているが、正しくは「証義」である。その他、欠字を含めて四本を校勘すると、次のように復原することができよう（則天文字は常字に改めた）。

大周長寿二年歳次癸巳九月丁亥朔三日己丑仏授記寺訳
大白馬寺大徳沙門懐義監訳
南印度沙門達摩流支宣釈梵本
中印度王使沙門梵摩兼宣梵本
京済法寺沙門戦陀訳語
仏授記寺沙門慧智証訳語

仏授記寺沙門道昌証梵文
天宮寺沙門達摩難陀証梵文
大周東寺都維那清源県開国公沙門処一筆受
仏授記寺都維那昌平県開国公沙門徳感筆受
仏授記寺沙門思玄綴文
長寿寺主沙門智激綴文
仏授記寺都維那賛皇県開国公沙門知静証義
大周東寺都維那豫章県開国公沙門恵儼証義
天宮寺上座沙門知道証義
大周東寺上座江陵県開国公沙門法明証義
長寿寺上座沙門知機証義
大奉先寺上座当陽県開国公沙門慧稜証義
仏授記寺沙門神英証義
仏授記寺寺主渤海県開国公沙門行感証義
京西明寺沙門円測証義
婆羅門僧般若証訳
婆羅門臣李無諂訳語
婆羅門臣度破具写梵本

鴻州慶山県人臣叱干智蔵写梵本
婆羅門臣迦葉烏担写梵本
婆羅門臣刹利烏台写梵本
尚方監匠臣李審恭装
麟台揩書令史臣杜大賓写
専当典幷写麟台揩書令史臣徐元処
専当使文林郎守左衛翊二府兵曹参軍事臣傅守貞
勅検校翻経使典司賓寺府史趙思泰
勅検校翻経使司賓寺録事摂丞孫永辟

おわりに

本章ではまず、五月一日経として書写された『宝雨経』五巻のうち、東京国立博物館に所蔵される巻九について則天文字の使用状況を調べ、それらが聖語蔵の『宝雨経』他巻や敦煌写本S二二七八およびトゥルファン写本MIKⅢ一一三号と同じく、第二期制定のものまでに限られることを指摘した。その結果、東博本巻九の底本の書写年代は、他写本と同じく『宝雨経』の訳出（長寿二年九月）から第三期の則天文字制定（延載元年十月）までの一年以内に求めることができた。

次に五月一日経『宝雨経』の書写および校経の時期について、正倉院文書をもとに検討を加えた。その結果、次のような推定が成り立つ。すなわち天平十四年七月二十四日に、元興寺禅院から計五巻を底本として借用し、書写担当者である建部広足に用紙九十二枚が充当された。その後、天平十四年九月一日から九月二十日までの間に建部広足によって、配給されていた用紙をちょうど使い切る形で書写がなされ、韓国人成による勘知を受けたのち、装潢の秦大床に送られ巻子に仕立てられた。ついで九月三十日の手実に『宝雨経』書写も報告され、韓国人成によって勘知されたのち、校生の田辺道主のもとに送られ、十月二十八日までの間に校経がなされた、ということになろう。(24)

注

（1）前章で指摘した三文書（天平十四年（七四二）七月二十四日「装潢本経充帳」（続々修二八帙三巻、『大日本古文書』編年八、一一二頁）、天平十四年九月三十日「一切経幷疏経生等手実案帳」（続々修一帙二巻所収、『大日本古文書』編年八、九二～九三頁）、天平十五年（七四三）三月三日の「写一切経所請経帳」（続々修一六帙四巻、『大日本古文書』編年八、一六六頁））のほかに、天平十八年（七四六）十一月十日「写経目録」にも「天平十八年十一月十日、堪納第五櫃経幷卅九袟（之中、一袟紙袟、請南）……宝雨経十巻（欠五巻見五巻）袟」（（　）内割注）とある（正集三七裏書、『大日本古文書』二、五五七頁）。その他、天平十八年七月二日「写経目録」（正集一五裏書、『大日本古文書』二、五五六頁）にも「宝雨経十巻（五巻、欠五巻）」、天平勝宝三年（七五一）九月二十日「写書布施勘定帳」（続々修一三帙一巻、『大日本古文書』編年十二、一〇七頁）にも「宝雨経十巻（欠五）」と記されている。これら五月一日経書写当時に欠けていた残りの五巻分は、天平勝宝六年に入唐廻使によって伝えられたことが、やはり正倉院文書（天平宝字五年〈七六一〉三月二十二日「奉写一切経所解」続々修三帙四巻、『大日本古文書』編年四、四九七・四九九頁）によって確かめられる。松本包夫「聖語蔵五月一日経の筆者と書写年代その他1」（『書陵部紀要』一五、一九六三年十月）、五八頁を参照。

（2）小異の詳細と理由は次のとおり。
①則天文字の「正」が、東博本は四箇所であるのに対しS二二七八が三箇所で一つ少ないのは、S二二七八は首部を闕いており、その欠けた部分（『大正蔵』一六、三二〇a一五）に「正」字が一箇所含まれるため。
②則天文字の「臣」が、東博本にみられないのに対しS二二七八に八箇所あるのは、これら八箇所の「臣」字はすべて訳場列位の後半部分に出てくるが、東博本はその部分が抜け落ちてしまっているため。
③則天文字の「授」が、東博本は七箇所であるのに対しS二二七八が八箇所で一つ多いのは、東博本の訳場列位に「仏授記寺寺主渤海県開国公沙門行感証義」の行が欠けているため。
④常字の「証」が、東博本は三〇箇所であるのに対しS二二七八が三一箇所であるのは、S二二七八は首闕部分（『大正蔵』一六、三二〇a一九）に「証」が一箇所含まれる一方、東博本は訳場列位のうち「仏授記寺寺主渤海県開国公沙門行感証義」「京西明寺沙門円測証義」「波羅門僧般若証訳」の三行を欠いているため。
⑤常字の「国」が、東博本は六箇所であるのに対しS二二七八が七箇所で一つ多いのは、東博本は訳場列位のうち「仏授記寺寺主渤海県開国公沙門行感証義」の一行を欠いているため。
⑥常字の「人」が、東博本は五箇所であるのに対しS二二七八が四箇所で一つ少ないのは、S二二七八では首缺部分（『大正蔵』一六、三二〇c一六）に「人」が一箇所含まれるため。
（3）本書第三部第一章、表1を参照。
（4）続々修二八帙三巻、『大日本古文書』編年八、一一一～一一二頁。
（5）続々修二八帙三巻、『大日本古文書』編年八、一一八～一一九頁。
（6）装潢の業務として正倉院文書にあらわれる語には「造紙」「打紙」「界」「継」「界紙」「継紙」「張継」「張打」「書作」「界引」などがあり、紙漉きや界線を引くことなども職掌に含まれていたことが分かる。
（7）続々修一帙二巻、『大日本古文書』編年八、九二～九三頁。
（8）『正倉院文書』編年八、八六頁。なお、五月一日経の手実に関しては、以下に詳しい。大平聡「写経所手実論序説――五月一日経手実の書式をめぐって――」（皆川完一編『古代中世史料学研究』上巻、吉川弘文館、一九九八

年）。石上英一「集合文書と文書集合」（前掲『古代中世史料学研究』上巻）。三上喜孝・飯田剛彦「正倉院文書写経機関関係文書編年目録――天平十四年・天平十五年――」（『東京大学日本史学研究室紀要』四、二〇〇〇年三月）。

（9）この時の建部広足の手実には、『宝雨経』以外に『四諦論』や『観世音菩薩陀羅尼経』などにも、用紙の数とともに「文一」とあり、その合計はまさしく十三枚となる。

（10）ただし、「文二」と記さない巻八にも天平十二年五月一日の願文は記されており、不審である。単なる記入漏れであろうか。

（11）前掲注（8）三上・飯田論文、七八頁。

（12）例えば石上氏は、『宝雨経』を含めた天平十四年九月三十日の手実群について、「韓国人成手実を含めた手実が韓国人成らにより点検され貼継いで続文とされ」などと述べている（前掲注（8）石上論文、三五六～三五七頁）。

（13）続々修一帙二巻、『大日本古文書』編年八、七四～一〇七頁。皆川完一「光明皇后願経五月一日経の書写について」（坂本太郎博士還暦記念会編『日本古代史論集』上巻、吉川弘文館、一九六二年）、前掲注（8）石上論文（三五四～三五七頁）を参照。

（14）文書には「川河」のように表記されているものも含まれており、それらについて『大日本古文書』では「川河《ママ》」としているが、「川原」と解して問題ないと考え、ここでは「川原」に統一した。

（15）続々修七帙四裏書（『大日本古文書』編年八、一三〇～一三一頁）。

（16）『大日本古文書』は日付を「六」日に読んでいるが、この解は天平十四年十月廿八日までの校経を申上したもので、かつ「廿八」と「六」とは字形が近いことから、ここでは「廿八日」に改めた。

（17）『大日本古文書』編年八、一〇六頁。

（18）「紙」字の左に抹消点を付し、右に「校」字を記す。

（19）『大日本古文書』は「五月」とするが、前掲の天平十四年十月二十八日「田辺道主校経解」に加え、同年十一月三十日の「田辺道主校経解」（『大日本古文書』編年八、一四五～一四六頁）にも千手経の校経に従事した期間を「自七月廿八日至十月廿八日」とあることから、ここでは「七月」に改めた。

(20) うち六巻には、朱字による校正は加えられていないが、墨書の付箋が認められる。朱字による校正と墨書による付箋での校正が、どのような関係にあるのかは不明であるが、圧倒的に朱字が多いことから、朱字が当初の校正であることはほぼ疑いないものと思われる。
(21) 『大正蔵』五五、五七〇a。
(22) 『旧唐書』巻四三、職官志二、秘書省条。そこでは秘書省から麟台への改称時期を光宅（六八四年）とする。これについて『旧唐書』巻六、則天武后本紀も「九月、大赦天下、改元為光宅。……改東都為神都、又改尚書省及諸司官名」とするが、『新唐書』巻四七、百官志二、秘書省条では「武后垂拱元年、秘書省曰麟台」とし、さらに『旧唐書』巻四三、職官志二、秘書監条では、秘書監を「天授改為麟台監」、秘書少監を「天授為麟台少監」とする。さらに、『唐六典』巻一〇、『通典』巻二六、『冊府元亀』巻六二〇においても秘書省から麟台への改称を天授としており、記録に齟齬がみられる。
(23) 『大正蔵』五五、五六六b。
(24) なお、この後の状況は、天平十八年（七四六）十一月十日「写経目録」（正集三七裏書、『大日本古文書』二、五五七頁）に、

天平十八年十一月十日、堪納第五櫃経幷卅九袟之中、一袟紙袟、請南、
注維摩経六巻
雑第十九袟十巻　第廿袟十二巻
最勝王経一部十巻請宮無袟　金光明経一部八巻
宝雨経十巻欠五巻見五巻袟　（後略）

とあり、天平十八年頃には第五櫃に『金光明経』などと共に納められていたことが分かる。

第三章　奈良国立博物館所蔵　刺繡釈迦如来説法図の主題

はじめに

奈良国立博物館には、京都山科の勧修寺に伝来したことから勧修寺繡仏とも呼ばれる大型の繡仏が所蔵されている（図1）。本図の法量は、高二〇七センチメートル、幅一五七センチメートル。彩糸を用い、鎖縫と相良縫という二種類の技法により画面全体に刺繡を施した、仏画的工芸作品である。

図の中央には大きく、双樹下の宝座に倚坐する赤衣の如来像をあらわし、その両脇にやや大ぶりの脇侍菩薩とそれを取りまく菩薩を左右に七体ずつ計十四体、さらにその上部には奏楽天人を左右六体ずつ計十二体、上空には騎鳳・騎鶴の仙人を左右三体ずつ計六体配し、その空隙を埋めるように色とりどりの飛雲をあらわしている。画面下部の供養者像では、後ろ向きの女性像を中心に、それを取りまくように左右五体ずつ計十体の比丘像をあらわし、その外側には俗形の人物像を左右六体ずつ計十二体配し、最下部には土坡と草花をあらわしている。こうして都合五十六体にもおよぶ群像を、緊密で調和のとれた画面構成のなかに表現している。

つとに注目されているのはその優れた繡技で、肉身部や衣など平滑な部位は鎖縫、宝冠や頸飾などの菩薩の装身具や本尊の螺髪といった凸部や高さのある部位は相良縫というように巧みに縫い分けがなされており、それにより

図１　勧修寺繍仏

質感の違いまでもが表現されている。とくに運針の軌跡が画面上に線状になってあらわれる鎖縫については、物体の形状に沿うように周到に針が運ばれており、それによって仏菩薩の頰の丸みや衣の襞がつくる曲面、蓮華座蓮瓣の膨らみといった物体のもつ立体感が、彩糸によるグラデーションとも相俟って、見事に表現されている。緻密で均一な針目によって流麗に描きだされる画面は、まさに息を呑むような工芸的な美しさを呈している。

本図については現在、「刺繡釈迦如来説法図」という名称で、奈良時代または中国・唐時代（八世紀）の作として国宝に指定されている。しかしながら本図については、銘文や文献記録を欠き、その主題をめぐっては諸説紛々として、いまだ定説をみていない。

そこで本章では、まず本図の主題および制作地と制作年代に関する従来の研究を整理し、そのうえで本図の主題をめぐる問題について、これまでとは異なる別の視点から一つの試論を提示してみたい。

一　本図の主題および制作地と制作年代に関する従来の研究

勧修寺では、本図は延喜帝の寄進になる五智如来の繡曼荼羅として伝えられていたという[1]。しかし、明治四十三年の内務省宗教局編纂の『特別保護建造物及国宝帖』「白鳳時代」の解説のなかで、本図の主題は「釈迦説相図」、また制作地と制作年代は日本の白鳳時代とする見解が示され[2]、以後長らくこれが本図をめぐる基本的な説となってきた。

すなわち、昭和七年に内藤藤一郎氏は、本図の主題を釈迦の霊鷲山説法をあらわした霊山浄土変とし、下部にあらわされた十体の比丘像を釈迦の十大弟子と解している。また同氏は、本図の制作地と制作年代について、図の上

図2　Ch.00260 敦煌蔵経洞発現の繡仏

部に飛仙があらわされていることから、中国初唐期の作の可能性があるとしつつも、法隆寺壁画と細部において酷似することから、初唐美術の影響を受けた日本の奈良時代前期の作とみることも不当ではあるまいとして、断定を避けている(3)。

昭和十年に白畑よし氏は、本図の主題については「此の繡帳は其の主題に依つて世に釈迦曼荼羅とも称されてゐるもので」と述べ、釈迦説法図とする通説を承けている。そのうえで下部の比丘像に関しては、「下方には声聞形、道俗等の説法を聴聞するを配してゐる」として、俗人像とともに釈迦説法の聴聞衆と解している。ただし本図の制作地について白畑氏は、刺繡技法が発達していること、また上方に飛仙をあらわしていることから中国製とみなしている。さらに年代については、敦煌蔵経洞発現のスタイン収集品中の繡仏（図2）が「稚拙なる技法」であるのに比して、本図は技巧上はるかに発達していることから、恐らくは唐朝末期の作ではないかとしている。[4]

昭和十八年に亀田孜氏は、中国では装飾つき背障の宝座に坐すのは多くが弥勒仏であるという点を指摘し、本図はそれを日本において釈迦説法図に転用したと解釈し、やはり本図を釈迦説法図とみている。そのうえでさらに如来の前に立つ後ろ向きの「天女形」を吉祥天とみなし、本図を『金光明最勝王経』に説く霊山浄土図と解している。また、本図を日本製とみる亀田氏は、制作年代を奈良中期または末期としている。[5]

このように戦前の研究では、本図を日本製とみるか中国製とみるか、また日本の奈良時代前期（白鳳時代）とみるか奈良時代末期とみるかなど、制作地と制作年代をめぐっては見解の相違があったものの、主題に関しては釈迦如来説法図とみなすことでほぼ一致していたことがうかがえる。

こうした見解は戦後にも引き継がれ、昭和二十二年に春山武松氏は、法隆寺壁画に関する論説のなかで本図を取り上げ、その主題を「霊鷲山浄土に於ける釈迦如来説法図の状と、会座の聴衆とを現はしたもの」とし、また法隆寺壁画を描いた集団が本図の下絵を作成したとみなし、本図を日本の白鳳時代の作としている。[6]

しかし一方で、本図を中国製とする見解も提示され、主題に関しても従来説の見直しがなされるにいたった。まず昭和二十八年に福山敏男氏は、本図にあらわされる宝座の背障や仏後の双樹、また天蓋や飛雲の形式に着目し、本図を中国初唐期の貞観末から高宗の前半期の作とみなしている。[7] そのうえで注のなかではあるが、初唐期の倚坐仏は主として弥勒仏であることから、本図を弥勒の龍華樹下説法図とする新説を提示している。[8] さらに同氏は同じ注のなかで下段の人物群像についても、インド以来、王侯貴族の供養者は僧侶が先導するという原則によれば「向かって右の僧の次に立つ俗男は皇帝、中央の俗女は皇后、左の僧の次の俗童は皇太子などとみるべきであろう」とし、中央の女性を皇后武氏と解釈できるのではないかと指摘し、下方の比丘像についてはその中央の女性の侍僧と解する、これまでとは全く異なる新説を述べている。

また昭和六十年に秋山光文氏は、本図の本尊宝座の背障装飾に関する論考において、インドでの発生時期と中国・日本への伝播を検討するなかで本図の位置づけを行っている。その結果、同氏は背障装飾の形式からみた場合、本図は七世紀後半における中国での制作とみるのが最も妥当であると指摘している。[9]

本図に関して最も詳細に論じているのは肥田路美氏である。[10] 同氏は平成六年に、本図の図様表現や構成を仔細に検討し、下部人物図の服装や波状唐草文帯について中国の作例と比較した結果、本図を初唐後期の七世紀後半から八世紀初、すなわち高宗朝後期から則天武后時代の頃の作としている。さらに同氏は、卓越した図様と技法からみて本図が「官営繡仏工房とでもよぶべき組織」によって作られた蓋然性が高いとしている。また主題に関しても同氏は従来の定説を問い直し、本図には霊鷲山を示す山岳が表現されていないことから釈迦の霊山説法図とはみなせないと指摘する。そのうえで初唐時代の倚坐形の如来像は、銘文によって確認されうる尊名が弥勒仏像と優塡王像に限られることを挙げ、本図の主尊もまた弥勒仏である蓋然性と同時に優塡王像である蓋然性もあるとする。しかし「もし主尊が弥勒仏であるならば、繡仏の図様のなかに、弥勒仏の典拠たる下生経典に説く情景と対応する要素が見られるはずであるが……主尊の頭上に茂る双樹は、弥勒仏がその下で三会説法をおこなった龍華樹を象徴していると見ることもできようが、むしろ定形的な樹下説法図の形式を踏むものといわざるをえない」のであり、「敦煌壁画の弥勒仏変相図において」描かれる下生経典のモチーフである「穰佉王とその妃、太子、大臣、長者、宮女などの剃髪出家する情景など」が本図には全くあらわされていないだけでなく、「数本ある下生経典のいずれをもってしても、図様を的確に説明することができない」という。[11] 一方の優塡王像の場合も、単独像であらわされるのが基本形であって、造形化する際の典拠となる経典があるわけでもないとする。したがって本図の主尊には弥勒仏にも優塡王像にも同定しうるモチーフがないとして、特定を避けている。

下方の比丘像について肥田氏は「俗人の供養者を先導する供養僧」と解する一方、下部中央に如来と対峙して立つ女性像については、吉祥天とみる亀田説と、則天武后とみなす福山説とをそれぞれ次のように否定する。まず前者については本図の女性像の服制が薬師寺吉祥天画像や浄瑠璃寺の吉祥天女像に類似することを認めたうえで、敦煌の金光明経変相図すなわち『金光明最勝王経』に説く釈迦霊山説法図には吉祥天があらわされておらず、その主尊は坐像であることから、そうした解釈には無理があるとする。さらに、天女を俗服の人物と同大にあらわすのは不自然であるから、この女性像は天女ではなく世俗の婦人とみるべきで、「如来を供養礼拝する貴婦人」と解するのが穏当であるとし、本繡仏の発願者自身である可能性もあると指摘する。ただ、この女性像を則天武后とみる福山説については資料が足りず、また初唐期の官営繡仏工房にしても則天武后のためだけに機能していたわけではないから速断に過ぎるとして退けている。

以上から肥田氏は、本図の主題について、それまで通説とされてきた釈迦霊山説法図ではなく、「初唐時代に流行した弥勒仏ないしは優塡王像と、女人ら僧俗による供養を主題とするもの」と結論づけている。

この肥田氏の研究を承け、本図を初唐期後半の中央の宮廷工房作の可能性が高いとして、本図の主題を再考したのが稲本泰生氏である。稲本氏は平成九年、優塡王像の中国伝来を論じた論文のなかで、本図の主題について釈迦の忉利天説法図とする新説を提示している[12]。すなわち同氏は、本図の主尊の形式が初唐期の弥勒仏倚坐像よりもはるかに優塡王像に近いことに注目し、本図の主尊を優塡王像と関係があるものと推定する。そのうえで本図の主尊は優塡王像そのものではなく、そのもととなった「忉利天上で説法する釈尊の姿を表したもの」とみなし、主尊に対峙する女性を、釈迦の忉利天説法の対象たる摩耶夫人とみる解釈を提示したのである。この解釈については稲本氏自身、忉利天説法図とみなしうる作例が現存作例のうえにも画史類にも見出せず、また『摩訶摩耶経』に説かれる忉利天説法の情景と本図の図相とは隔たりが大きいという弱点があることにふれており、本図は経典よりも先行する優塡王像やインドからの新来図像によって図様が決定されたのではないかと推測している。さらに同氏は平成二十年と平成二十五年の別の論考においても同説を再論し、則天武后期の仏教界では倫理道徳としての孝を宣揚する気運が高く、なかでも忉利天説法は釈迦による父母への報恩行為として当時広く認識されていたと考えられることを指摘し、自説を補強している。(13)

この稲本氏による新説は、本図の主尊が形式的に優塡王像に近似する点を矛盾なく解釈できるだけでなく、主尊と対峙する女性を摩耶夫人とみなすことで当該像が主尊とともに構図上の中心軸を形づくっている理由を説明することに成功している。そのため、かつて主題の特定を差し控えていた肥田氏も、平成二十三年の著書において「稲本氏も認めるように、『摩訶摩耶経』に説く忉利天での説法の情景と、繡仏の図様とは隔たりが大きい。またたとえば、画面最下端に表された土坡や草花のモチーフが、天上世界を表現する上で相応しいかどうか、疑問も残る」としつつも、「稲本説には一定の蓋然性があると思われる」としている。(14) 肥田氏はさらに平成二十五年の論文でも稲本説を支持し、そのうえで釈迦による母への孝道をあらわす忉利天説法という主題を選択し決定したのは、仏教側ではなく発願者である世俗権側が主導したものと想定している。(15)

この他、松浦正昭氏は平成十六年に、本図の主尊は釈迦像であるとし、制作年代については「釈迦右手の掌文と印相あるいは台座の形式と装飾文様が持統十一年（六九七）に持統天皇が造立した薬師寺金堂薬師如来像に一致している」ことから、養老六年ではなく持統天皇崩御の大宝二年（七〇二）頃が妥当としている。同氏はさらに、藤原京薬師寺の講堂に安置されていたという刺繡釈迦像を本図にあて、本図の制作を大宝年間の日本宮廷とみている。

表1　勧修寺繍仏の主題および制作地・制作年代などに関する従来の諸見解

発表年	編著者	主題	制作地	制作年代	後姿の女性像	十人の比丘像の解釈	備考	出典
一九一〇		釈迦説相図	日本	白鳳時代				『特別保護建造物及国宝帖』別冊解説
一九一一		釈迦説法図	中国	宋代以降（「宋朝より古からざるものとのみ断ぜんと欲するのみ」）				『国華』二五八号図版解説
一九三二	内藤藤一郎	釈迦霊山浄土変	日本（中国の可能性についても言及）	奈良時代前期		釈迦の十大弟子		一九三二年論文
一九三五	白畑よし	釈迦曼荼羅	中国	唐朝末期		聴聞の僧侶		一九三五年論文
一九四三	亀田孜	『金光明最勝王経』に説く霊山浄土図	日本	奈良中期または末期（天平勝宝の頃以降）	天女（吉祥天）	供養者、聴聞衆	弥勒仏の宝座を釈迦に応用したと解釈	一九四三年論文
一九四七	春山武松	霊鷲山浄土における釈迦如来説法図	日本	白鳳時代		会座の聴衆		『法隆寺壁画』二三五～二三八頁

一九五三	福山敏男	弥勒の龍華樹下説法図	中国	初唐期（貞観末～高宗の前半期）	則天武后か	中央の女性の侍僧		一九五三年論文
一九六九	柳澤孝	釈迦説法図	日本か中国か特定せず	八世紀				『原色日本の美術七　仏画』二一〇頁
一九七六	文化庁監修	釈迦如来説法図	日本	八世紀		聴聞の十大弟子		『原色版国宝二　上古　飛鳥　奈良Ⅱ』一五二頁
一九七八	奈良国立博物館	釈迦如来説法図（耆闍崛山における釈迦の法華経開説の会座）	日本（唐製とする見解があることにもふれる）	奈良時代（八世紀前期）			唐製とする見解があることにもふれるが暈繝配色が少ないことからみて本邦の制作とも判断されているとする	『日本仏教美術の源流』二五四頁
一九八三	百橋明穂	釈迦説法図	日本	白鳳時代				『飛鳥・奈良絵画』（日本の美術二〇四）四〇～四一頁
一九八五	秋山光文		中国	七世紀後半				一九八五年論文
一九八九	河原由雄	釈迦如来説法図	日本	奈良時代（七世紀末）				『浄土図』（日本の美術二七二）一九頁

一九九〇	澤田むつ代	釈迦如来説法図	中国または日本	八世紀（唐または奈良時代）		羅漢		東京国立博物館編『日本国宝展』三四二頁
一九九四	肥田路美	弥勒仏ないしは優塡王像と、女人ら僧俗による供養を主題とするもの	中国（官営繡仏工房の作）	初唐後期（七世紀後半～八世紀初、高宗期後期～則天武后期の頃）	如来を供養する貴婦人（本繡仏の発願者自身の可能性あり）	俗人の供養者を先導する供養僧		一九九四年論文
一九九五	奈良国立博物館	釈迦如来説法図	日本	奈良時代		聴聞の十大弟子		『日本仏教美術名宝展』三一〇頁
一九九七 二〇〇八 二〇一三	稲本泰生	釈迦の忉利天説法図（釈迦の母への報恩）	中国（宮廷工房の作）	初唐期後半	摩耶夫人		釈迦の孝道を標榜するイメージとする	一九九七年論文 二〇〇八年論文 二〇一三年論文
二〇〇四	松浦正昭	釈迦像	日本	大宝二年頃	持統天皇			『飛鳥白鳳の仏像』（日本の美術四五五）七〇頁
二〇〇五	伊藤信二		中国	初唐期（七世紀後半～八世紀初期）が有力			主に肥田一九九四・稲本一九九七にもとづく	『繡仏』（日本の美術四七〇）七四～七五頁

二〇一一 二〇一三	肥田路美	釈迦の忉利天説法図	中国（官営繍仏工房／宮中の刺繍専門工房／宮廷工房の作）	唐の高宗朝後期から則天武后期の頃	摩耶夫人	俗人の供養者を先導する供養僧（二〇一三の論考では言及なし）	日本伝来の可能性として、次の三つを挙げる。 ①白雉四年（六五三）第二回遣唐使の一員として入唐、斉明七年（六六一）帰国の道昭 ②天智十年（六七一）唐からの請来品である水臬を献上した黄書本実 ③斉明五年（六五九）八月発の第四回遣唐使	『初唐仏教美術の研究』四〇一～四三六頁 二〇一三年論文

また主尊の正面にあらわされた女性は「王后」であり、持統天皇であろうとする見解を提示している(16)。

表1は、以上みてきた主要な先行研究を含め、従来の諸見解をまとめたものである。いずれも諸説あり統一的見解をみないものの、本図の制作地や制作年代については肥田氏の研究にほぼ尽くされているように、図様また技術の両面からみて中国・初唐期後半に中央の宮廷工房の作になるとみて、まず問題なかろう。

一方、本図の主題についてはいまだ決定的な見解にはいたっていない。そのなかで現時点では、釈迦の忉利天説法図とする稲本氏の説が有力視されているといえよう。しかし、いずれの解釈にも問題が含まれており、全面的に支持することは難しい。すなわち肥田氏がすでに指摘しているように、釈迦霊山説法図あるいは霊山浄土図とみる通説については、霊鷲山の表現がないことから認められず、また福山氏が想定した弥勒仏の龍華樹下説法図とする説についても、龍華三会や剃髪などの情景がなく、そのままでは説明がつかない。そして稲本氏が提唱した釈迦の忉利天説法図という解釈についても、本図の下部にあらわされた土坡や草花は天上の表現にはそぐわないのであり、やはり完全には首肯できないのである。

二　問題の所在——主尊の尊格、制作年代、主題比定の問題と要因——

本図の主題に関する従来の諸見解にはいずれも弱点があり、本図の図様との間に何某かの齟齬をきたすものであった。そこで本図の主題について再検討するに先だって、まず従来の研究成果をふまえつつ、現時点で確認できる事柄を整理しておきたい。

初唐期の倚坐形の如来像について、銘文によって確認される尊名は、確かに弥勒仏像と優塡王像の二種類に限られている。また本図の主尊が坐す背障つき宝座についても、弥勒仏像と優塡王像のいずれにもみられるものであり、両者を峻別する材料とはなりえない[17]。一方、主尊の像容に関しては、肥田氏や稲本氏がすでに指摘しているように、右肩を完全に露出する着衣法、右脛から左膝にかかる衣端の処理、密着した衣をとおしてうかがえる抑揚に富んだ肉身の表現、右手を胸前にあげ左手は掌を上にして膝に置くという印相などは、初唐期の弥勒仏倚坐像（図3）よりもはるかに龍門石窟や鞏県石窟の優塡王像（図4）に近い[18]。ただ洛陽周辺の優塡王像の頭部は、肉髻が低く地髪部との区別が曖昧で螺髪をあらわさないという特徴をもつのに対し、本図の肉髻は明瞭で螺髪もあらわしており

図３　龍門石窟　恵簡洞本尊
弥勒仏像　咸亨４年（673）造

図４（上）　龍門石窟第231窟　優塡王像龕
顕慶元年（656）造
（下）　実測図

図５　勧修寺繡仏　主尊頭部

（図5）、相違が認められる。したがって、本図の主尊を像容によって弥勒仏像か優塡王像か識別することは難しいということになる。しかし同時期の倚坐如来像がこのいずれかに限られることからすれば、やはり本図の主尊もそのどちらかであった蓋然性が高いと考えられる。

一方、本図の制作時期に関しては、関連作例との比較や背障付き宝座の形式などから、いずれも初唐期後半、具体的には高宗の後期から則天武后期という年代が導き出されている。ここで注目したいのは、本図の最上部にあらわされた神仙の図像である（図6）。なぜなら近似した図像表現が、武周朝最晩期の作であることが明らかな宝慶寺石仏のなかに見出されるからである。宝慶寺石仏とはすなわち、長安三年（七〇三）に長安城内の光宅寺に造営された七宝台の石仏であり[19]、現存する計三十二点のなかには、のちの玄宗期の開元年間に新造されたものも含まれるが、問題の神仙の図像を含んでいるのは武周期の石仏のうち東京国立博物館（以下、東博）に所蔵される三尊仏龕（図7a）である。この三尊仏龕には紀年銘は施されていないが、光宅寺七宝台石仏の武周期の紀年銘はいずれも長安三年ないし同四年であることから、これもまたその頃のものと考えられる。この東博所蔵の三尊仏龕は、主尊を倚坐の如来としてあらわすだけでなく、台座も本図と類似する背凭れや怪獣装飾を伴っており、本図との共通点として興味深いが、ここで注意したいのは本尊の右上方（向かって左上方）にあらわされた神仙像である（図7b）。このように霊鳥に跨る神仙像は、とくにこの時代に限ったものではなく、西魏時代の敦煌莫高窟第二四九窟の窟頂南披（図8）や第二八五窟の窟頂西披（図9）にもみられるが[20]、仏説法図の上方に配するのは異例であり、管見では本図とこの三尊仏龕を知るのみである。

さらに鶴に跨る神仙と則天武后といえば、彼女が寵愛した張兄弟をめぐる有名な逸話が連想される。弟の張昌宗は、則天武后の佞臣から昇仙太子の後身と奏された。この昇仙太子とは、古代周王朝の霊王の太子晋（王子喬。以

図 6　勧修寺繍仏上部の神仙像

図 7（a）宝慶寺石仏三尊仏龕
東京国立博物館所蔵

図 7（b）
上部の神仙像

図 8　莫高窟第249窟　窟頂南披

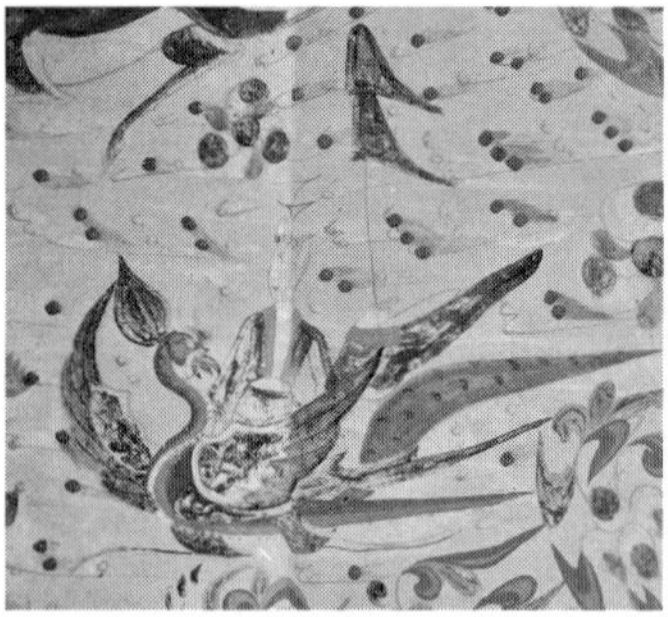

図 9　莫高窟第285窟
騎鳳仙人像（持節）

騎鳳仙人像（持節）

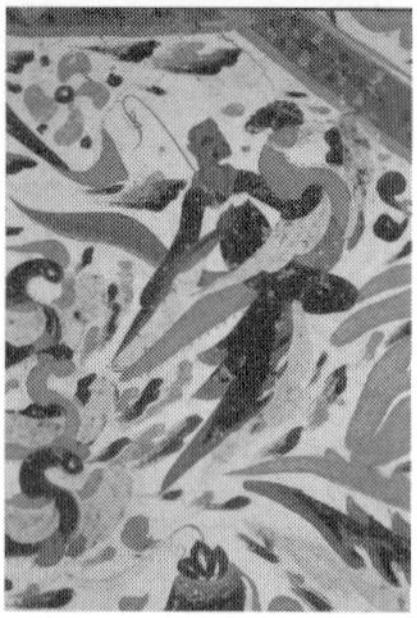

騎鳳仙人像（持幡）

下、王子晋）のことで、白鶴に乗って昇仙したとされる。[21] ために則天武后は張昌宗に「羽衣を被せ、簫を吹き、木鶴に乗り楽を庭に奏でしめ、子晋の空に乗るが如くせしめ[22]（令被羽衣、吹簫、乗木鶴奏楽于庭、如子晋乗空）」たのであり、さらに彼の兄である易之のために聖暦二年（六九九）、則天武后が設けた官署の名称もまた、王子晋を示唆する控鶴府であった。[23] これだけにとどまらず則天武后は同年、王子晋が昇仙ののち出現した地点とされる偃師の緱氏山に昇仙太子廟を訪れ、[24] 飛白の書や則天文字で知られる昇仙太子碑を立てている。[25] このように則天武后は仏教だけでなく神仙思想にも傾倒していたのであり、[26] こうした事実もまた騎鶴・騎鳳の神仙をあらわした本図の制作時期を武周期とみる傍証となりうるのではないだろうか。

本図の主題については、すでにみてきたように、釈迦霊山説法図あるいは弥勒仏の龍華樹下説法図とみなす説のいずれも難点を抱えており、さらに現時点で有力視されている釈迦の忉利天説法図という見解にしても、実際には本図の図様と関連経典とは合致していない。つまり、このように図様に合う経典が見出せないということこそが、本図の主題の特定を困難にしてきた根本的要因であったといえる。しかしここで見方を変え、この事実を全く別の方向から捉え直せばどうであろうか。すなわち、本図の図像と合致する経典が見当たらないという事実は、そもそも本図が特定の経意を表現した経変画ではないことを物語っているのではないだろうか。

そこで新たに注目したいのが、本図の下部にあらわされた人物群像の中心をなす女性像と、彼女を取りまく十体の比丘像である。次節では、この点について検討してみたい。

三　比丘像十体の新解釈——則天武后の登極と『大雲経疏』『宝雨経』——

本図の下部中央にあらわされる女性像の周りに立つ十体の比丘像（図10）について、従来は次の三種に解釈されてきた。

（1）　釈迦の十大弟子
（2）　供養者を先導する供養僧
（3）　中央の女性像の侍僧

このうち（1）については、釈迦の十大弟子であれば主尊の釈迦如来像の周囲にあらわされ、釈迦とともに拝されるべき位置に配されるのに対し、本図では下部の供養者の位置にあらわされていることから首肯できない。また（2）についても、本図の比丘像は供養者列の先頭ではなく、中央の女性像を取り囲んで立つ姿にあらわされていることから認めがたい。一方、本図の比丘像を中央の女性像の侍僧とみる（3）の解釈にはとくに問題はない。ただこれについても、これまではそれ以上に踏み込んだ解釈はされてこなかった。しかし、これら十体の比丘像は、則天武后の登極を賛助した十人の僧侶であったと考えることができるのではないだろうか。

『旧唐書』巻六、則天皇后本紀の載初元年（六九〇）七月条には、この十人の比丘について次のように記している。

沙門十人の大雲経を偽撰し、表して之を上《のぼ》し、盛んに神皇受命の事を言うこと有り。制して天下に頒かち、諸州をして各おの大雲寺を置かしめ、総べて僧千人を度す。
（有沙門十人偽撰大雲経、表上之、盛言神皇受命之事。制頒於天下、令諸州各置大雲寺、総度僧千人。）

図10　勧修寺繡仏下部の女性像と十体の比丘像

すなわち、この年「神皇受命の事」つまり則天武后の登極を説いた『大雲経』を「沙門十人」が「偽撰」したと記している。しかし、この記事にはアントニーノ・フォルテ氏が指摘しているように誤りが含まれている。[27] すなわち『大雲経』は曇無讖が玄始六年（四一七）九月に訳出したと目される『大方等無想経』にほかならず、後述するようにこの時に沙門十人が撰述したのは、いわゆる『（擬）大雲経疏』（以下、『大雲経疏』）であったと考えられる。注目すべきは、則天武后がタブーを破り皇帝位に就くにあたって、その正当性を保証する仏教面からの裏付けとされたのが、この『大雲経疏』であり、その撰述を十人の沙門が担当したと記されている点である。

同様の記事は、次の『旧唐書』巻一八三、薛懐義伝にも見られる（傍線部および〔 〕内は筆者）。

是れ自り〔懐義〕洛陽の大徳僧法明・処一・恵儼・稜行・感徳・感知・静軌・宣政等と与に内道場に在りて念誦す。……懐義、法明等と与に大雲経を造り、符命を陳べ、言えらく則天は是れ弥勒の下生なり。閻浮提の主と作り、唐氏合《まさ》に微《おとろ》うべし、と。故に則天、命を革め周と称し、懐義、法明等九人と与に並びに県公に封ぜられ、賜物に差有り、皆な紫袈裟・銀亀袋を賜る。其の偽大雲経、天下に頒かち、寺に各おの一本を蔵め、高座に升りて講説せしむ。

（自是〔懐義〕与洛陽大徳僧法明・処一・恵儼・稜行・感徳・感知・静軌・宣政等在内道場念誦。……懐義与法明等造大雲経、陳符命、言則天是弥勒下生。作閻浮提主、唐氏合微。故則天革命称周、懐義与法明等九人並封県公、賜物有差、皆賜紫袈裟・銀亀袋。其偽大雲経、頒於天下、寺各蔵一本、令升高座講説。）

ここでは、薛懐義と法明以下八名の僧侶は内道場僧であったこと、さらに彼らは『大雲経』（『大雲経疏』の誤り）を造り則天武后の符命を陳べ、彼女が下生の弥勒であり閻浮提の主となるべき存在であると説いていたこと、それにより武周革命が成り、「懐義、法明等九人と与に（懐義与法明等九人）」開国県公に封ぜられたことなどが記されている[28]。

この『旧唐書』薛懐義伝に記される沙門の数は、一見すると先の『旧唐書』則天皇后本紀の記事とは異なり一名少ないようにみえるが、ここにも誤りが含まれることを、やはりフォルテ氏が指摘している[29]。すなわちフォルテ氏は、敦煌文書のS六五〇二『大雲経疏』の奥書に付された訳場列位により、ここに名の挙がっている法明以下の僧侶八人の表記にはいくつかの文字が欠けていることを明らかにし、先の傍線部の僧名を次の九名に修正している（数字は筆者）。

洛陽大徳僧①法明・②処一・③恵儼・④□（慧）稜・⑤行感・⑥徳感・⑦知静・⑧□（玄）軌・⑨宣政

このうち六番目の僧として復元された徳感は、先の宝慶寺石仏中の銘文や『宋高僧伝』巻四[30]にもその名がみられ、また他僧についても後述の『宝雨経』諸写本の訳場列位によって、某県開国公という爵位とともに確認することができる[31]（図11・12）。

このように法明以下が上記の九人に復元できると、同じ薛懐義伝中の「懐義、法明等九人と与に（懐義与法明等九人〕」とは薛懐義と法明等九人の合計十人と解することができ、先の則天皇后本紀に十人の沙門が『大雲経疏』を撰述したと記すこととも一致する。

この『大雲経疏』撰述については『資治通鑑』巻二〇四にも次のように記されている（〔　〕内は筆者。（　）内の文字はフォルテ氏の論考[32]によって補う）。

〔載初元年秋七月〕東魏国寺の僧法明等、大雲経（疏）四巻を撰び、表して之を上す。言えらく太后は乃ち弥勒仏の下生にして、当に唐に代わりて閻浮提の主と為るべし、と。制して天下に頒かつ。……〔天授元年十月〕壬申、両京・諸州に勅して各おの大雲寺一区を置き、大雲経を蔵め、僧をして高座に升りて講解せしむ。其の撰疏の僧、（大）雲宣（政）等九人は皆な爵県公を賜り、仍りて紫袈裟・銀亀袋を賜る。

（〔載初元年秋七月〕東魏国寺僧法明等、撰大雲経（疏）四巻、表上之。言太后乃弥勒仏下生、当代唐為閻浮提主。制頒於天下。……〔天授元年十月〕壬申、勅両京・諸州各置大雲寺一区、蔵大雲経、使僧升高座講解。其撰疏僧（大）雲宣（政）等九人皆賜爵県公、仍賜紫袈裟・銀亀袋。）

フォルテ氏の指摘にあるとおり、この天授元年十月の記事には「其の撰疏の僧」とあり、載初元年七月に撰述されたのが『大雲経』ではなくその注疏であったことが示されている[33]。さらに、その『大雲経疏』には則天武后が「弥勒仏の下生」であり、唐王朝に代わって「閻浮提の主」となるべきであると記されていたという。

一切経に採録されず長らく不明となっていたこの『大雲経疏』を敦煌文書のなかから発見したのは矢吹慶輝氏であり、同氏が敦煌文書のS二六五八をそれにあたると見抜いたのはまことに慧眼というほかない[34]。ついでフォルテ氏は、S二六五八と同文になる別の写本で、しかもS二六五八より五分の二程度長くほぼ完全な内容をもつS六五〇二について詳細に検討を加えている[35]。すなわち、それら『大雲経疏』は『大方等無想経』の全文に対する注疏ではなく、巻四と巻六の数行についてのみ注釈を施したものであること。しかも、それら注釈を施した数行は浄光天女に対する授記を記す箇所にあたり、注釈は、「著者達によって浄光天女の下生であるとされている武照の政治的・宗教的役割を宣伝するためのものであることは、明らかである[36]」と指摘している。つまり『大雲経疏』は則天武后が下生の弥勒として皇帝位に登ることを説いた政治性のきわめて強いものであり、その撰述に関わったのが薛懐義以下十名の僧侶であったということに留意したい。

さらに、この『大雲経疏』とともに、則天武后の登極の正当性を裏付けるものとして重視された経典が『宝雨経』である。現存する同経の初唐期の写本には、敦煌文書のＳ二二七八（巻九）とＳ七四一八（巻三）、トゥルファン文書のＭＩＫⅢ一一三号（巻二）があり、そのうちＳ二二七八とＭＩＫⅢ一一三号には、長寿二年（六九三）の訳場列位を記した奥書部分が残っている[37]（図11）。また、これらと同じ時期に書写された底本をもとに日本で写されたものに、天平十二年（七四〇）五月一日の奥付をもつ光明皇后御願経があり（巻二・巻五・巻八・巻九・巻十[38]）、そのうち巻二と巻九にも長寿二年の訳場列位が記されている（図12）。そして興味深いことに、これらの訳場列位のなかにも薛懐義以下、開国県公に賜爵された僧侶七名が、次のように名を連ねているのである（抄出。傍線部筆者）。

大白馬寺大徳沙門懐義監□（訳）
大周東寺都維那清源県開国公沙門処一筆受
仏授記寺都維那昌平県開国公沙門徳感筆受
仏授記寺都維那賛皇県開国公沙門知静証義
大周東寺都維那豫章県開国公沙門恵儼証義

大周東寺上座江陵県開国公沙門法明証義
大奉先寺上座当陽県開国公沙門慧稜証義
仏授記寺寺主渤海県開国公沙門行感証義

さてここで、武周革命におけるこれら『大雲経疏』と『宝雨経』の位置づけについて、則天武后自身の言葉から確認しておきたい。聖暦二年（六九九）に則天武后が自ら記した『大方広仏華厳経』の序には、次のようにある。[39]

朕曩劫に因を植え、叨《みだり》に仏記を承く。金仙旨を降して、大雲の偈先に彰われ、玉扆祥を披きて、宝雨の文後に及ぶ。（朕曩劫植因、叨承仏記。金仙降旨、大雲之偈先彰、玉扆披祥、宝雨之文後及。）

すなわち則天武后は、自身が皇帝位に即けたのは長い過去世における善因のゆえに仏から授記を承けたためであり、その仏の思召しは『大雲経疏』の偈にまず明らかにされたこと、それによって玉座に即き、のちには『宝雨経』の経文にも言及されていると記している。ここに、『大雲経疏』と『宝雨経』は則天武后の登極にあたり最も重要な役割を果たした経疏であったことが、則天武后自身の言葉として明確に示されている。[40] そして上述してきたように、そのいずれにも薛懐義および開国県公に叙せられた僧侶たちが参与していたのである。彼らがこうした事蹟によって武周革命に功績のあったことは、彼らの爵位からもうかがえる。

供養者群像の定型的表現は列像表現であり、しかも男女は左右に振り分け、同列とはしないのが原則である。そして比丘や比丘尼を含む場合は、それぞれを男女の列の先頭に置くのが通例である。ところが本図では、そうした供養者像の定型を大きく破り、中央に後身の女性像を配し、その周りを比丘像が十体取りまいている。そのきわめて特殊で異例な配置は、女性でありながら帝位についた則天武后を中心に、彼女の登極を賛助した僧侶十体が取り囲んでいると解するとき、よく了解できるのではないだろうか。

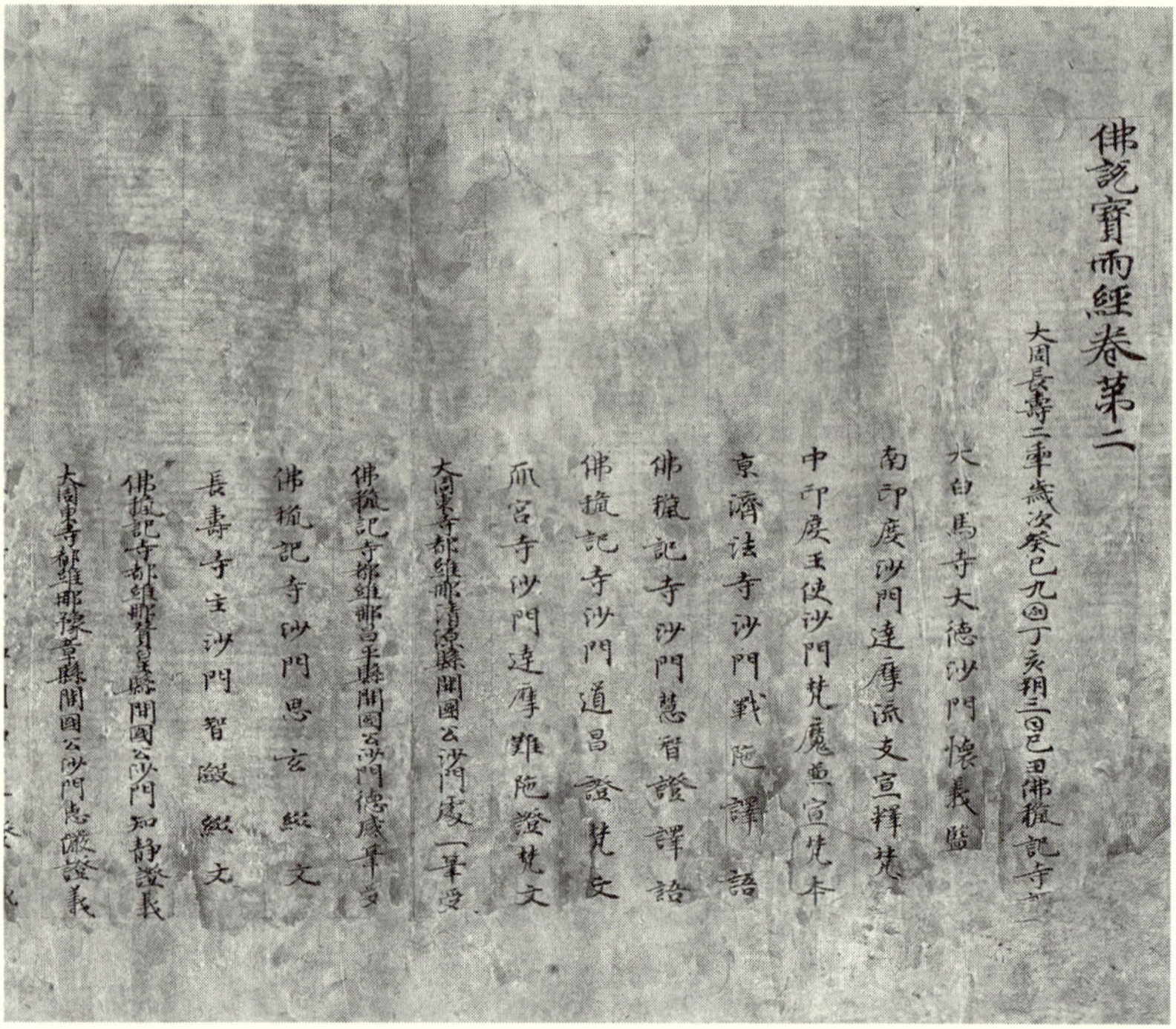

図11　『宝雨経』（MIK Ⅲ 一一三号）訳場列位

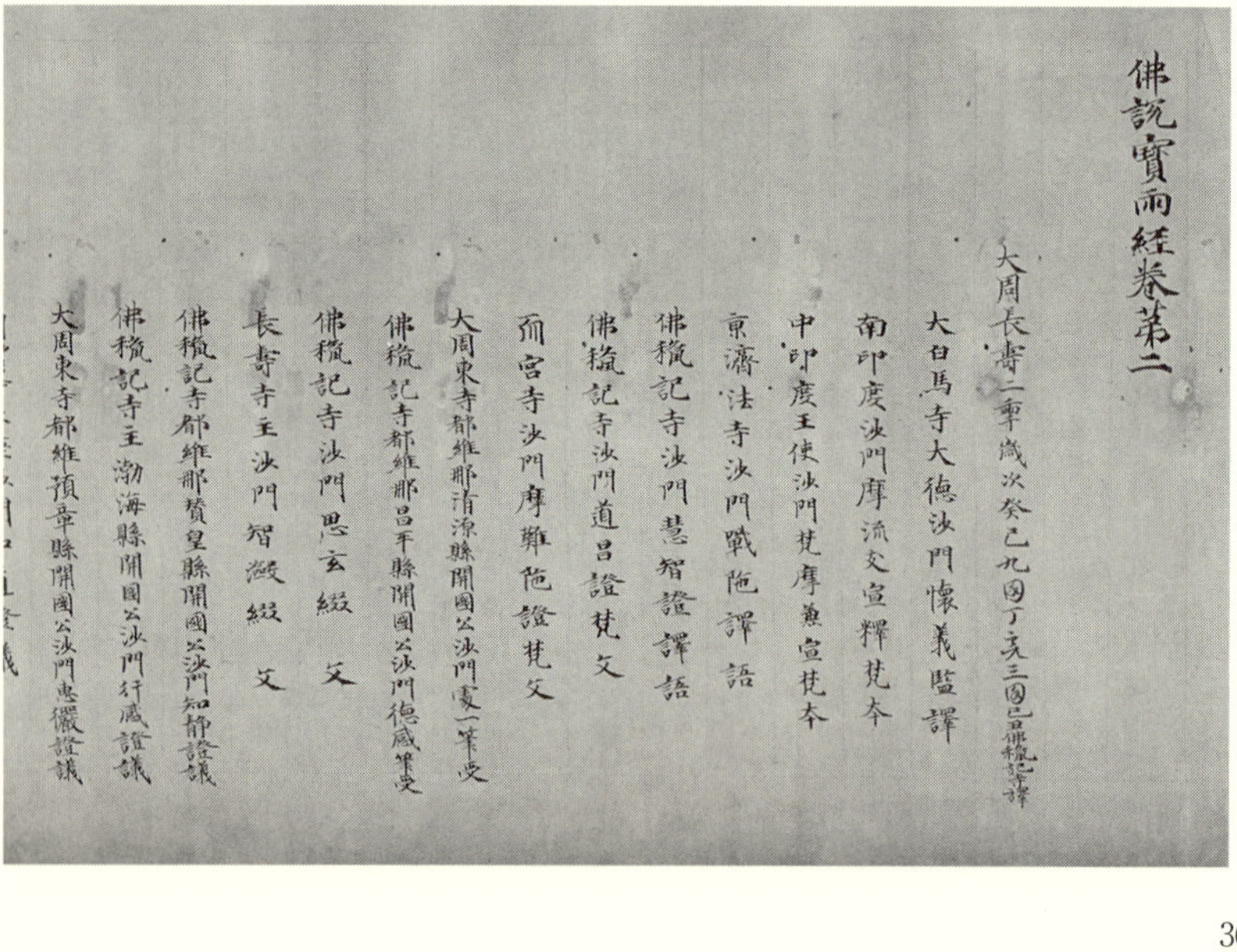

図12　光明皇后御願（五月一日経）『宝雨経』訳場列位

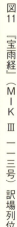

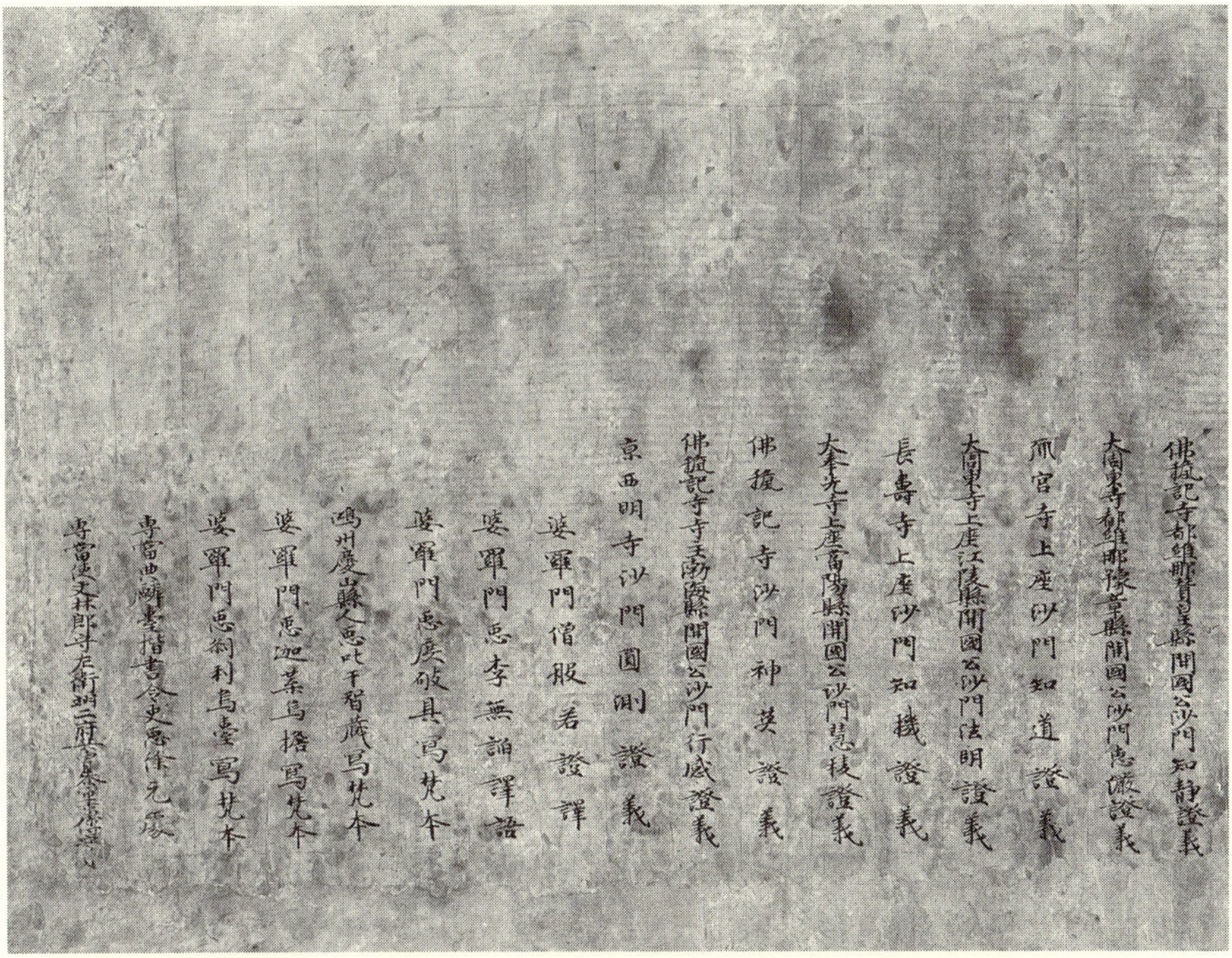
佛授記寺都維那昌平縣開國公沙門知靜證義
大周東寺都維那豫章縣開國公沙門恵儼證義
爾官寺上座沙門知道證義
大周東寺上座江陵縣開國公沙門法明證義
長壽寺上座沙門知機證義
大奉先寺上座當陽縣開國公沙門恵稜證義
佛授記寺沙門神英證義
佛授記寺主渤海縣開國公沙門行感證義
京西明寺沙門圓測證義
婆羅門僧般若證譯
婆羅門恵李無諂譯語
婆羅門恵度破具寫梵本
鴻州慶山縣人恵叱干智藏寫梵本
婆羅門恵迦葉烏擔寫梵本
婆羅門恵刹利烏臺寫梵本
專當典及寫麟臺楷書令史恵徐元處
專當使文林郎守左衛翊二府兵曹參軍事傅守真

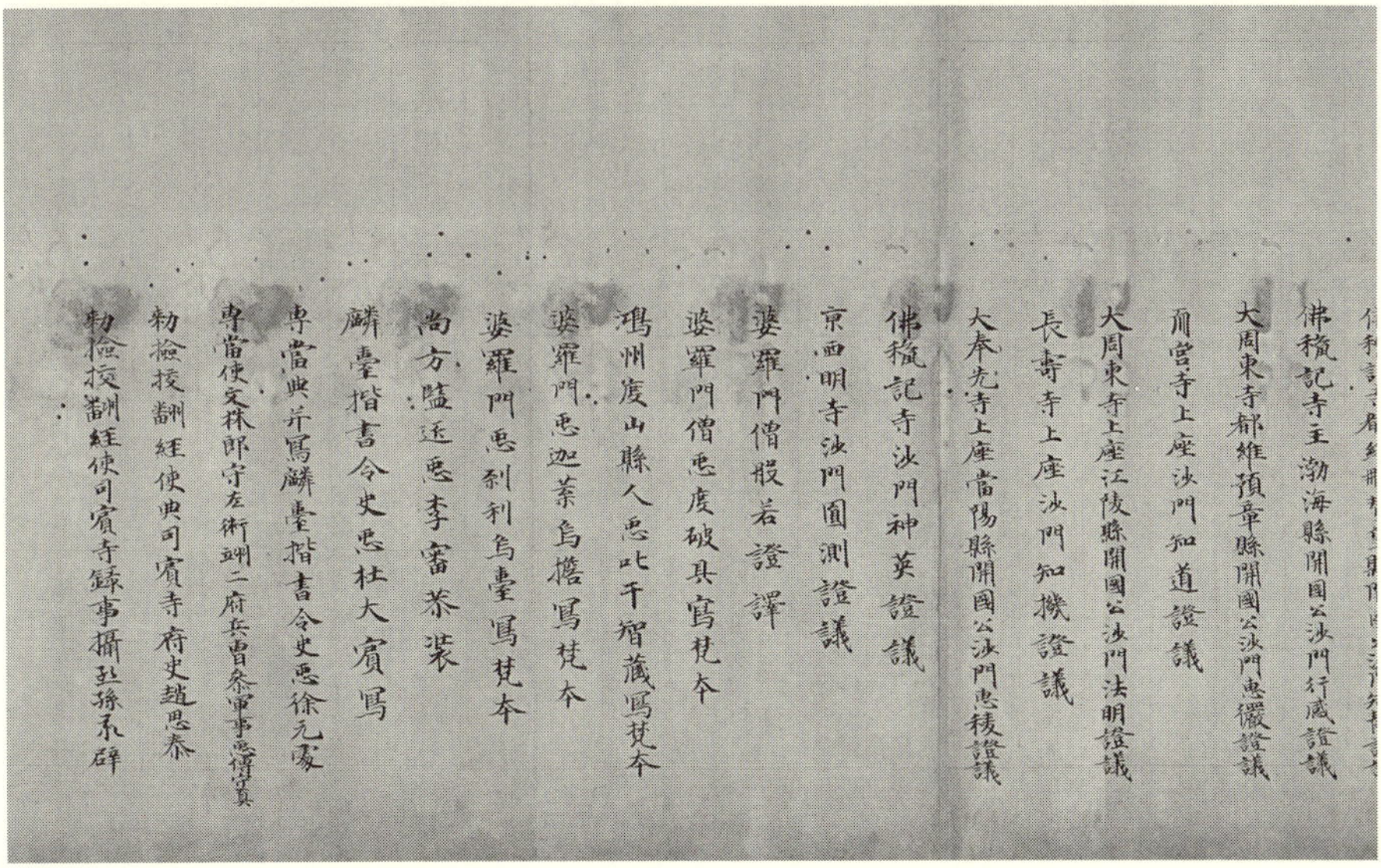
佛授記寺主渤海縣開國公沙門行感證義
大周東寺都維那豫章縣開國公沙門恵儼證義
爾宮寺上座沙門知道證義
大周東寺上座江陵縣開國公沙門法明證義
長壽寺上座沙門知機證義
大奉先寺上座當陽縣開國公沙門恵稜證義
佛授記寺沙門神英證義
京西明寺沙門圓測證義
婆羅門僧般若證譯
婆羅門僧恵度破具寫梵本
鴻州慶山縣人恵叱干智藏寫梵本
婆羅門恵迦葉烏擔寫梵本
婆羅門恵刹利烏臺寫梵本
尚方監丞恵李審恭裝
麟臺楷書令史恵杜大賓寫
專當典并寫麟臺楷書令史恵徐元處
專當使文林郎守左衛翊二府兵曹參軍事恵傅守真
勅檢校翻經使典司賓寺府史趙思泰
勅檢校翻經使司賓寺録事攝丞孫承辟

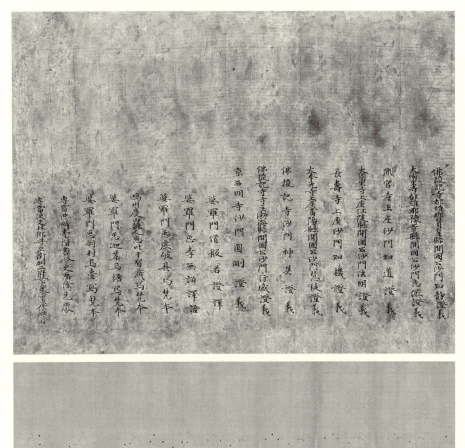

本図はこれまでにも、その優れた図像表現や刺繍技法により宮廷工房の作と推測されてきた。今さらにこうした視点からみても本図は宮廷工房の作と考えられるのであり、その制作時期は則天武后期に求めることができよう。このようにみてくると本図が倚坐仏を本尊とすることも、則天武后が下生の弥勒であると喧伝されて登極したことと無関係であったとは考えがたい。この点について、次節でさらに検討を加えてみたい。

四　則天武后の二つのイメージ——下生の弥勒と転輪聖王——

則天武后の登極の思想的裏付けとされた『大雲経疏』と『宝雨経』において、具体的にはどのような記述がなされているであろうか。まず前者について、より完全に近い形を残しているS六五〇二にもとづきながらみてゆきたい。

『大雲経疏』S六五〇二は、冒頭部分でまず『大雲経』の大雲とは大雲が遍く甘雨を降らし地を潤すように、また母が子を養育するように、神皇すなわち則天武后が天下に君臨することをいうのだと説く[41]。そのうえで釈迦が浄光天女に対して語った内容を、『大雲経』巻四と巻六から、次のように抄出する[42]。

爾の時、釈迦牟尼仏、大衆の為に法を説きたまいて云わく、過去に仏有り、号は同、姓は灯なり。時に国王有り、大精進と名づく。王に夫人有り、名づけて護法と曰う。王の大臣、法林聚と名づく。爾の時王の夫人は、今の浄光天女是れなり、と。其れ浄光天女、仏に白して言わく、唯だ願わくは如来、大王に因縁を説きたまわんことを、と。時に仏、告げて言いたまわく、且に待つこと須臾ならんとす。我れ今先ず当に汝の因縁を説くべし、と。是の時天女、是の語を聞き已わり、心に慚愧を生ず。仏即ち讃じて言わく、善き哉、善き哉。夫れ慙愧は即ち是れ衆生の善法の衣服なり。天女は時の王の夫人即ち汝が身是れなり。汝彼の仏に於いて暫く一たび大涅槃経を聞くことを得たり。是の因縁を以て、今天身を得、我の出世に値い、復た深義を聞けり。是の天形を捨て、即ち女身を以て当に国土に王して、転輪王統ぶる所の領処の四分の一を得べし。人民熾盛にして、衰耗・病苦・憂悩・恐怖・禍難有る無く、一切の吉事を具足するを成就せん。閻浮提中の所有る国土、悉く来たり承伏し、違拒する者無く、大自在を得、属する所の城邑・聚落を教化し、外道の諸もろの邪異見を摧伏せん。汝爾の時に於いて実に是れ菩薩にして、常に無量阿僧祇劫に於いて、衆生を化さんが為め、故に現に女身を受く。当に知るべし。乃ち是れ方便の身にして、実の女身に非ざることを、と。

（爾時、釈迦牟尼仏為大衆説法云、過去有仏、号同、姓灯。時有国王、名大精進。王有夫人、名曰護法。王之大臣、名法林聚。爾時王夫人者、今浄光天女是也。其浄光天女白仏言、唯願如来、説大王因縁。時仏告言、且待須臾。我今先当説汝因縁。是時天女聞是語已、心生慙愧。仏即讃言、善哉善哉。夫慙愧者即是衆生善法衣服。天女時王夫人即汝身是。汝於彼仏暫得一聞大涅槃経、以是因縁、今得天身、値我出世、復聞深義。捨是天形、即以女身当王国土、得転輪王所統領処四分之一。人民熾盛、無有衰耗・病苦・憂悩・恐怖・禍難、成就具足一切吉事。閻浮提中所有国土、悉来承伏、無違拒者、得大自在、教化所属城邑・聚落、摧伏外道諸邪異見。汝於爾時実是菩薩、常於無量阿僧祇劫、為化衆生、故現受女身。当知。乃是方便之身、非実女身。）

すなわち、釈尊が説法して仰ることには、過去世において灯姓の過去仏がいた時、大精進という名の国王とその夫人護法、大臣の法林聚がいた。その護法夫人がすなわち今の浄光天女である。護法夫人は『大涅槃経』を聞いたことにより今や天女となり、私（釈尊）と値遇することができたのだ。そしてまた（私から）法の深義を聞いたことにより、次は天人の身を捨てて女身となり、転輪聖王の領処の四分の一を得るであろう。人民は繁栄し、衰耗や

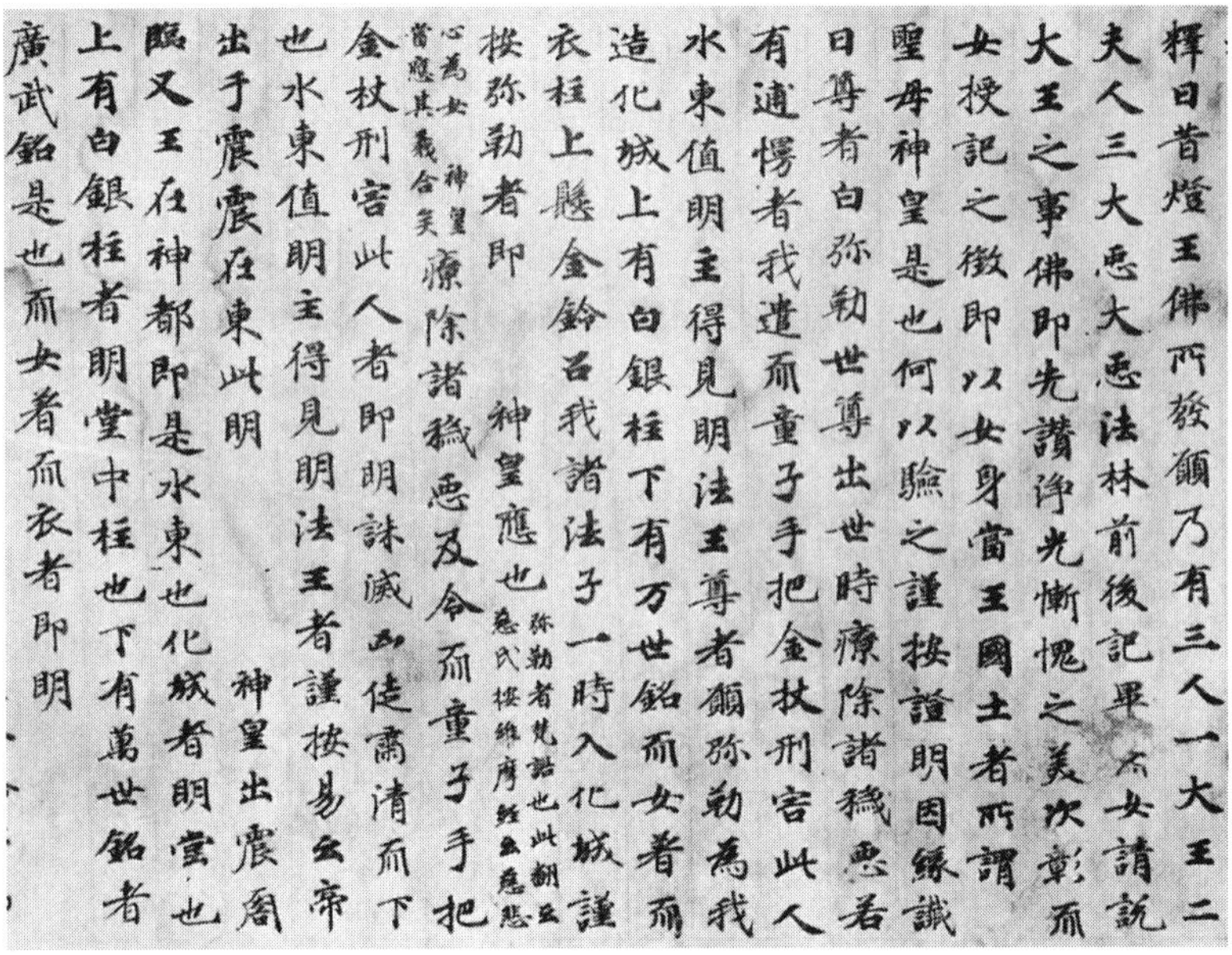
釋曰昔燈王佛所發願乃有三人一大王二
夫人三大惡大惡法林前後記畢天女請說
大王之事佛即先讃浄光慚愧之美次彰而
女授記之徵即以女身當王國土者所謂
聖母神皇是也何以驗之謹按證明因縁讖
曰尊者白弥勒世尊出世時療除諸穢惡若
有逾惕者我遣而童子手把金杖刑害此人
水東值明主得見明法王尊者爾弥勒為我
造化城上有白銀柱下有万世銘而女着而
衣柱上懸金鈴召我諸法子一時入化城謹
按弥勒者即　神皇應也（弥勒者梵語也此翻云慈氏按維摩經云應慈心爲女　神皇曽應其義合矣）
療除諸穢惡及令而童子手把
金杖刑害此人者即明誅滅凶徒盪清而下
也水東值明主得見明法王者謹按易云帝
出乎震震在東此明　神皇出震膺
既又王在神都即是水東也化城者明堂也
上有白銀柱者明堂中柱也下有萬世銘者
廣武銘是也而女着而衣者即明

図13　S.6502『大雲経疏』

病苦、憂悩や恐怖、災禍や苦難もなく、一切の喜ばしいことに満ち足り、閻浮提のあらゆる国が服従し、自在に教化がなされ、外道や諸々の邪見や異見が調伏されるであろう。あなたはその時、実は菩薩であって、無量阿僧祇劫という長い期間にわたって衆生を教化するために現《うつつ》に女身を受けるが、これは方便の身であって実の女身ではないのだ、と説いたという。

この経文に続き、『大雲経疏』は次のように釈している[43]。

天女授記の徴、即ち女身を以て当に国土に王すべき者は、所謂聖母神皇是れなり。
（天女授記之徴、即以女身当王国土者、所謂聖母神皇是也。）

すなわち先の経文にある浄光天女に対する釈迦の授記、つまり後生に女身をもって王となるとの予言は、則天武后のことを指しているのだと述べている。そして、この解釈の根拠として「謹みて按ずるに、証明因縁讖に曰く、尊者、弥勒世尊世に出ずる時、諸もろの穢悪を療除るを白う[44]（謹按証明因縁讖曰、尊者白弥勒世尊出世時、療除諸穢悪）」とある箇所を引いたうえで、「謹みて按ずるに、弥勒は即ち神皇の応なり[45]（謹按、弥勒者即神皇応也）」と記している（図13）。この注釈はまさしく、『大雲経疏』が則天武后を下生の弥勒仏と説いたとする、上掲の『旧唐書』や『資治通鑑』の記事と合致する。

加えて、国王として転輪聖王の領処の四分の一を得るという箇所[46]については、「今、神皇は南閻浮提の一天下に王すなり[47]（今神皇王南閻浮提一天下也）」として、以下、広武銘・天授聖図・瑞石・龍吐図・孔子讖、等々を引きながら、繰り返し則天武后の登極の正当性を語っている。要するに本疏では、則天武后は女身でありながら転輪聖王の四王（金輪王・銀輪王・銅輪王・鉄輪王）の一人として閻浮提の四分の一に君臨する国王であるという、中国皇帝としての側面が説かれているとともに、この世において浄土を実現する下生の弥勒であるという、もう一つの側面も説かれているということになろう。

この『大雲経疏』が武周革命前に撰述されたものであるのに対し、登極後の訳出になる『宝雨経』にもほぼ同様の記述が含まれている。『宝雨経』には、問題となる菩提流支訳のほかに、梁代の曼陀羅仙訳『宝雲経』七巻と曼陀羅仙・僧伽婆羅共訳『大乗宝雲経』七巻、さらに宋・法護訳『除蓋障菩薩所問経』二十巻が存在する。滋野井恬氏が指摘しているように、これら四訳のうち他の三本には全くみられない特異な要素が菩提流支訳にのみ含まれており、それらはいずれも当時、則天武后が女帝として君臨していた事実と密接に関わっている[48]。その菩提流支訳にのみ含まれる特異な要素とは、巻一の次の箇所である[49]（アルファベットおよび傍線部は筆者）。

爾の時、東方に一天子有り。日月光と名づく。五身雲に乗り、来たりて仏所に詣る。右遶三匝し、仏足を頂礼し、退坐し一面す。仏天に告げて曰わく、汝の光明甚だ希有為り。天子よ。汝過去の無量の仏所に於いて、曾て種種の香花・珍宝・厳身の物・衣服・臥具・飲食・湯薬を以て、恭敬供養し、諸もろの善根を種ゆ。天子よ。

汝曾て無量の善根を種えたる因縁に由り、今是の如く光明照耀たるを得。（a）天子よ。是の縁を以ての故に、我れ涅槃の後、最後の時分、第四五百年中、法滅せんと欲する時、汝此の贍部洲の東北方摩訶支那国において、阿鞞跋致に位居せん。実に是れ菩薩なる故に女身を現し自在主と為らん。多歳を経、正法もて治化し、衆生を養育すること猶お赤子の如し。十善を修せしめ、能く我が法に於いて、住持を広大し、塔寺を建立せん。又た衣服・飲食・臥具・湯薬を以て沙門を供養し、一切の時に於いて常に梵行を修さん。名を月浄光と曰う。天子よ。然らば一切の女人、身に五障有り。何等を五と為さん。一は転輪聖王、二は帝釈、三は大梵天王、四は阿鞞《ママ》跋致菩薩、五は如来と作るを得ず。（b）天子よ。然らば汝、五位の中に於いて当に二位を得べし。所謂阿鞞跋致及び輪王位なり。天子よ。此れ最初の瑞相と為し、汝是の時に於いて王位を受くのみ。（c）彼の国土の中に山の涌出して五色の雲の現わるること有らん。彼の時に当たり、此の伽耶山の北に於いても亦た山の現わるること有らん。天子よ。汝復た無量百千の異瑞有り。我今略説す。而して彼の国土は安隠豊楽にして、人民は熾盛し、甚だ愛楽すべし。汝応に正念し諸もろの無畏を施すべし。（d）天子よ。汝彼の時に於いて寿無量に住し、後ち当に覩史多天宮に往詣し、慈氏菩薩を供養承事すべし。乃至慈氏成仏の時、復た当に汝に阿耨多羅三藐三菩提記を授くべし。

（爾時、東方有一天子。名日月光。乗五身雲、来詣仏所。右遶三匝、頂礼仏足、退坐一面。仏告天曰、汝之光明甚為希有。天子。汝於過去無量仏所、曾以種種香花・珍宝・厳身之物・衣服・臥具・飲食・湯薬、恭敬供養、種諸善根。天子。由汝曾種無量善根因縁、今得如是光明照耀。（a）天子。以是縁故、我涅槃後、最後時分、第四五百年中、法欲滅時、汝於此贍部洲東北方摩訶支那国、位居阿鞞跋致。実是菩薩故現女身為自在主。経於多歳、正法治化、養育衆生猶如赤子。令修十善、能於我法、広大住持、建立塔寺。又以衣服・飲食・臥具・湯薬供養沙門、於一切時常修梵行。名曰月浄光。天子。然一切女人身有五障。何等為五。一者不得作転輪聖王、二者帝釈、三者大梵天王、四者阿蜱《ママ》跋致菩薩、五者如来。（b）天子。然汝於五位之中当得二位。所謂阿鞞跋致及輪王位。天子。此為最初瑞相、汝於是時受王位已。（c）彼国土中有山涌出五色雲現。当彼之時、於此伽耶山北亦有山現。天子。汝復有無量百千異瑞。我今略説。而彼国土安隠豊楽、人民熾盛、甚可愛楽。汝応正念施諸無畏。（d）天子。汝於彼時住寿無量、後当往詣覩史多天宮、供養承事慈氏菩薩。乃至慈氏成仏之時、復当与汝授阿耨多羅三藐三菩提記。）

ここでは釈尊が月光天子に対して、（a）涅槃後の第四五百年中の仏法が滅せんとするとき、贍部洲の東方摩訶支那国に女身となって現れ自在主となり、多年にわたり正法をもって治めること、（b）阿鞞跋致と転輪聖王位を得ること、（c）王位を受けるとき国土中に山が涌出すること、（d）寿命が無量となり、覩史多天宮に往詣し、慈氏菩薩を供養し、慈氏菩薩が成仏するときには阿耨多羅三藐三菩提の記を授かること、が説かれている。つまり（a）～（c）では涅槃後の第四五百年に中国の地において女帝が転輪聖王として君臨すること、[50]（d）ではその女帝の寿命が無量となり、兜率天に昇り弥勒菩薩を供養し、やがて弥勒が仏となって下生する時には、悟りを得るとの授記が与えられると説いている。

このうち『宝雨経』が則天武后を、弥勒仏から授記を受ける存在として説いている点は、『大雲経疏』が「弥勒は即ち神皇の応なり」として則天武后と弥勒仏とを同一視していたのとは異なり、控えめな表現に変じている。しかし、転輪聖王や弥勒仏という、仏教における未来出現の救済主である二者を引き合いに出す点は、『大雲経疏』も『宝雨経』も一致している。興味深いのは、則天武后自身もその周囲も実際に、この二つのイメージを共有し、さらには演出さえしていたとみられることである。

ここでまず挙げられるのは、よく知られた彼女の尊号である。長寿二年（六九三）九月、魏王武承嗣ら五千人により、尊号を加え「金輪聖神皇帝」と称していただきたいとの上表があり、則天武后は万象神宮に御して尊号を受け、天下に大赦を行い、そのうえで金輪など七宝（金輪宝、白象宝、女宝、馬宝、珠宝、主兵臣宝、主蔵臣宝）を作り、朝会するごとに殿庭に陳べたという[51]。「金輪聖神皇帝」の金輪聖神とはすなわち転輪聖王の四王（金輪王・銀輪王・銅輪王・鉄輪王）のうちの最上の王であり、七宝とは転輪聖王が具すとされる七種の宝である。したがって、彼女が「金輪聖神皇帝」と名乗り、朝会のたびに七宝を殿庭に陳設したというのは、まさに自らを転輪聖王と等しい存在としてアピールしたことにほかならない。この尊号はさらに延載元年（六九四）五月には「越古金輪聖神皇帝」となり、証聖元年正月辛巳朔（六九四年十一月二十三日）には「慈氏越古金輪聖神皇帝」と加号している[52]。この「慈氏越古」の号は同年二月甲子（六九五年三月六日）に除かれ、「天冊金輪大聖皇帝」と号するにいたり、天冊万歳元年九月甲寅（六九五年十月二十二日）には「天冊金輪大聖皇帝」と号するなど、目まぐるしく変更が加えられることになるが、この「慈氏越古金輪聖神皇帝」という尊号こそは、則天武后が打ち出した二つのイメージ――弥勒仏でもあり転輪聖王でもあるという――を明らかに示すものといえよう[53]。

また証聖元年、則天武后が「慈氏越古金輪聖神皇帝」と称してからわずか十五日後にあたる正月丙申に、完成してまだ日の浅い明堂が火災に遭い焚毀するという事件が起きた。この時、『弥勒下生経』には弥勒が成道される時に七宝台が須臾にして散壊すると説かれておりますと奏した者があったという[54]。これはつまり、明堂の焼失という不吉な事件に対して、則天武后がまさしく弥勒仏であるからこそ起きた出来事なのだとした媚言である。

ここで再び本図に戻ろう。本図は、画面上部に倚坐仏を大きくあらわしている。本図が制作された唐代初期において、倚坐仏が優塡王像か弥勒仏像にほぼ限られていることはすでにみてきたところである。とすれば、本図の中心に大きくあらわされた倚坐仏は、則天武后と結び付けて喧伝された弥勒仏であったと解するのが最も自然ではなかろうか。一方、画面下部の供養者群の中央にあって、本尊倚坐仏と対面する姿にあらわされた女性像は、前述のように則天武后その人をあらわしていると考えられる。すると本図では画面の中心軸上に、則天武后が理想的統治者として打ち出した二つのイメージが、主尊＝下生の弥勒仏としての則天武后、十体の比丘像に囲まれた後身の女性像＝転輪聖王としての則天武后、として表現されていると解せるのではないだろうか。

則天武后は、この娑婆世界に浄土を実現する弥勒仏であると同時に、閻浮提を正法で統治する転輪聖王でもあるという、二つのイメージを打ち出すことによって皇帝位に就いたのであった。本図は、まさしくこの二つのイメージを具現した図であったと解されるのであり、画面下部に供養者像を配した仏樹下説法図という、一見ありふれた形式をとりながら、その実、一般的な仏画とは異なる、きわめて強い政治的メッセージの籠められた図であったと解されるのである。

おわりに

大暦九年（七七四）頃に編まれた『歴代法宝記』に、わずかではあるが、則天武后期に本図と同じく刺繡製の弥勒像が存在したことが記されている[55]（傍線部および〔 〕内は筆者）。

又た三蔵を見、詵和上〔注：智詵〕に帰依す。則天倍《ます》ます敬重を加う。詵禅師、便に因りて奏して帰郷せんことを請う。勅して新翻の花厳経一部、弥勒繡像及び幡花等を賜う。及び達摩祖師の信袈裟を将て、則天云わく、能禅師来たらず、此の袈裟に代う。亦た和上に奉上せん。将て故郷に帰り永く供養を為せ、と。

（又見三蔵、帰依詵和上。則天倍加敬重。詵禅師因便奏請帰郷。勅賜新翻花厳経一部、弥勒繡像及幡花等。及将達摩祖師信袈裟、則天云、能禅師不来、此代袈裟。亦奉上和上。将帰故郷永為供養。）

この記述にある智詵禅師は、同書の後文に長安二年（七〇二）七月六日に遷化したと記されているから、[56]ここで則天武后から智詵に下賜された「弥勒繡像」はそれ以前の作であったことが知られる。長安二年とは『宝雨経』が訳出された年である。それ以前に「弥勒繡像」が制作されていたということになろう。ごく簡単な記載ではあるが、ここから本図が制作されたのと同じ時期に、弥勒の繡像が宮廷工房で制作されていたことがうかがえる。残念ながら、この「弥勒繡像」が菩薩像であったか如来像であったかについては記載がないが、恐らく上述してきた弥勒仏と則天武后との関係からすれば倚坐形の弥勒仏であった可能性が十分に考えられよう。

最後に、則天武后の登極の正当性を物語る政治的メッセージに満ちた本図が、どのような形で制作され、いつ、どのように日本に将来されたのかについて簡単にふれておきたい。

本図は、その優れた技術的特徴と図像的特徴から、これまでにも唐の宮廷工房作と想定されてきた。宮廷工房による制作ということからは、一点ずつの制作ではなく、同一図相のものが複数制作されていたことが推測される。本書第二部第一章では、武周期を含む唐代前半期において、天下諸州に同一名称の官立寺院を置くという諸州官寺制が、経典や仏教美術における中央の標準《スタンダード》を流通させる仏教の公式ネットワークとして機能していた可能性を指摘した。[57]唐代前半期の州の数は三百から四百の間で推移していたことから、本図もまた同程度の数が制作されたうちの一つであった可能性も排除できない。少なくとも、本図と同じ図相になる刺繡作品がかつては他にも複数存在していたと考えて、まず間違いなかろう。

さらに、本書第二部第二章および同第四章で指摘したように、唐代前半期には国外（境外）への持ち出しが禁止されている品目があり、刺繡製品はそれに該当していた。したがって、刺繡製になる本図が交易などの私的営為によって本邦に齎されたとは考えがたく、綴織當麻曼荼羅と同じく、皇帝から外国使節たる遣唐使への回賜品として将来された可能性が高い[58]。これは本図が唐の宮廷工房作と目されてきたこととも矛盾せず、むしろその蓋然性を裏付けるものと考えられる。

加えて本図が則天武后の登極のメッセージを濃厚にもつ作品であるならば、これを下賜した皇帝としては則天武后以外には考えがたい。武周期に派遣された遣唐使は、大宝の遣唐使のみである。執節使の粟田真人らが長安において則天武后に拝謁したのは長安二年（七〇二）十月のこと[59]。「其の大臣朝臣真人、来たりて方物を貢す。……則天之を麟徳殿に宴す」と伝えられる[60]。皇帝からの賜物は外国使節の朝貢に対する返礼としての宴会儀礼において授与されることから[61]、本図はこの時、大明宮の麟徳殿で催された宴会の場で聖神皇帝たる則天武后から賜与されたものと推定される。粟田真人はその後、慶雲元年（七〇四）七月に帰朝した。したがって本図は、この真人の帰朝報告において文武天皇に献上された蓋然性が高いと考えられる。

注

（1）　内務省宗教局編『特別保護建造物及国宝帖』別冊解説（審美書院、一九一〇年、一二〇頁）および『国華』二五八（一九一一年十一月）解説による。ただ、この伝承の文献的裏付けは示されておらず不明。延喜年間（九〇一〜九二三）の天皇とは醍醐天皇のことであり、『勧修寺文書』には醍醐天皇の治世のこととして「延長三年八月廿二日……即被供養繡五仏像幷宸筆法華経」（『大日本仏教全書』寺誌叢書三、一七七頁下）、「延長三年八月廿三日、上供養御手書法華経及繡曼荼羅於勧修寺」（同書、一八七頁上）とあることと、あるいは関係があるかとも思われるが詳らかでない。

（2）「勧修寺の刺繡釈迦説相図（第二百十五図―第二百十七図）は後世修補の跡多く存すれども実に当代の名品にして初唐に行はれたる印度芸術の面目を伝え正さに「アヂャンタ」壁画と東西拮抗して其価値を争ふに足るべし」と記す（前掲注（1）書、八七頁）。

（3）内藤藤一郎「法隆寺壁画と勧修寺繡帳」（『東洋美術特輯　日本美術史　第三冊　奈良時代上』一九三二年七月）五四・六五頁。

（4）白畑よし「勧修寺繡帳の技法に就いて」（『美術研究』四八、一九三五年十二月）。

（5）亀田孜「勧修寺の釈迦説法図繡帳」（『美術研究』一二九、一九四三年三月）。

（6）春山武松『法隆寺壁画』（朝日新聞社、一九四七年）。

（7）福山敏男「法隆寺金堂の装飾文様」（福山敏男・太田英蔵『法隆寺金堂建築及び壁画の文様研究』東京文化財研究所美術部（美術研究所）、一九五三年。同『寺院建築の研究』上巻〈福山敏男著作集　二〉、中央公論美術出版、一九九二年に再録）。

（8）前掲注（7）論文、注（76）。

（9）秋山光文「グプタ式背障装飾の起源と中国及び日本への伝播」（『国華』一〇八六、一九八五年八月）。

（10）肥田路美「勧修寺繡仏再考」（『仏教芸術』二一二、一九九四年一月。同『初唐仏教美術の研究』〈中央公論美術出版、二〇一一年〉第三部第三章「奈良国立博物館所蔵刺繡釈迦如来説法図」として一部加筆修正のうえ再録）。

（11）前掲注（10）書、四二四頁。

（12）稲本泰生「優塡王像東伝考――中国初唐期を中心に――」（『東方学報（京都）』六九、一九九七年三月）。

（13）稲本泰生「奈良国立博物館蔵『刺繡釈迦説法図』の主題と図像」（奈良国立博物館編『正倉院宝物に学ぶ』思文閣出版、二〇〇八年）。同「隋唐期東アジアの「優塡王像」受容に関する覚書」（『東方学報（京都）』八八、二〇一三年十二月）。

（14）肥田路美「奈良国立博物館所蔵刺繡釈迦如来説法図」（前掲注（10）書、四二七～四二八頁）。

（15）肥田路美「七・八世紀の仏教美術に見る唐と日本、新羅の関係の一断面」（『日本史研究』六一五、二〇一三年十一月)。

(16) 松浦正昭『飛鳥白鳳の仏像――古代仏教のかたち――』(日本の美術四五五) 至文堂、二〇〇四年、七〇頁。

(17) 温玉成「龍門唐代窟龕の編年」(龍門文物保管所・北京大学考古系編『中国石窟　龍門石窟』第二巻、平凡社、一九八八年、一八四頁)。同氏は、龍門石窟では優塡王像に付属してあらわされていた背障つきの宝座が、のちに六七三年の恵簡洞本尊以降、弥勒像にも転用されるようになったと考えている。

(18) ただし、稲本氏が本図を忉利天説法図とみなす一つの傍証として示されたアジャンター第一七窟の三道宝階降下図に描かれた忉利天説法の釈迦倚坐像は、両手を胸の中央にあげる、いわゆる転法輪印を結んでおり、本図の印相とは異なる。前掲注(12)稲本論文。また前掲注(10)書、四二七頁、図一六五も参照。

(19) 光宅寺の七宝台の石仏が宝慶寺石仏と呼ばれるのは、長安城の改築に伴い宝慶寺(花塔寺とも)に移されたためである。西安市書院門内の寺址の磚塔には、現存する計三十二点のうち六点のみが残されている。宝慶寺石仏および七宝台については、主に以下の論考を参照。福山敏男「宝慶寺派石仏の分類」(『仏教芸術』九、一九五〇年十月。のち『中国建築と金石文の研究』〈福山敏男著作集　六〉中央公論美術出版、一九八三年に再録)。本山(肥田)路美「宝慶寺石仏群の造像事情について」(『美術史研究』一八、一九八一年三月。前掲注(10)書に第二部第三章「則天武后の登極と宝慶寺石仏」として補訂再録)。顔娟英「武則天与唐長安七宝台石雕仏相」(『芸術学』一、一九八七年三月)。杉山二郎「宝慶寺石仏龕像の研究」(『国際仏教学大学院大学研究紀要』四、二〇〇一年三月)。同「宝慶寺石仏龕像再考」(『国際仏教学大学院大学研究紀要』五、二〇〇二年三月)。

(20) これら騎鳳仙人と向かい合う位置の窟頂北披には、騎龍仙人が二体描かれている。

(21)『列仙伝』巻上。

(22)『旧唐書』巻七八、張行成伝附族孫易之・昌宗伝。

(23) 同右「聖暦二年、置控鶴府官員、以易之為控鶴監内供奉、余官如故」。

(24)『資治通鑑』巻二〇六、聖歴二年二月己丑条。

(25) 昇仙太子碑の末行に「聖暦二年歳次己亥六月甲申朔十九日壬寅建」とある。昇仙太子碑については、以下を参照。

松井如流解説「唐則天武后昇仙太子碑」（『昇仙太子碑』〔書跡名品叢刊　第一集・八〕二玄社、一九五九年）。古勝隆一「武則天「升仙太子碑」立碑の背景」（麥谷邦夫編『三教交渉論叢　続編――京都大学人文科学研究所研究報告――』京都大学人文科学研究所、二〇一一年）。

(26) 則天武后の道教信仰については、以下を参照。饒宗頤「従石刻論武后之宗教信仰」（『中央研究院歴史語言研究所集刊』第四五本第三分、一九七四年五月）。岸田知子「則天武后と三教」（『待兼山論叢』（哲学篇）八、一九七五年一月）。神塚淑子「則天武后期の道教」（吉川忠夫編『唐代の宗教』朋友書店、二〇〇〇年）。

なお肥田氏は、本図の神仙像について、「優塡王像の最も重要な性格が、中国において仏事を作すよう釈迦から付嘱された点にあることに留意すると、（中略）まさに中国で衆生教化する情景であることを示すべく採用されたと解することも可能であろう」としている（前掲注（10）論文、および前掲注（10）書、四二五頁）。また同氏は、ここで取り上げた東京国立博物館所蔵の三尊仏龕にあらわされる騎鶴の神仙を、「『金光明最勝王経』等に言うところの、説法の会座に来集する「山林河海一切神仙」がこれに当たろう」（前掲注（10）書、四〇五頁）とし、神仙思想を示すものとしてではなく、『金光明最勝王経』などの仏典によって解釈している。しかし、これら本図にあらわされた神仙像は、則天武后の神仙思想をあらわすものと考える。

(27) アントニーノ・フォルテ「『大雲経疏』をめぐって」（『講座敦煌7　敦煌と中国仏教』大東出版社、一九八四年）。この『大雲経疏』と目される敦煌文書S二六五八とS六五〇二は、いずれも巻首を失っているため、原題は不明である。これについて矢吹氏はS二六五八を『武后登極讖疏』と名づけているが、フォルテ氏は湯用彤氏の指摘（「矢吹慶輝《三階教之研究》跋」『微妙声』第三期、一九三七年一月。『魏晋玄学中的社会政治思想略論』上海人民出版社、一九五六年などに再録）を受け、永超（一〇一四〜九五）の『東域伝灯目録』に著録する「大雲経神皇授記義疏一巻」が本来の題名かと推測している。また、牧田諦亮氏にも同様の指摘がある（「中国仏教における疑経研究序説――敦煌出土疑経類をめぐって――」『東方学報（京都）』三五、一九六四年三月）。

(28) 開国県公は従二品に相当する（『旧唐書』巻四二、職官志一）。

(29) 前掲注（27）論文。Antonino Forte, *Political Propaganda and Ideology in China at the End of the Seventh*

Century. Inquiry into the Nature, Authors and Functions of the Tunhuang Document S. 6502, Followed by an Annotated Translation. Napoli: Instituto Universitario Orientale, 1976 (Second Edition. Kyoto: Italian School of East Asian Studies (Monographs 1), 2005), pp. 87–169.

(30)『大正蔵』五〇、七三二c。

(31) 徳感については、次の二書に詳しい。前掲注（29）書、一二九～一四三頁。前掲注（10）肥田書、二六二～二六六頁。

(32) 前掲注（27）フォルテ論文。

(33) 前掲注（27）フォルテ論文。

(34) 矢吹慶輝『三階教之研究』（岩波書店、一九二七年）第三部附篇、「二、大雲経と武周革命」。

(35) 前掲注（29）書、一～八五頁、二五五～四一九頁および前掲注（27）論文。S六五〇二はS二六五八よりも冒頭三〇行分多く残存する。

(36) 前掲注（27）フォルテ論文。

(37) S二二七八には、長寿二年の訳場列位の後に、別筆による証聖元年（六九五）の検校勘校記も記されている。本書第三部第二章を参照。

(38) 天平十二年五月一日の奥付をもつ、いわゆる五月一日経の一環として書写された『宝雨経』については、本書第三部第一章・第二章を参照。

(39)『大正蔵』一〇、一a。

(40) 重松俊章氏は、『金石萃編』巻六四、武周大足元年（七〇一）五月、賈膺福撰文幷書「（河内郡）大雲寺皇帝聖祚之碑」に「隆周鼎革……（如来授記）。大雲発其遐慶。宝雨兆其殊禎」とあり、『大雲経疏』と『宝雨経』に則天武后の出世が明記されていることを述べている〔（ ）内は重松氏による補足〕。重松俊章「唐宋時代の弥勒教匪」（『史淵』三、一九三一年十二月）八〇～八一頁。

(41) S六五〇二、第一〇～一四行に、「大雲者、広覆十方、周遍一切、布慈蔭於、有識灑慧、沢於無辺、既布大雲、必澍甘雨、窃惟□者、即是武姓、此明如来、説大雲経。本属□（神）皇、母臨万国、子育兆人、猶如大雲、以一味□（雨）、沢及中外、無遠不霑、故曰大雲者也」とある。
（42）S六五〇二、第一五～三一行。
（43）S六五〇二、第三五～三六行。
（44）S六五〇二、第三六～三七行。
（45）S六五〇二、第四一～四二行。
（46）S六五〇二、第二四～二五行「即以女身当王国土、得転輪聖王所統領処四分之一」。
（47）S六五〇二、第六九～七〇行。
（48）滋野井恬「宝雨経をめぐる若干の考察」（『印度学仏教学研究』二〇―一、一九七一年十二月。のち滋野井恬『唐代仏教史論』平楽寺書店、一九七三年に再録）。本書第三部第一章。
（49）『大正蔵』一六、二八四b～二八四c。
（50）滋野井氏が指摘しているように、当時の中国仏教界では、仏涅槃後の一五〇〇年を過ぎ、第四次の五百年に入ったと考えられていたことから、ここに仏涅槃後の第四五百年と説かれていることは、まさに本経訳出のその時期を指している。また（c）において山の涌出が説かれていることもまた、垂拱二年（六八六）十月に、新豊郡の東南に山が湧出し、則天武后がそれを瑞祥として嘉し、地名を慶山県と改めたことを意識的に経文に取り込んだものと考えられる。前掲注（48）滋野井論文。
（51）『資治通鑑』巻二〇五、長寿二年九月乙未条。この則天武后のとった行為の意味については、本書第三部第四章を参照。
（52）『旧唐書』巻六、則天皇后本紀。以下、本章での歴日の換算は、平岡武夫編『唐代の暦』（唐代研究のしおり第一）（京都大学人文科学研究所、一九五四年。一九七七年に同朋舎出版より復刻）にもとづく。
（53）やがて久視元年（七〇〇）五月には、「天冊金輪大聖」の号も廃している。『資治通鑑』巻二〇六、久視元年五月癸丑条。

(54)『唐会要』巻一一「通事舎人逢敏奏称。当弥勒成仏道時、有天魔焼宮、七宝台須臾散壊」。同書および『旧唐書』巻二二、礼儀志二はこの佞言を発した人物を通事舎人の逢敏とし、『資治通鑑』巻二〇五、証聖元年正月庚子条は逢敏に作る。一方『旧唐書』巻八九、姚璹伝では「是歳、明堂災。則天欲責躬避正殿。璹奏曰、此実人火、非曰天災。至如成周宣榭、卜代愈隆。漢武建章、盛徳弥永。臣又見弥勒下生経云、当弥勒成仏之時、七宝台須臾散壊。覩此無常之相、便成正覚之因、故知聖人之道、随縁示化。方便之利、博済良多。可使由之、義存於此。況今明堂、乃是布政之所、非宗廟之地。陛下若避正殿、於礼未為得也」として、これを宰相の姚璹の言としているほか、『新唐書』巻一〇二、姚思廉伝附姚璹伝にも、やはり姚璹の言として同様の内容を載せる。

(55)『大正蔵』五一、一八四b。ここで能法師が来ず、此の袈裟に代えたというのは、則天武后が長寿元年二月と万歳通天元年に重ねて能法師を請じたが、能法師はそれに応えず、代わりに達摩祖師の伝信袈裟を勅使に与え、それを則天武后が内道場において供養したという、同書上文の内容を指す（『大正蔵』五一、一八四a）。

(56)『歴代法宝記』「長安二年六日、命処寂扶侍吾。遂付袈裟云、此衣是達摩祖師所伝袈裟、則天賜吾。吾今付汝。善自保愛。至其年七月六日夜、奄然坐化。時年九十四」（『大正蔵』五一、一八四b～c）。

(57)拙稿「敦煌発現の宮廷写経について」（『敦煌写本研究年報』六、二〇一二年三月）も参照。

(58)本書第二部第二章を参照。

(59)『旧唐書』巻六、長安二年条に「冬十月、日本国遣使貢方物」、『冊府元亀』巻九七〇に「(長安二年)十月、日本国遣其大臣朝臣真人貢方物」と記す。

(60)『旧唐書』巻一九九上、日本伝「長安三《ママ》年、其大臣朝臣真人来貢方物。朝臣真人者、猶中国戸部尚書、冠進徳冠、其頂為花、分而四散、身服紫袍、以帛為腰帯。真人好読経史、解属文、容止温雅。則天宴之於麟徳殿。授司膳卿、放還本国」。本書第二部第四章を参照。

(61)石見清裕『唐の北方問題と国際秩序』（汲古書院、一九九八年）第Ⅲ部第六章「外国使節の宴会儀礼」。元会儀礼については、渡辺信一郎『天空の玉座――中国古代帝国の朝政と儀礼――』（柏書房、一九九六年）を参照。

第四章　倚坐形弥勒仏の流布と則天武后

――敦煌莫高窟弥勒下生経変を中心に――

はじめに

敦煌莫高窟の弥勒変相図は一般に、兜率天の弥勒菩薩を描いた隋代の弥勒上生経変に始まり、唐代に入ると弥勒仏の三会説法を主体とする大画面の弥勒下生経変へと変化すると考えられている。[1] この変化について従来は、依拠経典の変化であり、また上生信仰から下生信仰への変化に由来するものと解されている。確かに、唐代の弥勒下生経変は下生経典の内容にもとづいている。しかし、唐代に弥勒下生経変が出現する理由を、直ちに弥勒信仰が上生信仰から下生信仰に変化したためであると理解してよいかどうかは疑問である。

そこで本章では、敦煌の弥勒変相図における変化をもたらした背景について、その転換期が則天武后の執政期に当たっていることに着目し、同時期の仏教美術をめぐる他の動向と絡めつつ考察してみたい。

一　弥勒下生経変の出現背景

敦煌莫高窟において弥勒変相図は隋代に出現する。この隋代に出現した弥勒変相図は、交脚ないしは倚坐の弥勒

図1　莫高窟第419窟龕頂　弥勒変相図

図2　莫高窟第329窟北壁　弥勒変相図

表1　隋代から唐代にかけての 弥勒変相図の変化

時　代	隋　代	唐　代
主題	弥勒上生経変	弥勒下生経変
主尊	交脚弥勒菩薩	倚坐形弥勒仏
場景	兜率天宮	弥勒浄土
画面の大きさ	小画面	大画面
描かれる位置	龕頂の高所	南北壁の壁面全体

菩薩[2]を主尊とする兜率天宮での情景をあらわしたもので、画面は簡略で小さく、描かれる場所も龕頂の高所であった（図1）。ところが唐代に入ると、倚坐形の弥勒仏を主尊とした弥勒浄土を中心的主題として描くようになり、描かれる位置も南北壁に移り、壁面全体を覆う大画面変相図となる（図2）。

これら莫高窟の弥勒変相図については、概ね次のように解されている。すなわち隋代の弥勒変相図は、弥勒菩薩が常住説法している兜率天の功徳を説いた『観弥勒菩薩上生兜率天経』（劉宋・沮渠京声訳）に依拠した「弥勒上生経変」である[3]。一方、唐代のそれは、弥勒が兜率天から娑婆世界に下って婆羅門の家に生まれ、仏となって龍華三会をもよおし衆生を救済することを説く『弥勒下生経』（西晋・竺法護訳）や『弥勒下生成仏経』（姚秦・鳩摩羅什訳）にもとづく「弥勒下生経変」[4]である、と（表1）。

李玉珉氏は、敦煌初唐期の弥勒下生経変は南北朝時代から隋代にいたる弥勒上生信仰を受け継ぎつつ出現した新形式であるとしたうえで、六世紀以前の敦煌や中央アジアにおいて弥勒下生の図像は見当たらないことから、その原形は中原に求められると指摘している[5]。また李玉珉氏は、初唐期の弥勒下生経変の第三二九窟・第三三一窟・第三三八窟・第三四一窟は、近接する第三三二窟（聖暦元年〈六九八〉）や第三三五窟（垂拱二年〈六八六〉）と塑像や壁画の様式が近いことから、いずれも「高宗・武后時期（六四九～七〇四）」に開鑿されたものと推定し、唐代弥勒下生経変と則天武后との関係について、次のように指摘している。すなわち、則天武后が『大雲経疏』を撰述させ、下生の弥勒

経典名							偽経数
							1
							4
							4
							0
							0
							4
弥勒下生経	弥勒下生救度苦厄経	弥勒下生甄別罪福経					7（新増４）
	弥勒下生救度苦厄経	弥勒下生甄別罪福経	弥勒下生遣観世音大勢至勧化衆生捨悪作善寿楽経	光愍菩薩問如来出世当用何時普告経	随身本官弥勒成仏経	金剛密要論経	11（新増４）

として帝位につき、証聖元年正月（六九四年十一月）に「慈氏越古金輪聖神皇帝」と号したことは、いずれも則天武后と弥勒仏との関係を示す、よく知られた事実である。一方、則天武后の勅命により編集された『大周刊定衆経目録』の偽経目録には、『弥勒成仏本起経』『弥勒成仏伏魔経』『弥勒下教経』『弥勒下生結大善契経』『弥勒下生経』『弥勒下生救度苦厄経』『弥勒下生甄別罪福経』という弥勒下生信仰に関係する七部が収録されており、[6]武周期に弥勒下生信仰が興隆したことが指摘できるという。

この李玉珉氏の指摘は、敦煌における弥勒下生経変の出現時期を高宗・則天武后期と推定し、則天武后との関係に着目している点で傾聴に値する。しかし、武周期に弥勒下生関連の疑偽経が増加しているとの指摘については、いささか修正が必要である。まず、李氏が挙げた七部の偽経のうち『弥勒下教経』は梁代の『出三蔵記集』に、『弥勒成仏本起経』『弥勒成仏伏魔経』は隋代の『衆経目録』にす

表2　経録に録された弥勒下生関連の偽経一覧

時代	撰者	経録名	経典名				
梁	僧祐	出三蔵記集	弥勒下教経				
隋	法経	衆経目録（594年撰）	弥勒下教経	弥勒成仏本起経	弥勒下生観世音施珠宝経	弥勒成仏伏魔経	
	彦悰	衆経目録（602年撰）	弥勒下教経	弥勒成仏本起経	弥勒下生観世音施珠宝経	弥勒成仏伏魔経	
	費長房	歴代三宝記					
初唐	静泰	衆経目録（663年撰）					
	道宣	大唐内典録（664年撰）	弥勒下教経	弥勒成仏本起経	弥勒下生観世音施珠宝経	弥勒成仏伏魔経	
武周	明佺	大周刊定衆経目録（695年撰）	弥勒下教経	弥勒成仏本起経		弥勒成仏伏魔経	弥勒下生結大善契経
盛唐	智昇	開元釈教録（730年撰）	弥勒下教経	弥勒成仏本起経	弥勒下生観世音施珠宝経	弥勒成仏伏魔経	弥勒下生結大善契経

でに採録されていたもので、武周期に実際に増加したのは『弥勒下生結大善契経』『弥勒下生経』『弥勒下生救度苦厄経』『弥勒下生甄別罪福経』の四部に限られる。しかも『開元釈教録』では新たに『弥勒下生遺観世音大勢至勧化衆生捨悪作善寿楽経』（『寿楽経』ともいう。一巻十紙）、『光愍菩薩問如来出世当用何時普告経』（一巻八紙）、『随身本官弥勒成仏経』（賢樹菩薩問仏品）、『金剛密要論経』（『万明王縁起経』ともいう。一巻十四紙）の四経が加わっていることから[7]、武周期に弥勒下生関連の疑偽経典が顕著に増えているとはいえない（表2）。

また李氏は、弥勒下生経変の出現の背景を弥勒下生信仰の隆盛に求めているが、単純に両者を結び付けてよいものかどうかについても疑問である。なぜなら、正統的な弥勒信仰は弥勒仏を謳っていたとしても死後の往生先としては兜率天を願うものであったからである[8]。名高い玄奘の信仰もまた、直接的には「法師乃ち覩史多宮を専心し、慈氏菩薩を念じ、彼に生じ得んことを願う[9]（法師乃専心観史多宮、念慈氏菩薩、願得生彼）」という、いわば上生信仰であった。もちろん、南北朝時代にも弥勒仏への信仰が存在していたことは造像銘や文献からうかがえるが[10]、それらも仏教本来の教義からすれば上生信仰を抜きにしたものではありえず、上生信仰を介在させたものであったからである。

一方、上記の疑偽経にみられるような「弥勒下生信仰の俗信[11]」は、理想的国土を実現する変革者を待望する風潮と結び付き、およそ隋代以降、しばしば弥勒仏の出世と僭称した弥勒教匪を生んだもので[12]、統治者から危険視されただけでなく[13]、真正な仏教者からも厳しく糾弾される性質のものであった。これは、仏教本来の教義によれば釈迦滅後はるか先の世のこととして説かれる弥勒の下生を[14]、当世に起きると吹聴したためで、教義を無視し正統的な経典の知識的裏付けを欠いたものであった[15]。それに対し、敦煌に残る弥勒下生経変は龍華三会や迦葉禅窟、一種七穫や蠰佉王《しょうきゃ》（儴佉王、穰佉王）等の出家など、真経とされる経典の内容を盛り込んだ図相になっており、疑偽経の存在が物語る俗信的な弥勒下生信仰とは一線を画している。したがって、敦煌において唐代に弥勒下生経変が出現する思想的背景を、こうした疑偽経にみられる俗信的な弥勒下生信仰に求めることは困難であるといわざるをえない。

また、弥勒下生経変の典拠となる『弥勒下生経』や『弥勒下生成仏経』についてみてみると、これらは西晋と後秦にそれぞれ竺法護と鳩摩羅什によって漢訳され、唐代には義浄によって『弥勒下生成仏経』が訳されている。しかし、初唐期の仏教界に、これら下生経典を信仰の中心に据え、造像の主眼を兜率天宮における弥勒菩薩から弥勒浄土における弥勒仏へと転換させるような思想的変革をもたらした人物は見出しがたい。これは唐代西方浄土変が、道綽という中国浄土教における革新的宗教指導者と、彼や弟子の善導によって打ち出された『観経』中心の阿弥陀信仰の隆盛を背景とし、その宗教的要請に応える形で絵画的に発展し、かつ流行したのとは様相が異なっている。

したがって、唐代の弥勒下生経変の出現を、単純に下生信仰の興隆に由るものと考えることはできないのである。一つの要因として考えられるのは、先行して流行した西方浄土変の影響である。これは初唐期の弥勒下生経変のうち、とくに早期の作例にみられる浄土景や構図が、同時期の西方浄土変と酷似していることからも推察される。しかし、それだけでは隋代の弥勒変相図にみるように、上生経に説く兜率天の場景を描くだけでもよいはずであるにもかかわらず、なぜ下生により娑婆世界に実現する弥勒仏の浄土世界が画面の中心的主題となったのかについては説明がつかない。

そこで改めて注目したいのが、下生の弥勒として皇帝位に登った則天武后の存在である。

二　則天武后がもたらした仏教美術の新思潮

莫高窟における弥勒下生経変の出現時期について、李玉珉氏は高宗・武后期（六四九～七〇四）と推測していた。しかし、この年代推定の根拠となった紀年銘は、弥勒下生経変の所在窟の近隣に位置し、かつ様式も類似する第三三五窟（垂拱二年〈六八六〉）と第三三一窟（聖暦元年〈六九八〉）であった。つまり、莫高窟において制作年代の明らかな弥勒下生経変は則天武后期（六八四～七〇五）の作であるということになる。

ところが龍門石窟には、太宗～高宗期の銘文を伴う倚坐形弥勒仏がある。[16] すなわち破洞第一〇六九洞第八二龕（貞観十一年〈六三七〉）、賓陽洞第一五九洞左壁第九六龕（貞観二十二年〈六四八〉）、恵簡洞（咸亨四年〈六七三〉）などである。すると倚坐形弥勒仏は少なくとも太宗期の貞観年間には造られていたことが確認できるのであるから、倚坐形弥勒仏を主尊とした弥勒下生経変の出現がその頃にまで遡る可能性が考えられる。この倚坐形弥勒仏および弥勒下生経変がいつ、どのような経緯で出現したのかについては、敦煌の弥勒下生経変の出現時期とあわせて、別に検討する必要があろう。しかし、ここで注目したいのは、弥勒下生経変と則天武后との関係である。

興味深いことに、倚坐形弥勒仏をめぐっては、則天武后期を画期とする変化が、次の二つの事象においてまず確認することができる。

第一に、倚坐形如来像の弥勒仏への固定化である。初唐期の倚坐形の如来像について、銘文から確認できる尊名は弥勒仏と優塡王像の二種類がある。しかし優塡王像は、高宗期に洛陽周辺の龍門石窟と鞏県石窟に集中してみられるのみで、その後はなぜか倚坐形の優塡王像はほぼ姿を消し、倚坐形の如来像は弥勒仏に限られるようになる。この変化について従来はほとんど論じられておらず、管見のかぎりではわずかに濱田瑞美氏が優塡王像に関する論文の末尾でこの問題にふれているのみである[17]。すなわち濱田氏は、洛陽周辺で一時的に流行した優塡王像には「仏法の正統的伝承」を表象するという造像意図が籠められているとし、それがやがて弥勒仏へと変わるのは「武周革命を正当化するために『大雲経』を利用し、さらにその注疏で則天武后が下生した弥勒仏であると喧伝されたのは有名な話であるが、こうした当時の動向とあいまって、仏法相承の象徴が、優塡王像から、同様の装飾的な背もれを伴って倚坐する仏像、すなわち、仏法相承をより直接的かつ理想的に顕示する弥勒仏へとよみかえられていった」と解釈している[18]。この濱田氏の指摘は、倚坐形如来像の尊格変化と則天武后との関係を視野に入れている点で重要である。しかし、この尊格変化を「仏法の正統的伝承」の象徴という観点だけで説明できるとは考えがたい。なぜなら弥勒が釈迦の次に仏陀となるべき未来仏であることは、則天武后期を俟つまでもなく仏教伝来当初より広く知られていたからである。則天武后期を境として倚坐形如来像の尊格が弥勒仏に固定化していったのは、むしろ武則天が自らの正当性を標榜するためのイメージ戦略の一環として、倚坐形弥勒仏の図像を天下に広く流布させた結果とみるべきではないだろうか。

第二に、倚坐形弥勒大仏の流行である。現存する倚坐形大仏の代表的な作例を列挙すると、次のようになる。

・寧夏・固原須弥山石窟第五窟大仏（則天武后期、高二〇・六メートル）
・甘粛・敦煌莫高窟第九六窟北大仏（延載二年〈六九五〉、高三四・五メートル）[19]
・甘粛・甘谷大像山大仏（証聖元年〈六九五〉前後、高二三・三メートル）[20]
・甘粛・敦煌莫高窟第一三〇窟南大仏（開元九年〈七二一〉、高二六メートル）[21]
・甘粛・炳霊寺第一七一窟弥勒大仏（開元十九年〈七三一〉、高二七メートル）
・四川・楽山弥勒大仏（開元年間〈七一三〜七四一〉、高七一メートル）
・甘粛・天梯山石窟第一三窟大仏（盛唐、高二六メートル）

これら倚坐形の大仏は弥勒と伝えられており、武周期に始まり、玄宗期に継承されていることがうかがえる。さらに、現存はしないものの文献に記される武周期の大仏に、天堂夾紵大像と白司馬坂像がある。

天堂の夾紵大像とは、『資治通鑑』巻二〇四、垂拱四年（六八八）十二月辛亥の明堂完成の記事に続いて「又た明堂の北に於いて天堂五級を起て、以て大像を貯う」と記される像であるが、[22]残念なことに天冊万歳元年（六九五）正月丙申の夜、薛懐義の放火により天堂や明堂とともに焼失してしまった。その大きさは『旧唐書』巻二二に「高さ百余尺」[23]とあるから、莫高窟第九六窟北大仏に近かったと考えられる。また、高価な漆を惜しげもなく費やしたこの大像の大きさについては『資治通鑑』巻二〇五に「其の小指中、猶お数十人を容る」とも記されている。[24]この天堂の夾紵大像の尊格などは何も伝わっていないが、則天武后の発願になる大仏であることからすれば、倚坐形の弥勒仏であった可能性が高い。

一方の白司馬坂像は、洛陽北郊の邙山に造立が計画されていたものの、余りに無謀な巨大事業であるがゆえに狄仁傑や李嶠、張廷珪による反対にあい、実現しなかった大像である。松本文三郎氏は、『全唐文』に録される張鷟の一文に、「大雲寺僧曇暢奏、率僧尼銭、造大像高千尺、助国為福」云々とあるのが、則天武后に奏上された白司馬坂像の造立計画そのものであると解している。(25) この松本氏の説を承けて肥田路美氏は、曇暢の奏上に高さ千尺という法量が示されているのは、単に巨像であることをいうものではなく、羅什訳『弥勒下生成仏経』に説く弥勒仏出世時の相好「身長千尺、胸広三十丈、面長十二丈四尺」を根拠とするもので、白司馬坂像として計画された像は弥勒大仏だったと指摘している。(26) であればやはり、その姿は倚坐形であったはずであろう。したがって、倚坐形弥勒大仏の盛行もまた、則天武后と直接的な関係があるとみられるのである。(27)

以上、則天武后期には、(一) 倚坐形如来像が弥勒仏のみにほぼ固定化し、(二) 倚坐形弥勒大仏が流行し始める、という、いずれも倚坐形弥勒仏に関わる顕著な現象が新たに生じていることが確認できた。これらについては、これまでにも個別に指摘がなされていることはすでにみてきたとおりである。しかし従来は、倚坐形弥勒仏をめぐるこれらの事象が互いに内的関連性を有するものとして論じられることはなかった。しかしながら、これらの変化がいずれも則天武后期を画期として生じているということ、さらに則天武后と下生の弥勒という周知の関係からすれば、これらの事象は同じ背景のもとに生じた現象と考えてよいのではないだろうか。そして、これら二つの事象に加え第三の変化として、則天武后期には敦煌の弥勒下生経変に新たな現象が生じている。すなわち、特殊な七宝表現の出現である。この問題にふれる前に、まず下生の弥勒としての則天武后のイメージ戦略と、それによる図像や造像活動の拡散流布についてみておきたい。

三　則天武后の打ち出した二つのイメージ

則天武后のイメージに関連して、弥勒と大仏との結びつきを明らかにした宮治昭氏の研究が参照される。宮治氏は経典に説かれる弥勒の法量を整理し、弥勒が現れる理想的な未来世には人々の寿命が延び身長も伸びること、弥勒も経典により十六丈あるいは三十二丈また千尺と異同はあるもののすべて巨大に説かれていることに着目し、このことが弥勒を大仏として造像する発想の原点にあると指摘する。(28)さらに、弥勒の下生は転輪聖王の出現が前提となっており、弥勒が発心したのは前世において弥勒自身が転輪聖王であった時ともされることから、未来の救世主たる弥勒は、「単に未来の仏陀というにとどまらず、転輪聖王という理想的な王権と結びついて、聖俗両界において理想世界を実現するユートピアの象徴として信仰されることにもなる」と指摘している。(29)この弥勒仏と転輪聖王とは、まさしく則天武后が打ち出した二つのイメージそのものであったことに注意したい。

確かに、則天武后は下生の弥勒であるだけではなく転輪聖王でもあるという、この二つのイメージを併せ備えた存在としてアピールしていたことが、『大雲経疏』や『宝雨経』から読み取ることができる。(30)さらに、この二つのイメージは彼女の「慈氏越古金輪聖神皇帝」という尊号や、則天武后の勅撰になる『大周刊定衆経目録』の序における「我が大周の天冊金輪聖神皇帝陛下、道は恒劫に著き、位は上忍に隣す。本願に乗じて下生し、大悲を演じて広済す。金輪騰転し、化は四洲を偃《やす》んじ、宝馬飛行し、声は八表に覃《およ》ぶ(31)（我大周天冊金輪聖神皇帝陛下。道著恒劫。位隣上忍。乗本願而下生。演大悲而広済。金輪騰転。化偃四洲。宝馬飛行。声覃八表）」という文辞からも明瞭に見て取ることができる。

近年、孫英剛氏は則天武后の転輪聖王としての側面を強調している。[32] しかし、仏教美術の観点からみれば、その影響は圧倒的に弥勒仏としての側面に偏っていたのが実情であろう。そもそも則天武后が掲げた二つのイメージのうち、転輪聖王としての側面は、「釈教在道法之上制」[33]を引き合いに出すまでもなく、皇帝位にあって仏教を加護することによって十分に顕示することができたであろう。しかし一方の弥勒仏としての側面は、かなり意図的なアピールを必要としたはずであり、彼女の周囲もそれを汲み取るかのような言動をとっていたことが諸史料からうかがえる。『大雲経疏』が『証明因縁讖』に「尊者、弥勒世尊世に出ずる時、諸もろの穢悪を療除するを白う（尊者白弥勒世尊出世時、療除諸穢悪）」とある一文を引き、「謹みて按ずるに、弥勒は即ち神皇の応なり（謹按、弥勒者即神皇応也）」と注記しているのは、その明らかな例の一つである。[34]「応」とは、「応化」「応現」また「応身」などの意であろう。宝慶寺石仏の蕭元眘造像記には、はっきりと「慈氏、応に現れ、弥勒下生すべし（慈氏応現、弥勒下生）」と記されている。[35] ほかにも『旧唐書』巻九三、張仁愿伝には、「時に御史郭覇有り。表を上し則天は是れ弥勒の仏身なりと称す（時有御史郭覇。上表称則天是弥勒仏身）」とある。また証聖元年正月丙申に、完成間もない明堂が焼失した際、『弥勒下生経』には弥勒が成道される時には七宝台が須臾にして散壊すると説かれておりますと奏上した者があったというのも、[36] 当時、則天武后を弥勒仏とする言説が行われていたことを示す逸話の一つである。

転輪聖王という理想的な王者のなかでも最も優れた金輪王であると同時に、この世に下生し理想郷を実現する弥勒仏が応化した存在。換言すれば、目にみえる姿は皇帝であるが、その本地は弥勒仏である存在。則天武后が皇帝としての正当性を標榜するために纏っていたこれらのイメージは、倚坐形弥勒仏という形を借りて天下に広く発信され、その結果として弥勒下生経変や倚坐形弥勒仏が流行し、後者は時に大仏として造像されることとなったと考えることができよう。それでは、こうした則天武后の影響が、莫高窟の弥勒下生経変に現れる特殊な七宝表現にどのように見て取れるのか。次節でみていくことにしよう。

四　莫高窟の弥勒下生経変における七宝表現と則天武后

先述のように、則天武后が皇帝としての正当性を主張するために打ち出したイメージは、転輪聖王（金輪王）と弥勒仏であったが、仏教美術の面で実際的な影響をもたらしたのは弥勒仏の側であったと考えられる。そこで、改めて注目したいのは、『資治通鑑』巻二〇五、長寿二年（六九三）九月乙未条に記される、則天武后の次の行為である。

魏王承嗣等五千人、表して尊号を加え金輪聖神皇帝と曰わんことを請う。乙未、太后万象神宮に御し、尊号を受け、天下に赦す。金輪等七宝〔七宝、金輪宝と曰い、白象宝と曰い、女宝と曰い、馬宝と曰い、珠宝と曰い、主兵臣宝と曰い、主蔵臣宝と曰う〕を作り、朝会の毎に、之を殿庭に陳ぶ。

（魏王承嗣等五千人表請加尊号曰金輪聖神皇帝。乙未、太后御万象神宮、受尊号、赦天下。作金輪等七宝〔七宝、曰金輪宝、曰白象宝、曰女宝、曰馬宝、曰珠宝、曰主兵臣宝、曰主蔵臣宝〕、毎朝会、陳之殿庭。）

つまり則天武后は、長寿二年（六九三）九月、魏王の武承嗣等五千人による上表によって「金輪聖神皇帝」の尊号を受けるや、金輪等の七宝（金輪宝・象宝・女宝・馬宝・珠宝・兵臣宝・蔵臣宝）を作り、朝会する毎に之を殿庭に陳べたというのである。この行為の意味を考える前に、まず敦煌の弥勒下生経変では七宝がどのように表現されているのかをみてみよう。

図３　莫高窟第445窟　弥勒下生経変中の七宝部分

図４　莫高窟第148窟　弥勒下生経変中の七宝部分

この七宝表現について従来は、わずかに李永寧・蔡偉堂の両氏が、敦煌に残る弥勒関連の変相図を悉皆的に調査し「敦煌《弥勒変》統計表」としてまとめたなかに、弥勒下生経変の主要な図相の一つに「七宝」を挙げ、描写の有無を記しているのみで、その表現の変化などについては看過されてきた。しかし、時代を追ってみていくと、そこには次のような明らかな変遷がある。

敦煌の弥勒下生経変における七宝表現について、現在行われている時代判定に従ってみていくと、およそ次のように整理できる。すなわち最初期の初唐期には七宝が描かれていないが、盛唐期に入っ

表3　敦煌弥勒下生経変における七宝表現

七宝表現		時代	窟番号
なし		初唐	329、331、334、341
あり	供物として主尊の前に並べるタイプ	盛唐 中唐	23、33、208、445 240、楡25
	主尊の天蓋の上空左右に飛来するタイプ	盛唐 中唐 晩唐	109、148 159、186、202、231、386 9、12、141

（注）・時代判定は、敦煌研究院に従った。
・窟番号のうち、番号のみのものは莫高窟、楡は楡林窟の番号を示す。
・図版などで確認し得たもののみを表に挙げた。

図5　莫高窟第208窟
弥勒下生経変中の菩提瑞像

て弥勒仏の手前に供養の品々のように描かれるようになり（図3）、やがて中唐吐蕃期以降は弥勒仏の天蓋周辺に雲に乗って飛来する姿（図4）へと変化する[37]（表3）。

それではなぜ、七宝の描き方にこうした違いがみられるのであろうか。その理由としては、典拠となる経典の記述が曖昧だという点が考えられる。すなわち『弥勒下生成仏経』には、「其の国爾の時、転輪王有り。名を蠰佉と曰う。四種の兵有り。威武を以てせずして四天下を治む。其の王の千子、勇健多力にして能く怨敵を破る。王に七宝の金輪宝・象宝・馬宝・珠宝・女宝・主蔵宝・主兵宝有り[38]」とあるだけで、転輪聖王が七宝を有していることは記されるが、それらの位置や弥勒仏との関係など、変相図のなかで七宝をどう描くべきかについての手掛かりとなるような記載は含まれていないからである。

ここで注目したいのは、七宝を供物のように弥勒仏の前に並べた作例の出現時期である。従来の年代観では盛唐とされているが、第二〇八窟の画面左上には胸飾や臂釧・腕釧で飾られた触地印の仏陀が描かれている（図5）。これは七世紀半ば以降に出現し武周期にとくに流行した、いわゆる菩提瑞像であるから[39]、第二〇八窟は武周期に遡る可能性が考えられる。

先にみたように、経典すなわち『弥勒下生成仏経』には、七宝を弥勒仏に対しどの位置に描くべきかを規定するような記述がなかった。一方、則天武后は七宝を作らせ、朝会のたびに殿庭に七宝を陳べていた。則天武后のこの行為は、七宝を有するとされる転輪聖王としての行為であると同時に、自らを弥勒仏と等しい存在として人々に見せる演出であったと理解することができる。すると第二〇八窟の弥勒変相図などのように、弥勒仏の前に七宝を供物のように並べた表現は、殿庭に陳べられた七宝を前にして、殿上の玉座に腰かける則天武后の姿を髣髴とさせるものであったはずである。このようにみてくると、武周期から盛唐期にかけての作例にみられる七宝表現、すなわち七宝を弥勒仏の手前に供物のように並べるという表現は、この則天武后の朝会での行為がもととなって生み出されたものと考えることができるのではないだろうか。

おわりに

本章では、則天武后が実権を握り皇位を簒奪するまでの則天武后期に注目し、倚坐形弥勒仏をめぐる変化が、仏教美術における複数の局面にあらわれていることを確認した。すなわち、（一）洛陽を中心とした倚坐形如来像の弥勒仏への固定化、（二）倚坐形弥勒大仏の盛行、そして、（三）七宝を供物のように陳設して描く弥勒下生経変の出現である。それらはいずれも、転輪聖王（金輪王）でありかつ弥勒仏であるという、世俗と仏法の両界にわたる理想的な治者としてのイメージを掲げて君臨した則天武后の統治下において生み出され、広められたものであったと考えられる。

このように則天武后によって流布し定着したイメージは、やがて倚坐形弥勒仏イコール理想郷をもたらす理想的治者という側面のみが継承され、玄宗期にも各地に弥勒大仏が制作されたのであろう。したがって倚坐形弥勒仏は、理想的治者を待望する風潮を背景とし、則天武后期を含む唐代前半期において、宗教的・教理的要請よりもむしろ、王権との親近性のなかで展開し広がりをみせた仏教美術であったということができるであろう。

注

（1）弥勒変相図に関する主な先行研究には、以下のものがある。松本榮一「弥勒浄土変相」（『燉煌画の研究』図像篇、東方文化学院東京研究所、一九三七年、九一～一〇九頁）。水野清一「開皇二年四面十二龕像に就いて」（『東方学報（京都）』一一―一、一九四〇年七月。のち水野清一『中国の仏教美術』〈平凡社、一九六六年〉に再録）。同「倚坐菩薩像について」（『東洋史研究』六―一、一九四〇年十二月。のち前掲『中国の仏教美術』に再録）。秋山光和「弥勒下生経変白描粉本（S二五九V）と敦煌壁画の製作」（西域文化研究会編『西域文化研究』六、法藏館、一九六三年三月）。尾崎直人「敦煌莫高窟の弥勒浄土変相」（『密教図像』二、一九八三年十一月）。李永寧・蔡偉堂「敦煌壁画中的《弥勒経変》」（段文傑主編『一九八七年敦煌石窟研究国際討論会文集（石窟考古編）』遼寧美術出版社、一九九〇年）。王静芬「弥勒信仰与敦煌《弥勒変》的起源」（前掲『一九八七年敦煌石窟研究国際討論会文集（石窟考古編）』）。肥田路美「中国仏教美術における弥勒仏の図像について」（『宗教美術研究』一、一九九四年三

月）。斎藤理恵子「敦煌莫高窟の弥勒経変相図の研究」（『鹿島美術財団年報』一五別冊、一九九七年）。李玉珉「敦煌初唐的弥勒経変」（『仏学研究中心学報』五、二〇〇〇年七月）。王恵民「敦煌弥勒図像研究」（『敦煌浄土図像研究』〈中国仏教学術論典八一〉仏光山文教基金会、二〇〇三年）。楊郁如・王恵民「新発現的敦煌隋代弥勒図像」（『敦煌研究』二〇一二年第二期）。

なお、唐代の弥勒下生経変には、画面上部に兜率天での弥勒菩薩の説法場面を描くという、上生経と下生経の内容を併せ持つような作例も少なくない。しかし、画面の中心的主題は明らかに下生の弥勒仏であることから、本章では画中での兜率天上の弥勒菩薩の有無を問わず、おしなべて弥勒下生経変として扱う。

（2）北魏時代には交脚であらわされていた弥勒菩薩が、倚坐形にあらわされるようになった時期については、次の指摘がある。まず、この問題に最初に注目した水野清一氏は、少林寺にある北斉武平元年（五七〇）都邑主董拱達等四十人の造像碑において、碑首の天蓋下に倚坐菩薩があらわされており、それが銘文にある「弥勒下生」像と解されること、また隋開皇二年呉野人夫妻等造四面十二龕像の東面上龕の倚坐菩薩像もやはり弥勒像と解されていたことから、「五〇〇年代後半における倚坐菩薩像は一般に弥勒像とかんがえられていたと断定してもまずよかろうとおもう」と述べている（前掲注（1）「倚坐菩薩像について」）。さらに水野氏は、これら斉隋の倚坐弥勒菩薩像は、北魏の交脚弥勒菩薩像から、隋唐における倚坐の弥勒仏に発展する変遷過程を示すものと解している。王静芬氏はこの水野氏の指摘を承けつつ、次のように修正している。すなわち西魏大統十七年（五五一）の釈迦・弥勒・定光・普賢の四面造像碑にすでに倚坐式の弥勒菩薩があらわされていること、また西魏・北斉に流行した黄花石造の四面像には倚坐の弥勒菩薩や弥勒仏がしばしばみられることから、倚坐が弥勒の一般的な坐制とされたのは六世紀中葉であるとしている（前掲注（1）「弥勒信仰与敦煌《弥勒変》的起源」）。

（3）なお王恵民氏は、次の理由から隋代にすでに敦煌に弥勒下生経変が伝わっていたと主張している。すなわち第一に、隋代の第四一六窟と第四二三窟は、龕頂の弥勒上生経変の下部龕内に倚坐仏塑像をあらわすから、壁画と塑像とが相俟って、弥勒の上生経変と下生経変の内容をあらわしているという。第二に、一般には弥勒関連の変相図とは解されていない第六二窟の北壁および西壁には、「迦葉山中禅修」「魔王勧化」などの弥勒下生経変の内容が含まれているという。そのうち前者については可能性があるが、後者は画面のごく一部の解釈にとどまっており、またその妥当性についてもさらに検討を要するように思われる（前掲注（1）王恵民「敦煌弥勒図像研究」および楊郁如・王恵民共著論文）。

（4）現在一般には「弥勒下生経変」や「弥勒経変」といった名称が用いられているが、文献で確認できる唐代の名称は「弥勒下生変」（『歴代名画記』巻三、長安・千福寺条）や「弥勒変」（同書巻三、洛陽・敬愛寺条）である。したがって、本来的には唐代の呼称に従うべきであるが、ここでは仮に現在通行している呼称を使用する。

（5）前掲注（1）李玉珉論文。

（6）『大正蔵』五五、四七三a～四七四b。張淼「仏教〝疑偽経〟与弥勒信仰――以仏教経録為中心的考察――」（『宗教学研究』二〇〇六年第一期）は、李氏が挙げた七部のほかに『勇意菩薩将僧忍見弥勒抃示地獄経』（『大正蔵』五五、四七四b）を加える。

（7）『大正蔵』五五、六七二c。牧田諦亮「中国仏教における疑経研究序説――敦煌出土疑経類をめぐって――」（『東方学報（京都）』三五、一九六四年三月）、同『疑経研究』（京都大学人文科学研究所、一九七六年）を参照。なお前掲注（6）張淼論文は、『開元釈教録』に録された弥勒信仰に関わる疑経として、①『弥勒下生遣観世音大勢至勧化衆生捨悪作善寿楽経』一巻、②『随身本官弥勒成仏経』一巻、③『金剛密要論経』一巻（亦名『方明王縁起経』或『無論字兼説弥勒下生事』十四紙）、④『弥勒摩尼仏説開悟仏性経』一巻（経後題云『人身因縁開悟仏性経』或直云『開悟仏性経』九紙）、⑤『弥勒下教経』一巻、⑥『弥勒成仏本起経』十七巻、⑦『弥勒下生観世音施珠宝経』一巻、⑧『弥勒成仏伏魔経』一巻（一云『救度衆生経』）、⑨『弥勒下山経』一巻、⑩『弥勒下生救度苦厄経』一巻、⑪『勇意菩薩将僧忍見弥勒抃示地獄経』一巻、⑫『弥勒下生甄別罪福経』一巻、⑬『大契経』四巻（周録云一名『弥勒下生結大善契経』或三巻）の十三種を挙げ、そのうち『開元釈教録』で増加したものは①②③④⑨の五経とするが、④の『弥勒摩尼仏説開悟仏性経』はマニ教経典である。これについては吉田豊氏のご教示による。ここに記して謝意を表したい。また王見川『従摩尼教到明教』（新文豊出版社、一九九二年、一四六頁）および王媛媛「唐開元二十年禁断摩尼教原因弁析」（『中華文史論叢』二〇〇八年二期）も参照。

（8）弥勒信仰については、以下を参照。松本文三郎『弥勒浄土論』（丙午出版社、一九一一年）。木村宣彰「弥勒信仰について――「観弥勒菩薩上生兜率天経」の考察――」（『大谷学報』六二―四、一九八三年二月）、同「釈道安の弥勒信仰――弥勒上生経訳出以前の兜率願生――」（『大谷学報』六三―四、一九八四年二月）。菊池章太「六世紀中国の救世主信仰――『証香火本因経』を手がかりに――」（道教文化研究会編『道教文化への展望――道教文化研究会論文集――』平河出版社、一九九四年）。項一峰「中国早期弥勒信仰及其造像芸術」（『敦煌学輯刊』二〇〇二年第一期）。段塔麗「唐初社会的武則天称帝与弥勒信仰」（『中国典籍与文化』二〇〇二年第四期）。王恵民「弥勒信仰与弥勒図像研究論著目録」（『敦煌学輯刊』二〇〇六年第四期）。王雪梅「弥勒信仰研究綜説」（『世界宗教文化』二〇一〇年第三期）。

（9）『大唐大慈恩寺三蔵法師伝』巻三（『大正蔵』五〇、二三四ａ）。

（10）例えば、雲岡石窟第一一窟明窓東側太和十九年（四九五）には銘文中に「弥勒下生」の語がみられる（水野清一・長廣敏雄『雲岡石窟――西暦五世紀における中国北部仏教窟院の考古学的調査報告・東方文化研究所調査（昭和十三年～昭和二十年）――』第八巻・第九巻（第十一洞および第十二洞　本文）京都大学人文科学研究所雲岡刊行会、一九五三年、四五頁、図一〇解説。同『雲岡石窟』第二巻（第五洞）附録「雲岡金石録」一九五五年、三頁）。また、南朝における「弥勒成仏像」や弥勒下生信仰については、宿白「南朝龕像遺迹初探」（『考古学報』一九八九年第四期）を参照。

（11）前掲注（7）牧田論文、三五六頁。

（12）弥勒教匪については、以下を参照。重松俊章「唐宋時代の弥勒教匪」（『史淵』三、一九三一年十二月）。林伝芳「契此以後の弥勒信仰について」（『印度学仏教学研究』二三―二、一九七五年三月）。砂山稔「月光童子劉景暉の反乱と首羅比丘経――月光童子讖を中心として――」（『東方学』五一、一九七六年一月）。氣賀澤保規「隋末弥勒教の乱をめぐる一考察」（『仏教史学研究』二三―一、一九八一年一月）。渡辺孝「北魏大乗教の乱をめぐる一考察――仏教的千年王国運動の一モデルとして――」（野口鉄郎編『中国史における乱の構図』雄山閣出版、一九八六年）。明神洋「仏教の終末観と救済思想――インドから中国へ――」（道教文化研究会編『道教文化への展望――道教文化研究会論文集――』平河出版社、一九九四年)。前掲注(8)菊池論文。藤井政彦「隋末の「弥勒出世」を標榜した反乱について――発生時期が意味するもの――」(『印度学仏教学研究』五九―二、二〇一一年三月)。

(13) 統治者側からの禁圧は、開元三年(七一五)十一月十七日の「禁断妖訛等勅」にみえる「比有白衣長髪、仮託弥勒下生、因為妖訛、広集徒侶、称解禅観、妄説災祥、或別作小経、詐云仏説」との文言にもみることができる(『唐大詔令集』巻一一三)。

(14) 弥勒が下生する時期については、一般に釈尊滅後五十六億七千万年を経た時とするが、竺法護訳『弥勒下生経』や鳩摩羅什訳『弥勒下生成仏経』には具体的な年は記されておらず、後者に「人寿八万四千歳」の時のこととのみ説かれている。吉野恵子「弥勒菩薩下生年代考」(『東方』一九、二〇〇四年三月)参照。一方、東晋・竺仏念の『菩薩従兜術天降神母胎説広普経』巻二に「弥勒当知。汝復受記五十六億七千万歳。於此樹王下成無上等正覚」(『大正蔵』十二、一〇二五c)、唐・道宣の『集神州三宝感通録』巻下に「大迦葉今在霊鷲山西峰巌中坐。入滅尽定。経五十六億七千万歳。慈氏仏降。伝能仁仏所付大衣。然後涅槃」(『大正蔵』五二、四三〇c～四三一a)とあるなど、弥勒の下生を釈迦滅後五十六億七千万歳とする説は、古くより行われていたことが確認できる。また、唐の道鏡・善道共集『念仏鏡』には、「経中所説。釈迦牟尼仏入涅槃後。経五十六億七千万歳。然始下生。人寿八万四千歳時。弥勒乃出」(『大正蔵』四七、一二八a)とあり、『弥勒下生経』や『弥勒下生成仏経』にいう「人寿八万四千歳」が、釈迦滅後五十六億七千万歳を経た時のことと認識されていたことが分かる。

(15) 智昇は『開元釈教録』巻一八「別録中偽妄乱真録」のなかで、弥勒下生に関する先の疑偽経四種を挙げた後に、これらはいずれも妖徒の偽造であるとし、そのなかで弥勒仏がすぐにも下生するようなことを説いている点をとくに批判している(「右上四経並是妖徒偽造。其中説弥勒如来即欲下生等事〔謹按正経、従釈迦滅後、人間経五十七倶胝六十百千歳、贍部洲人寿増八万、弥勒如来方始出世。豈可寿年減百、而有弥勒下生耶〕以斯妖妄誘惑凡愚、浅識之流多従信受、因斯墜没。可謂傷哉。故此甄明特希詳鑑耳」『大正蔵』五五、六七二c)。なお、智昇はここで弥勒の出現を釈迦滅後の「五十七倶胝六十百千歳」すなわち五億七千六百万年、ないしは五十七億六千万年を経た時のこととしている。

(16) 破洞第一〇六九洞第八二龕、賓陽洞第一五九洞左壁第九六龕を含む、「弥勒」銘を伴う倚坐像については、久野美樹『唐代龍門石窟の研究』中央公論美術出版、二〇一一年、一三六〜一五六頁に詳しい。
(17) 濱田瑞美「中国初唐時代の洛陽周辺における優塡王像について」(『仏教芸術』二八七、二〇〇六年七月。濱田瑞美『中国石窟美術の研究』中央公論美術出版、二〇一二年に再録)。
(18) 前掲注(17)論文、六四頁(再録書、二二八頁)。
(19) 『莫高窟記』(第一五六窟前室題記。底稿P三七二〇V)に「又至延載二年、禅師霊隠共居士陰□(祖)等造北大像、高一百卌尺。又開元年中、僧処諺与郷人馬思忠等造南大像、高一百二十尺」と記す。賀世哲氏は第九六窟を、敦煌の大雲寺ではないかと推定しており(賀世哲「従供養人題記看莫高窟部分洞窟的営建年代」敦煌研究院編『敦煌莫高窟供養人題記』文物出版社、一九八六年、二〇二頁)、王恵民氏はこの賀氏の推定が正しければ、第九六窟北大仏は大雲寺建立の勅が出された載初元年(六九〇)から六、七年を経て六九五年に完成したと解し、またその造像の原因は則天武后を弥勒に擬したことにあると指摘している(前掲注(1)王恵民「敦煌弥勒図像研究」一〇三〜一〇四頁)。
(20) 王来全『大象山』(甘谷県文化局編、一九九七年)一九頁。
(21) 『莫高窟記』(前掲注(19))のほか、P三七二一「瓜沙両郡大事記」に「辛酉、開元九年僧処該(諺)与郷人百姓馬思忠等、発心造南大像弥勒、高一百廿尺」とある。
(22) 『資治通鑑』巻二〇四、垂拱四年十二月辛亥条「明堂成。……又於明堂北起天堂五級、以貯大像」とあり、胡三省の注に「懐義所作夾紵大像也」と記す。
(23) 『旧唐書』巻二二、礼儀志二「時則天、又於明堂後造天堂、以安仏像。高百余尺。始起建構、為大風振倒。俄又重営、其功未畢。証聖元年正月丙申夜、仏堂災、延焼明堂。至曙、二堂並尽」。
(24) 『資治通鑑』巻二〇五、証聖元年正月乙未条「初、明堂既成、太后命僧懐義作夾紵大像。其小指中、猶容数十人、於明堂北構天堂以貯之」。
(25) 松本文三郎「則天武后の白司馬坂大像に就いて」(『東方学報(京都)』五、一九三四年八月)。

(26) 肥田路美『初唐仏教美術の研究』(中央公論美術出版、二〇一一年) 一八二～一八三頁。

(27) ここで取り上げた天堂夾紵大像と白司馬坂像のほかに、『全唐文』巻二〇〇「王師徳等造像記」に「大像主王師徳……窃聞無上慈尊……遂謹於此堪、敬造尊儀、因山之固、鐫瑩真容、藉此荘厳」とある大像や、『全唐文』巻二四〇「為東都僧等請留駕表」に「則天皇后久成仏果、俯応輪王……経始大像。……礼如来之大身」とある大像も、同様の例に数えることができるかもしれない。

(28) 宮治昭「弥勒と大仏」(『涅槃と弥勒の図像学』第Ⅲ部第一章、吉川弘文館、一九九二年)。王恵民氏も弥勒の法量について簡潔にまとめている (前掲注 (1)「敦煌弥勒図像研究」一〇二～一〇三頁)。

(29) 前掲注 (28) 宮治書、三九七頁。肥田氏はこの宮治氏の研究を承け、勧修寺繡仏に関する論考のなかで「弥勒仏はしばしば転輪聖王と二重写し的な性格でとらえられることとなる」とし、倚坐形弥勒仏を「理想化された王者のイメージが、法界の教主としてのかたちに重ね合わされた感がある」と述べている (前掲注 (26) 書、四二三頁)。

(30) 本書第三部第三章。

(31) 『大正蔵』五五、三七二c。

(32) 孫英剛「転輪王与皇帝――仏教対中古君主概念的影響――」(『社会科学戦線』二〇一三年第一一期)。

(33) 『唐大詔令集』巻一一三「朕先蒙金口之記、又承宝偈之文。歴教表於当今、本願標於曩劫。大雲闡奥、明王国之禎符、方等発揚、顕自在之丕業。馭一境而敷化、弘五戒以訓人、爰開革命之階、方啓惟新之運。宜叶随時之義、以中自我之規。雖実際如如、理忘於先後。翹心懇懇、畏展於勤誠。自今已後、釈教宜在道法之上、緇服処黄冠之前。庶得道有識以帰依、拯群生於迴向。布告遐邇、知朕意焉」。

(34) S二六五八第一四～一五行、S六五〇二第三六～四二行。本書第三部第三章を参照。

(35) 宝慶寺石仏とは、もとは長安三年 (七〇三)、長安城内の光宅寺に造営された七宝台の石仏のことで、のちに宝慶寺に移されたことからこう呼ばれている。蕭元昚の銘を有する石仏は現在、東京国立博物館所蔵。

(36) 『資治通鑑』巻二〇五。『旧唐書』巻二二、礼儀志二。『旧唐書』巻八九、姚璹伝。『新唐書』巻一〇二、姚思廉伝附姚璹伝。本書第三部第三章も参照。

(37)　蔡偉堂氏による「七宝図」解説（季羨林主編『敦煌学大辞典』上海辞書出版社、一九九八年、一二八頁）も、七宝を描いて弥勒経変の標示の一つとするのは盛唐に始まり宋に終わるとする。

(38)　「其国爾時、有転輪王。名曰蠰佉。有四種兵。不以威武治四天下。其王千子、勇健多力能破怨敵。王有七宝金輪宝・象宝・馬宝・珠宝・女宝・主蔵宝・主兵宝」（『大正蔵』一四、四二四a）。また、この経文に続いて「又其国土有七宝台」とある。宝慶寺石仏がもと配されていた光宅寺の七宝台は、明らかにこれを意識して造られたものであろう。

(39)　菩提瑞像については、主に以下を参照。小野勝年「宝冠仏試論」（『龍谷大学論集』三八九・三九〇、一九六九年五月）。肥田路美「唐代における仏陀伽耶金剛座真容像の流行について」（町田甲一先生古稀記念会編『論叢仏教美術史――町田甲一先生古稀記念――』吉川弘文館、一九八六年）。久野美樹「唐代龍門石窟の触地印阿弥陀像研究」（『鹿島美術財団年報』二〇別冊、二〇〇三年十一月）。西林孝浩「初唐期の降魔成道像――龍門東山造像を中心に――」（『京都美学美術史学』二、二〇〇三年三月）。久野美樹「広元千仏崖、長安、龍門石窟の菩提瑞像関係像」（『奈良美術研究』一、二〇〇四年三月）。李玉珉「試論唐代降魔成道式装飾仏」（『故宮学術季刊』第二三巻第三期、二〇〇六年）。前掲注(26)肥田書、第一部第三章「ボードガヤー金剛座真容の受容と展開」前掲注(16)久野書、第五章「触地印阿弥陀像研究」・第六章「旧擂鼓台南洞中尊像について」など。

図版・図版出典一覧

第一部第一章

図1　望月信亨氏による當麻曼荼羅の図様解釈（中台を『法事讃』や『般舟讃』で解釈）
『望月仏教大辞典』當麻曼荼羅の項の挿図をもとに筆写作成。

図2　莫高窟第二二〇窟　西方浄土変
百橋明穂・中野徹責任編集『世界美術大全集　東洋編　第四巻　隋・唐』（小学館、一九九七年）一九六頁、図一一〇。

図3　當麻曼荼羅の図様解釈（中台を『観経』十六観で解釈）
筆写作成。

図4　莫高窟第四五窟　西方浄土変
敦煌文物研究所編『中国石窟　敦煌莫高窟』第三巻（平凡社・文物出版社、一九八七年）図一三六。

図5　莫高窟第一四八窟　西方浄土変
施萍婷主編『敦煌石窟全集　阿弥陀経画巻』（商務印書館〈香港〉、二〇〇二年）一八八頁、図一七六。

図6　莫高窟第六六窟　西方浄土変
施萍婷主編『敦煌石窟全集　阿弥陀経画巻』（商務印書館〈香港〉、二〇〇二年）一五五頁、図一三三。

図7　莫高窟第一七一窟北壁　西方浄土変
施萍婷主編『敦煌石窟全集　阿弥陀経画巻』（商務印書館〈香港〉、二〇〇二年）一三七頁、図一一一。

図8　莫高窟第二一七窟　西方浄土変
百橋明穂・中野徹責任編集『世界美術大全集　東洋編　第四巻　隋・唐』（小学館、一九九七年）一九七頁、図一一二。

図9　莫高窟第三二〇窟　西方浄土変
敦煌文物研究所編『中国石窟　敦煌莫高窟』第四巻（平凡社・文物出版社、一九八七年）図四。

図10　盤陀寺第三号龕　西方浄土変龕
盧丁・雷玉華・［日］肥田路美『中国四川唐代摩崖造像――蒲江・邛峡地区調査研究報告――』（重慶出版社、二〇〇六年）口絵図版参―四。

図11　花置寺第一一号龕　西方浄土変龕（部分）
盧丁・雷玉華・［日］肥田路美『中国四川唐代摩崖造像――蒲江・邛峡地区調査研究報告――』（重慶出版社、二〇〇六年）二六〇頁。

図12　莫高窟第一四八窟　日想観図
施萍婷主編『敦煌石窟全集　阿弥陀経画巻』（商務印書館〈香港〉、二〇〇二年）一八八頁、図一七六。

図13　莫高窟の日想観図　（a）第四三一窟、（b）第四五窟、（c）第六六窟、（d）第一七一窟北壁、（e）第一二〇窟、（f）第二一七窟、（g）第三二〇窟
（a）施萍婷主編『敦煌石窟全集　阿弥陀経画巻』（商務印書館〈香港〉、二〇〇二年）一〇〇頁、図七三。
（b）施萍婷主編『敦煌石窟全集　阿弥陀経画巻』（商務印書館〈香港〉、二〇〇二年）一六七頁、図一四九。
（c）敦煌文物研究所編『中国石窟　敦煌莫高窟』第三巻（平凡社・文物出版社、一九八七年）図一六六。

（d）施萍婷主編『敦煌石窟全集　阿弥陀経画巻』（商務印書館〈香港〉、二〇〇二年）一四一頁、図一一五。
（e）段文傑主編『中国壁画全集　敦煌6　盛唐』（天津人民美術出版社、一九八九年）一四八頁、図一四三。
（f）敦煌文物研究所編『中国石窟　敦煌莫高窟』第三巻（平凡社・文物出版社、一九八七年）図一〇五。
（g）施萍婷主編『敦煌石窟全集　阿弥陀経画巻』（商務印書館〈香港〉、二〇〇二年）一六八頁、図一五〇。

図14　莫高窟第三三五窟　西方浄土変
敦煌研究院・江蘇美術出版社編『敦煌石窟芸術　莫高窟第三二一、三二九、三三五窟（初唐）』（江蘇美術出版社、一九九六年）一九〇～一九一頁、図一六五。

図15　莫高窟第三二一窟　西方浄土変
Paul Pelliot, *Les Grottes de Touen-Houang*, Tome 5, Paris: Librairie Paul Geuthner, 1921, pl. CCCIV.

第一部第二章

図1　（a）宝池の円輪　（上）楡林窟第二五窟、（下）莫高窟第一五九窟
（上）敦煌研究院編『中国石窟　安西楡林窟』（平凡社・文物出版社、一九九〇年）図三五。
（下）筆者作成。

図2　（b）宝幢　（上）莫高窟第二〇一窟北壁、（下）莫高窟第一五四窟
（上）、（下）とも筆者作成。

図3　（c）僧形あるいは俗人形　（上）楡林窟第二五窟、（下）莫高窟第二〇一窟南壁
（上）敦煌研究院編『中国石窟　安西楡林窟』（平凡社・文物出版社、一九九〇年）図三五。
（下）筆者作成。

図4　（d）宝池に群生する蓮　（上）楡林窟第二五窟、（下）莫高窟第二〇一窟南壁
（上）施萍婷主編『敦煌石窟全集5　阿弥陀経画巻』（商務印書館〈香港〉、二〇〇二年）二一四頁、図二〇七。
（下）筆者作成。

図5　（e）宝瓶　（上）楡林窟第二五窟、（下）莫高窟第二〇一窟南壁
（上）敦煌研究院編『中国石窟　安西楡林窟』（平凡社・文物出版社、一九九〇年）図三五。
（下）筆者作成。

図6　（f）未開敷蓮華　（上）楡林窟第二五窟、（下）莫高窟第四四窟
（上）敦煌研究院編『中国石窟　安西楡林窟』（平凡社・文物出版社、一九九〇年）図三五。
（下）筆者作成。

図7　（g）開敷蓮華　（上）楡林窟第二五窟、（下）莫高窟第三五八窟
（上）敦煌研究院編『中国石窟　安西楡林窟』（平凡社・文物出版社、一九九〇年）図三五。
（下）筆者作成。

図8 （h）宝珠 （上）莫高窟第二〇一窟南壁、（下）莫高窟第二〇一窟北壁
（上）、（下）とも筆者作成。
図9 （i）宝函 （上）莫高窟第三五八窟、（下）莫高窟第一五四窟
（上）、（下）とも筆者作成。
図10 （j）塔 莫高窟第一四四窟
筆者作成。
図11 （k）香炉 莫高窟第五五窟
筆者作成。
図12 屏風式画面に描かれた十六観図 莫高窟第二三七窟
施萍婷主編『敦煌石窟全集5 阿弥陀経画巻』（商務印書館〈香港〉、二〇〇二年）二三頁、図二一七。
図13 一壁面に一変相図を描く大画面の西方浄土変 莫高窟第二〇一窟北壁
Paul Pelliot, *Les grottes de Touen-Houang*, tome 2, Paris: Librairie Paul Geuthner, 1920, pl. CIV.
図14 一壁面に複数の変相図を描いた例（中央が西方浄土変） 莫高窟第一五九窟南壁
敦煌文物研究所編『中国石窟 敦煌莫高窟』第四巻（平凡社・文物出版社、一九八七年）図八二。

第一部第三章

図1 Stain painting 76 （上）表面、（下）背面
© The Trustees of the British Museum
図2 P二六七一 （上）表面、（下）背面
© Bibliothèque nationale de France
図3 S八五八三「天福捌年河西郡都僧統龍辯牓」
© The British Library Board Or. 8210/S.8583
図4 Ch〇〇一五九 仏説法図
Marc Aurel Stein, *Serindia*, vol.4, Oxford: Clarendon Press, 1921, pl. XCIV.
図5 宝池の円輪 （左）P二六七一V、（右）莫高窟第三二〇窟北壁
（左）© Bibliothèque nationale de France
（右）施萍婷主編『敦煌石窟全集5 阿弥陀経画巻』（商務印書館〈香港〉、二〇〇二年）一六八頁、図一五〇。
図6 宝幢 （左上）Stein painting 76、（右上）莫高窟第三二〇窟北壁、（左下）P二六七一V、（右下）莫高窟第一八〇窟北壁
（左上）© The Trustees of the British Museum
（右上）施萍婷主編『敦煌石窟全集5 阿弥陀経画巻』（商務印書館〈香港〉、二〇〇二年）一六八頁、図一五〇。
（左下）© Bibliothèque nationale de France
（右下）筆者作成。
図7 僧形あるいは俗人形 （左上）Stein painting 76、（左下）P二六七一V、（右）莫高窟第三二〇窟北壁
（左上）© The Trustees of the British Museum
（左下）© Bibliothèque nationale de France
（右）施萍婷主編『敦煌石窟全集5 阿弥陀経画巻』（商務

印書館〈香港〉、二〇〇二年）一六八頁、図一五〇。

図8　宝池に群生する蓮華　（左）Stein painting 76、（右上）P二六七一V、（右下）莫高窟第三二〇窟北壁
（左）© The Trustees of the British Museum
（右上）© Bibliothèque nationale de France
（右下）施萍婷主編『敦煌石窟全集5　阿弥陀経画巻』（商務印書館〈香港〉、二〇〇二年）一六八頁、図一五〇。

図9　宝瓶　（左）P二六七一V、（右）莫高窟第三二〇窟北壁
（左）© Bibliothèque nationale de France
（右）施萍婷主編『敦煌石窟全集5　阿弥陀経画巻』（香港：商務印書館、二〇〇二年）一六八頁、図一五〇。

図10　涌雲　（左）Stein painting 76、（右）莫高窟第一七二窟南壁
（左）© The Trustees of the British Museum
（右）筆者作成。

図11　Stein painting 76　未生怨因縁図部分
© The Trustees of the British Museum

図12　P二六七一V　未生怨因縁図部分
© Bibliothèque nationale de France

図13　仙人と頻婆娑羅王の対面を主とする表現　楡林窟第二五窟
施萍婷主編『敦煌石窟全集5　阿弥陀経画巻』（商務印書館〈香港〉、二〇〇二年）二一三頁、図二〇六。

図14　（右）仙人を斬殺せんとする表現、（左）鷹狩による逐兎表現　MG一七六七三
ジャック・ジエス編集　秋山光和ほか監修『西域美術　ギメ美術館ペリオ・コレクションⅠ』（講談社、一九九四年）、図一九―三。

図15　P四五一三V
Jao, Tsong-yi（饒宗頤）et. Al., *Peintures Monochromes de Dunhuang*（*Dunhuang Baihua*）. Paris: 1978, École Français D'extrême-Orient. Fascicule III–planches. pp. 8-9, Im. 11.

図16　P二〇〇二V
Jao, Tsong-yi（饒宗頤）et. Al., *Peintures Monochromes de Dunhuang*（*Dunhuang Baihua*）. Paris: 1978, École Français D'extrême-Orient. Fascicule III–planches. pp. 1-2, Ims. 2-5.

第一部第四章

図1　莫高窟第四三一窟　上品上生図
Paul Pelliot, *Les Grottes de Touen-Houang*, tome 5, Paris: Librairie Paul Geuthner, 1921, pl. CCLXXVIII.
描き起こし図は筆者作成。

図2　莫高窟第四三一窟　上品中生図
Paul Pelliot, *Les Grottes de Touen-Houang*, tome 5, Paris: Librairie Paul Geuthner, 1921, pl. CCLXXVIII.
描き起こし図は筆者作成。

図3　莫高窟第四三一窟　上品下生図
Paul Pelliot, *Les Grottes de Touen-Houang*, tome 5, Paris: Librairie Paul Geuthner, 1921, pl. CCLXXVIII.
描き起こし図は筆者作成。

図4　莫高窟第四三一窟　中品上生図
施萍婷主編『敦煌石窟全集5　阿弥陀経画巻』（商務印書

館〈香港〉、二〇〇二年）一一〇頁、図八九。
図5　描き起こし図は筆者作成。
莫高窟第四三一窟　中品中生図
施萍婷主編『敦煌石窟全集5　阿弥陀経画巻』（商務印書館〈香港〉、二〇〇二年）一一一頁、図九〇。
描き起こし図は筆者作成。
図6　莫高窟第四三一窟　中品下生図
施萍婷主編『敦煌石窟全集5　阿弥陀経画巻』（商務印書館〈香港〉、二〇〇二年）一一一頁、図九一。
描き起こし図は筆者作成。
図7　莫高窟第四三一窟　下品上生図
施萍婷主編『敦煌石窟全集5　阿弥陀経画巻』（商務印書館〈香港〉、二〇〇二年）一一二頁、図九二。
描き起こし図は筆者作成。
図8　莫高窟第四三一窟　下品中生図
施萍婷主編『敦煌石窟全集5　阿弥陀経画巻』（商務印書館〈香港〉、二〇〇二年）一一三頁、図九三。
描き起こし図は筆者作成。
図9　莫高窟第四三一窟　下品下生図
施萍婷主編『敦煌石窟全集5　阿弥陀経画巻』（商務印書館〈香港〉、二〇〇二年）一一三頁、図九四。
描き起こし図は筆者作成。
図10　莫高窟第二一五窟　西方浄土変
施萍婷主編『敦煌石窟全集5　阿弥陀経画巻』（商務印書館〈香港〉、二〇〇二年）一五四頁、図一三二。
図11　莫高窟第二一五窟九品　来迎図場面構成
施萍婷主編『敦煌石窟全集5　阿弥陀経画巻』（商務印書館〈香港〉、二〇〇二年）一五四頁、図一三二をもとに作成。
図12　上品上生図（図11-①）
筆者作成。
図13　上品中生図（図11-②）
筆者作成。
図14　上品下生図（図11-③）
筆者作成。
図15　中品上生図（図11-④）
筆者作成。
図16　中品中生図（図11-⑤）
筆者作成。
図17　中品下生図（図11-⑥）
筆者作成。
図18　下品上生図（図11-⑦）
筆者作成。
図19　下品中生図（図11-⑧）
筆者作成。
図20　下品下生図（図11-⑨）
筆者作成。
図21　莫高窟第一七一窟北壁　西方浄土変
施萍婷主編『敦煌石窟全集5　阿弥陀経画巻』（商務印書館〈香港〉、二〇〇二年）一三七頁、図一一一。
図22　莫高窟第一七一窟北壁　九品来迎図

施萍婷主編『敦煌石窟全集5　阿弥陀経画巻』（商務印書館〈香港〉、二〇〇二年）一三七頁、図一一一をトリミング。

図23　莫高窟第一七一窟北壁　九品来迎図のうち右端から二番目の図
筆者作成。

図24　莫高窟第一七一窟南壁　九品来迎図
施萍婷主編『敦煌石窟全集5　阿弥陀経画巻』（商務印書館〈香港〉、二〇〇二年）一四三頁、図一一七をトリミング。

図25　當麻曼荼羅の画面構成
筆者作成。

図26　莫高窟第二一五窟の画面構成
筆者作成。

図27　莫高窟第一七一窟の画面構成
筆者作成。

図28　莫高窟第一七一窟北壁（右）中台の九品往生図（部分）
（左）左端部分の描き起こし図
（右）Paul Pelliot, Les Grottes de Touen-Houang, tome2, Paris: Librairie Paul Geuthner, 1920, pl. LXVI. をもとに加工。
（左）筆者作成。

図29　莫高窟第一四八窟　薬師浄土変
百橋明穂・中野徹責任編集『世界美術全集　東洋編　第四巻　隋・唐』（小学館、一九九七年）一六三頁、図一二七。

図30　莫高窟第三三窟北壁　弥勒経変
王恵民主編『敦煌石窟全集6　弥勒経画巻』（商務印書館〈香港〉、二〇〇二年）五六～五七頁、図三三。

図31　莫高窟第二一七窟東壁　法華経変　観世音菩薩普門品
賀世哲主『敦煌石窟全集7　法華経画巻』（商務印書館〈香港〉、一九九九年）七〇頁、図五六。

第二部第一章

図1　綴織當麻曼荼羅
『大和古寺大観　第二巻　当麻寺』（岩波書店、一九七八年）、一三三頁。

図2　綴織當麻曼荼羅の綴織組織と金糸
『大和古寺大観　第二巻　当麻寺』（岩波書店、一九七八年）、一三七頁。

図3　当麻曼荼羅（禅林寺本）の銘文
京都国立博物館編『浄土教絵画』（平凡社、一九七五年）、図九五。

図4　EO三五八一　観音菩薩図　ギメ東洋美術館所蔵
ジャック・ジエス編集　秋山光和ほか監修『西域美術　ギメ美術館ペリオ・コレクションI』（講談社、一九九四年）。図五二。

図5　Stein painting 6　樹下説法図　大英博物館所蔵
ロデリック・ウィットフィールド編集解説『西域美術　大英博物館スタイン・コレクション1』（講談社、一九八二年）図七。

図6　『妙法蓮華経』巻三　京都国立博物館所蔵

特別展図録『大遣唐使展』（奈良国立博物館、二〇一〇年）八二頁、図七二。

図7 （1）「大蔵経開元寺」印 P二三五一、（2）「大蔵経開元寺」印 P二三五一V、（3）「龍興寺蔵経印」Φ一五九

（1）『法蔵敦煌西域文献』一二、上海古籍出版社、二〇〇〇年、三〇三頁。

（2）『法蔵敦煌西域文献』一二、上海古籍出版社、二〇〇〇年、三一四頁。

（3）『俄蔵敦煌文献』四、上海古籍出版社、一九九三年、九〇頁。

第二部第二章

図1 綴織當麻曼荼羅 本尊の唐草状天蓋

『大和古寺大観 第二巻 当麻寺』（岩波書店、一九七八年）一五四頁。

図2 綴織當麻曼荼羅 外縁の題記を縁どる連珠文

『国宝綴織当麻曼荼羅』（佼成出版社、一九七八年）図K―8。

第二部第三章

図1 禅林寺本 九品来迎図（上品上生・上品中生部分）

特別展図録『當麻寺』（奈良国立博物館、二〇一三年）一四二頁。

図2 『當麻曼陀羅述奨記』所載「新図」上品上生図部分

佛教大学附属図書館所蔵、元禄十六年（一七〇三）刊本、巻三、第三十葉裏～第三十一葉表。

表1 『當麻曼陀羅捜玄疏』所載「新図」九品来迎図

佛教大学附属図書館所蔵、明和九年（一七七二）刊本、巻七、第三十七葉裏～第四十一葉裏。

『當麻曼陀羅捜玄疏』所載「古図」九品来迎図

佛教大学附属図書館所蔵、明和九年（一七七二）刊本、巻七、第四十二葉表～第四十六葉表。

第二部第四章

図1 越州都督府過所

園城寺編『園城寺文書 第一巻 智証大師文書』講談社、一九九八年、九九頁。

図2 尚書省司門過所

園城寺編『園城寺文書 第一巻 智証大師文書』講談社、一九九八年、九九頁。

図3 天宝七歳敦煌郡給某人過所断片

中村裕一『唐代官文書研究』（中文出版社、一九九一年）口絵一〇。

図4 アスターナ二二八号墓出土年某往京兆府過所

程喜霖『唐代過所研究』（中華書局、二〇〇〇年）三一九頁、図版五。

図5 長安～洛陽間の唐代交通路

筆者作成。

第三部第一章

図1 聖語蔵本『宝雨経』巻五 第十一紙部分（『大正蔵』一六、

三〇四b第十行～三〇四c第三行）
宮内庁正倉院事務所編『聖語蔵経巻——宮内庁正倉院事務所所蔵——』（CD-R）第二期〈天平十二年御願経〉第一回配本、丸善、二〇〇〇年。

図2　聖語蔵本『宝雨経』巻八　天平十二年奥書
宮内庁正倉院事務所編『聖語蔵経巻——宮内庁正倉院事務所所蔵——』（CD-R）第二期〈天平十二年御願経〉第一回配本、丸善、二〇〇〇年。

図3　聖語蔵本『宝雨経』巻八　第十紙第十三行「地」字の補筆部分（『大正蔵』一六、三一七c第二十二行）
宮内庁正倉院事務所編『聖語蔵経巻——宮内庁正倉院事務所所蔵——』（CD-R）第二期〈天平十二年御願経〉第一回配本、丸善、二〇〇〇年。

図4　トゥルファンMIK Ⅲ一一三号『宝雨経』長寿二年（六九三）訳場列位
© Die Berlin-Brandenburgische Akademie der Wissenschaften

第三部第二章

図1　東京国立博物館所蔵『宝雨経』巻九　第一紙部分
画像提供：東京国立博物館。『仏説宝雨経』（天平十二年五月一日光明皇后願経）Image：TMN Image Archives

図2　東京国立博物館所蔵『宝雨経』巻九　訳場列位および願文部分
画像提供：東京国立博物館。『仏説宝雨経』（天平十二年五月一日光明皇后願経）Image：TMN Image Archives

第三部第三章

図1　勧修寺繍仏
画像提供：奈良国立博物館（撮影　佐々木香輔氏）

図2　Ch〇〇二六〇　敦煌蔵経洞発現の繍仏
M. A. Stein, *The Thousand Buddhas*. London: Bernard Quaritch, Ltd.1921, pl. XXXIV.

図3　龍門石窟　恵簡洞本尊　弥勒仏像　咸亨四年（六七三）造
龍門文物保管所・北京大学考古系編『中国石窟　龍門石窟』第二巻（平凡社・文物出版社、一九八八年）図八八。

図4　（上）龍門石窟第二三一窟　優填王像龕　顕慶元年（六五六）造、（下）実測図
（上）劉景龍・楊超傑『龍門石窟総録　第二巻　図版』（中国大百科全書出版社、一九九九年）図一三一。
（下）劉景龍・楊超傑『龍門石窟総録　第二巻　実測図』（中国大百科全書出版社、一九九九年）図一六八。

図5　勧修寺繍仏　主尊頭部
画像提供　奈良国立博物館（撮影　佐々木香輔氏）

図6　勧修寺繍仏上部の神仙像
画像提供：奈良国立博物館（撮影　佐々木香輔氏）

図7　（a）宝慶寺石仏三尊仏龕　東京国立博物館所蔵、（b）上部の神仙像
画像提供：東京国立博物館。如来三尊仏龕（中国陝西省西安宝慶寺）Image：TMN Image Archives

図8　（上）莫高窟第二四九窟　窟頂南披、（左下）騎鳳仙人像（持節）、（右下）騎鳳仙人像（持幡）
（上）敦煌文物研究所編『中国石窟　敦煌莫高窟』第一巻（平凡社・文物出版社、一九八二年）図一〇〇をもとに作成。
（左下）敦煌研究院・江蘇美術出版社編『敦煌石窟芸術　莫高窟第二四九窟、第四三一窟』（江蘇美術出版社、一九九五年）一四一頁、図一三五。
（右下）敦煌研究院・江蘇美術出版社編『敦煌石窟芸術　莫高窟第二四九窟、第四三一窟』（江蘇美術出版社、一九九五年）一四〇頁、図一三四。

図9　莫高窟第二八五窟　騎鳳仙人像（持節）
敦煌研究院・江蘇美術出版社編『敦煌石窟芸術　莫高窟第二八五窟』（江蘇美術出版社、一九九五年）一五〇〜一五一頁、図一四四。

図10　勧修寺繡仏下部の女性像と十体の比丘像
画像提供：奈良国立博物館（撮影　佐々木香輔氏）

図11　『宝雨経』（ＭＩＫⅢ一一三号）訳場列位
© Die Berlin-Brandenburgische Akademie der Wissenschaften

図12　光明皇后御願経（五月一日経）『宝雨経』訳場列位
宮内庁正倉院事務所編『聖語蔵経巻――宮内庁正倉院事務所所蔵――』（ＣＤ-Ｒ）第二期〈天平十二年御願経〉第一回配本、丸善、二〇〇〇年。

図13　Ｓ六五〇二『大雲経疏』
Antonino Forte, *Political Propaganda and Ideology in China at the End of the Seventh Century. Inquiry into the Nature, Authors and Functions of the Tunhuang Document S. 6502, Followed by an Annotated Translation*. Napoli: Instituto Universitario Orientale, 1976 (Second Edition. Kyoto: Italian School of East Asian Studies (Monographs 1), 2005), p.542, pl.II.

第三部第四章

図1　莫高窟第四一九窟龕頂　弥勒変相図
敦煌文物研究所編『中国石窟　敦煌莫高窟』第二巻（平凡社・文物出版社、一九八四年）図七九。

図2　莫高窟第三二九窟北壁　弥勒変相図
王恵民主編『敦煌石窟全集　弥勒経画巻』（商務印書館〈香港〉、二〇〇二年）四八頁、図二五。

図3　莫高窟第四四五窟　弥勒下生経変中の七宝部分
王恵民主編『敦煌石窟全集　弥勒経画巻』（商務印書館〈香港〉、二〇〇二年）九八頁、図八一。

図4　莫高窟第一四八窟　弥勒下生経変中の七宝部分
王恵民主編『敦煌石窟全集　弥勒経画巻』（商務印書館〈香港〉、二〇〇二年）六一頁、図四〇。

図5　莫高窟第二〇八窟　弥勒下生経変中の菩提瑞像
王恵民主編『敦煌石窟全集　弥勒経画巻』（商務印書館〈香港〉、二〇〇二年）一一五頁、図九九。

あとがき

本書は、二〇一〇年四月に京都に赴任して以来の七年間の研究成果をまとめたものである。本書にまとめるにあたり、雑誌等で既発表のものについては、できるかぎり重複を削り誤字脱字を修正するとともに、図版を追加し表記を揃えるなどして全面的に改稿した。また、論旨は変えていないが、一部見解を改めた箇所があり、それについては文中にその旨を注記した。各章のもととなった論文は、次のとおりである。

序　説　新稿

第一部　唐代西方浄土変の展開

第一章「唐代西方浄土変と善導」（佛教大学総合研究所編『法然仏教とその可能性』法藏館、二〇一二年三月）

第二章「中唐吐蕃期の敦煌十六観図」（『仏教学部論集』九五、二〇一一年三月）

第三章「西方浄土変の白描画 Stein painting 76, P.2671V の解釈について」（『敦煌写本研究年報』七、二〇一三年三月）

第四章「九品来迎図考――唐代変相図における空間認識――」（林温編『図像学Ⅱ　イメージの成立と伝承（浄土教・説話画）』〔仏教美術論集三〕竹林舍、二〇一四年五月）

第二部　綴織當麻曼荼羅にみる唐と日本

第一章　「敦煌発現の宮廷写経について」（『敦煌写本研究年報』六、二〇一二年三月）

第二章　「綴織当麻曼荼羅図をめぐる一考察――唐の諸州官寺制との関係――」（『仏法僧論集――福原隆善先生古稀記念論集――』第一巻、山喜房佛書林、二〇一三年二月）

第三章　「綴織当麻曼荼羅図伝来考――奈良時代における唐文化受容の一様相――」（『てら ゆき めぐれ――大橋一章博士古稀記念美術史論集――』中央公論美術出版、二〇一三年四月）

第四章　「綴織当麻曼荼羅の九品来迎図に関する復原的考察」（『印度学仏教学研究』六三（一）、二〇一四年一二月）

第四章　新稿

第三部　則天武后期の仏教政策と仏教文化

第一章　「聖語蔵の『宝雨経』――則天文字の一資料――」（『敦煌写本研究年報』八、二〇一四年三月）

第二章　「五月一日経『宝雨経』余滴」（『敦煌写本研究年報』九、二〇一五年三月）

第三章　「奈良国立博物館所蔵　刺繡釈迦如来説法図の主題――則天武后期の仏教美術――」（『仏教史学研究』五七（二）、二〇一五年三月）

第四章　「唐代における倚坐形弥勒仏の流布と則天武后」（『敦煌写本研究年報』一〇、二〇一六年三月）

本書を成すにあたり、内容にもとづいて上記の三部に分けたが、その背後にあってすべてを貫いていたのは、第二部としてまとめた綴織當麻曼荼羅への問題関心である。第一部は西方浄土変という点で綴織當麻曼荼羅の位置づけとも絡む問題として取り組んだものであり、第三部は綴織當麻曼荼羅と同じく奈良時代に唐から将来された仏画的工芸品であるという点から勧修寺繡仏、さらに則天武后とその時代へと少しずつ考察の対象を広げていった結果である。その間、二〇一三年には奈良国立博物館を会場に特別展「當麻寺——極楽浄土へのあこがれ——」(会期二〇一三年四月六日～六月二日)が開催され、綴織當麻曼荼羅が三十年ぶりに公開されるという好機に値遇した。また二〇一〇年一一月には京都市北区平野鳥居前町の小玉紫泉つづれ織工房、二〇一六年一月と同年一〇月には京都市左京区静市市原町の川島織物セルコンを訪問し、綴織の制作過程を拝見し説明を受けた。川島織物セルコンでは多田京子氏のご案内のもと、綴織當麻曼荼羅と同じ一寸幅に経糸六十本という緻密な六十枚綴の制作現場を初めて間近に見ることができ、言葉にできないほどの感動を覚えた。技術顧問の明石文雄氏からは、京都に伝わる日本と中国の綴織についても、原物と復原品とを前にして詳細な説明を頂戴した。赴任先の佛教大学には附属図書館に當麻曼荼羅に関する版本が豊富に所蔵されており、それらを利用できたことも大変ありがたかった。そうした幸運に恵まれていながら、研究の成果としてはまことに微々たるもので恥ずかしい限りであるが、ここに記して心から感謝の意を表したい。

佛教大学に着任してすぐに、幸いにも京都大学人文科学研究所の岡村秀典先生の共同研究班「東アジア初期仏教寺院の研究」(二〇一〇～二〇一二年度)、「雲岡石窟の研究」(二〇一三～二〇一四年度)、「北朝石窟寺院の研究」(二〇一五年度～)に参加する機会をいただいた。二〇一一年六月からは、京都大学人文科学研究所の高田時雄先生の共同研究班「中国中世写本研究」(二〇一一～二〇一五年度)にも加えていただいた。二〇一一年一〇月からは、唐宋変革研究会の両『唐書』食貨志および『五代史記補考』の会読、二〇一四年五月からは俄蔵敦煌文献輪読会の杏雨書屋蔵「敦煌秘笈」釈読会にも顔を出させていただいている。いずれも末席を汚してきたにすぎないが、このような機会を与えてくださった先生方に謹んで感謝申し上げたい。本書にまとめた論考のうち、美術史の枠からはみ出したものは、これらの研究会での発表がもとになっている。必要に逼られ苦しまぎれに取り組み始めたものもあり、自身の菲才を顧みず、次々と心に浮かぶ疑問に導かれるようにして大胆に踏み込んでしまった部分も少なくない。大方諸賢のご批正を切に乞う次第である。

本書の出版にあたっては、平成二十八年度科学研究費補助金の研究成果公開促進費（学術図書）の交付を受けた（課題番号：16HP5017）。題字は阮双慶氏にご揮毫いただいた。同氏は蔵伝仏教美術の研究者である阮麗氏のご尊父である。また本書の校正と索引作成は、川勝龍太郎氏に助けていただき、漢文の書き下しは川勝氏だけでなく岡田和一郎氏にも目を通していただき、有益なご意見を頂戴した。法藏館編集部の田中夕子氏には、科研費への申請段階から編集、さらに校正にいたるまで終始お世話になり、井上由美子氏、岸本三代子氏、辻本時子氏、宮崎靖久氏、宮崎雅子氏にも煩瑣な校正を丁寧にご担当いただいた。亜細亜印刷の方々にも校正の度に大変なご負担をおかけした。こうしたご助力なくしては、本書の出版はかなわなかった。深くお礼を申し上げたい。

最後に、本書をまとめることを思い立った時に心に浮かんだ聖句を記しておきたい。『旧約聖書』創世記三五章三節「そうして私たちは立って、ベテルに上って行こう。私はそこで、私の苦難の日に私に答え、私の歩いた道に、いつも私とともにおられた神に祭壇を築こう」（新改訳）。論文として発表する際は毎度、締め切りに追われることの繰り返しであった。本書こそはと願いつつも、結局は同じような形になってしまった。顧みて恥じ入るばかりである。残された問題や、派生して新たに見えてきた問題もある。今後一層の努力を重ねてゆきたい。

二〇一七年一月九日

大西　磨希子

隋唐佛教文物史論考　礪波　護著　九、〇〇〇円

隋唐都城財政史論考　礪波　護著　一〇、〇〇〇円

中国隋唐長安・寺院史料集成　史料篇・解説篇　小野勝年著　三〇、〇〇〇円

入唐求法巡礼行記の研究　全四巻（分売不可）　小野勝年著　五二、〇〇〇円

入唐求法行歴の研究　智證大師円珍篇　小野勝年著　上巻　一二、〇〇〇円　下巻　一〇、〇〇〇円

南北朝隋唐期佛教史研究　大内文雄著　一一、〇〇〇円

中国佛教史研究　隋唐佛教への視角　藤善眞澄著　一三、〇〇〇円

北朝仏教造像銘研究　倉本尚徳著　二五、〇〇〇円

（価格税別）

法　藏　館

【著者略歴】

大西　磨希子（おおにし　まきこ）

1970年、兵庫県生まれ。早稲田大学第一文学美術史学専修卒業。早稲田大学大学院文学研究科芸術学（美術史）専攻博士後期課程単位取得退学。博士（文学・早稲田大学）。現在、佛教大学仏教学部教授。

主な著書・論文に『西方浄土変の研究』（中央公論美術出版、2007年）、「綴織当麻曼荼羅図をめぐる一考察——唐の諸州官寺制との関係——」（『佛法僧論集——福原隆善先生古稀記念論集——』山喜房佛書林、2013年）、「綴織当麻曼荼羅図伝来考—奈良時代における唐文化受容の一様相—」（『てら ゆき めぐれ——大橋一章博士古稀記念美術史論集——』中央公論美術出版、2013年）、「九品来迎図考—唐代変相図における空間認識—」（『図像学Ⅱ（浄土教・説話画）』〔仏教美術論集３〕竹林舎、2014年）、「奈良国立博物館所蔵　刺繡釈迦如来説法図の主題 ——則天武后期の仏教美術——」（『仏教史学研究』57-２、2015年３月）などがある。

唐代仏教美術史論攷
——仏教文化の伝播と日唐交流——

二〇一七年二月二八日　初版第一刷発行

著　者　大西磨希子
発行者　西村明高
発行所　株式会社　法藏館
京都市下京区正面通烏丸東入
郵便番号　六〇〇-八一五三
電話　〇七五-三四三-〇〇三〇（編集）
〇七五-三四三-五六五六（営業）

印刷・製本　亜細亜印刷株式会社

ISBN978-4-8318-6327-0 C3015

索　引

あ行――

か行——

た行——

ら行――

わ行——

アルファベットなど

Table of Contents

5) The Imperial Silk Factory

Chapter II. The Taima Mandala Tapestry and the Adoption of Tang Culture in the Nara Period

1) The Channel of Importing the Taima Mandala Tapestry to Japan and Regulations on Exports during the Tang Dynasty
2) Imports as Imperial Gifts
3) The Period of Imports
4) The Japanese Envoy who Brought the Taima Mandala Tapestry to Japan

Chapter III. A Reconstructive Study of the Missing Portion of the Nine Levels of Amitābha's Welcoming Descent in the Taima Mandala Tapestry

1) Past Research on the Missing Portion in the Lower Border of the Taima Mandala
2) The Tang-dynasty Pictorial Representation of the Nine Levels of Amitābha's Welcoming Descent at Dunhuang
3) A Reconstructive Study Based on the Nine Levels Mural at Dunhuang

Chapter IV. The Introduction of Tang Culture to Japan in the Nara Period and Statues of Borders and Markets in the Tang Dynasty: Examining the Tiansheng Statue of the Northern Song Dynasty

1) The Arrangement of Statutes from the 25th Year of the Kaiyuan Era
2) Regulations on Immigration and Prohibited Goods Concerning the Importation of Chinese Cultural Objects to Japan
3) Borders Passed by Japanese Envoys